抗日战争时期中国人口伤亡和财产损失调研丛书

主　编　李忠杰

副主编　李　蓉　姚金果

　　　　霍海丹　蒋建农

海南省抗日战争时期人口伤亡和财产损失

海南省委党史研究室　编

中共党史出版社

图书在版编目(CIP)数据

海南省抗日战争时期人口伤亡和财产损失/海南省委党史研究室编.
—北京:中共党史出版社,2015.8
(抗日战争时期中国人口伤亡和财产损失调研丛书/李忠杰主编)
ISBN 978-7-5098-3120-5

Ⅰ.①海… Ⅱ.①海… Ⅲ.①抗日战争—损失—史料—海南省
Ⅳ.①K265.06

中国版本图书馆CIP数据核字(2015)第121258号

出版发行:中共党史出版社
责任编辑:陈海平
复　　审:姚建萍
终　　审:汪晓军
责任校对:龚秀华
责任印制:谷智宇
责任监制:贺冬英
社　　址:北京市海淀区芙蓉里南街6号院1号楼
邮　　编:100080
网　　址:www.dscbs.com
经　　销:新华书店
印　　刷:北京汇林印务有限公司
开　　本:170mm×240mm　1/16
字　　数:398千字
印　　张:20.75　29面插图
印　　数:1—3000册
版　　次:2015年8月第1版
印　　次:2015年8月第1次印刷

ISBN 978-7-5098-3120-5
定　　价:55.00元

此书如有印制质量问题,请与中共党史出版社出版业务部联系
电话:010—82517197

#《抗日战争时期中国人口伤亡和财产损失调研丛书》

本课题在中共中央党史研究室室委会领导下进行。先后三位时任主任孙英、李景田、欧阳淞对本课题给予了重要指导。

主　编　李忠杰

副主编　李　蓉　姚金果　霍海丹　蒋建农

参加审稿的领导和专家：

一、中共中央党史研究室领导和专家

曲青山　孙　英　龙新民　陈　威　石仲泉
谷安林　张树军　黄小同　黄如军　李向前
陈　夕　任贵祥　郑　谦　王　淇　黄修荣
刘益涛　韩泰华

二、有关部门和单位的专家

李景田（第十二届全国人大常委、民族委员会主任委员；中共中央党史研究室原主任；中共中央党校原常务副校长）

何　理（中国人民解放军国防大学少将、教授、中国抗日战争史学会会长）

支绍曾（中国人民解放军军事科学院少将、原军事历史研究部副部长、研究员）

罗焕章（中国人民解放军军事科学院研究员）

刘庭华（中国人民解放军军事科学院原军事历史研究部研究室主任、研究员、博士生导师、首席军史专家）

阮家新（中国人民革命军事博物馆原副馆长、研究员）

步　平（中国社会科学院近代史研究所原所长、研究员）

汤重南（中国社会科学院世界历史研究所研究员、中国日本史学会名誉会长）

姜　涛（中国社会科学院近代史研究所研究员）

荣维木（《抗日战争研究》原主编）

郭德宏（中共中央党校党史教研部原主任、教授、博士生导师）

肖一平（中共中央党校党史教研部教授）

杨圣清（中共中央党校党史教研部教授）

李东朗（中共中央党校党史教研部教授、博士生导师）

徐　勇（北京大学历史系教授、博士生导师）

李良志（中国人民大学中共党史系教授）

王桧林（北京师范大学教授、博士生导师）

谢忠厚（河北省社会科学院原现代史研究所所长、历史研究所顾问、研究员）

中共中央党史研究室课题组成员

李忠杰　霍海丹　李　蓉　姚金果　李　颖

王志刚　王树林　杨　凯

《抗日战争时期中国人口伤亡和财产损失调研丛书》

总　序

中共中央党史研究室副主任　李忠杰

发生在20世纪三四十年代的中国人民抗日战争，是中华民族抵抗日本帝国主义侵略的一场规模巨大的战争，是世界反法西斯战争的重要组成部分和东方主战场，是近代以来中国反对外敌入侵第一次取得完全胜利的民族解放战争。中国人民抗日战争的胜利，成为中华民族由衰败走向振兴的重大转折点，也对世界各国人民取得反法西斯战争的胜利、争取世界和平的伟大事业产生了巨大影响。

这场战争，作为世界反法西斯战争的一部分，从根本上来说，是反法西斯正义力量与法西斯侵略势力之间的一场大决战，是文明与野蛮的一场大搏斗。日本侵略者，站在法西斯阵营一边，不仅与中国人民为敌，而且与世界人民为敌，肆意践踏人类的公理和正义，企图以残暴杀戮的手段，将中华民族置于自己的铁蹄之下。日本侵略者先后占领了中国、东南亚、南亚、大洋洲许多国家的领土，杀害居民，掠夺物资，强征劳工，施放毒气，蹂躏妇女和儿童，毁坏和窃取文物，造成了大量人员和财产的损失，给中国人民和亚洲其他许多国家人民留下了巨大的创伤，给世界文明造成了空前的破坏。

中国是受战争摧残最为严重的国家。从1931年到1945年的14年间，日本侵略者先后占领了东北、华北、华中、华南等大片中国最重要的经济政治文化战略地区。在整个战争进程中，日军到处屠杀、焚烧、抢掠、奸淫，使中国人民的生命财产惨遭蹂躏；大量使用生化武器，进行残酷的细菌战和化学战；把大批中国平民和俘虏当作细菌和毒气的试验品；对无辜的中国平民施放毒气，或在河流、湖泊、水井中投毒；掠走大批中国劳工，强迫他们筑路、开矿、拓荒，从事大型军事工程，使其大批冻、饿、病、累而死；强征中国妇女作为“慰安妇”，严重残害妇女的身心健康；对抗日根据地实行“烧光、杀光、抢光”政策，企图摧毁抗战军民起码的生存条件；在许多地方还制造了一系列触目惊心的大惨案。直至今天，日本侵略所造成的后果还难以完全消除，日军遗留的毒气弹还不时地威胁着中国人民的生命安全。

日本侵略者的罪行，违背了起码的人类良知和国际公法，不仅是对人权和人道主义的践踏，而且是对人类文明的挑战。它决不是如某些日本右翼分子所说是解放亚洲和太平洋地区人民的行动，而是亚洲和太平洋地区历史上最黑暗的一幕，是人类文明史上的一场浩劫。第二次世界大战结束后，根据《波茨坦公告》的规定，远东国际军事法庭在东京对日本首要战犯进行了国际审判，确认侵略战争为国际法上的犯罪，策划、准备、发动或进行侵略战争者为甲级战犯。此外，盟军还在马尼拉、新加坡、仰光、西贡、伯力等地，对日本的乙、丙级战犯进行了审判。中国也先后对日本的有关战犯进行了审判。这些审判，与欧洲的纽伦堡审判一起，使发动侵略战争的罪犯受到了应有的惩处，代表了全世界一切爱好和平人民的共同愿望。这是正义的审判，历史的审判！这一审判的结果是不容挑战的！

策划和制造当年这场战争的，是一小撮日本军国主义和法西斯分子。而日本人民，从根本上来说，也是受害者。所以，日本人民也用不同方式对这场战争进行了抵制和反抗。不少参加侵华战争的士兵认识到战争的性质，幡然悔悟，积极参加了国际和日本国内的反战活动。战后，很多人勇敢面对历史事实，以见证人的身份揭露了日本军国主义的罪行。还有很多当年的士兵，真诚忏悔战争的罪行，以实际行动推动世界和平和中日友好，做了很多有益的工作。他们的良知和勇气，应该得到充分的肯定和赞赏。

相反，日本国内一些右翼势力，直到今天仍然否认侵略战争的性质和罪行，竭力推卸侵略战争的责任。对早已由当年远东国际军事法庭作出严正判决的南京大屠杀一案，始终企图翻案。历史不容改变，事实岂能抹杀！企图歪曲历史，掩盖罪行，这是中国人民绝对不能同意的！

中国人民在当年那场战争中的胜利，是正义战胜邪恶、光明战胜黑暗、进步战胜反动的伟大胜利！是正义的胜利、人民的胜利、和平的胜利！既是中华民族永远值得纪念的胜利，也是世界人民永远值得纪念的胜利！但是，在纪念胜利的同时，我们不要忘记，这一胜利是用极为惨重的代价换来的。在这一伟大胜利的背后，是中华民族遭受的巨大人员伤亡和财产损失！中华民族，既为这场战争的胜利作出了巨大的贡献，也在这场战争中付出了巨大的民族牺牲。

1995 年，江泽民同志在首都各界纪念抗日战争暨世界反法西斯战争胜利 50 周年大会上，对当年日本侵略中国造成巨大人口伤亡和财产损失的基本数据作出了重要表述。2005 年，胡锦涛同志在纪念中国人民抗日战争暨世界反法西斯战争胜利 60 周年大会的讲话中，再次郑重宣布，据不完全统计，在抗日战争期间，中国军民死伤 3500 多万人；按 1937 年的比值折算，中国直接经济损失 1000 多亿美元，间接经济损失 5000 多亿美元。中国领导人公开宣布的基本数据，从整体上揭示了中国人口伤亡和财产损失的规模，有力地揭露了日本军国主义侵略的罪行。

数据，是历史的抽象。数据的背后，是大量的事实、确凿的证据，是无数人们的惨痛记忆和血泪控诉。为了更直接、更具体、更全面、更系统、更立体地还原当年的历史，展示中国人民遭受的灾难和损失，揭露日本军国主义的罪行，驳斥日本右翼势力否认侵略罪行的种种言论，我们必须通过更多档案资料的展示、历史文书的挖掘、具体事实的考查、当事人的证词证言、各种各样的物证书证，等等，将侵略者的罪行昭告天下。因此，作为炎黄子孙，作为郑重的历史工作者，有必要、有责任、有义务、也有权利对战争期间中国的人口伤亡和财产损失进行更加系统、详尽、具体的调查研究，将当年中国人民的巨大牺牲和惨重损失永远地记载下来。

这项调查研究工作，本来在抗日战争结束之后，或者在新中国成立时，就应该进行。但由于种种历史原因，未能系统、全面地进行。由于年代久远，资料散失，在世的证人越来越少，现在进行这方面的调查和研究已经有很大困难。但是，无论早晚，这项工作总得有人来做。现在才做，已经晚了几十年。但如果现在再不做，将来就更晚，也更困难了。所以，无论再困难，做，都是必要的。做好这项调研，是对历史负责、对人民负责、对当年的牺牲殉难者负责、对我们的子孙后代负责。根本上，是对整个中华民族负责，也是对国际社会和人类文明负责。

因此，2004 年，中央党史研究室决定开展《抗日战争时期中国人口伤亡和财产损失》的课题调研。从 2005 年开始，组织全国党史部门围绕这一重大课题，开展了系统深入的调研工作。其基本任务，是按照实事求是的原则，调查更加详实、有力、具体、准确的档案、材料、事实，更加清楚准确地掌握日本军国主义的侵略罪行，更加清楚准确地掌握日本侵略在各个不同领域、地区和方面对中国造成的破坏和损失。其中包括：各个省、自治区、直辖市在抗战中的人口伤亡和财产损失情况；历次重大战役战斗中中国军队伤亡的情况；日本从中国掠走各种资源的情况；日本从中国掠走和破坏文物的情况；日军在中国制造的一系列重大惨案；中国劳工的损失情况；中国妇女遭受日军性侵犯的情况，包括“慰安妇”的情况；日军在中国使用细菌武器、化学武器及其造成伤害的情况；日本侵略在其他方面给中国造成破坏的情况；等等。

课题调研的整体布局，实行块块和条条的结合。每个省、自治区、直辖市党史研究室，主要负责把本区域内的情况调查清楚。也可根据实际情况，选择一些重点，进行专题性的调研，形成专题性的研究成果。一些重要专题，单靠某个省（自治区、直辖市）做不了，就采取条条的办法，组织专题性的调研。还有一些，则是条条与块块相结合。如毒气，日军在不同区域使用过，有关的省（自治区、直辖市）都调查。但作为一个专题，由相关的区域进行协调，配合开展调研工作，并形成专项的调研成果。如劳工、性侵犯等，就大致属于这种类型。

课题调研的方式方法，主要是查阅和搜集档案文献资料，包括不同历史时期的统计报表。同时查阅当时有关的报刊资料，查阅多年来涉及有关地方、有关课题的研究成果。对一些特殊的重大事件，特别是重大惨案等，也同时进行社会调查，对当事人、知情人、有关研究人员等进行走访，记录证词证言。对于特别重要的事件，有条件的，还进行必要的司法公证，如南京大屠杀、潘家峪惨案等，使这些调查都成为在法律上可以采信的证据。根据需要与可能，也到国外境外包括台湾地区查阅搜集档案资料。

中央党史研究室进行了大量组织和指导工作。在课题确定前，首先进行了必要的论证，得到了许多专家的支持。随后，制定了详细的工作方案，向各省、自治区、直辖市党史研究室发出正式通知和实施意见，明确了工作的指导思想、组织领导、调研项目、工作步骤、基本要求、注意事项等等。为了提高认识，振奋精神，交流经验，落实措施，专门召开了工作培训会议，就课题的总体规划、调研方法、需要把握的问题等，作了全面部署，特别是提出了把调研工作做成“基础工程、精品工程、警世工程、传世工程”的要求。多年来，一直分阶段、有步骤地把这项课题调研推向前进。有关领导和专家分别到各地参加会议，指导培训，提出要求，统一规格，解答疑难问题。在调研过程中，随时就有关问题进行具体指导。工作班子及时编发简报和简讯，交流情况和经验。

各级党委和政府高度重视。多数地方成立了由党史研究室领导负责的课题组。各地先后召开工作会议、电话会议等，培训人员，落实任务。许多地方形成了由党史研究室牵头，档案、民政、财政、司法、地方志、社科院以及高校等部门单位联合攻关的局面，保证了调研工作扎扎实实、有计划有步骤地向前推进。

《抗日战争时期中国人口伤亡和财产损失》课题调研先后经历了六个阶段。第一，酝酿启动。第二，全面调研。这是最重要的阶段。各地组织专门人员，查询档案，实地走访，搜集了大量资料。第三，起草报告。凡参加调研的县以上单位，都要在搜集整理、考证研究档案文献资料和进行实地调查的基础上，写出调研报告，全面、准确地反映调研成果。同时，将调研中搜集的档案文献资料进行分类整理，制作统计表、大事记和人员伤亡名录等。第四，分级验收。为保证调研成果的科学性、准确性、严肃性，各省、自治区、直辖市调研报告都要经过四级验收。首先由课题领导小组审查通过，然后聘请所在省份资深专家审读验收，合格后报送中央党史研究室课题组。中央党史研究室课题组审读各省、自治区、直辖市的调研报告及相关调研成果，认为合格后，再聘请有全国影响的专家审读，写出书面意见并亲笔署名。根据审读意见，各地都要反复认真进行修改，只有达到规定要求才能通过验收。第五，上报成果。完成调研工作的省、自治区、直辖市，都按统一要求，将调研中收集的档案文献资料等所有文件，精心整理，分类成册，向中央党史研究室提交调研成果。各市县也要逐级向省级报送。第六，反复审核。中央党史研究室召开审稿会，组织各省、自治区、直辖市按照标准自审，相互间互审，将各种材料进行比对，将有关数据核实，解决带有共性的问题，进一步统一标准、统一规范、统一格式。

这项课题调研，作为一项浩大的工程，到目前为止，进行了将近10年之久。前后共有60多万党史工作者、史学工作者和其他各类有关人员参加。将近10年来，各个地方都周密组织，采取有力措施推动工作开展，保证调研质量。如山东省，先在30个县（市、区）进行试点，然后在全省普遍推开，形成了纵向省市县乡村五级联动、步调一致，横向十几个部门优势互补、携手攻关的工作格局。课题调研期间，山东省参加工作的同志共查阅档案238742卷，复印档案资料406912页，查阅抗战期间及战后出版的书刊61301册（期），复制文献资料220177页。走访调查8万余个行政村、609万名70岁以上（即1937年全国性抗战爆发以前出生）老人中的507万余人，收集证言证词79万余份。拍摄照片资料7376幅、录像资料49678分钟，制作光盘2037张。全省1931个乡镇，每个乡镇都建立了包括证人证言证词、伤亡人员名录、财产损失清单、人员伤亡和财产损失数字统计、人员伤亡和财产损失大事记、重大惨案证据材料以及证人和知情人口述录音、录像、照片等内容的抗战时期人口伤亡和财产损失材料卷宗，共12892个。

这项课题调研，也得到了社会各界特别是档案图书部门、专家学者的普遍支持。许多档案馆、图书馆为这次调研提供各种方便。不少专家学者在教学科研任务繁重、经费困难的情况下，承担专题研究任务。有的外请专家利用学校假期全力以赴做课题，缺少交通工具，就以自行车代步或徒步，到档案馆和图书馆查阅文献资料。

为了扩大搜寻面，中央党史研究室还组织查档小组，分赴美国、俄罗斯、日本，搜集了许多抗战史料。很多地方的课题组都到台湾查档。在台北“国史馆”、中国国民党党史馆、“中央研究院”近代史研究所档案馆等，找到了数量巨大、整理比较细致的抗战档案。台北“国史馆”馆藏的国民党在大陆统治时期行政院赔偿委员会档案，涉及抗战时期中国人口伤亡和财产损失的有8924卷，内容十分翔实具体。既有中央机关、军队系统人口伤亡和财产损失情况，也有地方省、市，县、区和个人填报的资料，包括台湾地区和华侨的档案资料。新疆防空委员会也报送有财产损失材料，如修筑防空工事、疏散费等财产损失。重庆市报送有日机空袭慰恤重伤难胞姓名卡，上面有卡号、伤员姓名、性别、年龄、籍贯、受伤时间、受伤地点、犒金额、发犒金时期、所住医院名称、医院地址、入院时间等，受伤部位还配有图片加以说明。所有这些，为查明当时各方面的人口伤亡和财产损失，提供了重要证据。

这项重大课题调研的成果，均编成《抗日战争时期中国人口伤亡和财产损失调研丛书》公开出版，为国内外学者提供并为子孙后代留下一份关于抗战时期中国人口伤亡和财产损失的系统资料。经过验收、审核合格的调研报告和主要档案文献资料，都按统一体例，编辑成为丛书的A、B两个系列。A系列为各省、自治区、直辖市各一本调研成果，以及若干重要专题的调研成果，由中央党史研究室负责审核。B系列为各省、自治区、直辖市的其他大量调研成果，由各省、自治区、直辖市党史研究室负责审核。全部成果统一设计、统一规格、统一版式、统一编号，由中共党史出版社统一出版。全部出齐之后，将有300本左右。

为了集中反映日本侵略者在中国制造的各种重大惨案，我们专门编纂了一套《抗日战争时期全国重大惨案》，收录抗战时期死伤平民（或以平民为主）800人以上的重大惨案100多个，配以档案、文献、口述及照片等作为历史证据。日本一些右翼分子，常常攻击中国为什么不拿出伤亡人员名单。我们专门安排了一个省，即山东省，公布该省具体的伤亡人员名录（第一批先公布该省100个县〈市、区〉的死难人员名录)，包括姓名、籍贯、年龄、性别、伤亡时间等多项要素。以此说明，中国的伤亡人员都是有根有据、铁证如山的。

历史的生命在于真实、客观、准确。《抗日战争时期中国人口伤亡和财产损失》这一课题调研的生命也在于真实、客观、准确。所以，在开展这一课题调研的过程中，我们始终把保证调研质量，保证所有材料、事实、成果的真实性、客观性和准确性放在第一位，并在五个重要环节上严格要求、严格把关。第一，严格要求。一开始就明确规定，课题调研工作坚持实事求是的原则和科学严谨的态度。整个调研工作必须尊重历史事实。档案怎么记录的，就怎么记载，不能随意改变。当事人、知情人怎么说的，就怎么记录，不能随意加工。所有的材料、事实都要经得起法律上和学术上的质证。在需要与可能的情况下，对当事人、知情人的证词证言要进行司法公证。各种数据，都要确有根据，不能随便编排、采信。不许追求任何高数字、高指标。第二，统一规范。对课题调研的项目、内容，都做了认真细致的研究，提出了统一要求和严格规范。对全部调研项目设计了统一的表格，对调研报告的内容和格式做了统一规定。每个数字的内涵外延，包括如何计算、如何换算等等，都有明确的规定。事前对调研人员进行了培训。调研过程中，对没有理解的问题、疑难的问题等，都由专家给予统一的解释、说明。第三，责任到人。对所有参与课题调研的人员，都实行责任制。查档的、笔录的、整理的、起草调研报告的、审读的……，每个环节的人员都要签名，以对这一环节自己的工作负责，对子孙后代负责。明确规定，今后凡遇到质疑，有关环节的调研人员都要能够站出来进行证明、解释和辩论。第四，客观撰写。在汇总情况、起草调研报告阶段，要求所有的数据统计都必须客观、真实、准确。一律用事实说话，材料要具体、实在。不允许像写文艺作品那样来写调研报告；不允许作任何想象、编造和煽情性的描写；不允许刻意追求语言的生动华美；不允许使用任何带有夸张性、主观推断性的文字；不允许用“不计其数”、“无恶不作”这类抽象的形容词来概括相关内容；经过调研，凡是能够说清的事实、数字都予采用，但仍然说不清的情况、数据，就客观地说明未查核清楚，在汇总和整理数据时充分考虑这些因素，绝对不得编造数字。第五，逐级验收。除了在调研过程中由特聘的专家随时给予指导外，对各地提交的调研报告和相关材料，都实行逐级验收制度。其中，对省级调研成果实行由地方到中央的四级验收，其他调研成果由有关省、自治区、直辖市党史研究室组织验收。每一验收环节都要有专家审读、签字。凡存在问题和不符合要求之处，都要退回重新核查和修改。

经过艰苦努力，到2010年底，我们在深入调研的基础上，初步编出了几十本成果，先行印制了少量样本作为内部工作用书，组织力量作进一步的研究、审读、复查、校核。从2014年初开始，我们又组织展开了新一轮较大规模的审核工作。第一，召开有关省、自治区、直辖市党史部门参加的审稿会，进一步提高认识，明确规范，听取相互评审以及从社会各方面听到的意见，对审核工作提出要求，进行部署。第二，开展自审、复核、修改，确保准确无误。同时在各省、自治区、直辖市党史部门之间交叉审读，相互间进行比较、核对、衔接。自审互审完成后，都要确认是否具备正式出版的质量水准，签署是否同意交付出版的意见。第三，由中央党史研究室组织专家，对所有拟第一批出版的成果（书稿）进行六个环节的审读、检查、修改、校对，不仅检查是否还有表述不够准确或不够清楚的地方，而且对各本书稿之间、每本书稿各个部分之间的内容、叙述、时间、数字等进行统筹检查，排除表述不一致的内容。第四，如实客观地说明我们工作尽最大努力后达到的程度。始终强调，凡是已经清楚的，就清楚表述。还没有搞清楚的，就如实说明还没有搞清楚。某些数据、结论与其他书籍资料不完全一致的，则说明我们是依据什么材料、从什么角度得出和叙述的，不强求一致。第五，组织各地党史部门继续参与审核。凡有疑问的，都与有关地方党史部门联系、查核。多数省、自治区、直辖市都派专人来京参与审核、修改、校对。审核完毕后，又组织各地党史部门对自己书稿的清样再次进行审核。然后再按出版流程交付印制。今年以来对这些成果再次进行如此繁密、细致的复核工作，都是为了进一步保证成果的质量，保证历史事实的真实性和准确性。

特别需要强调的是，开展这项调研，不是为了简单汇总、计算这样那样的数据，而是为了寻找、展示更多的档案、更多的材料、更多的人证物证、更多的历史事实，用具体的事实来反映当年中华民族遭受的巨大灾难，揭露日本侵略者反人类的罪行。时隔几十年，很多数据难以查清，很多数据可能不很吻合，而且数据的分类、统计、核算都极为复杂，远远不是简单做一做加法就能算出来的。所以，我们在数据上采取了十分谨慎的态度。能统计出来的就统计出来，难以统计的也不强求。统计的口径、结果相互有差别的，也注意说明。今后，我们将会对数据问题作进一步研究。因此，目前的研究还只是阶段性的，不能说已经包罗万象，更不是最终的结论。总体上，还是在为今后更加综合性的研究提供一个详尽、扎实的基础。

由于自始至终都高度重视和强调调研的质量，所以，对于这一项目的真实性、客观性、准确性，我们有充分的信心。当然，无论如何，历史已经过去了六七十年，很多当事人已经去世，很多档案资料已经散失。现在再对发生在六七十年前的灾难进行大规模的调查，其困难是可想而知的。所以，即使做了最大的努力，我们仍然充分预计在调研成果及有关材料中，还是会有不足和差错之处，出版之后，肯定会有不同意见。所以，我们真诚地欢迎所有看到这些调研成果的人们，对其中的内容、材料、数据等进行审查、讨论。如此，必将有更多的人们关心和参与对当年那场灾难的调查，必将会提供和发现更多的档案、更多的资料、更多的见证，必将对我们调研成果中的很多内容进行不断的推敲琢磨，从而使我们能够更加准确、系统地展示当年中国的人口伤亡和财产损失，使我们为子孙后代留下的资料更为完整、更为丰富。我们也欢迎日本和其他国家的人们对这些调研成果进行阅读、审查、讨论、质疑。如此，将会有更多的国家和人们关注中国当年所遭受的灾难，也将会有更多的存留于国外境外的档案资料出现在公众面前，也将会使对当年这段历史和灾难的记录、研究更加准确和科学。

《抗日战争时期中国人口伤亡和财产损失》课题调研，是一项学术性的工作。开展这项课题调研，是为了更加准确和详尽地记录这场战争和灾难的历史，更加充分和有力地揭露日本军国主义的侵略罪行、反击日本右翼势力否认侵略战争的言行，更加充分和有效地进行爱国主义教育，毋忘国耻、振兴中华，更加积极地促进两岸交流、推进祖国和平统一进程，同时，也是为了给全世界所有关注当年这场战争和灾难的国家、政府和人们一个更加负责任的交代，为子孙后代继续研究当年中国人民抗日战争和日本军国主义的侵略罪行留下一笔丰富翔实的历史遗产。因此，虽然是学术性调研，但具有重大的历史意义、现实意义、国际意义、政治意义。作为历史工作者，我们有责任、有义务，实事求是地把中华民族在那场战争中蒙受的巨大灾难和损失尽可能完整地记载下来。推动和开展这项课题调研，是良心所在，是责任所在！每每读到那些令人震颤的历史事实，每每想到那数千万死难者的冤魂亡灵，每每掂量我们今人特别是历史工作者的责任，我们都禁不住潸然泪下。将近10年来，所有调研人员本着对历史和民族负责的精神，殚精竭虑，无私奉献，千方百计寻找各种线索，逐字逐页翻阅档案资料。为了做好对当事人、知情人的调查取证工作，顶酷暑，冒严寒，深入村镇，一家一户进行走访。也许，随着时间的流逝，这样的调研工作，以后再也不可能如此全面深入大规模地进行了。所以，对于能够基本完成这一课题的调研，我们极为欣慰，对能够取得今天这样的成果，我们极为珍惜。将近10年来，调研工作遇到过重重困难，调研人员付出了巨大心血，但只要能够对国家、对民族、对人民有一个负责任的交代，我们所有的努力、辛劳甚至痛苦都是值得的！

现在，《抗日战争时期中国人口伤亡和财产损失调研丛书》A系列第一批成果就要正式出版了，随后我们还将根据工作进程陆续出版第二批、第三批……B系列丛书的编纂和出版工作也将同时推进。而且，这项课题调研工作远没有结束。截至目前课题调研取得的成果，都还是阶段性的、部分的、不完全的成果。很多专题性调研还要继续进行，对大量档案资料还要进行分析研究。所有这些，都还需要我们继续不懈地努力。我们将以对历史负责的精神，一如既往地将这项课题调研工作做好。

历史，是现实的基础，更是未来的起点。打开尘封的记忆，重温昔日的往事，我们可以得到很多的启示和教诲，增长很多的聪明和智慧。所以，研究历史，形式上是向后看，但根本目的是向前看。作为一种科学的研究，我们调查历史的真相，记录历史的灾难，不是为了延续旧时的仇恨，不是为了扩大中日之间的裂痕，不是为了煽动狭隘民族主义的情绪，而是为了以史为鉴，不让历史的悲剧重演；面向未来，书写更加友好合作的美好篇章。经历了太多的苦难和挫折之后，我们更加坚定地热爱和平，更加执着地追求正义，更加珍惜国家的主权与独立，也更加关注世界的文明发展和进步。我们真诚地希望，世界各国能够携手努力，平等协商，求同存异，友好相处，共同推进世界的发展，共享人类文明的成果；我们真诚地希望，中日两国人民能够更多地加强交流、理解和合作，共同开辟中日关系的新局面，使中日关系更加健康稳定地向前发展，使中日两国人民真正世世代代地友好下去；我们真诚地希望，中华民族能够始终以坚韧不拔的努力，坚定不移地走和平发展之路，在中国特色社会主义旗帜下全面建设小康社会，努力实现社会主义现代化，为推动建设一个和平发展、文明进步的世界作出自己的贡献！

2014 年 4 月 30 日

《抗日战争时期中国人口伤亡和财产损失》课题[①]调研工作规范和要求

2004年，中共中央党史研究室决定开展《抗日战争时期中国人口伤亡和财产损失》课题调研。2005年向全国各省、自治区、直辖市党史研究室发出开展此项工作的正式通知，进行相应部署，着重说明工作的指导思想、调查项目、实施步骤及规范和要求。以后又随着课题调研的深入开展，对规范和要求进行了补充和完善。

一、课题调研的基本任务

抗战损失课题调研的目的和任务是深化对抗日战争时期中国人口伤亡和财产损失的研究。1995年，在首都各界纪念抗日战争暨世界反法西斯战争胜利50周年之际，江泽民同志曾经对20世纪三四十年代日本侵略中国造成巨大人口伤亡和财产损失的基本数据做出了重要表述。2005年，在纪念中国人民抗日战争暨世界反法西斯战争胜利60周年大会的讲话中，胡锦涛同志再次郑重宣布，据不完全统计，在抗日战争期间，中国军民伤亡3500多万人；按1937年的比值折算，中国直接经济损失1000多亿美元、间接经济损失5000多亿美元。中共中央党史研究室组织开展的课题调研，旨在全面详尽调查有关抗日战争时期中国人口伤亡和财产损失的具体事实，为这组基本数据提供强有力的史实支撑，并不是简单地做数据统计。

① 本课题亦简称为抗战损失课题或抗损课题。因为抗日战争时期及抗战胜利后国民政府统计人口伤亡和财产损失多采用“抗战损失”等概括性提法，其中将人口伤亡也称作抗战损失之一种，与财产损失并提，故沿用这一表述。

课题调研的基本任务是：按照实事求是的原则，经过广泛、全面、深入细致的调查研究，包括查阅搜集档案资料、对统计数据进行分析等，获得更多的证据，以更加全面和准确地揭露日本帝国主义侵略中国的罪行及其对中国人民造成的伤害。

课题调研的主要内容包括：(1)各个省、自治区、直辖市在抗战中的人口伤亡和财产损失情况；(2)历次重大战役战斗中中国军队伤亡的情况；(3)日本从中国掠走各种资源的情况；(4)日本从中国掠走和破坏文物的情况；(5)日军在中国制造的一系列重大惨案；(6)中国劳工的损失情况；(7)中国妇女遭受日军性侵犯的情况，包括“慰安妇”的情况；(8)日军在中国使用细菌武器、化学武器及其造成伤害的情况；(9)日本侵略在其他方面给中国造成破坏的情况；等等。

二、课题调研的方式和方法

主要是组织有关人员查阅和搜集档案馆、图书馆和其他文博单位以及民间保存的有关中国抗战人口伤亡和财产损失的档案资料、报刊杂志、历年出版的专题资料集和发表的研究成果。对一些特殊、重大的事件如重大惨案，则走访当事人、知情人和有关研究人员，进行录音录像，整理和保存证人证言，有条件的还进行司法公证，努力使这些调查材料成为在法律上可以采信的证据。有些省份的课题组还到境外的有关机构查阅相关档案资料，作为对大陆保存的档案资料的丰富和补充。这次课题调研的整体布局，实行块块和条条相结合。每个省、自治区、直辖市党史研究室在负责开展地区性的广泛调研的同时，也从实际出发开展一些专题性调研。一些重要的、涉及多个地方的带有全局性的专题，则另组织专家进行调研。

三、对搜集档案资料的要求

1. 明确搜集档案资料的范围。搜集档案资料是本课题调研工作的基础，调研成果的质量也主要决定于档案资料是否翔实，是否尽可能完整和全面。所以，凡相关内容的档案资料，不论是直接反映人口伤亡和财产损失的，还是间接反映的（如关于人口状况、财产状况、生产能力、各类资源情况等资料），都尽量搜集，作为撰写调研报告的客观的历史依据。搜集的要件有：档案、报刊、史志、时人日记、专著专论、实地调查报告、图片、影像资料以及出版、发表的研究成果等。

2. 认真整理原始档案和资料。对于搜集到的档案资料，不论是来自原始的档案，还是来自报刊、史志、日记、图书、专题论文等，都认真整理，每份每件都注明保存的地点、单位，文件卷号、出版或发表处等，然后分类汇总，妥善保存。档案资料使用时一律保持原貌，必要时作注释说明，不允许对原件内容增改、涂抹。对搜集到的档案资料要在分门别类整理的基础上进行必要的考证、鉴别和研究。整理后的档案资料，不仅是有关课题承担者撰写课题调研报告的重要依据，其主要内容也作为附件收入有关的调研成果之中。

四、有关数据统计中的几个问题

1. 根据搜集、掌握资料的情况，抗日战争时期中国的人口伤亡分为直接伤亡和间接伤亡两大类。直接伤亡，一般是指日本侵略中国的战争直接导致的中国方面人员的死、伤、失踪等；间接伤亡，一般是指在日本侵略中国的战争包括特定战争环境中造成的中国方面被俘捕人员、灾民、难民、劳工等的伤亡。抗战期间，被俘捕人员、灾民、难民、劳工等伤亡很大，但由于其流动性大等复杂原因，很难形成具体数据资料，统计起来十分困难。因此，本课题调研中，将已确定属于死、伤或失踪的被俘捕人员、灾民、难民、劳工的数据归入有关地方间接伤亡统计数据；无法确定是否伤亡失踪的，可视情况单列相关数据并加以说明。需要补充说明的是，在战争中失踪者，按通常惯例归为死亡。

2. 抗日战争时期中国的财产损失分为直接损失和间接损失两大类。直接损失，一般是指在日军攻击、轰炸或掠夺中直接造成的社会财产损失。居民财产损失列为直接损失。间接损失，一般包括：(1)政府机关等因抗战需要而增加的费用，如迁移费、防空设备费、疏散费、救济费、抚恤费等；(2)各种营业活动可获利润额的减少及由于成本上升等增加的费用；(3)有关伤亡人员的医药、埋葬等费用；(4)为抗战捐献的物资和钱财；(5)有关人力资源的损失。总之，一切因战争造成的间接财产损失均包括在内。

3. 在财产损失中所列的人力资源类损失，包括了被俘捕人员、劳工等在财产方面的损失。中国各级政府所组织的劳役，例如为战争修筑公路、机场、军事工事等抽调民工，都算作人力资源损失。但中国方面征用民工和日本侵略军强征劳工有所区别。日军强征劳工的伤亡率很高，和中国方面征用民工民夫的情况区别很大，因此要分别统计和说明，不能混淆。

4. 中国军队在重大战役战斗中的人员伤亡，分别情况加以统计处理。此次课题调研以统计平民伤亡为主。有关省（自治区、直辖市）如发现有本地发生过军队人员伤亡的重要资料，可以搜集整理并在调研报告中说明，但不计入本地人口伤亡总数。若是本地籍军人的伤亡，则计入本地人口伤亡总数。

5. 海外华侨拥有中国国籍，因此在计算抗日战争时期中国人口伤亡和财产损失时，华侨人口伤亡和财产损失均计算在内。各有关地方在计算本地人口伤亡和财产损失时，视情况可以将本地籍华侨的伤亡、损失计入统计数据总数，亦可单列数据并加以说明。

6. 工厂、学校、机关团体等由于战争原因搬迁造成的损失，算作间接损失，原则上由工厂、学校、机关团体等原所在地方统计。如果原所在地方缺少相关资料，新迁移处具备资料条件，也可由后者统计。为避免交叉和重复，遇到这类情况须特别加以说明。

7. 政党、政府机构的财产损失，归入公用事业的社会团体类财产损失一并计算。

8. 被日军、日本占领当局无偿征用、占用的中国耕地，按农作物的产量及其价值计算财产损失。

9. 伪军、伪政府的人员伤亡和财产损失，一般计入中国人口伤亡和财产损失。

10. 由战争原因导致的如黄河花园口决堤一类重大事件所造成的人口伤亡和财产损失，计算在间接人口伤亡和财产损失中。

11. 重大的财产损失，均以相应数额的货币反映价值。反映财产损失的货币一般要注明币种。

12. 通常用于抗日战争时期财产损失统计的货币（主要是法币），币值问题非常复杂。本课题调研中，涉及财产损失统计的货币数据，有条件进行折算的，一般按1937年即全国抗战爆发当年通用货币法币的币值进行折算，并说明折算的方式方法。因条件不具备，保留原始数据未作折算的，则注明有关数据中用以反映财产损失的货币系何种货币、何年币值。

五、关于撰写课题调研报告的要求

本次课题调研，有关课题组和承担专门课题的专家均按要求撰写出调研报告。

1. 各省、自治区、直辖市课题组撰写调研报告，内容大致分为概述、主体、结论三部分。

概述部分主要包括：介绍课题调研工作的基本情况，如：投入多少力量，到过什么地方查阅搜集档案资料，搜集了多少档案资料等。反映本地的自然地理概况，抗战爆发前的经济社会发展和人口状况，以及在抗战时期是重灾区还是大后方，是沦陷区还是根据地等。叙述日本侵略者在本地的主要罪行。还可简略回顾以往相关课题的资料和研究情况。

主体部分主要包括：分析说明本地人口伤亡和财产损失情

况。根据现掌握资料，将本地抗战时期人口伤亡分为直接伤亡和间接伤亡，将本地财产损失分为直接损失和间接损失，并分别说明主要的史料依据和分析结果。

结论部分，汇总本地人口伤亡数据、财产损失数据。据实说明迄今所掌握资料的局限性、本地遭受人口伤亡和财产损失的特点、影响等。

撰写调研报告依据的主要资料以及调研中同步完成的专题研究报告等，作为调研报告的附件，纳入课题调研成果中。

2. 由一批专家承担的全局性专门课题，如抗日战争时期重大惨案、劳工问题、“慰安妇”问题、细菌战、化学战、文化损失、海外华侨人口伤亡和财产损失、中国军队伤亡、重要战役战斗伤亡等，其调研报告的撰写和附件的收录，参照以上要求进行。

六、对调研成果的验收

在各省、自治区、直辖市课题调研工作结束后，完成的包括课题调研报告在内的省级调研成果和市、县等调研成果，要装订成册，通过审阅和验收，逐级上报，送交各省、自治区、直辖市党史研究室和中共中央党史研究室分别保存。

为确保质量，在调研过程中形成的各省、自治区、直辖市A、B两个系列书稿（省级调研成果为A系列书稿，市、县等调研成果为B系列书稿），要分别通过验收。其中，省级调研成果要通过由地方到中央的四级验收，市、县等调研成果则在有关省、自治区、直辖市内验收。

省级调研成果上报验收前，课题组先认真进行自审，以保证内容的完整准确，特别是调研报告和有关专题研究报告、资料、大事记的内容和数据要互相补充、印证，不能互相矛盾。课题组完成自审后，省级调研成果首先报送省级抗战损失课题领导小组验收。省级课题领导小组审查通过后，送省级专家验收组验收。省级专家验收组参加验收的专家一般为3—5人，人选来自党史系统、社会科学院和社科联系统、档案史志部门、高等院校等方面，为较有影响力、权威性的专家。省级专家验收组在本省（自治区、直辖市）课题领导小组的指导下，按照学术规范的严格要求和有关规定审读、验收本省（自治区、直辖市）拟提交中共中央党史研究室的省级调研成果。验收的主要标准和目的是确保调研成果的准确性、可靠性。对于验收中指出的问题、提出的意见和建议，各省（自治区、直辖市）课题组须采取有效措施解决和落实。对一次验收不合格的，修改、完善之后进行第二次以至多次验收，直到合格为止。省级专家验收组验收合格后，填写《A系列书稿验收报告表》。填写的报告表和书稿同时报送中共中央党史研究室课题组。

中共中央党史研究室课题组收到经省级专家验收组验收合格的省级调研成果后，先进行验收。认为合格后，再聘请国内知名专家进行验收，并填写《A系列书稿验收报告表》。验收中所提修改意见，由有关省、自治区、直辖市课题组予以逐条落实，对调研成果做出相应修改或者说明相关情况。

由一批专家承担的全局性专题研究成果，最后形成的书稿也纳入A系列，其验收也参照上述程序和要求，由中共中央党史研究室课题组组织有关专家进行。对于验收中提出的意见，承担课题的专家要逐条落实，对调研成果进行修改完善直至合格为止。

最后，中共中央党史研究室课题组对经过反复修改形成的省级调研成果和全局性专门课题调研成果进行复核。完成各项程序并符合要求的调研成果，包括通过四级验收的A系列书稿和由有关省、自治区、直辖市党史研究室组织验收并合格的B系列书稿，分批次送交中共党史出版社付印出版。

中共中央党史研究室课题组

《海南省抗日战争时期人口伤亡和财产损失》编委会

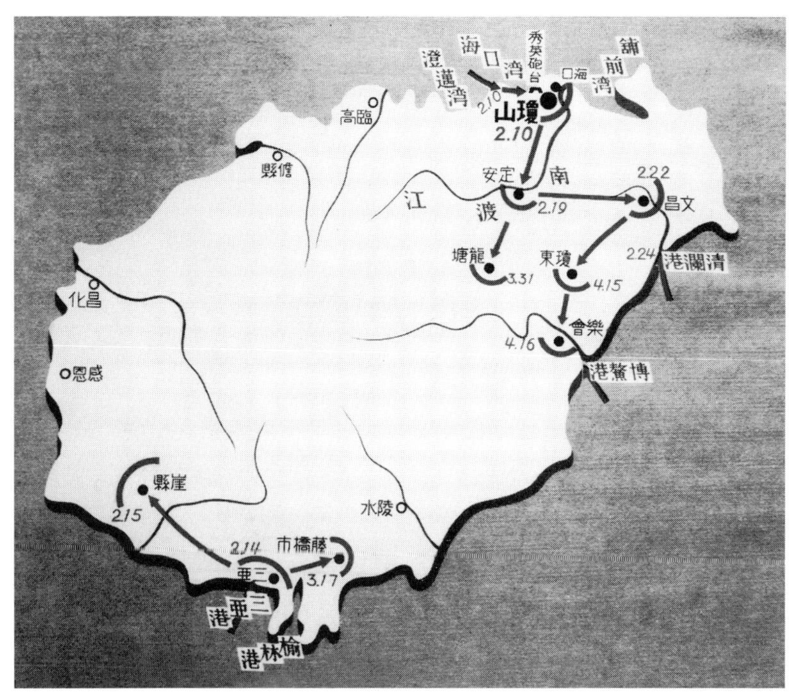

当年日本出版物中日军侵略海南岛经过要图。

1939年2月10日，在澄迈湾登陆的日军平田部队向海口、琼山进发。

1939年2月，位于海口市文明路的美孚火油公司被日军飞机炸毁。

日军轰炸海口附近的演丰镇。

1939年2月14日，日军在三亚榆林附近“扫荡”。

1939年2月19日，日军列队进入海口市街道。

日军侵琼期间，强占海口酱油厂。

被日军掳绑的海口市同胞。

横渡南渡江进行“扫荡”的日军松山部队。

1939年被日军飞机轰炸的文昌市南阳镇美丹村郭巨川楼遗址。

日军侵琼期间在保亭县什玲据点修建的碉堡，里面是内外两层水泥墙结构。

陵水黎族自治县椰林镇东华地区东艾岭脚下的日军碉堡。

1940年3月11日，日军逮捕中共琼崖抗日人员。

日军在保亭县番雅据点用来吊人开胸剖腹和吊人头示众的一棵红柚树，也叫“吊人树”。1943年至1944年夏，这棵树上曾吊过53个被日军残杀的无辜民众的头颅。

琼中县松涛乡（今黎母山镇）长田村“十二人坑”遗址。

儋州市东城镇“吴村惨案”公墓。

文昌市重兴镇“昌文百人墓”纪念碑。

1939年至1945年日军在乐东黄流镇制造的杀人坟场（黄流千人坑）旧址。图为在旧址上竖立的纪念碑（无碑文）。

澄迈县桥头镇“沙土峒惨案”纪念碑——史证碑。

屯昌县羊角岭被日寇惨杀无辜殉难同胞坟。

瓊山縣第四區益来鄉民被敵傷亡彙報表 民國廿九年十一月十日填報

姓名	性別	年齡	籍貫	傷亡日期	傷亡地址	被害情形	備考
盧其毓	男	二十八歲	蛟頭村	十月十八日	响水溪	被敵刀斃	
蔡氏	女	五十六歲	程村	十月十八日	大路坡	被敵槍斃	
蔡妚良	男	十四歲	文多村	十月廿七日	村圮	被敵捕去	
吳妚福	男	十七歲	龍井村	十月廿九日	村圮	被敵槍斃	
吳乾富	男	四十歲	龍井村	十月廿九日	村圮	被敵槍斃	
楊開元	男	六十二歲	龍井村	十月廿九夜	后坡	被敵刀斃	
吳坤珍	男	二十歲	龍井村	十月廿九夜	后坡	被敵刀斃	

琼山县第四区益来乡1940年11月10日填报的益来乡民被敌伤亡汇报表。

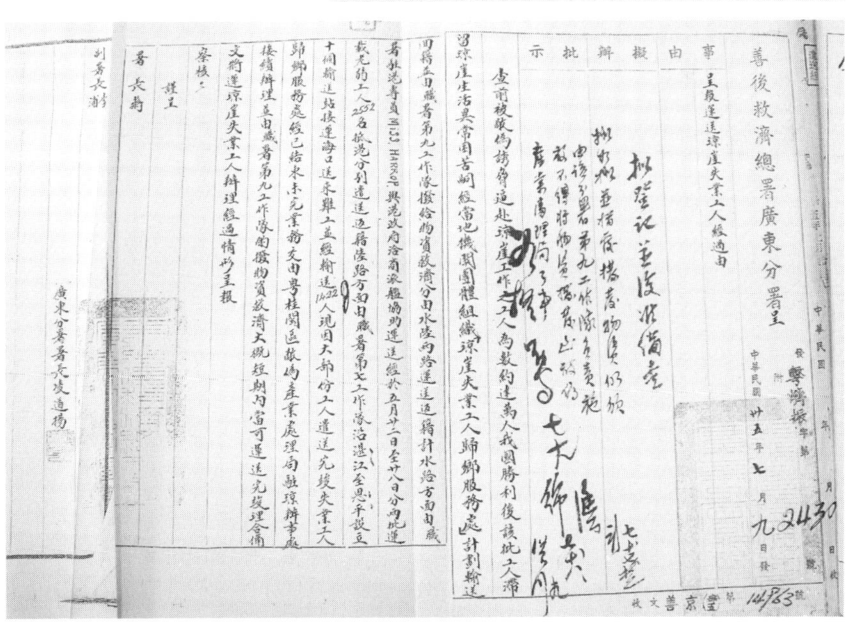
善後救濟總署廣東分署呈

粵濟振字第 號

中華民國卅五年七月九日發

事由：呈報運送瓊崖失業工人經過由

擬辦

批示

查前被敵偽誘脅運赴瓊崖工作之工人為數約逾萬人，我國勝利後該批工人滯留瓊崖生活異常困苦，經當地機關團體組織瓊崖失業工人歸鄉服務處計劃輸送回籍，並由職署第九工作隊撥給物資救濟，分由水陸兩路運送返籍，計水路方面由職署駐港專員MR. HARROP與港政府洽商派船協助運送，經於五月廿二日至廿八日分兩批運載先後工人2302名抵港，分別遣送返籍；陸路方面由職署第八工作隊沿湛江至恩平設立十個輸送站，接運海口送來難工，並經輸送1432人。現因大部份工人遣送完竣，失業工人歸鄉服務處經已結束，未完業務交由粵桂閩區敵偽產業處理局駐瓊辦事處接續辦理，並由職署第九工作隊酌撥物資救濟，大概短期內當可運送完竣。理合備文將運瓊崖失業工人辦理經過情形呈報

鑒核。

謹呈

署長蔣

廣東分署署長凌道揚

国民政府行政院善后救济总署广东分署1946年7月9日呈报的《运送琼崖失业工人经过由》。

琼海关财产损失报告单（自抗战发生之日起至1940年4月30日止）。

琼山县政府第五区署1940年11月13日填送的《琼山县第五区住户财产损失汇报表》。

日军侵琼期间在占领区设置“慰安所”。图为设置在海口市中山横巷3号的朝日“慰安所”旧址。

日军设在儋州市那大镇解放南路的李家大院“慰安所”旧址。

海口市琼山区府城绣衣坊23号刘宅媳妇张以兰（左，77岁）、莫月卿（右，75岁）讲述当年刘家三进大宅被日军强占设“慰安所”的情况。

左图为海口市琼山区府城绣衣坊23号刘宅第一进大门，木门上的刀痕为当年几名日军因“慰安所”没有及时开门，恼羞成怒地用砍刀向门缝处猛砍所致。下图为进入刘宅第一进大门正厅右侧的隔房木板上遗留的“慰安所”售票口。

海口市秀英区长流镇“儒显村血案”幸存者史道昌（儒显村人，1927年10月15日生）。下图为史道昌右臂上被日军砍伤留下的伤疤。

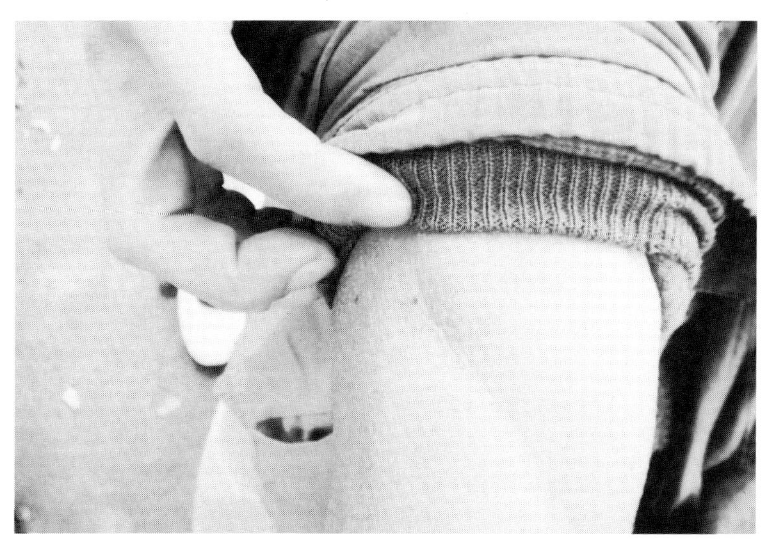

海口市琼山区“昌洽村惨案”见证人、幸存者吴学汉（红旗镇昌洽村人，1932年生）在接受采访时哭诉日军的罪行。

三亚市“妙山村惨案”幸存者黎金龙（三亚市妙林村妙山二队人，1922年11月10日生）。

文昌市“南阳惨案”幸存者陈俊汉（文昌市南阳新合罗衣陈村人，1930年6月8日生）。

琼海市“互助乡‘三·一’惨案”幸存者谢式容（琼海市中原镇长仙坡村人，1922年10月生）。

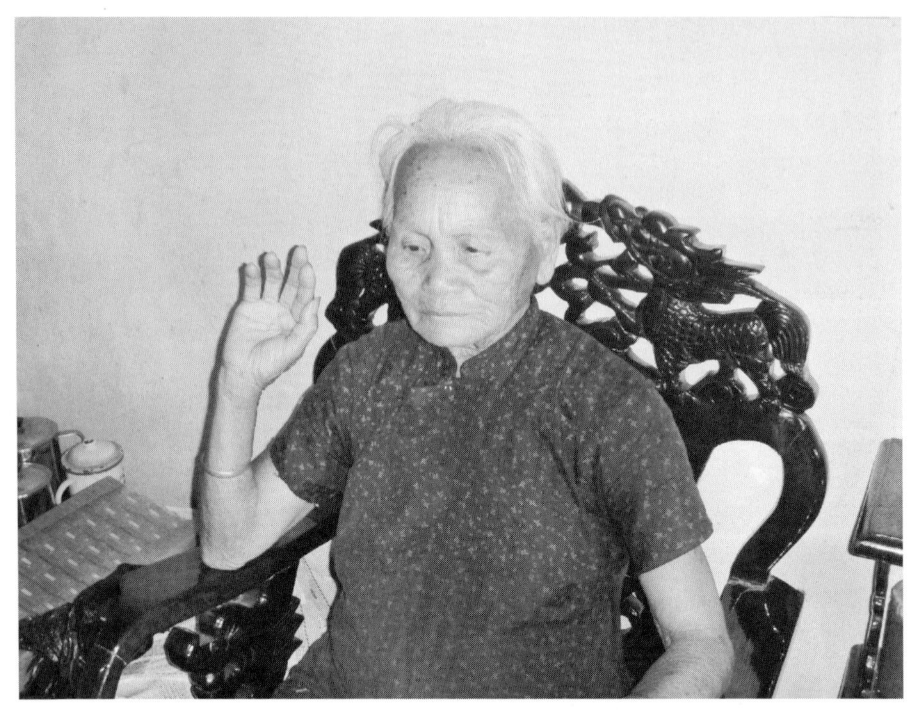

儋州市和庆镇“和合村惨案”幸存者韦月英(和庆镇罗便管区美迎村人,1925年10月19日生)讲述1944年1月日军制造“和合村惨案”时自己的遭遇。

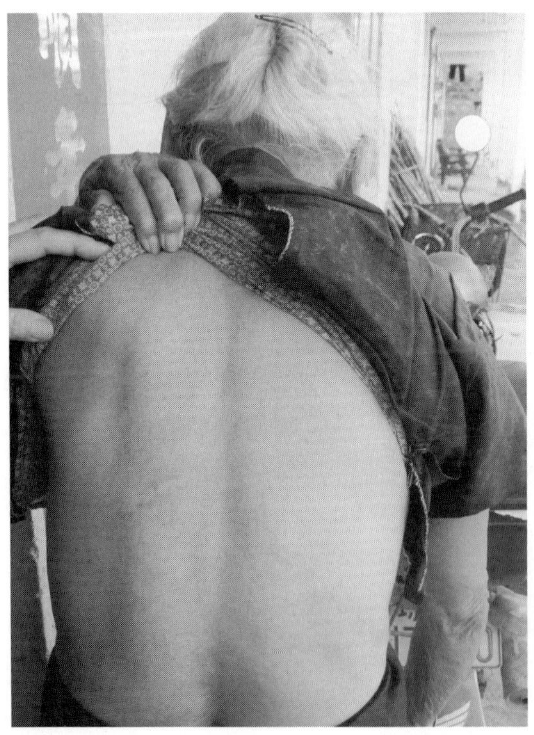

儋州市和庆镇“和合村惨案”幸存者韦月英在“和合村惨案”中被日军刺穿背部留下的疤痕。

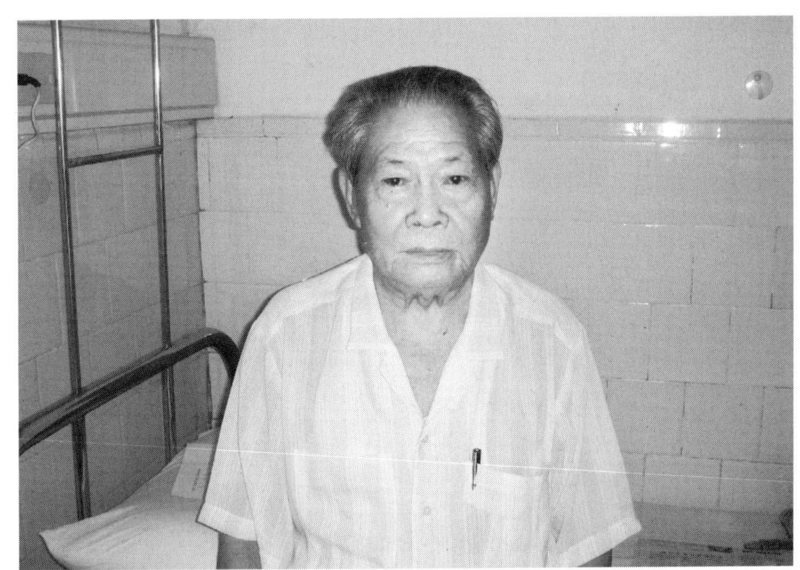

儋州市“吴村惨案”幸存者羊有干（家住儋州市那大镇文明路，1927年12月1日生）。

万宁市“月塘村惨案”幸存者朱进春（因被日军刺了八刀，外号朱八刀，家住万宁市万城镇仁专街，1935年生）。下图为朱进春被日军刺伤留下的伤疤。

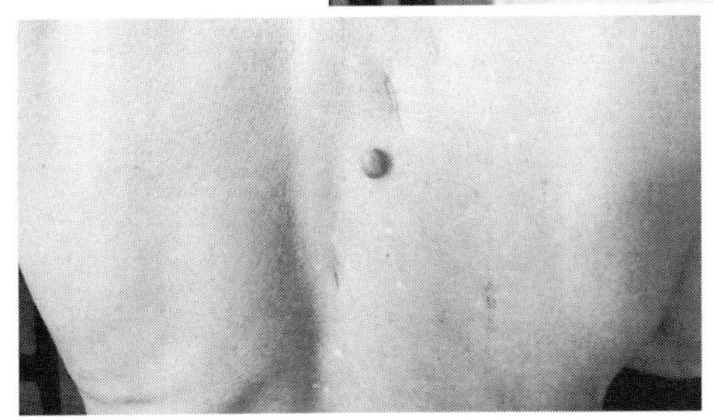

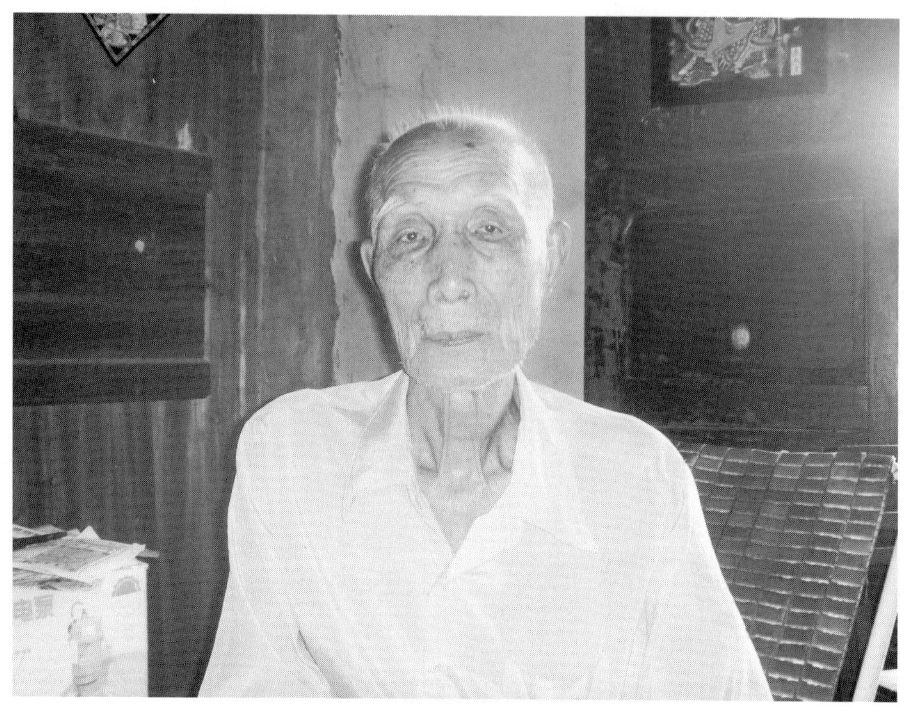

被日军强征到海南修建崖城至黄流铁路的台湾籍劳工林甫考（家住三亚市田独镇，1918年12月31日生）。

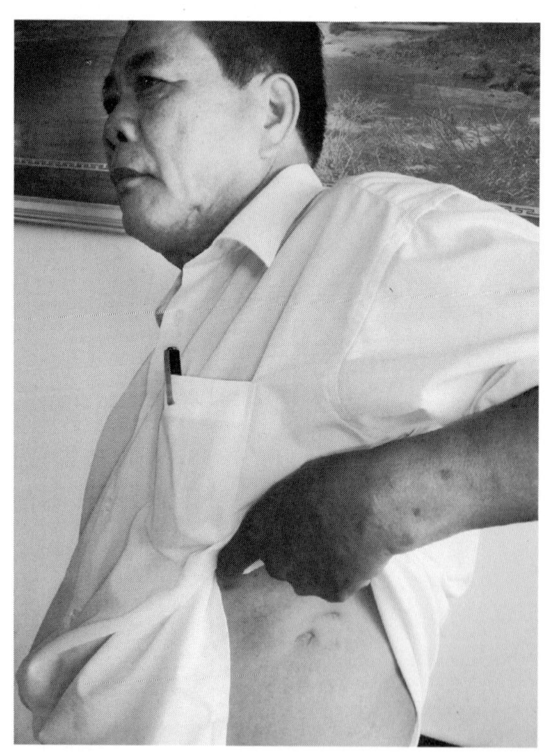

澄迈县“沙土峒惨案”幸存者温国英（澄迈县桥头镇圣眼村人，1941年4月5日生）。图中腹部伤痕为当年他被日军刺刀刺伤留下的伤疤。

东方“八所潭万人坑”见证者钟映长（家住东方市八所镇八所港，1935年9月20日生）。

澄迈县中兴镇南进村“慰安妇”蔡爱花（1926年生）。

澄迈县中兴镇土龙村“慰安妇”李美金（1927年生）。

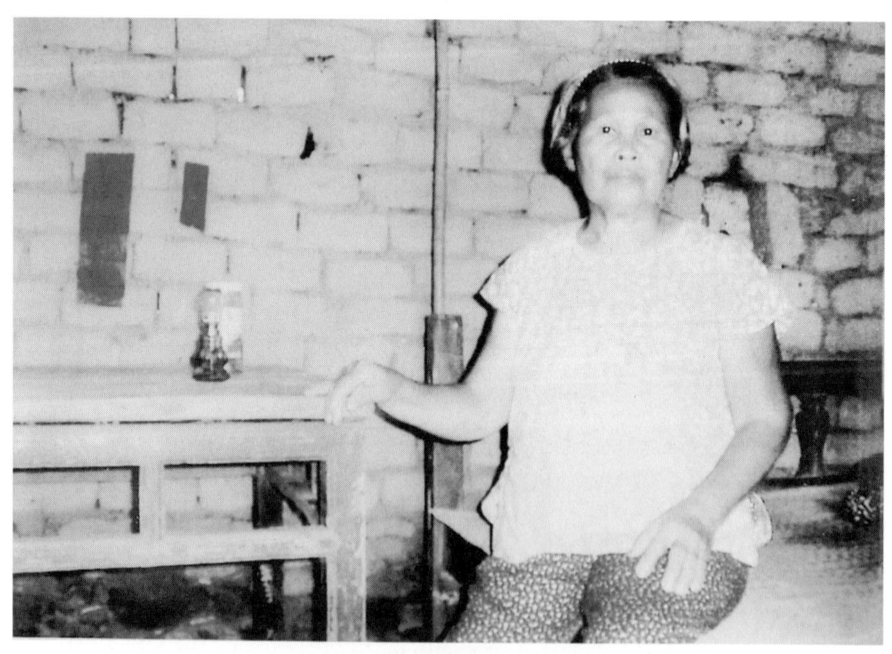

澄迈县中兴镇土龙村“慰安妇”符美菊（1928年生）。

保亭县南林乡番如村谭亚洞老人，1943年在南林日军据点被编入“战地服务队”受性奴役，当时年仅19岁。

陵水县“慰安妇”陈亚扁（陵水县咔号镇祖侼村人，1927年12月16日生）。

日军侵占海南岛期间，强制使用劳工对石碌铁矿、田独铁矿等资源进行掠夺性开采，同时进行一系列配套基建工程，造成大量劳工伤亡。图为当年石碌铁矿台湾籍劳工白标（原名白川，1921年9月19日生）。

当年石碌铁矿香港籍劳工向全(1917年12月19日生）。

当年石碌铁矿广东南海籍劳工谭六。

当年石碌铁矿香港籍劳工马霖（1916年8月5日生）。

当年石碌铁矿海南万宁籍劳工李洪。

当年石碌铁矿黎族劳工。

1942年春的石碌工人宿舍。

石碌铁矿初建时的昌化江架桥工程。

1941年末，石碌隧道工程。

1942年1月，接近石碌车站地带的平整土地工程。

1942年4月，昌化江第一发电站宝桥的基础工程。

当年将石碌铁矿石外运的八所港码头。

当年修建的八所港矿桥。

1943年1月，修建中的八所港高架引桥工程。

日军掠夺石碌铁矿时期死难劳工焚尸处，今昌江黎族自治县石碌镇石碌西桥南端两边。

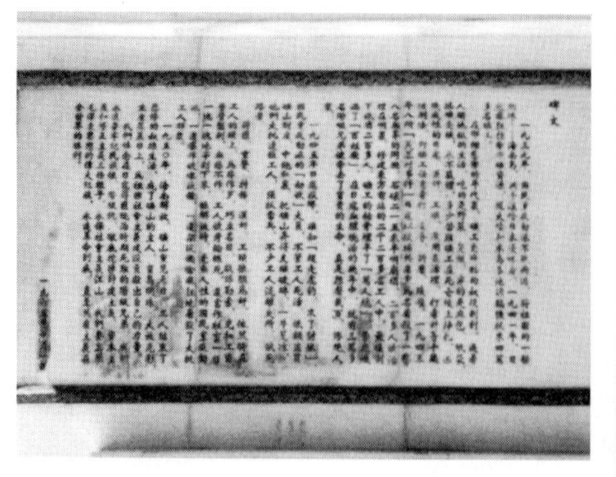

石碌铁矿死难矿工纪念碑碑文。

石碌铁矿死难矿工纪念碑。

位于东方市八所港的日军侵琼八所死难劳工纪念碑。

位于东方市八所港“万人坑”边的劳工监狱。

田独“万人坑”遗址。

位于三亚市田独镇的田独“万人坑”死难矿工纪念碑。

目　　录

总序

《抗日战争时期中国人口伤亡和财产损失》课题
调研工作规范和要求

一、海南省抗日战争时期人口伤亡和财产损失
调研报告 …… 1

（一）调研工作概述 …… 1

（二）海南抗战前自然条件及社会经济状况 …… 3

（三）日军对海南的侵略与主要罪行 …… 6

（四）人口伤亡情况 …… 25

（五）财产损失情况 …… 33

（六）结论 …… 46

二、资料 …… 50

（一）档案资料 …… 50

1. 琼山县战时官兵死亡人数及公私财产损失数量调查统计表（1946 年 8 月） …… 50

2. 行政院交办议案件通知单：军事委员会办公厅函请褒恤琼崖孤岛抗战殉职军政人员及救济阵亡将士由（节选）（1946 年 1 月） …… 51

3. 琼山县第四区文昌乡民财产损失　被敌伤亡汇报表（1940 年 9 月） …… 52

4. 琼山县第四区文岭乡民被敌伤亡汇报表（1940 年 8 月） …… 54

5. 琼海关财产损失报告单（1940 年 4 月） …… 57
6. 海务科财产直接损失报告表（节选）（1946 年） …… 58
7. 定安县政府呈：缴本县广丰盛电灯股份有限公司及广丰火砻因战事破坏损失情形表暨照片各乙份恳核备转由（1946 年 12 月） …… 59
8. 陆军第四十六军司令部命令（1945 年 11 月） …… 61
9. 行政院秘书处公函：救济海南岛失业工人案（1946 年 4 月） …… 63
10. 经济部粤桂闽区特派员办公处呈：为遣送海南难工一案准外交部两广特派员公署港办事处代电本处应负担一部分费用请核备由（1946 年 6 月） …… 64
11. 善后救济总署广东分署呈：为留琼台胞亟待遣送请拨专款或派船接运免使滞留转增耗费电（1946 年 6 月） …… 65
12. 善后救济总署广东分署呈：报运送琼崖失业工人经过由（1946 年 7 月） …… 66
13. 善后救济总署广东分署呈：请速拨专款办理遣送留琼台胞由（1946 年 7 月） …… 67
14. 财产损失报告单（1939 年 6 月） …… 68
15. 琼山县第五区住户财产损失汇报表（1941 年 2 月） …… 69
16. 财产损失报告单（1941 年 2 月 13 日） …… 70
（二）**文献资料** …… 71
17. 惨绝人寰的大屠杀——日军在儋州北部地区的罪行 …… 71
18. 儒显村血案 …… 75
19. 血染大海——日军杀害林墟乡难民纪实 …… 76
20. 日军侵犯乐罗地区罪行见闻录（摘选） …… 77
21. 日军沙土大屠杀 …… 79
22. 日军“三光”扫荡　村民五百罹难——我们亲历的大洋、北岸两村惨案 …… 84
23. 四村大屠杀 …… 89

24. 煎煮幼童　奸杀妇女
——日军烧杀石马村纪实 …………………………………………… 90
25. 日军“蚕食”、“扫荡”，制造“无人区” ………………… 92
26. 血染“宰人砧”　注毒害人命
——日军在昌洽村的暴行 …………………………………………… 93
27. 日军经济封锁　残杀无辜盐贩 ………………………………… 94
28. 日军强征劳工情况 ………………………………………………… 95
29. 田独铁矿劳工概述（节选） …………………………………… 96
30. 崖县田独万人坑 …………………………………………………… 97
31. “慰安妇”来源、人数及“慰安所”遗址（节选） ……… 99
32. 海南日军“慰安所”里“慰安妇”的情况……………………… 106
33. 海南本地“慰安妇”人数 ……………………………………… 110
34. 金江、石浮“慰安所”见闻 …………………………………… 111
35. 我亲睹的新盈日军“慰安所” ………………………………… 113
36. 日军在“服务队”中的暴行
——忆我母亲被残害的经过 ………………………………………… 115
37. 日本在海南岛设立会社的情况 ………………………………… 117
38. 日本占领海南岛后之事业投资数额及其种别 ……………… 123
39. 日军在石碌、田独矿山的生产及输出情况 ………………… 134
40. 羊角岭矿山的开发概括 ………………………………………… 135
41. 林业的计划及其实绩 …………………………………………… 136
（三）口述资料 ………………………………………………………… 139
42. 海口市“儒显村惨案”幸存者史道昌的证言 ……………… 139
43. 海口市昌洽村吴学汉的证言 …………………………………… 140
44. 三亚市凤凰镇妙林村妙山二队黎金龙的证言 ……………… 141
45. 文昌市南阳新合罗衣陈村陈俊汉的证言 …………………… 142
46. 琼海市中原镇长仙村欧宗俊的证言 ………………………… 143
47. 琼海市中原镇长仙村欧育媛的证言 ………………………… 144
48. 儋州市“和合村惨案”幸存者韦月英的证言 ……………… 145
49. 儋州市那大镇文明路羊有干的证言 ………………………… 146
50. 万宁市万城镇月塘村朱建华的证言 ………………………… 147
51. 万宁市万城镇月塘村朱进春的证言 ………………………… 148

52. 定安县“大河、后田、牛耕坡、周公四村惨案”见证者符和昌的证言 …… 149
53. 澄迈县桥头镇钦帝村王世禄的证言 …… 150
54. “慰安妇”蔡爱花的证言 …… 151
55. “慰安妇”李美金的证言 …… 152
56. “慰安妇”符美菊的证言 …… 153
57. “慰安妇”陈亚扁的证言 …… 154
58. 侵琼日军对一个年轻少妇的性侵害实录 …… 155
59. 台湾劳工林甫考的证言 …… 157
60. 海南铁矿劳工口述 …… 158

三、大事记 …… 300

后记 …… 322

总后记 …… 324

一、海南省抗日战争时期人口伤亡和财产损失调研报告

海南省抗战损失调研课题组

(一)调研工作概述

1. 调研组织

根据中央党史研究室《关于开展〈抗战时期中国人口伤亡和财产损失〉课题调研的通知》精神，海南省委党史研究室于2005年4月成立《抗战时期海南人口伤亡和财产损失》课题领导小组，下设课题调研小组。2006年4月，对课题调研小组进行调整充实，邀请海南师范大学、海南省军区、海南省档案局、海南省统计局有关人员参加本课题的资料收集及研究工作。全省各市县均成立抗战课题调研小组。详见下表：

海南省、市（县）两级抗战课题调研组情况表

单　位	调研组负责人姓名	人　数
海南省委党史研究室	梁振球　许达民	12
海口市委党史研究室	陈纯英	13
三亚市史志办公室	蔡衍宗	6
文昌市史志办公室	符传昌	4
琼海市史志办公室	谢才雄	5
儋州市史志办公室	杜建心	5
万宁市史志办公室	钟燕波	12
五指山市史志办公室	陈佳彦	9

续表

单　　位	调研组负责人姓名	人　数
东方市史志办公室	黄　文	3
定安县史志办公室	崔开勇	4
屯昌县委党史研究室	蔡兴导	6
澄迈县史志办公室	王邦照	3
临高县史志办公室	符　克	3
昌江黎族自治县委党史研究室	文开能	5
乐东黎族自治县史志办公室	白丽华	9
陵水黎族自治县史志办公室	陈文平	2
白沙黎族自治县史志办公室	刘新光	7
保亭黎族苗族自治县史志办公室	符开勇	5
琼中黎族苗族自治县史志办公室	王振雄	8
合　　计		121

2. 调研过程

调研工作先从基层抓起。省课题组领导带领工作人员深入全省 18 个市县逐一进行检查指导，帮助解决实际问题。2006 年 4 月，省委党史研究室向各市县党史研究室（史志办公室）下发《关于进一步开展抗战时期海南人口伤亡和财产损失资料收集工作的通知》，要求各市县对本区域档案馆所藏 1939 年至 1947 年民国档案及文献资料进行拉网式收集。各市县调研组积极开展调研工作。有的市县在收集档案文献资料的同时，还发动社会力量开展社会调查。调研工作覆盖面大，获取了宝贵的第一手资料。在市县广泛调查的基础上，省课题组及时总结经验，进一步规范了工作程序，加快了工作步骤。

其次是扩大调查范围。为了夯实课题调研基础，省调研小组除了在本省范围内查阅相关的党史、地方志及政协文史资料外，还前往中国第二历史档案馆、广东省档案馆、广东省立中山图书馆、海南省档案馆、海南钢铁公司档案馆查阅历史档案，并采访了一批重大惨案、血案的幸存者和见证人，以及劳工、“慰安妇”的幸存者或亲属。针对海南的情况，省调研小组把劳工、“慰安妇”、遭日军性暴行的人数及有关口述资料做了专题分类和整理，以期突出海南抗战损失资料的特色，做到更加全面、具体、翔实。

最后，对具体资料进行甄别、分析和统计，尽可能去伪存真、加以梳理，深入研究。但由于年代久远，档案资料散失严重，仍然感觉这次搜集到的一些资料不够完整和清晰，主要集中在数字、时间、人名、地名、事件经过等方面。本着实事求是、对历史负责的原则，对于搜集到的各种资料和市县报送的统计数字，调研小组都认真加以甄别、核实，反复进行汇总统计，力求准确无误。譬如，关于抗战时期海南人口伤亡数字，在有关的研究著作中有20多万、40多万、50万等多种说法。经调研小组缜密调查，纵横对比，细心考证，最后得出可采信的数据。但是该数据仍未充分准确反映海南抗战时期人口伤亡和财产损失的情况，有待后人继续深入挖掘及研究。

3. 所得资料

9年多来，省、市县两级调研组共有562人参加调研，累计查阅历史档案资料955卷、文献资料250种，复印史料4100页；采访重大惨案、血案幸存者和见证人以及劳工、“慰安妇”幸存者和亲属，采集证言证词588份；走访当事人和知情人6661人，搜集劳工口述回忆资料156份，拍摄照片515张。在撰写本调研报告的同时，还形成《抗战时期海南人口伤亡和财产损失大事记》《海南抗战档案、文献资料选编》《海南抗战调研成果目录》3种材料。

（二）海南抗战前自然条件及社会经济状况

1. 行政区域和自然条件简况

海南位于中国的南端。1988年4月建省并建立海南经济特区。行政区域包括海南岛和西沙群岛、南沙群岛、中沙群岛的岛礁及其海域。现辖3个地级市：海口市、三亚市、三沙市；6个县级市：琼海市、儋州市、万宁市、文昌市、东方市、五指山市；4个县：定安县、屯昌县、澄迈县、临高县；6个民族自治县：昌江黎族自治县、乐东黎族自治县、陵水黎族自治县、白沙黎族自治县、保亭黎族苗族自治县、琼中黎族苗族自治县。全省陆地面积3.5万平方公里，海域面积约200万平方公里。2008年总人口约864万人。

海南原为广东省辖下的一个行政区域。1936 年 9 月，广东全省划分为 9 个行政督察区，海南被划定为广东省第九区行政督察区，在琼山县设立第九区行政督察专员公署。1938 年 10 月广州沦陷后，广东省政府将全省划分为西江、东江、南路、琼崖 4 个行政区，琼崖行政区设立行政公署。1940 年 5 月，撤销琼崖行政区公署，重新设立广东省第九区行政督察专员公署，管辖琼山（今属海口市）、文昌、琼东（今琼海市）、乐会（今琼海市）、万宁、定安、澄迈、临高、儋县（今儋州市）、崖县（今三亚市）、陵水、昌江、感恩（今东方市）、白沙、保亭、乐东 16 县（海口原属琼山县管辖，1926 年 12 月设市，1931 年 2 月裁撤，其地域复归琼山县管辖。1939 年 2 月海口沦陷，次年由日军操纵成立“海口市临时政府”，1942 年初改为“海口市政府”。1949 年 8 月，海南特区行政长官公署决定设置海口市政筹备处，并划定管辖区域。1950 年 6 月，成立海口市人民政府）。据民国时期广东省民政厅等档案资料统计，1939 年海南总人口 2402965 人。

海南岛北濒琼州海峡，与广东省雷州半岛隔海相望，是中国仅次于台湾岛的第二大岛。环岛海岸线长 1617.8 公里，有大小港湾 84 个。琼州海峡宽约 18 海里，是海南岛与大陆之间的“海上走廊”，也是北部湾与南海之间的海运通道。西、南、中沙群岛海域是太平洋通往印度洋的海上交通要道，具有重要的战略地位。

海南岛略呈椭圆状，以中部高山为核心，向四周外围逐级递降，由山地、丘陵、台地、平原组成环形层状地貌。地处热带北缘，高温多雨，热带季风海洋性气候特点突出。温暖的气候，充足的降雨量，特殊的地质构造和地理条件，使海南拥有丰富的农、林、矿、渔等资源。但是在民国时期，海南丰富的自然资源未能得到合理的开发和利用。

此次调研以 1988 年 4 月建省以来海南省的行政管辖区域为准。

2. 抗战前海南社会经济状况

民国时期海南经济主要以农业为主，但由于缺乏水利设施，农田基本上都是“望天田”。加上耕作粗放，生产工具落后，品种低劣，粮食产量很低。全岛所生产的粮食不能自给，每年需从暹罗（即泰国）、越南等地购入大批米粮。农作物除稻谷外，还有番薯、高粱、玉米、木薯、豆类等。日军入侵前，全岛牛、猪各为 75 万头[①]。森林覆盖面积为 50%[②]。

工业基础薄弱，设备简陋，技术落后，生产能力很差，基本上属于手工业为主的工业体系。1924—1935 年间，海南的轻工业主要有制糖、罐头、印刷和制盐业等。制糖业也主要是手工作坊。当时全岛制糖业平均年产量为 20 万担。1930 年全岛共有盐务公司 122 家，盐田（石田）面积约 4156 亩；墈户 973 家，盐墈面积 810 亩；灶户 46 家。计每年产生盐 598465 担，熟盐尚不在内。主要盐场分布在三亚、榆林、北黎、感恩、儋县、后水、海口、塔市、清澜、长圮、潭门、和乐、东澳、新村、保平、九所、海头、马袅等地[③]。

商业比较繁荣的地区集中在本岛北部和东北部沿海地区，即琼山、文昌、琼东、定安等县。当时全岛有商业圩镇 214 个。海口有店铺近 600 家，经营门类比较齐全。海南商业的兴衰与侨汇关系极其密切。在日军侵入海南之前的五六年间，岛内政局相对平稳，华侨汇回资金丰裕，社会购买力旺盛，商业充满生机。

海南对外贸易的扩大始于 19 世纪末。随着海南近海商贸以及与东南亚贸易的增加，海南航运业出现兴旺的景象。凭借优越的海运条件，海南一度与香港、广州、佛山等地成为贸易对手。航运到达口岸以香港为主，广州、佛山为辅。海南货物甚至直接出口到东南亚及英、美等国。当时从岛上输出的商品主要是活牛、生猪、山羊、药材、香料、青果、皮革、海产品、木材、红白藤及其制成品。从海外输入的商品主要是粮食、油料、燃料、金属制成品以及日用杂货[④]。

崖县是海南最著名的海鱼产区，其次是临高、陵水、乐会、万宁、文昌、儋县。每年出口数量约 2500—3000 吨。

1934 年，海口有 3 家银行：中国银行琼州办事处、广东省银行海口支行、琼崖实业银行；1 间邮政储金汇业局：琼州邮政储金汇业局；15 间找换钱店；40 余间汇兑银铺及星暹信局（即汇兑新加坡、泰国侨汇的侨批局）。

海南交通运输业在 20 世纪 20—30 年代发展较快，出现了陆运、海运、空运并举的势头。全面抗战爆发前夕，全岛公路总长 1844. 5 公里；海上运输业以海口为中心，辟有 9 条航线，即海口至广州、湛江、汕头、北海、厦门、福州、香

---

① 《海南岛一般情况及建设计划》，广东省水利电力厅资料室，资料编号 161—27，存海南省档案馆；陈植：《海南岛新志》，商务印书馆 1949 年版，第 114 页。

② ［日］吉野正敏：《海南岛的农业气候》，见日文版《地理》第 29 卷 8 号，第 83 页。

③ 陈铭枢总纂（民国）：《海南岛志》，台湾总督府热带产业调查会 1936 年版，刘宪章 1984 年译，海南出版社 2004 年重版，第 391 页。

④ 陈铭枢总纂（民国）：《海南岛志》，台湾总督府热带产业调查会 1936 年版，刘宪章 1984 年译，海南出版社 2004 年重版，第 433—476 页。

港、新加坡、暹罗等航线。日军入侵后，海南交通运输业急速下滑。

在邮电方面，1938 年海南全岛有二等邮局 3 处，三等邮局 8 处，支局 1 处，代办所 67 处。海口设有琼崖电话总局和广东省无线电报琼州分局。

（三）日军对海南的侵略与主要罪行

1. 日军侵略海南的基本情况

海南岛是华南乃至太平洋上的战略要地。早在 1904—1905 年日俄战争后不久，日军就注重强化对海南岛的研究，将其视为控制南太平洋的前进基地。日军认为，海南岛不仅具有重要的军事战略价值，而且具有经济战略价值。1939 年 1 月 13 日日本内阁御前会议后，日军做出了进攻海南陆海空协同行动的周密作战计划。

日本军队对于海南岛进攻作战，陆军方面称之为“登号作战”，海军方面称之为“Y 作战”；陆海军协同对海口方向的进攻作战称之为“甲作战”，海军单独对三亚、榆林的进攻作战称之为“乙作战”①。1939 年 2 月 10 日凌晨，日军向海南岛发起了进攻。日本海军第 5 舰队司令长官近藤信竹中将和陆军第 21 军司令官安藤利吉中将指挥下的“台湾混成旅团”数千人，在海军第 5 舰队 30 余艘舰艇护卫和 50 余架飞机的掩护下，从海口西北角琼山县天尾港约 2 公里长的海岸强行登陆。在击败国民党保安部队抵抗之后，随即兵分左右两翼进攻海口、府城。左翼队击退在大英山抗击的国民党保安第 15 团第 3 营和海口政警队一个连的抵抗后，于当日约 12 时 40 分攻占海口市。右翼队击败驻守府城甘蔗园的保安第 11 团第 2 营及保安第 5 旅旅部直属排的抵抗之后，于当日约 11 时 45 分攻占琼山县城。日军海军基地部队随同日本步兵到达海口湾，清除河道后进入海口。为配合登陆作战，日军对海南岛北部的文昌、清澜、塔市等地进行了轰炸。日军随后于 2 月 20 日向定安县进攻并占领定安县城，2 月 21 日占领文昌，2 月 23 日占领清澜港。此为日军的甲阶段作战。

日军的乙阶段作战于 2 月 14 日凌晨发动。此次的目标是海南岛南部的重镇——三亚。日本海军第 5 舰队载着佐世保海军陆战队 2500 余人，于 2 月 13 日从雷州半岛的深尾湾出发，于 14 日拂晓，进至三亚港附近，随后占领了三亚、榆林、崖城，并派出数十架飞机轮番轰炸海南南部的各中小城镇。4 月 16 日，

---

① 日本防卫厅防卫研究所战史室：《中国方面海军作战》〈2〉，朝云新闻社 1976 年版，第 94 页。

由台湾混成旅团的川崎部队与坂垣大佐指挥的海军陆战队在海南岛西部（今洋浦港入口处北岸）登陆。次日，又在新英登陆，随后向东进击，于4月18日10时占领儋县县城（今儋州市新州镇）。至此，海南岛东部、北部、南部、西部各地的重要港湾和城镇全部被日军占领。至1940年3月，日军逐步占领除白沙县城外海南岛各县县城和大部分市镇。日军占领海南之后，立即实行军事管制，在占领区实行法西斯殖民统治。日本陆军省、海军省、外务省共同制定了《海南岛政务暂行处理纲要》，其中规定："在海南岛政务关系的处理，由在当地的陆海军各政务处理机构及外务派出机构组成的海口联络会议来担任，并作为其执行机构。"据此日军在海口成立了由日本陆军、海军和外务省派遣机关组成的海口联席会议，即所谓"现地三省联席会议"，作为日本处理"海南岛会议"政务决策以及协三方机关的最高机构①。

1939年11月设立的海南岛根据地队司令部，是日军在海南岛的最高军事机构。时下所属部队为五防（司令板垣盛），吴六特（司令大田实，4月15日改称六防），横四特（司令加藤荣吉），佐八特（司令井上佐马二）。海军陆战队的总人数大约6725人。1939年年底，日本海军中国方面舰队全面改编，海南岛的第四根据地队也随之变化，改称海南岛根据地队，隶属于中国方面舰队新改称的第二遣华舰队。为强化海南岛的警备力量，1940年6月10日，舞鹤镇守府第一特别陆战队被派往海南岛，列入海南岛根据地队的战斗序列。由此，日本海军三支陆战队和二支防备队，分别五个区域担负海南岛的警备任务②。此种兵力的配置一直持续到1945年8月日本投降。

日军1939年2月10日在海口，2月14日在三亚登陆后，为控制岛内的主要目标，随即展开了进攻，兵力主要集中于北部，至1939年4月占领琼海的嘉积为止，日本陆军登陆后作战的第一阶段宣告结束。1939年7月日本陆军饭田旅团（即台湾混成旅团）撤出海南岛之后，海南岛几乎形成了日本海军为主控制的局面。1940年3月，日军以扩大"讨伐"范围、扩大占领区及实施道路的建设为目的，动用海南岛根据地队属下的全部兵力，开始全岛的"扫荡"战。日本方面的资料称此次作战为"Y二作战"，作战从3月1日开始，4月底结束。1940年6月10日，舞鹤镇守府第一特别陆战队派往海南岛，并在海南岛编成列入海南根据地队的编制。此后在海南岛的日军把全岛分成五个区域，以两个防备队及三个特别陆战队分担各自区域的警备任务。

---

① 日本防卫厅防卫研究所战史室：《中国事变：陆军作战》〈2〉，朝云新闻社1977年版，第341页。

② 日本防卫厅防卫研究所战史室：《中国方面海军作战》〈2〉，朝云新闻社1976年版，第405页。

1941 年之后，由于海南岛在日军强行进占法属印度支那过程中发挥了突击基地的作用，加之海南岛内诸多重要资源的发现，由此日本海军不仅把海南岛看成是获取丰富战略资源的要地，而且亦将之视为日本的“南进”基地之一。1941 年 4 月 10 日，将原来海南根据地队升格，新设海南警备府以强化其基地作用。但是这时海南岛内抗日军队（包括国民党军队、共产党军队、当地的民团）的活动依然非常活跃，同时，他们也和岛外保持着紧密的联系，对日军的所谓“治安”及“开发”活动都构成了极大的威胁。为扼制抗日军队的活动，日军借鉴取得实效的大规模作战“Y 二作战”的经验，在“Y 二作战”近一年之后，组织大规模“扫荡”作战，日本方面的资料称此次作战为“Y 三作战”，时间为 1941 年 2 月 23 日—3 月 31 日。日本方面的资料称：日军在海南岛北部由十五警、佐八特及舞一特“扫荡”海南岛北部抗日军队；南部则由十六警及横四特进行“彻底的讨伐”，使抗日军队“丧失集团行动的能力”。在“Y 三作战”中，为准备进驻法属印度支那而临时进驻海南岛的两支日军特别陆战队吴一特（1941 年 2 月 1 日从日本国内调入海口）和佐一特（1941 年 2 月从日本国内调入三亚、清澜），也临时编入海南警备府的指挥系统，协助此次作战①。

此后，日军又分别于 1941 年 8 月、11 月，1942 年 6 月、11 月发动了“Y 四作战”、“Y 五作战”、“Y 六作战”、“Y 七作战”，对海南抗日根据地进行大规模“扫荡”。

为维持日军的统治，日军不断“讨伐”扰乱“治安”的抗日军队。据日文资料记载：“1944 年海南警备府特别指导实施了‘Y 八扫荡作战’。该作战在航空部队协助下，实施如下：十五警，时间不明。十六警，昭和 18 年（1943 年）12 月 9 日至昭和 19 年（1944 年）3 月 17 日；昭和 19 年（1944 年）9 月 1 日至昭和 19 年（1944 年）12 月 6 日。横四特，昭和 18 年（1943 年）12 月 1 日至昭和 19 年（1944）年 12 月 X 日。佐八特，昭和 18 年（1943 年）12 月 1 日至昭和 19 年（1944 年）5 月 7 日。舞一特，昭和 19 年（1944 年）5 月 1 日至昭和 19 年（1944 年）5 月 31 日；昭和 19 年（1944 年）9 月 1 日至昭和 19 年（1944 年）10 月 31 日。”②

为夺取海南岛石碌的铁矿资源，日军在八所修筑港口，并于 1943 年 3 月完成第一号码头的建设。1943 年 3 月下旬第一艘装载铁矿石的日本船只驶向日本国内，此后矿石船陆续开进该港。但这些船只也成为在华美国空军的袭击目标，

① 张兴吉：《日本侵占海南岛罪行研究》，海南出版社 2004 年版，第 70—72 页。

② 日本防卫厅防卫研究所战史室：《中国方面海军作战》〈2〉，朝云新闻社 1976 年版，第 440 页。

同时美国空军日益频繁地对海南岛进行空袭。日军在岛上的航空兵力为警戒和迎击而疲于奔命；日军陆上部队除“扫荡”作战之外，还加上了对空监视和对空防卫的任务。

在1945年日军较大规模的进攻是“Y九作战”，但各方关于“Y九作战”的资料极少，故难以了解其具体情况。据《海南抗战纪要》的记载：“Y九作战”从民国卅三年二月八日开始，而日文资料的记载为1945年。此时海南警备府所属的警备队及海军陆战队一面要应对海南岛内抗日军队的袭扰，同时也要进行反美军在海南岛登陆的准备。1945年1月为准备对美军的作战，日本陆军的“纯兵团”（第23独立混成旅团）一度进入海南岛防卫，但在同年5月由于日军华南方面军防御方针的改变，“纯兵团”又撤回到广东。其间在海南岛的日军航空兵力（主要是九〇一航空队三亚派遣队）因“天号作战”而撤回日本国内，在海南岛再无日军航空兵力。此时日军由于在中国华南的海上交通线因盟军的空袭已经中断，产自海南岛石碌、田独的铁矿石也就无法运出①。

面对日军的侵略和统治，中共琼崖特委及其领导的琼崖抗日独立纵队在坚持孤岛抗战，开展游击战争，浴血奋战，多次粉碎日军残酷的“蚕食”和“扫荡”，使侵琼日军陷入人民战争的汪洋大海之中。在6年多的抗战中，琼崖独立纵队共对日、伪军作战2200余次，击毙日、伪军3500余人，伤日、伪军1900余人，俘虏日、伪军150余人②。另外，守卫海南的国民党广东保安第5旅两个保安团及各县壮丁常备队和游击队对日军的入侵也奋起抵抗，坚决打击。曾任琼崖守备司令王毅在1945年11月5日的《述职报告书》中说：国民党抗日军队“与强暴之顽敌抵抗，至六年又七个月之久，先后与敌苦战1637次，共毙敌4284人”③。琼崖抗日军民的坚决抵抗与斗争，使日军在琼崖的军事进攻和经济掠夺遭到沉重打击，在一定程度上阻滞了日军“南进”的步伐。

2. 日军在海南岛的殖民统治和血腥屠杀

为强化对海南岛的占领，日军在海南环岛沿海地带及内陆山区，建立360多个军事据点，形成军事统治网络。日军为实施“以华制华”方针，网罗汉奸、

---

① 参见张兴吉：《日本侵占海南岛罪行研究》，海南出版社2004年10月版，第101—102页。

② 中共海南省委党史研究室编著：《红旗不倒——中共琼崖地方史》，中共党史出版社1995年版，第362—363页。

③ 沈云龙主编：《海南抗战纪要》，台湾文海出版社1971年版，第664页。

卖国贼，于1939年7月17日在海口成立傀儡政权“琼崖临时政府”，赵士桓为主席；成立伪“自卫军”，詹松年为伪军司令。在文昌、琼山、定安、琼东、乐会、万宁、陵水、崖县、澄迈、临高、儋县、昌江、感恩、保亭等县及乡镇建立县、乡维持会和警察局。日伪重编户口、发放“良民证”，建立保甲制，采取连坐及限制人身自由等办法，强化对占领区民众的日常监控体制。这些伪政权与日军系统纵横交错，组成严密的法西斯殖民统治网络，残酷地统治、压榨和摧残沦陷区的人民。

日军在海南实行野蛮的“三光”（烧光、杀光、抢光）政策，肆意杀戮无辜民众，血腥镇压抗日军民，制造一桩桩骇人听闻的惨案、血案。日军屠杀海南军民的手段极端残忍，有活埋、剥皮、割肉、斩首、抛杀、集体枪杀、绳绞、挖眼、肢解、挖心、狗咬、水烫、棒打、电击、铁丝吊、插竹签、钉四肢等多种手段。其中重大惨案如下：

（1）陵水县港坡村惨案

1939年6月15日夜，日军300余人，分四路合围“征剿”港坡村下岭，一共杀死无辜群众310多名，烧毁民房20余间。新婚不久的村民周进吉夫妇，被日军刺死在沙滩的船底下。村民符关德被日军刺了7刀，挣扎而死。村民陈保吉躲藏在荆棘里，被日军拿刺刀刺穿腹部，肠子流出体外。年轻媳妇陈德昌在厨房煮饭，日军一士兵见后，欲上前强奸，陈德昌的婆婆拼命拖住日兵，使媳妇得以逃脱。日本兵恼羞成怒，竟举起枪托将陈德昌的婆婆活活打死。是日，日军将躲藏在岭上的港坡村村民200余人杀害，尸横遍野①。

（2）海口儒显村惨案

1939年8月15日，驻海口市长流圩日军300余人，突然包围儒显村，以检查“良民证”为由，驱赶村民集中到村东小桥旁和附近坡地上，分为青壮年和妇女老少两部分进行杀戮。有斩首的，有开膛剖腹的，有用枪托对着脑勺打死的，有割乳房而后杀害的，有用军刀插入下身致死的，还有被机枪射杀的，连睡在摇篮中的婴儿也不能幸免。情景惨不忍睹。全村除了当天早上外出的27名村民幸免于难外，199名村民被杀死，180余间民房被烧毁②。

（3）林圩乡民海难

1939年冬，琼山县演丰镇林圩乡的一群村民为躲避灾难，乘帆船下南洋。

---

① 陵水黎族自治县地方志编纂委员会编：《陵水县志》，方志出版社2007年版，第297页。

② 海南省政协文史资料委员会编：《铁蹄下的腥风血雨——日军侵琼暴行实录》，海南出版社1995年版，第28—29页。

帆船经过两天两夜的漂泊，漂到湛江南面的赤坎仔，遭遇日军巡逻艇。日军强行登船，将船主李诗兰、王鸿梓及十几名青年捆绑起来，押上巡逻艇严刑拷打，继而用刺刀刺破他们的肚皮，掏出肠子，然后将他们抛入大海。日军又往帆船上喷汽油，纵火烧船。船上乡民纷纷跳海，无一生还。日军制造的这次海难，共杀害乡民 38 人①。

（4）乐罗大惨案

1940 年 2 月 6 日，日军挂在崖县第二高级小学乐罗学校楼顶上的日军旗被抗日游击队拔掉。同月 18 日夜间 11 时，200 多名日军开往乐罗村，在村子的 4 个路口架起机枪，对惊慌出逃的村民进行点射。第二天，村子四周尸体枕藉，惨不忍睹。计有颜国洲、陈德文、周春光、周大章、陈玉鸳、赵才庆、陈应生、吴明诚等 195 名村民被日军杀害，数十间房屋被烧毁，大批牲畜、财物被抢走②。

（5）大洋、北岸两村惨案

1941 年 6 月 25 日凌晨，日军集中桥园、龙流、乐城等据点兵力 400 余人，包围乐会县大洋、北岸两村，以查“良民证”为由，逐户搜查，将全部村民集中在一起，以刀砍、枪刺等方式进行屠杀，然后将尸体抛入屋内，放火焚尸灭迹。

在北岸村，日军将村民集中在村民何君志、何君日两家庭院内，院门前架上机枪，由 8 名手持军刀的日军对村民进行杀戮。院内 4 名日军将村民逐个推到堂屋大门门槛上，由 2 名日军举刀逐个砍刺数刀，不论死活，由另 2 名日军将他们扔进堂屋过厅火堆中（厅内堆有稻草芦席等，于杀戮前浇上汽油点燃）；先杀男人，后杀妇孺。何君范当年 7 岁，被日军刺 4 刀，头部被砍一刀，所幸均未致命，被抛入尸堆后，滚出火圈，逃进过厅卧房的水缸中躲藏，得以保全性命。

大洋村遭集体屠杀的地点是黎锡州、黎因家的宅内。日军进行集体屠杀后，又派汉奸喊话，佯称日军撤走了，叫大家出来。一些躲藏在村内的村民，一出现立即被日军射杀。这次惨案，大洋、北岸两村 369 名村民被日军杀害。加上过后几天被杀的两村村民及路过被害的外乡人 130 名，总共 499 人罹难。两村财物被

---

① 海南省政协文史资料委员会编：《铁蹄下的腥风血雨——日军侵琼暴行实录（续）》，海南出版社 1996 年版，第 45—46 页。

② 海南省政协文史资料委员会编：《铁蹄下的腥风血雨——日军侵琼暴行实录（续）》，海南出版社 1996 年版，第 370—372 页。

洗劫一空，40余间民房被烧毁①。

（6）沙土峒大惨案

驻临高新盈日军分别于1941年7月7日至11月间，3次出兵，对澄迈县沙土峒平民进行惨无人道的大烧杀、大抢劫。共杀害民众1336人，焚毁民房58间，抢走耕牛600余头，使沙土峒成为无人区。日军杀人的手法极端残忍。有7名妇女被日军剥光衣服轮奸后，用刺刀从下身刺死。一名未满月的婴儿被杀后，日军用刺刀刺进婴儿腹部挑起来玩弄，而后将婴儿的头颅割下抛到远处，5天后亲人才找到婴儿头颅②。

（7）大河、后田、牛耕坡、周公四村大屠杀

1941年8月25日，驻定安县黄竹据点的日军包围大河、后田、牛耕坡、周公4个村庄，以检查“良民证”为名，挨家挨户搜查，将4个村庄在家的男女老少共110人关押到大河、后田、牛耕坡的3间大屋里，用汽油点燃屋子，将屋内的村民活活烧死。少数冲出屋外的村民也被日军用刺刀刺死。这次大屠杀，被关押的110名村民除1名村民逃脱外，其余全部罹难，其中大河村79人，后田村23人，牛耕坡村3人，周公村4人。4个村庄被日军烧毁的民房共191间③。

（8）石马村惨案

1942年3月2日下午，日军“扫荡”文昌县抱锦乡石马村，杀死140余人，烧毁房屋380余间。4个活蹦乱跳的幼儿被日军扔在铁锅里煮死。68名老少妇孺被迫脱光衣服后，绑在一起，被日军用刺刀对准心窝，一个个捅死，然后在尸堆上泼上汽油，引火焚烧。4名年轻貌美的妇女，当着父母、叔伯、兄弟姐妹的面被剥光衣服，被日军猥亵、轮奸后刺死④。

（9）血洗昌洽村

1942年11月1日，日军乘6辆军车开进琼山县昌洽村，将全村洗劫一空。来不及外逃的47名村民全部被杀害。日军随即驻扎昌洽村，在村口架起3个“宰人砧”，肆意斩杀抗日人员和无辜村民，甚至挖肝下酒。村民林

---

① 海南省政协文史资料委员会编：《铁蹄下的腥风血雨——日军侵琼暴行实录》，海南出版社1995年版，第144—151页。

② 海南省政协文史资料委员会编：《铁蹄下的腥风血雨——日军侵琼暴行实录》，海南出版社1995年版，第266页；雷登华：“日军沙土大屠杀”，澄迈县委史志办公室编：《澄迈革命斗争回忆录》，陕西旅游出版社2003年版，第449—457页。

③ 定安县地方志编纂委员会编：《定安县志》，海南出版社2007年版，第747页。

④ 海南省政协文史资料委员会编：《铁蹄下的腥风血雨——日军侵琼暴行实录》，海南出版社1995年版，第94—96页。

克英被日军严刑拷打，注射毒药，折磨半月而死。昌洽村55间房屋被日军烧毁54间①。

（10）南阳乡大惨案

1942年，日军调集第15、16警备队和大批伪军，由日军司令伍贺亲自指挥，对琼文抗日根据地进行疯狂“扫荡”，实行烧光、杀光、抢光的“三光”政策。11月10日至次年4月19日，驻文昌县城和新桥据点的日军及南阳乡金花村据点的100多名日军“远征讨伐队”在军官小野指挥下，对南阳乡进行为期150多天的“扫荡”。南阳乡原有48个自然村，697户3000多人，经日军惨无人道的杀戮后，18个自然村被夷为平地，变为废墟，12所学校被烧毁，1549人被杀害，200多名妇女被强行奸污，全家被杀绝的有79户，1457间民房被烧毁，占所有民房的92%，700多头耕牛被杀死或被抢走，其他财物损失难以数计②。

（11）木石大屠杀

1943年1月9日早晨，日军在琼山县木石溪边杀死村民130多人，绝大部分为妇女儿童。黄循财当年仅6岁，被搂在母亲黄何氏怀中，日军从他母亲背后连刺七刀，七刀均刺穿他母亲的身体并刺到他，其中一刀刺破他的肚皮，使其肠子外流。母亲被刺死，他昏迷不醒。日军撤走后，他被乡亲救活。当天木石、新云、大尼坡等村的房屋基本被烧光，牲畜、粮食被洗劫一空③。

（12）互助乡“三·一”大惨案

1945年4月12日（农历三月初一），来自中原、桥园、阳江三路的日军，突然包围乐会县互助乡坡村、长仙、三古、南桥、雅昌、佳文、凤岭、吉岭、官园9个村庄，杀死村民200多名，并将751名青壮年押往日军据点。中午11时，日军命令伪维持会兵丁剥去被抓村民的衣服，用铁丝将他们捆绑起来，拖往燕岭坡，在两个事先挖好的大坑前，施行大屠杀。首先是逐个砍头，未砍死的就踢进坑里活埋。日军在上述9村实行“三光”政策，见屋就烧，见物就抢，见人就杀，连老人、孕妇和小孩都不放过。互助乡“三·一”大惨案，有900余名村民被杀，276间房屋被烧毁④。

---

① 海南省政协文史资料委员会编：《铁蹄下的腥风血雨——日军侵琼暴行实录（续）》，海南出版社1996年版，第65—66页。

② 海南省政协文史资料委员会编：《铁蹄下的腥风血雨——日军侵琼暴行实录》，海南出版社1995年版，第86—90页。

③ 琼山市地方志编纂委员会编：《琼山县志》，中华书局1999年版，第697页。

④ 海南省史志工作办公室编：《海南省志·政府志》，南海出版公司2003年版，第77页。

（13）月塘村惨案

1945 年 5 月 2 日，日军以万宁县月塘村村民“通共”为借口，包围月塘村，进行灭绝人性的大屠杀，在三四个小时里，杀死村民 190 人（其中外村 4 人），伤 33 人，烧毁民房 30 多间，抢走家禽家畜和其他财物不计其数①。

（14）秀田惨案

1945 年 7 月 30 日，驻文昌县铺前圩的日军“围剿”罗豆乡秀田村，将 100 多名村民驱赶进 2 间屋子里，架起机枪扫射，然后浇上汽油将屋子烧毁。村民被杀 140 人，房屋被毁 33 间②。

（15）八所潭“万人坑”

为了将开采的铁矿尽快运往日本，日军于 1941 年 5 月赶修昌江石碌至东方八所铁路和八所港码头。铁路全长 52 公里，沿线多为人迹罕至的荆莽地带，全靠人力挖掘铺设，施工难度大，但仅用 10 个月就完工。其间，劳工们被迫昼夜不息地开山挖路、铺设铁轨，填海筑堤，建设码头。工程最紧张时期，劳工多达 2 万之众，由于日军折磨、毒打和超负荷的劳役及疾病、饥饿，到工程结束时，仅剩下 2000 余人。死者起初用火葬，后来死人越来越多，日军就在八所附近挖一个占地 200 平方米的大坑，将死者抛到坑内埋掉。这便是著名的八所潭“万人坑”③。

（16）万福村“焚尸炉”与天烛坡“万人坑”

1944 年初至 1945 年夏，日军在陵水县英州镇修建机场，并在近邻的万福村旁设一个焚尸炉，专门用来焚烧因伤病死亡的劳工。一些尚未咽气的劳工也被日军放入炉中焚化。同一时间，日军在陵水县文罗镇和三才镇大宁村一带修建机场，在三才镇的天烛坡挖一个大坑，用来抛埋和堆焚因伤病死亡的劳工。在一年半时间里，就焚烧、抛埋死亡劳工 5000 人④，后被称为“万人坑”。

自 1939 年 2 月 10 日海南沦陷至 1945 年 9 月 2 日日军投降，在 6 年半的时间里，日军在海南岛制造的惨案、血案总计 213 桩。其中，民众被屠杀活埋死亡 1000 人以上的有 2 桩，100—1000 人的有 44 桩，100 人以下的有 167 桩⑤。“万

---

① 月塘村民委员会：《日军杀害月塘无辜村民情况调查》，2007 年 10 月。原件存于海南省万宁市万城镇月塘村民委员会。

② 文昌市地方志编纂委员会编：《文昌县志》，方志出版社 2000 年版，第 821 页。

③ 海南省史志工作办公室编：《海南省志 · 政府志》，南海出版公司 2003 年版，第 401 页。

④ 陵水黎族自治县地方志编纂委员会编：《陵水县志》，方志出版社 2007 年版，第 299 页。

⑤ 海南省政协文史资料委员会编：《铁蹄下的腥风血雨——日军侵琼暴行实录》，海南出版社 1995 年版；海南省部分市县关于抗日战争时期人口伤亡和财产损失情况的调研报告。

人坑”、“千人坑”、“千人墓”、“百人墓”等有18处，被夷为废墟的“无人村”有476个①。日军对抗日根据地进行大规模“蚕食”和“扫荡”，造成海南重大人口伤亡。

3. 奸淫并杀戮妇女

日军对占领区的妇女肆意奸淫杀戮。只要看到妇女，不管老幼，日军就一拥而上，公然强奸，然后进行惨无人道的折磨和杀戮：或往其下身插入竹签、柴头，或用刺刀戳其下身，或用军刀割掉其双乳，直至妇女丧命；对于孕妇，日军在施行强奸和杀戮后，往往把胎儿从母腹中剖出虐玩，最后用刺刀挑起刺死。

1939年2月10日，日军在琼山县天尾港登陆。登陆当天，日军在天尾村到处抓鸡捉鸭，抢夺财物，奸淫妇女，全村被强奸的妇女达100余人，甚至一名70多岁的老妪也被奸淫。

1939年春，日军在儋县白马井港登陆，占领王五地区，杀害平民，强奸妇女10人（其中1人被强奸后，用刺刀杀死）。

1939年5月的一天，日军窜进儋县加乐村杀人焚屋，强奸妇女18人。

1939年7月某日，日军在儋县红坎村强奸妇女12人。

1939年10月某日，日军在儋县珠江村强奸妇女11人。

1939年12月13日，日军对儋县简屋村狂轰滥炸，而后进村奸淫妇女，有4名妇女被强奸致死。

1940年1月27日，日军出动陆海空军部队对儋县美龙、北路、盐场、石兰、许宅等10多个村庄进行“扫荡”，强奸妇女15人。14岁的少女赵欢南被10名日军轮奸，然后杀害。

1940年2月18日晚上，日军包围崖县乐罗村。周濂杰妻颜氏正怀身孕，听到枪声慌忙逃出村外，半路上被2名日军擒住轮奸。奸后日军用刺刀刺破孕妇肚皮取胎作乐。颜氏一身两命均死于日军屠刀。

1940年2月29日，30多名日军在儋县新隆村集体轮奸苏姣英、苏尾英姐妹。

1940年3月16日，驻琼山县潭口、云龙、美蓝三个据点的日军出兵“扫

① 苏智良、侯桂芳、胡海英：《日本对海南的侵略及其暴行》，上海辞书出版社2005年版，第41页。

荡”儒云、土阁、北桥等村。正午时分，躲在灌木丛中的北桥村民土阁嫂（冯裕麟妻子）以为日军已撤，爬出来欲给牛饮水，不料被埋伏在坡顶树丛中的日军发现，将她强行拉走，进行轮奸。日军发泄完兽欲后，将她捆绑在石碑上，用刺刀剖开她的腹部，血糊糊的肠子流在地上，她大骂日军而死。

1940 年 4 月某日，日军侵入崖县黎族村庄抱荀村，轮奸妇女 7 人。

1940 年 9 月 22 日，驻琼山县昌洽村的 50 多名日军开赴龙榜村进行“扫荡”。21 岁的林玉梅和她 23 岁的妯娌当时都怀孕在身，她俩刚逃到美雅村后坡时就被 7 名日军抓到。日本兵将她们衣服撕掉后进行轮奸，然后掏出军刀将她们的乳房割下，痛得她们在地下打滚。日军随后开枪杀死她们。

1941 年 5 月 5 日中午，日军“围剿”陵水县提蒙乡岭头园村，强奸黎族妇女陈引弟，然后用刺刀戳其下身、乳房致死。

1941 年 7 月 12 日，驻白沙县七坊据点的日军强令英歌村的黎族妇女到营地锄草。日军见高亚疗姑娘长得漂亮，将其拉入屋内，12 名日军对她施行轮奸。

1941 年 10 月的一天，一伙日军士兵闯进临高县武莲村，枪杀村民，强奸妇女张某等 5 人。

1942 年 2 月 8 日下午 3 时，100 多名日军袭击琼山县长泰村，在众目睽睽之下轮奸 11 名妇女，然后把她们与 6 名儿童一起捆绑在屋内，用汽油活活烧死。

1943 年 7 月 19 日，日军围攻昌江县光田村，该村妇女文怀女已怀孕 7 个多月，被日军抓住后将其轮奸，用刺刀往她身上刺了 10 多处，又用刀开膛破肚，把胎儿挑出来。

1943 年秋，日军对临高县木排抗日根据地进行“扫荡”，烧杀抢掠，奸淫妇女，木排村一名 60 多岁的老太婆被强奸，群佛村一名 15 岁的少女被奸污致死。

1944 年春某日上午，10 多名日军到定安县四区的乌石坡、坡田、三牛坡、田浩等村“扫荡”，将林诗雅之妻、吴英臣之妻和王业英 3 位妇女剥光衣服，强押她们赤身裸体巡游各村。日军结束“扫荡”后，将这 3 位妇女押回军部轮奸，然后用刺刀将吴英臣之妻和王业英刺死。林诗雅之妻幸存。

1944 年 9 月 2 日下午，白沙县霸王乡牙佬村黎族姑娘符亚初外出返回村口，遇上一队日军，被日军强行拖进农屋，扒光衣裙，绑在竹床上，轮奸致死。

在文昌县南阳乡，抗战期间，就有 200 多名妇女被日军远征讨伐队强行奸污。

日军的残暴与灭绝人性使海南沦陷地区笼罩在极度恐怖的气氛中，妇女们或纷纷外逃，或外出时女扮男妆，时有民谣唱道：“见见（明明）死鱼变成虾，见见姩嬷（女人）变公爹（男人）。”

4. 封锁经济，制造灾荒

日军对海南岛的海上运输和捕捞作业进行大规模的封锁，扼杀了海南岛的航运和渔业生产，断绝了海南岛与大陆及国外的联系。其军事包围和经济封锁，造成全岛各地物资奇缺，物价昂贵，缺医少药，瘟疫流行，民不聊生。1939—1941年，琼中境内发生3次麻疹流行，死亡率高达11%；1940—1941年，岛内发生6次霍乱、副霍乱流行，民众死亡2730人①。

日军对海南的食盐进行严厉的封锁和控制。其目的有两个：一是使民众缺盐，丧失体力，难以抵抗；二是收集大量食盐，用于提炼盐硝，制造弹药。1942年，日军加大对食盐的封锁，在产盐区和主要交通要道派出小分队日夜巡逻。这年秋天，日军在巡逻途中抓到12名从儋县、临高沿海一带到琼山县松涛地区贩盐的商贩，将他们押到河边，强迫他们自掘一条土沟，然后用长剑将他们杀害，填埋沟中。有一名临高县人，送盐到黎母山地区，被日军抓获，日军劈开其腹部，把大把食盐撒入其中，致其痛苦挣扎而死②。

日军还人为制造灾荒，以恐吓对日军不驯服的民众。驻万宁县日、伪军因为陵水县上北区金陵乡民不肯投顺，便在1943—1944年，每到稻谷成熟时节，派来大队人马，将大村、张田、旧村、莲花昌等各村田里的稻谷，全部抢割殆尽，导致全乡发生空前的大饥荒。乡民因为没有敌伪印发的“良民证”，无法离乡逃荒，只能吃尽草根树皮后，坐以待毙。但见白骨遍地，满目凄凉。全乡原有2.3万多人口，抗战胜利后，仅存7000余人，伤亡三分之二。

日军侵占屯昌（当时分属定安县和琼山县管辖）期间，极力控制资源和粮食，管制农民和农田，插秧季节由日军发放种子，收获季节要向日军报割，并由日军验收。收成大部分被日军掠走，农民只得到少许火柴、粗布作为报酬。加上

① 海南省政协文史资料委员会编：《铁蹄下的腥风血雨——日军侵琼暴行实录》，海南出版社1995年版，第572—573页。

② 海南省政协文史资料委员会编：《铁蹄下的腥风血雨——日军侵琼暴行实录（续）》，海南出版社1996年版，第332—333页。

1944—1945 年的干旱和蝗灾，造成大灾荒，屯昌民众只能靠啃野草树皮度日，倒毙路边者不计其数。新兴镇太坡村陈恭和一家，虽有良田多亩，但由于日军杀戮和断粮饥馑，全家死绝。

5. 强征、摧残“慰安妇”

日本军队在海南各地构筑了 360 处军事据点（1941 年数据）。其后，为了对岛上抗日根据地进行所谓“扫讨”作战，又增设多处军事据点。在这些军事据点里，日军都以“后方勤务”的名义安置人数不等的从军“慰安妇”。据调查，日军在全岛设置“慰安所”76 处，见附表一：

附表一：　　海南岛日军“慰安所”统计表①

<table>
<tr><th>县（市）</th><th>数量(处)</th><th>地点</th><th>数量(处)</th><th>名称与内容</th></tr>
<tr><td rowspan="12">崖　县
（今三亚市）</td><td rowspan="12">14</td><td>崖城</td><td>2</td><td>尊道村陈家民房，军官慰安所“华南庄”；林家民房，士兵慰安所“崖泉庄”</td></tr>
<tr><td rowspan="3">榆林</td><td rowspan="3">3</td><td>榆林港（今榆林小学），海军军官慰安所</td></tr>
<tr><td>日式浮脚屋，陆军军官慰安所（今三亚文化宫后）</td></tr>
<tr><td>榕根村附近，士兵慰安所（今三亚交通宾馆后）</td></tr>
<tr><td>红沙</td><td>1</td><td>占欧家园扩建，士兵慰安所（今三亚盲残院址）</td></tr>
<tr><td>藤桥</td><td>1</td><td>占中街龚家民房</td></tr>
<tr><td rowspan="4">黄流地区</td><td rowspan="4">5</td><td>黄流市林葆光宅，“南恩光”慰安所，内分为军官“桃庄”和士兵“梅庄”</td></tr>
<tr><td>黄流机场“营队”慰安所和“西松组”慰安所</td></tr>
<tr><td>日军机场东门外设日海军航空兵慰安所“乐园”，内分为军官“乐园”和士兵“乐园”</td></tr>
<tr><td>日军派遣队部旁的军部慰安所</td></tr>
<tr><td>铺村</td><td>1</td><td>日军机场，士兵慰安所</td></tr>
<tr><td>九所</td><td>1</td><td>日军分遣队部旁，驻军慰安所</td></tr>
</table>

① 此表根据［日］水野明著、王翔译《日本军队对海南岛的侵占与暴政（1939—1945）》（南海出版公司 2005 年版）第 283—285 页内容及中共海口市委党史研究室《抗战时期海口日军慰安所情况调查》专题调研报告整理而成。表内“慰安所”省略引号。

续表

<table>
<tr><th>县（市）</th><th>数量(处)</th><th>地点</th><th>数量(处)</th><th>名称与内容</th></tr>
<tr><td rowspan="19">海口市（含原琼山县）</td><td rowspan="19">22</td><td rowspan="10">原海口市</td><td rowspan="10">13</td><td>中山路 62 号，富乃家慰安所</td></tr>
<tr><td>中山路 90 号，时泰昌隆酒店内</td></tr>
<tr><td>中山路，广松慰安所（现址防邦机电商场）</td></tr>
<tr><td>中山路，ABC 慰安所（时会昌兴铺面，现海南兴发劳保公司地址）</td></tr>
<tr><td>中山路与新华北路交叉口，军官慰安所</td></tr>
<tr><td>中山横巷 3 号，朝日慰安所</td></tr>
<tr><td>关上塘与法国天主教堂间，海军航空慰安所（今解放路市工人文化宫址）</td></tr>
<tr><td>解放西路百货大楼后，一六慰安所</td></tr>
<tr><td>白坡日军海口机场附近、大兴西路、龙华路（今市罐头厂址）、关良均设有慰安所，共 4 处</td></tr>
<tr><td>博爱路</td></tr>
<tr><td rowspan="7">府城</td><td rowspan="7">7</td><td>绣衣坊 23 号刘宅</td></tr>
<tr><td>绣衣坊大井巷 7 号胡宅</td></tr>
<tr><td>忠介路 139 号郑宅</td></tr>
<tr><td>忠介路 6—8 号杨宅</td></tr>
<tr><td>忠介路 60 号王宅</td></tr>
<tr><td>忠介路谢宅</td></tr>
<tr><td>朱吉里 26 号叶宅</td></tr>
<tr><td rowspan="2">长流</td><td rowspan="2">2</td><td>烈楼市新街</td></tr>
<tr><td>新李村学优公祠</td></tr>
<tr><td rowspan="3">文昌县（今文昌市）</td><td rowspan="3">3</td><td colspan="3">文城校场坡（今称文中坡），日军慰安所</td></tr>
<tr><td colspan="3">清澜市（今清澜镇）一幢清代双层楼，日军慰安所</td></tr>
<tr><td colspan="3">公坡市（今公坡镇）一幢二层楼，日军慰安所（今公坡小学址）</td></tr>
<tr><td rowspan="3">儋　县（今儋州市）</td><td rowspan="3">7</td><td rowspan="2">那大</td><td rowspan="2">2</td><td>占赵亚灵民宅设赵家园慰安所（今大勇商场址）</td></tr>
<tr><td>占民宅设李家院慰安所（今儋州市委第二招待所）</td></tr>
<tr><td colspan="3">另外，在白马井、新州、新英、中和、光村设有 5 处慰安所</td></tr>
<tr><td>临高县</td><td>3</td><td colspan="3">在临城、新盈、加来设慰安所</td></tr>
</table>

续表

<table>
<tr><th>县（市）</th><th>数量(处)</th><th>地点</th><th>数量(处)</th><th>名称与内容</th></tr>
<tr><td rowspan="8">感恩县
（今东方市）</td><td rowspan="8">10</td><td rowspan="4">北黎市</td><td rowspan="4">4</td><td>在高雷会馆附近的 2 幢大楼设军官慰安所</td></tr>
<tr><td>在日军七营队驻地附近的白色房子设士兵慰安所</td></tr>
<tr><td>在西树林里简易平房设普通慰安所，供公司职员使用</td></tr>
<tr><td>占市民杨广香家，设北黎日军司令部慰安所</td></tr>
<tr><td>八所市</td><td>3</td><td>有高级、中级、低级 3 处慰安所</td></tr>
<tr><td colspan="3">叉河宝桥，日军慰安所，供监护修建发电站的日军使用</td></tr>
<tr><td colspan="3">新街市，日军慰安所</td></tr>
<tr><td colspan="3">广坝电站，日军慰安所</td></tr>
<tr><td rowspan="3">昌江县</td><td rowspan="3">3</td><td colspan="3">石碌河南桥头，石碌慰安所（今石碌镇河南派出所等址）</td></tr>
<tr><td colspan="3">石碌矿山金牛岭，矿山慰安所（今石碌铁矿公园后山）</td></tr>
<tr><td colspan="3">保平村旁冼太夫人庙，日军中队驻军慰安所</td></tr>
<tr><td rowspan="2">琼东县
（今琼海市）</td><td rowspan="2">2</td><td colspan="3">嘉积市（今琼海市嘉积镇），白石楼慰安所</td></tr>
<tr><td colspan="3">石壁市（今琼海市石壁镇）慰安所</td></tr>
<tr><td rowspan="2">乐会县
（今琼海市）</td><td rowspan="2">2</td><td colspan="3">阳江市（今琼海市阳江镇）慰安所（今阳江镇政府址）</td></tr>
<tr><td colspan="3">博鳌市（今琼海市博鳌镇）慰安所</td></tr>
<tr><td>万宁县</td><td>1</td><td colspan="3">万城慰安所（20 世纪 80 年代时为万城人民公社管委会址，今为民居）</td></tr>
<tr><td rowspan="4">定安县</td><td rowspan="4">4</td><td colspan="3">翰林市（今翰林镇）南慰安所</td></tr>
<tr><td colspan="3">南吕市（今屯昌县南吕新市场址）日军慰安所</td></tr>
<tr><td colspan="3">枫木市（今屯昌县枫木镇）日军慰安所</td></tr>
<tr><td colspan="3">乌石市（今琼中黎族自治县湾岭镇乌石老市址）日军慰安所</td></tr>
<tr><td rowspan="2">澄迈县</td><td rowspan="2">2</td><td colspan="3">金江市（今金江镇）慰安所（占陈国宗双层民宅设立）</td></tr>
<tr><td colspan="3">石浮乡日军 15 警备区石浮中队石浮岭慰安所</td></tr>
<tr><td rowspan="2">陵水县</td><td rowspan="2">2</td><td colspan="3">陵城瓦灶街（今后山街）石峒庙慰安所</td></tr>
<tr><td colspan="3">后石日军机场慰安所（在今后石村附近）</td></tr>
<tr><td>保亭县</td><td>1</td><td colspan="3">保城日军“快乐房”慰安所</td></tr>
<tr><td>共计</td><td>76</td><td colspan="3"></td></tr>
</table>

被日军通过各种手段，诱骗、横征暴掳而来的各地的年轻妇女在“慰安所”

里过着含垢忍辱的人间地狱般的生活，她们成了日军官兵发泄兽行的工具，被恣意虐待、折磨和凌辱。据麦秀玲口述，她们 1940 年“共渡来 200—300 人，光石碌就有 20 人，宝桥、八所、叉河、海口到处都有。（他们骗我们说）‘你去吧，你爱人在那地方做工作，我们送你到你爱人那里做工。’来后根本不让和爱人住一起，而是做妓女（‘慰安妇’）。海南保亭那边有人初来时不愿做这工作，上吊自杀死。日本人带来的人死了也不许讲，你讲就打死你”①。受辱妇女平均每天受糟蹋少则三五人次，多则十多二十人次；在集中突击日，每人每天受蹂躏达 20 人次以上。儋县那大市赵家园“慰安所”，开张的最初 10 天里，仅 21 名受辱妇女受日军官兵蹂躏竟达 3000 多人次。受辱妇女们在被折磨时稍有怠慢、不满或反抗，便惨遭毒打、处罚甚至杀害②。老工人回忆，“日本人到‘慰安所’是横行霸道，拿出军刀砍妓女”③。

黄流机场“慰安所”里的广州青年阿燕，与同房间的 6 名青年妇女经常遭到日军的轮番奸淫，有时有的人甚至会当场昏死过去。阿燕难以忍受这种痛苦的折磨，曾有反抗，被日本军官用刀扎穿大腿昏死过去后，仍受百般蹂躏。黄流机场“慰安所”同一批来的 21 名广州妇女，至 1945 年冬仅剩黄惠蓉等 4 人。据劳工肖炳金口述，被骗说搞纺织而招来的几十名广州女工，全部投放在北黎“慰安所”，专为日本军人服务。最初女工不愿意，日军就不给饭吃，还打女工，用烧红的铁板来烧女工身体。有的人被迫上吊自杀。每个晚上 10 个日军轮流强奸一个女工，每人规定 10 分钟④。在石碌铁矿“慰安所”，2 名受辱妇女被折磨得筋疲力尽，因不能继续满足日军兽欲，便被脱光身子，吊在大树上活活毒打致死。一个叫黄玉霞的妇女，因不堪凌辱，趁黑夜在“慰安所”一棵大树上自尽。在不到 4 年的时间里，石碌铁矿“慰安所”里的 300 多名青年妇女，遭暴打致死和病死、饿死的就有 200 多人，到日军投降时，幸存的只有 10 多个人。

1939 年冬，侵琼日军第十五警备司令部派遣两个中队驻在澄迈县金江镇和石浮岭，除了实行“三光”政策和强奸妇女外，一发现稍有姿色的女青年就掳到军部充当“慰安妇”。山口乡叶姓农民的妻子黑姑，生下孩子不久就被日军抓进“慰安所”，供日军泄欲，直到日本投降后才得以回家。“慰安妇”时常遭受

---

① 海南矿业股份有限公司档案馆：《海南铁矿劳工口述资料》，第 3 矿史记录本，第 5 页。

② ［日］水野明著、王翔译：《日本军队对海南岛的侵占与暴政（1939—1945）》，南海出版公司 2005 年版，第 297 页。

③ 海南矿业股份有限公司档案馆：《海南铁矿劳工口述资料》，第 5 矿史记录本，第 15 页。

④ 海南矿业股份有限公司档案馆：《海南铁矿劳工口述资料》，第 15 矿史记录本，第 37 页。

非人道的虐待，稍有抵抗就被痛打，甚至株连家人①。

1940 年 1 月，日军派遣队在临高县新盈镇红民街设立一间“慰安所”，内有 4 名“慰安妇”，其中一人为朝鲜人，一人为新加坡人，一人为海口人，还有一人是从当地抓来的。日军派遣队队长川岗规定：“慰安妇”不得随便走出“慰安所”，不准逃跑，否则连同家属立斩；无条件听从日军使唤，不得对日军无理；绝对服从管理员的管制，否则处以重罚；派遣队员无论什么时候需要，都必须无条件服从。“慰安妇”常常通宵达旦承受日军的兽性折磨②。

日军“慰安妇”组织的另一名称为“战地后勤服务队”，主要为日军驻地军营、军事据点的官兵发泄淫欲“服务”。日军以“后勤服务”为名，采取诱骗、强迫等手段从各地征集年轻妇女，投置到这些地方，为驻军提供所谓的“后勤服务”。被诱骗、强征来的妇女成为随军“慰安妇”。这些无辜的妇女们境遇同样悲惨，没有做人的权利和尊严，只是服杂役的苦力和性奴隶。她们白天为日军挑水、洗衣、扫地干杂活，夜晚则要遭受日军官兵的蹂躏折磨。1943 年春，保亭县三道镇什南班村黎族妇女黄荷润与丈夫一起被日军抓去当劳工。一到日军据点，黄菏润与另外 3 名妇女就被编入“服务队”，住在据点的一间茅屋里。起初，她们被安排扫地、做饭、洗衣服。第四天晚上，7 名日军把黄荷润叫到住处，二话不说就将她剥光衣服，按在床上轮奸。其他几位妇女也被日军糟蹋。自此，黄荷润她们几乎每天都被日军拉去奸淫。一天，黄荷润趁日军午睡，逃出据点，但未出半里地就被日军抓回。日军曹长将黄荷润拖进房间强奸，被黄荷润咬了一口。日军曹长一怒之下，将黄荷润捆在树上，抽出军刀乱戳其下身，又搬来干柴堆在黄脚下，浇上汽油，把黄活活烧成一堆焦骨③。

像黄荷润这样被日军强掳到营舍奸淫并杀害的少数民族妇女还有不少。乐东县一个日军据点里的 20 多名妇女、少女，最大的周××19 岁，其余的仅十三四岁，她们经常遭受日军酒后恣意凌辱轮奸。有时是七八名日军同时糟蹋一名少女。周××多次被 4 名发酒疯的日军连续折磨达 5 个小时之久。崖县藤桥市分遣队营地里的一名黎族少女，不堪忍受几名日军的同时恣意淫辱，咬断舌根自杀身亡。同一营地中的黎族少女陈有红不甘忍受，极力反抗，遭到围殴毒打，结果下

---

① 海南省政协文史资料委员会编：《铁蹄下的腥风血雨——日军侵琼暴行实录（续）》，海南出版社 1996 年版，第 99—101 页。

② 海南省政协文史资料委员会编：《铁蹄下的腥风血雨——日军侵琼暴行实苦（续）》，海南出版社 1996 年版，第 188—190 页。

③ 海南省政协文史资料委员会编：《铁蹄下的腥风血雨——日军侵琼暴行实录（续）》，海南出版社 1996 年版，第 322—324 页。

身血流如注，两天后不治身亡。据当年在保亭县城伪军据点当伙夫的一位保城老人回忆，凡被编入“战地后勤服务队”的妇女，没有一个能逃脱日军的魔掌。17 岁黎族少女李亚茜被抓编入“服务队”后，不堪蹂躏折磨，多次逃跑，并拒绝服用预防丸，后有了身孕，日军竟称其怀有日本人种，将其绑在庆训村边的坡地上剖腹致死。被抓进陵水县乌牙峒砧板营油棕坡据点的 20 多位黎族少女，至日军投降时幸存下来的仅有陵水县本号镇祖倖村陈亚扁等少数几人①。陈亚扁曾于 80 岁高龄，不顾疾病缠身，应日本民间团体之邀，2003 年 12 月赴日本讲述自己被迫充当“慰安妇”的史实，让更多的日本人了解日军侵琼的历史真相。

关于“慰安妇”的人数，由于缺少当时保存下来的文字资料等原因，难于进行全面统计。据苏智良等著《日本对海南的侵略及其暴行》中对海南 22 间“慰安所”实地调查统计，除去不详部分，每间“慰安所”里“慰安妇”人数最少 4 人，最多 300 人，一般都在 10—30 人②。据水野明著《日本军队对海南岛的侵占与暴政》记载，仅在崖县、昌江县、八所镇、那大镇的日军“慰安所”，就拥有“慰安妇”1300 人以上③。“慰安妇”们每天接客少则几个，多则十几二十个。由于日军的残暴蹂躏，“慰安妇”的死亡率和更迭率相当高，日军因此以暴力手段强行掳掠本地妇女进行补充。以此推算，海南 16 县 76 间“慰安所”的本地“慰安妇”人数，先后应达 5000 余人④。

6. 进行经济掠夺

日军入侵后，立即进行以“经济开发”为幌子的全面经济掠夺。截至 1944 年，进入海南岛的日本民间株式会社有 82 家⑤，在海南进行掠夺式开发的日本人最多时达 3 万余人，先后投入 6 亿多日元，其中农业公司 1 亿日元，林业公司 900 万日元，畜产公司 300 万日元，渔业 1200 万日元，食品加工业 600 万日元，

---

① ［日］水野明著、王翔译：《日本军队对海南岛的侵占与暴政（1939—1945）》，南海出版公司 2005 年版，第 300 页。

② 苏智良、侯桂芳、胡海英：《日本对海南的侵略及其暴行》，上海辞书出版社 2005 年版，第 231—236 页。

③ ［日］水野明著、王翔译：《日本军队对海南岛的侵占与暴政（1939—1945）》，南海出版公司 2005 年版，第 292 页。

④ 苏智良、侯桂芳、胡海英：《日本对海南的侵略及其暴行》，上海辞书出版社 2005 年版，第 188—189、231—236 页。［日］水野明著、王翔译：《日本军队对海南岛的侵占与暴政（1939—1945）》，南海出版公司 2005 年版，第 287 页。

⑤ 陈植编著：《海南岛新志》，商务印书馆 1949 年版，第 36—43 页。

水利事业500万日元，矿山事业26000万日元，港湾设备4150万日元，道路桥梁11200万日元，涉及农、林、畜、食品加工、水利、矿山、港口、道路桥梁等100多个单位①。

日军把掠夺矿产资源作为其重要任务，重点“开发”田独铁矿、石碌铁矿、羊角岭水晶矿和那大锡矿。主要由石原产业株式会社、日室海南兴业株式会社、三菱矿业株式会社负责实施。从1939年开始，到1945年日本投降为止，共开采铁矿砂338万吨（其中运往日本282万吨）；掠走水晶93吨②、锡砂数千吨③。日军通过军事和暴力手段掠夺海南农业资源。由日本军事力量作后盾的36家商社，遍设海南各地，以没收、强占或“授权开发”等方式占据农田，建立农场和农畜产品加工厂，并强制农民从事各种劳役。在定安、澄迈、临高、儋县、琼山、乐会等沦陷区，日军以抽米、抽谷、抽收户口捐等各种方式，征用农产品。对游击区及抗日根据地，则出动兵力，“无限制地劫掠家畜、粮食及金属器皿”④。为了实现“以战养战”的目的，日军还大肆掠夺海南渔业、盐业、森林资源，全面控制商业货源。对中国商人则设“交易协会”加以统制，规定只有参加该协会的商店（即所谓“指定商”），才可以从日本批发商处得到货物。日军命令三井物产会社负责经营全岛的土产品和出口物资，同时设立琼崖物资交换所，垄断对外贸易。对海南的金融业也进行全面垄断。日伪在海口设立的银行有正金银行、台湾银行、华南银行、琼崖银行总行。台湾银行还在三亚、嘉积、北黎等地设立派出营业所。日伪银行大量发行“大日本帝国政府军用票”，票面有1角、5角、1元、5元、10元5种，总发行量达39902万元⑤，强制在日占区市场流通。在此期间，中国银行琼州办事处、广东省银行海口支行搬迁，琼崖实业银行和琼州邮政储金汇业局停业。

---

① 陈植编著：《海南岛新志》，商务印书馆1949年版，第34—35页。

② 陈植编著：《海南岛新志》，商务印书馆1949年版，第124页。

③ 工商部广州工商辅导处编纂委员会编：《两广工商经济特辑》（民国时期），工商部广州工商辅导处1948年1月版，第56—58页。

④ 黄菊艳：《抗战时期广东经济损失研究》，广东人民出版社2005年版，第187—188页。

⑤ 据日本大藏省管理局《关于日本人海外活动的历史调查——通卷第29册——海南岛篇》［日本大藏省管理局1947年编辑印刷，（汉城）高丽书林1985年版］第158页的记载计算，合计3.9902亿元；另据黄菊艳《抗战时期广东经济损失研究》统计为39697万元，广东人民出版社2005年版，第188页；海南省地方志编纂委员会编《海南省志·金融志》为2亿多元，南海出版公司1993年版，第24—25页。

（四）人口伤亡情况

1. 档案、文献资料中反映的海南抗战时期人口伤亡情况

抗战时期，海南虽属中国战场的周边地带，但因战略位置重要，日本驻军人数相对较多，故海南人口伤亡情况十分严重。抗战期间和抗战胜利后，海南地方政府对抗战人口伤亡情况曾作过调查。但由于战争等原因，档案资料散失严重，省调研小组仅收集到琼山、定安县少部分原始档案资料，不足说明全部问题。

1945 年 11 月 26 日，琼崖守备司令王毅向国民政府呈送了一份“琼崖抗战殉职军政人员赈恤”的函件。据该函件记载：琼崖抗战七年，军民牺牲者 27.3 万人，被敌伪焚毁房屋 5.9 万栋①。曾任广东省第九区行政督察专员兼保安司令的丘岳宋在《海南七年抗战之检讨》中写道：“军民牺牲生命卅万以上”②。民国《行政院善后救济总署广东分署工作概况》则记载：“海南岛人口战前约计 250 万，但至少有 50 万人已被屠杀，或因饥馑疾病而渐渐走上死亡之路。据本署派赴该岛调查人员报告，甚多村庄已成废墟。”③ 这是仅能收集到的记载海南人口伤亡总数的早期档案、文献资料。

20 世纪 80 年代后，随着党史编研、地方志编纂和政协文史资料工作的开展，出版了一批文献资料，其中也涉及抗战时期海南人口伤亡的情况。海南省委党史研究室编著的《红旗不倒——中共琼崖地方史》记述：“战争中琼崖军民伤亡人数达 40 万以上。”④ 海南省史志工作办公室编纂的《海南省志 · 政府志》记载：“日军共屠杀无辜群众 20 多万人。”⑤ 苏智良在《日本对海南的侵略及其暴行》中认为：“在 6 年多的时间内，海南岛非正常死亡的人数达 40 多万，占当时总人口的五分之一，其中被日军杀害的抗日军民就达 20 多万人。”⑥

---

① 《军事委员会办公厅函请褒抚琼崖孤岛抗战殉职军政人员及救济阵亡将士由》，1946 年 1 月 11 日，中国第二历史档案馆馆藏档案，档案号二一—2180。

② 沈云龙主编：《海南抗战纪要》，台湾文海出版社 1975 年版，第 62 页。

③ 行政院善后救济总署广东分署：《行政院善后救济总署广东分署工作概况》，1946 年 7 月，中国第二历史档案馆馆藏档案，档案号廿一—21700；黄菊艳：《抗战时期广东经济损失研究》，广东人民出版社 2005 年版，第 308 页。

④ 中共海南省委党史研究室编著：《红旗不倒——中共琼崖地方史》，中共党史出版社 1995 年版，第 362 页。

⑤ 海南省史志工作办公室编：《海南省志 · 政府志》，南海出版公司 2003 年版，第 5 页。

⑥ 苏智良、侯桂芳、胡海英：《日本对海南的侵略及其暴行》，上海辞书出版社 2005 年版，第 41 页。

综合考察各方面因素，省课题调研组认为，王毅函中的统计数字当是海南各地统计的初步结果。这个数字可以认为是当时统计的海南人口直接死亡的数字。省课题调研组所收集到的琼山、定安县少部分原始档案资料所统计的都是当时的直接死亡人数。

2. 此次调研所得的人口伤亡情况

海南抗战时期人口伤亡的主要原因，是日军对农村平民的“围剿”和对抗日地区的军事“扫荡”，以及对劳工的施虐和残杀。

日军每次“围剿”或“扫荡”所造成的平民伤亡，往往达上百人，甚至达数千人。以下有代表性的事例，反映了这方面平民伤亡的部分情况：1939年3月上旬的一天，日军趁圩日“围剿”琼山县龙发墟，纵火焚烧店铺，枪杀和烧死民众200余人。1939年9月3日早晨，日军包围昌江县旦场村，挨家挨户搜查，见人就杀，当天就杀害村民101人。1939年10月14日，日军“围剿”万宁县乐礼、多格、大罗等10多个村庄，村民逃往海边燕鸟洞躲藏，日军发现后用手榴弹投掷，架机枪射击，当场杀死村民400多人。1939年12月，日军“扫荡”临高县民解、武侯、海尧、略总、能仁、美福、独龙、美巢、兰逢、招间10个村庄，将100多名村民关在屋子里活活烧死。1940年7月23日，日军包围陵水县朝拜村，将全村30户104人集中刺死，填埋到7个大坑中。1942年，日军对文昌县东北平原抗日地区进行“蚕食”，采取“拉网合围”、“梳篦扫荡”等方式，分片包围，轮番摧残，先后屠杀民众3700多人。1943年12月23日，日军在儋县和合村集体屠杀村民362人，纵火烧毁整个村庄。1945年3月1日，乐会县坡村、雅昌、三古等村民600余人，被日军集体杀害。

抗战时期海南劳工伤亡人数占很大比重。日军为掠夺海南资源，在其所谓“海南岛经济开发”，特别是“矿产开发”中使用了大量的劳工。劳工来源主要由日军用各种欺骗手段和诱惑方式从香港、澳门、上海、广东等沦陷区征募以及本岛强制征用。据陈厉刚《海南岛榆林港田独铁矿调查报告书》（民国35年4月）记载：“据调查所得，日人由外地运至海南岛之榆林三亚、北黎、石碌、八所、东方等地工人，先后68批，每批300人至500人余，合计25000

人。”[①]《海南铁矿志》记载：“日本侵略者为了掠夺海南矿产资源，先后从上海、广州、香港、澳门、汕头、厦门等沦陷城市欺骗和强抓来学生、失业工人共68批、25000余人，加上海南各地劳工共达4万余人，分别在矿山、电站（厂）、码头、铁路等处做苦工。”[②]关于石碌铁矿（包括矿山开采，电站（厂）、码头、铁路的修建）劳工人数，河野司编著《海南岛石碌铁山开发志》一书记载：“1943年10月，有日本人3000人，台湾人600人，广东、香港劳工20000人，海南岛当地劳工22000人，合计45600人。”[③] 该书还记载：“日军在海南岛各地的占领区（石碌铁矿附近除外），每次至少强征15000人到16000人的劳工到石碌铁矿劳动，以3个月为周期进行轮换。被征总人数接近数十万。”[④]《八所港史》这样记载：“从1939年8月至1942年年底，共用3年时间开发了石碌矿山，建石碌——八所铁路和八所港。”据老工人回忆，在这三个工程中，日本鬼子从本岛、上海、香港、广州、江门、台湾等地连抓带骗来20万劳工，以及上千名英国、印度、加拿大（澳大利亚）的战俘……这些劳工中包括十岁至十二岁的童工[⑤]。省课题组认为，这里所说的“20万劳工”，除了2.5万外来劳工及上千名战俘外，本岛劳工应作为“人次”来计算。水野明著、王翔译《日本军队对海南岛的侵占与暴政》记载：“昭和十八年（1943年）十月，海南岛内征用的劳工人数为22000余人。这些劳工的征用过程，据海南海军特务部北黎支部政务系主任冈崎四郎的手记，全岛由海南海军特务部作为主管，‘岛内各地驻屯之海军陆战队，派出分遣队强制征用劳工，以三个月为期实行交替’。由此看来，在前后延续了五年多时间的开发工程中，大约共有数十万人次的海南岛民众被强制征用为服苦役的劳工”[⑥]。根据上述资料看来，日军开采掠夺海南矿产资源，除外运来海南的25000名劳工外，海南本地劳工被征用应在20万人次左右。

被日军强行征用的大量劳工，在极其恶劣的条件下，从事艰苦繁重的体力劳

---

① 陈历刚：《海南岛榆林港田独铁矿调查报告书》（民国35年4月），第44—45页，存海南矿业股份有限公司档案室，案卷号25。

② 《海南铁矿志》编辑委员会编：《海南铁矿志》，1984年内部出版，第4页。

③ ［日］河野司编著：《海南岛石碌铁山开发志》，石碌铁山开发志刊行会1974年出版，第239—240页（张兴吉译）。

④ ［日］河野司编著：《海南岛石碌铁山开发志》，石碌铁山开发志刊行会1974年出版，第240—241页（张兴吉译）。

⑤ 八所港务局《八所港史》编写组编：《八所港史》，1983年内部出版，第24页。

⑥ ［日］水野明著、王翔译：《日本军队对海南岛的侵占与暴政（1939—1945）》，南海出版公司2005年版，第196—198页。

动，加上非人的待遇，造成了很大伤亡。就非海南本地的劳工数量而言，前引陈厉刚《海南岛榆林港田独铁矿调查报告书》资料中说到，日人外运到海南的68批25000名劳工中，“除少数逃走外，现存七八千人，在此间惨死者16000余人，占百分之六十有奇。本区之大陆工人，自抗战胜利后，原有2300余名，其后一部分之死亡，资送回籍，或另谋别业外，现尚余1377名，然多属面黄肌瘦，体质残弱之辈，据检查结果，堪能工作者，仅占百分之二十而已”①。另一资料统计，日本投降时，北黎、石碌两地合计有华工8560人，比较1943年10月的22000人，少了12000人。苏智良在所著的《日本对海南的侵略及其暴行》中认为“日本统治海南岛6年多时间内，10多万劳工中死亡人数在6万以上，死亡率高达60%”②。据1963年海南铁矿老工人回忆，“我们从汕头来5040多人，到日本投降时只剩700多人，除了20多人去当游击队，其他都饿、病死了”。“上海来的最早一批3000人。到我们来时，他们只剩30多人，其余都病死和被打死”。“我1942年第6批550人从香港来，现在除了很少数走往各地，只剩4人”③。海南本地劳工，据七差重合的维持会会长、当地黎族“奥雅（头人）”回忆：“当时我每天组织300名劳工到石碌矿山替日军劈山、开路、挖矿等，这些劳工从各村摊派，每天自带工具饭菜早出晚归，替日本人做无偿的劳役，若是劳工得了病不给治疗，还要绑起来抛到火堆中烧死火化，说是为了‘杜绝传染’。”④ 在艰辛的苦役中，日军以非人手段对待劳工，随意毒打、折磨、刑罚或处死。所用刑罚有：活埋、滚打、烙烧、电击、灌水、倒悬等。广大劳工如囚徒。这种非人的待遇和超负荷的苦役，加之事故和瘟疫使劳工大批死亡。老工人郭平回忆说：“八所成立一个火葬班（60多人），平时火葬50—60人，最多一天有300人。”⑤ 石碌矿山劳工至日军投降时，原4万余名劳工幸存下来的仅有5803人。1963年海南铁矿的冯庆、纪友卿等几位老工人在回忆矿史座谈会上说，“矿山工人每天工作时间12小时（普遍性），没有衣服穿，只好去偷水泥袋和麻袋来做衣服穿（普遍性）。如果遇上大雨，水泥袋淋湿了，就只好露着身体干

---

① 陈厉刚：《海南岛榆林港田独铁矿调查报告书》（民国35年4月），第44—45页，存海南矿业股份有限公司档案室，案卷号25。

② 苏智良、侯桂芳、胡海英：《日本对海南的侵略及其暴行》，上海辞书出版社2005年版，第131页。

③ 海南矿业股份有限公司档案馆：《海南铁矿劳工口述资料》，第15矿史记录本，“陈玉标、吴江洪、伍进的口述”，第17、28、39—40页。

④ 海南省政协文史委员会编：《铁蹄下的腥风血雨——日军侵琼暴行实录（续）》，海南出版社1995年版，第403—404页。

⑤ 海南矿业股份有限公司档案馆：《海南铁矿劳工口述资料》，第5矿史记录本，“吴昌桐的汇报”，第22页。

活。工人吃不饱，只好：（1）偷农民的地瓜；（2）吃木薯叶；（3）吃野菜；（4）吃香蕉心；（5）到日本人饭堂水沟里去捞饭粒吃；（6）到日本人猪栏里去要日本人喂猪的饭来吃（符荣讲）；（7）吃1公尺多长的空心菜；（8）吃猪吃的蘑菇；（9）吃饭堂不要的黄菜叶、烂菜等。日军对工人用的刑罚有：1. 用电电死；2. 将水用一条水胶管插进鼻内灌水，当你肚子装满了水，然后用砖压在肚子上，人上去压，水就从口里吐出来。如此重复多次，直至这个人死去为止（李洪述）；3. 双膝跪在一根大木上，后面关节再放一条大木，双手举起一盆水（或在背后捆着一条大木）；4. 断脚筋刑；5. 把人捆在树上，给日本兵刺杀当练兵用（活人）；6.（让工人）自己挖一个洞，约到自己胸口上，然后下去，叫另一个工人将土盖到自己胸上；7. 木剑刺工人（周生述）。致工人死亡的方式有：1. 打死；2.（用）刑死；3. 饿死；4. 病死；5. 打毒针死；6. 自杀死。在石碌每天最多有70多人死去，最少有20—30人，其中饿死、病死、冷死的人多。石碌河每天有10来人自杀"①。

田独铁矿劳工的处境与石碌相似，现将田独矿区1944—1945年劳工死亡数统计如下（附表二、附表三）②：

附表二：　　　　田独矿区1944年度劳工死亡数统计

月份	工人数	病工数	死亡数	平均一日死亡数	死亡率%	出工率%	病工率%
5	7940	633	46	1.5	0.64	77.2	6.3
6	7760	483	54	1.3	0.7	80.1	6.1
7	8042	586	50	1.7	0.9	79.6	6.3
8	7962	524	72	2.4	0.6	76.6	7.1
9	8038	564	25	0.8	0.31	70.1	5.7
10	7484	563	40	1.3	0.35	76.9	3.1
11	6071	680	73	2.6	1.1	78.8	9.9
12	5792	670	83	2.8	1.5	70.9	14.1
合计		4703	443				

① 海南矿业股份有限公司档案馆：《海南铁矿劳工口述资料》，第24矿史记录本，"冯庆、周生、黄元、李龙泉、纪友卿的口述"，第3—5页。

② 《海南铁矿志》编辑委员会编：《海南铁矿志》，1984年内部出版，第6页。

附表三： **田独矿区 1945 年度劳工死亡数统计**

月份	工人数	死亡数	平均一日死亡数	死亡率 %	出工率 %	病工率 %
1	4039	40	1.3	0.9	68.6	16.3
2	1905	64	2.4	3.8	64.4	21.4
3	1921	60	2	3.1	71.1	24.3
4	1906	125	4.5	6.3	65.9	29.1
5	2052	267	9	1.3	64.2	27.2
6	1875	206	7	1.1	57.8	30.7
7	1790	145	5	8.1	56.8	33.2
8	1713	110	4	6.4	51.8	30.7
合计		1017				

田独铁矿开采达 6 年之久，田独劳工在这里受到了非人的折磨，被枪毙、活埋、烧死、打死和病饿死者达 1.2 万余人，其中崖县（今三亚市）本地劳工 10120 人，其余近 2000 人是岛外或岛内各县的劳工。被日军残害折磨致死的劳工全部埋在田独村边一个坑里，成为骇人听闻的“田独万人坑”①。在 1945 年 8 月战败时，日军还将 1300 余名负责挖洞埋藏战备物资的朝鲜政治犯矿工在崖县南丁地区杀害埋在“南丁千人坑”里②。

据中共广东省委党史研究室调查统计，日军在掠取位于海南岛和香港之间的南鹏岛钨矿时，共从广东、海南等地征用劳工 1200 余人，光从广州市区惠福路、永汉南一带抓走的 500 余名劳工中就有 464 人死亡③。海南羊角岭水晶矿劳工幸存者符名凤证实，日军在掠夺羊角岭水晶矿过程中，年均征用劳工 2000 余人（由本岛劳工轮流服役），被折磨致死者达 1600 余人④。日军在陵水县英州镇修建大坡机场时共征用海南本地劳工和广东潮州、汕头等地劳工 4000 余人，因饥

① 张晓辉：《民国时期广东社会经济史》，广东人民出版社 2005 年版，第 438 页；李秉新、徐新元、石玉新主编：《侵华日军暴行总录》，河北人民出版社 1995 年版，第 1160—1161 页。

② 海南省政协文史资料委员会编：《铁蹄下的腥风血雨——日军侵琼暴行实录》，海南出版社 1995 年版，第 412、416—418 页。

③ 官丽珍：《对和平与人道的肆虐》，中共党史出版社 2001 年版 ，第 194 页。

④ 海南省政协文史资料委员会编：《铁蹄下的腥风血雨——日军侵琼暴行实录》，海南出版社 1995 年版，第 320—321 页。

饿、劳累、瘟疫和监工毒打致死者即达3000余人（被焚烧）[①]。

基于上述历史事实和此次调查所得，省课题调研组对全部资料进行分类排比，汇总统计，得出以下数据：

（1）海南抗战时期直接人口伤亡总数为218506人。其中：民众直接死亡139682人，伤53621人（17个市县统计的数据），死伤不分557人（2个县统计的数据），失踪16786人。另外，国民党抗战人员（主要是武装部队人员）死亡1727人（6个市县统计的数据，因缺少资料，无法统计伤残人数）；共产党抗战人员（主要是武装部队人员）死亡6133人（7个市县统计数据）。

（2）海南抗战时期间接人口伤亡总数为347668人。其中被俘捕人员死亡10476人，伤4576人，失踪1844人，不明10630人，总计27526人；灾民死亡83458人，伤102555人，失踪6717人，不明3549人，总计196279人；劳工死亡93469人，伤6150人，失踪1947人，不明15450人，总计117016人（16个市县统计的数据）；“慰安妇”5200人，被强奸妇女1647人（9个县的统计数据）。

总计海南抗战时期人口伤亡566174人。

抗战时期海南各市县人口伤亡情况（不含国民党和共产党抗战人员伤亡人数及“慰安妇”人数）分别为：海口市64129人；三亚市20608人；文昌市28972人；琼海市15111人；儋州市46617人；万宁市88847人；五指山市842人；东方市25697人；定安县7330人；屯昌县10762人；澄迈县121176人；临高县22042人；昌江县42442人；乐东县3937人；陵水县14214人；白沙县2986人；保亭县24687人；琼中县12715人。

3. 对此次调研口径的说明

此次调研所得的直接死亡人数与当年琼崖守备司令王毅向国民政府呈送的函中所述的“海南军民牺牲27.3万人”相比，少了10万余人。省课题调研组认为，此次统计数字少于历史资料记载，这主要是由于日军对海南抗日根据地进行疯狂“扫荡”和“蚕食”，实行残酷的“三光”政策，许多村庄被日军整体焚毁，村民被全部杀害，致使这些村庄无人可以提供口述回忆资料，因而其伤亡人数无法得到准确的统计。譬如，1942年5月、10月，日军先后调集第十五、第

① 海南省政协文史资料委员会编：《铁蹄下的腥风血雨——日军侵琼暴行实录》，海南出版社1995年版，第520—521页。

十六警备队及伪军共5400多人，对琼文抗日根据地进行大规模“扫荡”，把琼山县的道崇、苏寻三、咸来、树德及三江、云龙部分地区和文昌县的大昌、南阳等地变成“无人区”，派军机狂轰滥炸，指使士兵烧杀抢掠，导致该地区中的福禄坡、白水塘、九斗山上村、排溪园、咸来湾、罗虎山、后井山、龙群、石桥园、昌仙、柯湖、杨日、低溪川等13个村庄人口灭绝，沦为荒村①。又如，从1939年4月至1944年春，日军陆、海、空军配合，对儋县北部沿海地区进行多次大规模“扫荡”，迫使240多个村庄的4万多村民离乡背井，四处逃难。解放后，长安、竹穴、息偏、连藤、南纽、偏石、大浦、李宅、陈村、李屋、旧河、黄姜、谢屋、新村、崖村、李村、白郎山、陈屋、流水下村、邢屋等20多个村庄，已无人回来重建，至今仍为废村②。正如民国《行政院善后救济总署广东分署工作概况》所说：“甚多村庄已成废墟。”

至于民国《行政院善后救济总署广东分署工作概况》中关于海南岛“至少有50万人已被屠杀，或因饥馑疾病而渐渐走上死亡之路”的记述，省课题调研组认为，这是基于直接伤亡人数和间接伤亡人数两相合计的结果。台湾史学家苏云峰所撰《日军在海南之暴行（1937—1945）》一文也认为，“日军占据海南六年半期间，一共屠杀及饿死了海南人民五十四万以上。”③ 这两个数据与省课题调研组的统计大致吻合。

省课题组还通过抗战前和抗战后海南人口状况的比较，来验证此次调查所得的抗战时期海南人口死亡数字。海南省地方史志办公室《海南省志·人口志》记载：海南1939年总人口2401295人；1946年总人口2160633人。战后（1946年）海南总人口减少240662人。民国时期广东省民政厅等档案资料统计，1939年海南总人口2402965人；1946年总人口2003079人（缺崖县、乐东两县数字）。补《海南岛新志》所载两县1946年数字（崖县93465人，乐东53072人），则海南总人口为2149616人。战后减少253349人。省课题组认为，这两个数据相差不大，可以采信，以之作为海南抗战时期人口伤亡的参考依据。海南抗战前总人口应是240万人左右，战后减少24万至25万人。这一数字与省课题调研组此次调查所得基本相同。

---

① 琼山市地方志编纂委员会编：《琼山县志》，中华书局1999年版，第697页。

② 海南省政协文史资料委员会编：《铁蹄下的腥风血雨——日军侵琼暴行实录（续）》，海南出版社1996年版，第209—214页。

③ 苏云峰：《日军在海南之暴行》，见《台湾文献》第29期，台北市海南同乡会编印，2001年版，第18页。

（五）财产损失情况

由于抗战时期海南属于广东省的一个行政区，物价水平与广东省其他地区相当，因此，我们以《抗战时期广东省财产损失价值计算、折算办法》为依据，对抗战时期海南的社会财产损失、居民财产损失进行了折算。

1. 社会财产损失

（1）直接损失

日军侵入海南后，大量侵占占领区的社会财产，造成社会财产重大损失。由于所收集、掌握的档案、文献资料不完整，本调研报告只能对当时海南社会财产损失的一般情况作一个不完全的记述。

① 矿业损失

日军侵占海南后，随即派来地质调查队和日窒海南资源调查队，对海南各地矿产资源进行全面勘察，查明石碌铁矿资源之富、品质之优为世所罕见，于是授命“日窒素肥料株式会社”（同年改名“日窒海南兴业株式会社”）投资开发，并制订“三期开发计划”：第一期年产铁矿石100万吨；第二期年产铁矿石200万吨；第三期年产铁矿石300万吨。其开采设备及配套设施为：（一）石碌矿山：采矿设备有K－120型3立方电铲4台，K－50型1立方电铲1台，Ob－1型穿孔机4台，各类凿岩机93台；运输设备有300匹马力卷扬机3台，80匹马力卷扬机2台，6000吨矿仓上部运输胶带4条（未完成），破碎厂以下运输胶带4条，汽油牵引车23台，2吨载重矿车若干台；破碎设备有圆锥破碎机1台，破碎厂系统1个（未完成）；辅助生产设备有机械修理房、锻工房、铸造房、压风房、化验室、仓库等。（二）码头、铁路：八所港码头及卸矿装船设备；石碌至八所专用铁路。（三）动力设施：东方广坝7000千伏安水轮发电机厂房及输电设备；东方至石碌50公里66千伏输电线路；66/3.3万伏降压变电所；柴油发电机。日本人以半机械化的生产方式，重点开采石碌矿山北一主矿体下部坡积矿及北三坡积矿等几个层面。当时矿石运输系统大部分未建成，电铲设备仅用于开拓层面及公路，对于生产层面的矿石采掘及装车，全部役使劳工完成，人力装车后，用卷扬机及上部运输胶带运往矿仓，再用列车运往八所码头。

田独铁矿由“石原株式会社”投资开发，分三期进行掠夺性开采：第一期，从1939年2月至1940年6月，原计划年产30万吨，实际年产量只有169599吨。当时只有简单的机械设备，如采矿用小型凿岩机，运输用小轨车拉小矿卡，其余大量工作均由劳工手工操作。第二期，从1940年6月至1941年9月，计划年产60万吨，实际只完成计划的56%。期间增加了皮带运输设备和万吨矿仓，但生产仍以人工为主。第三期，从1942年至1943年3月，加紧对田独铁矿资源的掠夺，年产计划增加到120万吨，实际完成76.5%。期间增加电铲、推土机、胶带运输机等设备。

据日方资料，石碌、田独两处被掠夺的铁矿石数量如下（附表四、附表五）①：

附表四： **石碌铁矿生产及输出情况表**

年　度	生产数量（吨）	对日输出数量（吨）	备　考
1941年	5000		1941年3月开始
1942年	95724	51456	
1943年	393553	248012	
1944年	200997	110900	1945年1月停止
合计	695274	410368	石碌矿区贮矿7411吨 八所港贮矿219582吨

附表五： **田独铁矿生产及输出情况表**

年　度	生产数量（吨）	对日输出数量（吨）	备　考
1940年	169599	167991	从1940年6月开始
1941年	355921	306634	
1942年	893824	805098	
1943年	918511	832214	
1944年	353436	304120	1945年1月停止采矿
合计	2691291	2416057	河口贮矿120407吨 港口贮矿152969吨

以上共计掠夺2826425吨。由附表四统计得知，石碌铁矿还有57913吨矿石没有注明下落。根据有关资料，有一部分矿石已用来修筑八所至石碌铁路，其余

① 张兴吉：《日本侵占海南岛罪行研究》，海南出版社2004年版，第171—172页。相关统计数据转引自日本大藏省管理局：《关于日本人海外活动的历史调查——海南岛篇》，日本大藏省管理局1947年编辑印刷，（汉城）高丽书林1985年版，第122、125—126页。

则无从考证。

日本人历年从海南岛掠夺的铁矿石数量占同时期从中国掠夺的铁矿石总量的比例为：1941 年 4.06%；1942 年 8.66%；1943 年 10.14%；1944 年 5.22%。按 1936 年海关报关单价每吨铁矿砂 3.84 元（法币，当时亦称为国币，下同）计算，损失价值总值为 10853472 元[①]。

除铁矿石外，被日本掠夺的还有水晶、锡矿等矿产。水晶矿位于屯昌县羊角岭。其生产和被掠夺情况如下（附表六）[②]：

附表六：　　　　屯昌县羊角岭水晶矿生产和被掠夺情况

年　度	生产数量（吨）	对日运送数量（吨）	摘　　要
1942 年	4.520	4.520	
1943 年	23.536	23.536	
1944 年	90.480	65.210	
1945 年	19.815	—	
合计	138.351	93.266	未运出的库藏品移交给中国政府

锡矿位于儋县那大，被掠走数千吨[③]。

② 工业损失

日军对海南地方工业的掠夺，主要在盐业方面。儋县、临高等 6 县战前平均每年产盐 400 多万担，约占全国总产量的 10%，盐税收入达 1000 多万元（法币）。抗战时期，盐场被日军侵占或封锁，损失巨大。仅三亚盐场每年就损失盐产 155.6 万担，价值 2676320 元（法币），以沦陷六年半计，盐产损失 1011.4 万担，总价值 17396080 元（此计算以该盐场 1937 年产量 155.6 万担为年均产值，以 1936 年每担售价 1.72 元法币为历年均价）。此外，日军还抢掠崖县原盐 13 万吨[④]，值 4472000 元（法币）。

抗战前，海南工业基础十分薄弱，只有一些规模较小的加工厂和手工作坊。日军侵占海南后，出于“以战养战”的需要，大量攫取海南本地资源，就地投

---

① 黄菊艳：《抗战时期广东经济损失研究》，广东人民出版社 2005 年版，第 281 页。

② 张兴吉：《日本侵占海南岛罪行研究》，海南出版社 2004 年版，第 181—182 页。相关统计数据转引自日本大藏省管理局：《关于日本人的海外活动的历史调查——海南岛篇》，日本大藏省管理局 1947 年编辑印刷，（汉城）高丽书林 1985 年版，第 126—127 页。

③ 工商部广州工商辅导处编纂委员会编：《两广工商经济特辑》（民国时期），工商部广州工商辅导处 1948 年 1 月出版，第 56—58 页。

④ 海南省地方史志办公室编：《海南省志·农业志》，南海出版公司 1997 年版，第 56 页。

资工业生产，开发冶金业、机械工业、电气业、化学工业、制盐业、造船业、纤维制品工业、水泥制造业、砖瓦制造业、皮革制造业、玻璃制造业、土木工程等。计有各类会社、工厂（场、所）等43家，分布全岛各地。譬如，在榆林设“大日产业株式会社造船所”，有船台3个，每年可造轮船6艘；设“日本制铁海南岛工业所水泥工厂”，月产水泥300吨；在海口设“日本油脂会社海口工场”，用以生产肥皂；设“南国烟草会社”，从事纸烟生产；在琼山设“三友殖产株式会社”，从事纺织；设“海南制纸株式会社”，用以生产新闻纸和香烟纸；设“东亚制药厂”，生产军用药品。此外，“明治制糖株式会社海南事务所”在中原、感恩，“盐水港制糖会社”在琼东、加来、白莲、龙塘，“日糖兴业株式会社”在儋县（新州）、那大，“三井农林株式会社”在藤桥等地，开办多家糖厂①。这些工厂连同矿山、铁路、港口等设施一起，构成了日军掠夺式开发的基础。海南在这方面的资源、税收和人力损失难以计数。

另外，抗战时期日军还在儋县、万宁县劫掠工业产品价值131万光洋（与1937年法币等值，下同）。日军侵占海口40余家制革厂、3—4家椰雕工艺品手工工场，造成损失5070000元（1937年7月法币）。

③ 农业损失

民国建立之后，海南的华侨从海外引进资金和技术，在岛内设立了一批近代化模式的农业庄园，从事橡胶、咖啡等热带作物种植。日军侵入海南后，用各种手段夺取了这些农场。《台北帝国大学第二回海南岛学术调查报告》称：“农业的三要素是土地、资本、劳动力。在进入（海南岛）事业会社的事业区域势力范围内的土地，在军事管制期间，尽可能地降低其条件，应该将其所有权转让给事业会社，可能的话，实现无偿转让也是可行的。如那种随意把土地所有权留在当地居民手里的办法，想来不是断然坚持的土地政策。”② 如在海口台湾拓殖第一苗圃，它在海口港栈桥的近处，作为台湾拓殖株式会社海南岛开发试验场之一，在日军侵入海南岛不久，1939年4月29日即正式设立。该苗圃原属一南洋华侨所有，有5町步（1町步约=1公顷=15亩，约合75亩），日文资料称：“转让给”台湾拓殖，台湾拓殖又将之扩大到15町步（约合225亩）③。又如“大日本制糖”在那大的橡胶园，原来的主人是当地的天任公司，日军侵占海南

① 陈植编著：《海南岛新志》，商务印书馆1949年版，第33—43页。

② 台湾总督府外事部：《台北帝国大学第二回海南岛学术调查报告》，台湾总督府外事部1944年版，第79页。存于北京大学图书馆。

③ 张兴吉：《日本侵占海南岛罪行研究》，海南出版社2004年版，第146—147页。有关内容转引自［日］寺林清一郎：《海南岛的农场》，见《台湾时报》1941年10月号。

岛后，该橡胶园即被转为“大日本制糖”“管理”[1]。

日军在海南进行所谓的农业开发，总计投资1.29亿日元。36家日本商社中[2]，农业25个，林业5个，牧业2个，渔业4个，遍布日军控制的海南岛沿海地区。经营的作物有水稻、番薯、蔬菜、甘蔗、烟草、水果、棉花、黄麻等，同时还引进一些品种和先进技术，强迫农民种植，以求提高产量，达到掠夺的目的，满足军需。据《海南省志·农业志》记载，日本侵占海南6年多时间共掠夺稻谷300万石，砂糖67万担，麻棉30万担，番薯9亿市斤，活牛25万头，生猪48万头[3]。日军侵略造成渔船损失1155艘，价值11550000万元（法币，1947年币值），折合战前（1937年7月）币值为3942509元。海南各县渔船损失详情见附表七（损失时间为1939—1945年，损失价值为1947年法币）[4]：

附表七：　　　　海南各县渔船损失统计表

县市名	战前渔船数（艘）	损失渔船数（艘）	损失价值（万元）
琼山	200	97	970000
文昌	600	200	2000000
琼东	220	40	400000
乐会	150	50	500000
万宁	300	70	700000
陵水	300	50	500000
崖县	1300	100	1000000
感恩	100	35	350000
昌江	146	53	530000
儋县	500	200	2000000
临高	450	220	2200000
澄迈	120	40	400000
合计	4386	1155	11550000

① 台湾总督府外事部：《台北帝国大学第二回海南岛学术调查报告》，台湾总督府外事部1944年版，第79页。存于北京大学图书馆。

② 黄菊艳：《抗战时期广东经济损失研究》，广东人民出版社2005年版，第184页。

③ 海南省地方史志办公室编：《海南省志·农业志》，南海出版公司1997年版，第56页。

④ 黄菊艳：《抗战时期广东经济损失研究》，广东人民出版社2005年版，第288页。

在林业方面，为满足不断扩大的木材需求，特别是开发矿业所需，日军拟订岛内木材自给计划，组成专门企业负责木材生产。岛田、王子、台拓、大共木材4家日本企业，共具有年采伐4.3万立方米的生产能力①。以此计算，从1940年到1944年，5年间其采伐量至少在20万立方米以上。《海南省志·农业志》记载为23万多立方米②。

④ 交通损失

民国时期海南与外界的交通，除了外国轮船外，主要靠本地帆船。日军侵入后，对海南岛周边的交通，采取了严格的管制制度，对外的联络以及本岛内部的联系，几乎完全为日本人所控制。海南岛内的大型帆船皆被日军所没收，日军用这些帆船组织了两个航运公司——“开南航运株式会社”和“开南帆船组合”，负责海南岛与外界及周边、沿海的运输。海南岛——香港航线，用“开南帆船组合”的小火轮和帆船来运输交易的物资；海南岛——广州湾航线，用“开南船帆组合”的所有帆船来运输交易物资。在海南岛沿岸，则依靠“开南航运株式会社”和“开南帆船组合”所属的帆船来实现日本军需物资的运输。

民国初期，海南岛的汽车业已有初步发展，战前营业汽车最多时达600余辆。日军侵入后，通过“台湾拓植株式会社”对岛上原有的交通工具及一切设备加以控制。除少量汽车由海南地方政府撤入内地山区外，其他民间车辆全部被日军强行征用。“台拓海南产业株式会社”是唯一被日军特许的汽车营运公司。

为了强化统治和掠夺资源，日军于1940年6月开始建造琼山南渡江铁桥。铁桥建成通车后，由一小队日军守卫。守桥日军经常对通过桥下的民船无端射击，或者上船抢掠财物，铁桥成为过往民船的“鬼门关”。

根据此次调研资料，万宁市、儋州市交通直接损失16万光洋，海口市交通直接损失105739元（1937年法币）。

⑤ 邮政损失

海南抗战时期邮政方面的直接损失，仅据万宁、儋州、海口3市的统计，共计6万光洋和若干法币。

⑥ 商业损失

日军占领海南岛后，对商业实行统制政策，指令日本“三井物产株式会社”等有实力的商社派员到海口、三亚、北黎、那大等市镇开设数十家商店，通过这

---

① 据日本大藏省管理局《关于日本人的海外活动的历史调查——海南岛篇》［日本大藏省管理局1947年编辑印刷，（汉城）高丽书林1985年版］第112—113页的记载统计。

② 海南省地方史志办公室编：《海南省志·农业志》，南海出版公司1997年版，第55—56页。

些商店对商品进行全面控制。日军把海南出产的鱼、盐、牛、羊、猪、鸡、椰子、甘蔗等，都列为战争物资，不许民间经营；布匹、煤油、火柴等生活日用品，也规定为专卖品，禁止私人买卖。日军仗恃武力，利用专卖权，低价收购本地产品，倾销日本工业品，致使原来比较繁华的海南商业奄奄一息，民族工商业大批破产，譬如海口原有的10间银铺，都先后停业、倒闭。及至1948年，全岛能勉强维持的公司和店商仅44家，与抗日战争前的500多家相比，下降了90%。

战后，海口涉及商业产权的法律诉讼接连不断，其主要原因是日军侵占海口期间许多商业机构被日本人侵夺，在战后接管过程中出现了所有权的纠纷。

海南的对外贸易在日军入侵期间急剧衰退，甚至中断。1938年，海口外国进出港船只645艘，83.7万吨（吨位），1939年锐减至179艘，24.4万吨（吨位）；国内贸易船只从128艘18.7万吨下降至45艘7.1万吨。据当年日本人井出季和太的《改订海南岛志》（东京松山房1941年2月出版）记载：海南岛的贸易“近来在1938年由于日支事变，支那贸易的南移及法币贬值而增加，即1938年的对外国贸易789万元，国内贸易1448万元，合计达到2265万元。可是1939年受事变的影响，对外国贸易297万元，国内贸易248万元，合计548万元，与前年相比锐减到四分之一”[①]。据英文版《琼海关十年报告1932—1941》（琼海关税务司制，海口海关整理本）的记载：1939年2月日军侵入海南岛之后，“几乎所有与外界的交通都中断了，因为地方管制，许多大宗进口商品包括煤油、汽油完全消失”。

据定安、万宁、乐东、儋州、海口5市县的统计，抗战时期商业方面直接损失50间店铺，1049.8万元（1946年法币），22万光洋。另有价值156797元（1937年法币）的损失。

⑦ 海关损失

1938年3月30日，日军轰炸海口，琼海关房屋、电台受损。1939年2月日军侵入海南后，首先抢占琼海关，海关所属设备、物资皆被其占有。1939年2月10日至3月9日，日军从琼海关抢夺汽油30箱；2月23日抢掠清澜海关分卡“定海”缉私艇1艘；2月10日至3月8日，抢掠海口琼海关第37号运输船、帆船及其他器物。三亚榆林海关分卡、琼山铺前海关分卡都有物资被日军抢占。

① 张兴吉：《日本侵占海南岛罪行研究》，海南出版社2004年版，第116—117页。引文中价值单位元为法币。

以上合计法币157683.91元[①]。此外，日军还夺取了海关缉私用武器一批，计有重机枪1挺、步枪2支、子弹2100发、弹鼓4个，合计价值法币1200元。琼海关办公楼前的铁栅栏、铁门也被日军拆掉运走，价值法币2660元[②]。临高、关窖尾、海口湾3处灯塔被毁，合计价值法币6500元（1947年价格）。海口炮台灯杆被毁，价值2952海关两[③]。据战后统计，琼海关被劫财产价值（原价）159472.46元（法币）[④]。

琼海关的税款是日军侵占的重点。据资料统计，1939年至1941年，被日军侵占的税款达1706633.32元（法币）之巨（参见附表八）。

附表八： **琼海关被日军侵占税款表**[⑤]

时间（民国）	税款额（国币）
28年6月15日（截至5月31日止）	132937.58
28年6月30日	115680.87
28年7月31日	80105.76
28年8月31日	43660.87
28年9月30日	49646.26
28年10月31日	41617.24
28年11月30日	25882.82
28年12月30日	22016.09
29年1月31日	46825.47
29年2月29日	56514.39
29年3月31日	65847.92
29年4月30日	79105.78
29年5月31日	51841.96
29年6月30日	79990.65

---

① 《琼海关财产损失报告单（自抗战发生之日起至二十九年四月三十日止）》，中国第二历史档案馆馆藏档案，档案号六七九（6）—208。

② 《抗战损失调查资料：海关员工及公私财产损失报表》，中国第二历史档案馆馆藏档案，档案号四四六—859。

③ 《海务科财产直接损失报告表》，1946年，中国第二历史档案馆馆藏档案，档案号四四六—859。

④ 《全国海关自九一八以来日人劫夺关产总表》，中国第二历史档案馆馆藏档案，档案号一七九（4）—864。

⑤ “游击区域内各关积存正金银行各项正附税款数目表”（民国28年6月15日至民国30年8月31日）琼海关数字，中国第二历史档案馆馆藏档案，档案号一七九（4）—863。

续表

时间（民国）	税款额（国币）
29 年 7 月 31 日	97397.42
29 年 8 月 31 日	126098.02
29 年 9 月 30 日	104130.78
29 年 10 月 31 日	71384.85
29 年 11 月 30 日	75201.25
29 年 12 月 20 日	40317.86
30 年 1 月 31 日	41739.46
30 年 2 月 28 日	27780.79
30 年 3 月 31 日	39011.98
30 年 4 月 30 日	44998.44
30 年 5 月 31 日	38613.39
30 年 6 月 30 日	40473.31
30 年 7 月 31 日	40473.31
30 年 8 月 31 日	27338.80
合计	1706633.32

⑧ 财政损失

据万宁、儋州、海口 3 市的调研资料，抗战时期直接财政损失 9 万光洋，另有价值 188190 元（1937 年法币）的损失。

⑨ 金融损失

战前海口有 3 家银行（广东省银行海口支行、中国银行琼州办事处、琼崖实业银行）和 1 家邮政储金汇业局。日军侵入后，这些银行和储汇局被迫撤迁或关闭，其中部分存款被日军侵夺。日本人相继在海南设立台湾银行海口支店、榆林支店，横滨正金银行海口支店。又利用华人资本的（台湾）华南银行在海口开设支店，在文昌、定安、澄迈设置分店。

日军在海南投放的军票数额逐年大幅上升。1939 年 70 万日元，1940 年 330 万日元，1941 年 659.3 万日元，1942 年 2135.4 万日元，1943 年 4909.4 万日元，1944 年 11180.2 万日元，1945 年 20617.7 万日元（截至 8 月份），总计 39902 万日元[①]。抗战结束后，日本政府立即宣布军票不兑换，中国政府仅以 200 元军票兑 1 元法币的比例回收[②]。海南人民的财产无形中被日本人掠夺。

另据万宁、儋州、海口 3 市调研资料，抗战时期金融直接损失 10 万光洋，82300 两白银。

⑩ 文化方面的损失

仅据三亚、澄迈、临高、万宁、乐东、儋州、海口 7 市县的调研统计，抗战时期直接损失图书 1060 本、清真寺 4 座、文物 9 件 1 处、古建筑 3 间、光洋 30 万，413107 元（1937 年法币）。

⑪ 教育方面的损失

海口及沿海地区各县城被日军占领后，海口所属 6 间中学和 13 间县属中学被迫停学。这些学校的校舍大多为日军占领，如广东省立第六师范学校、琼海中学、澄迈中学、临高中学均被日军占据。乐东县有 2 间学校被日军摧毁。仅据万宁、乐东、儋州、海口 4 市县的统计，教育直接损失达 13 万光洋、524760 元（1937 年法币）。

⑫ 公共事业损失

仅据儋州、海口 2 市的调研资料，抗战时期公共事业直接损失 9 万光洋、1041 元（1937 年法币）。

⑬ 其他损失

据万宁、海口市调研资料，尚有未加分类的直接损失 23.5 万光洋和 2991 元（法币）。

（2）间接损失

根据各市县调研资料汇总，抗战时期海南社会财产间接损失 416 万光洋。

此外，还有用于战后难民救济、遣返的财物损失。日本侵占海南时期，在工农业企业中大量使用日本本土人员和中国台湾省人。同时，为弥补其兵力的不足，在日本海军海南警备府所属的 5 个海军陆战队下，均设有警察队（军官为日本人，士兵多为中国台湾省人）。战后统计，这两类人合计 30000 人左右。

---

① 张兴吉：《日本侵占海南岛罪行研究》，海南出版社 2004 年版，第 124—125 页。有关统计数据转引自日本大藏省管理局：《关于日本人海外活动的历史调查——通卷第 29 册——海南岛篇》日本大藏省管理局 1947 年编辑印刷，（汉城）高丽书林 1985 年版，第 158 页。另据黄菊艳《抗战时期广东经济损失研究》（广东人民出版社 2005 年版）第 188 页的记载，1939 年为 70 万日元，1940 年达 330 万日元，1941 年 660 万日元，1942 年 2135 万日元，1943 年 4704 万日元，1944 年 11180 万日元，1945 年达 20618 万日元（8 月止），总计 39697 万日元。

② 此处的汇兑仅是汇票的兑换，并不是纸币。

1946 年 7 月前，至少还有 16000 人滞留在海南岛。为了遣返此类人员，总计花费约 9 亿元法币，折合战前（1937 年 7 月）币值为 171290 元（法币）[①]。此外，有大约 17000 名外省工人滞留在海南，最初由国民政府第 46 军负责接收，提供粮食。到 1946 年还有 7000 余人，需要安置[②]。其中经济部粤桂闽区特派员办公室遣送难工 2342 人[③]。

经折算合计，抗战时期海南社会财产损失总计 50896580 元（1937 年 7 月法币），其中直接损失 46555290 元，占 91.47%；间接损失 4341290 元，占 8.53%。在直接损失中，以矿业损失和工业损失最为严重，占损失总值的将近七成。这与日军攫掠海南矿产资源作为军需补充的“开发”宗旨密切相关。实际上，还有大批水晶矿、木材等被日军攫取，由于缺乏记录，损失无法计入。日军的大肆掠夺，对于当时生产力落后、人民生活水平低下的海南社会，不啻于一次灾难性的打击。

2. 居民财产损失

（1）土地损失

据《关于日本人海外活动的历史调查——海南岛篇》［日本大藏省管理局 1947 年编辑印刷，（汉城）高丽书林 1985 年出版］所载“日本各会社在终战时的事业概要表”（见该书第 91—101 页），日本会社在海南共有农场 65 处，占用耕地 1546.2 町步（1 町步约 =1 公顷 =15 亩），合计 23193 亩。但该书第 104 页“水利设施施行概要”中记载：日本会社在 65 个地点建有水利设施，受益面积达 39400 英亩，依此计算，其所占耕地应为 15944.32 町步。另据冯河清著《海南岛政治经济社会文化辑要》（新加坡南洋琼州会馆 1947 年出版）第 125—126 页表中记载，日本人在海南有农场 62 处，面积 16623.46 町步，约合 249351.9 亩。又据陈植编著《海南岛新志》（商务印书馆 1949 年出版）记载：65 处水利设施的“受益面积为 12000 公顷”，折合日制为 12000 町步，折合市制为 180000 亩。经综合比较，省课题调研组认为《海南岛政治经济社会文化辑要》所载的

---

① 善后救济总署广东分署：《呈请速拨专款办理遣返留琼台胞由》，1946 年 7 月 25 日，中国第二历史档案馆馆藏档案，档案号 21—1439。

② 行政院秘书处致粤桂闽区敌伪产业处理局：《救济海南岛失业工人案》，1946 年 4 月 15 日，中国第二历史档案馆馆藏档案，档案号 4—10188。

③ 经济部粤桂闽区特派员办公室：《为遣送海南难工案准外交部驻广东、广西特派员公署、香港办事处代电》，1946 年 6 月 22 日，中国第二历史档案馆馆藏档案，档案号 4—10188。

土地面积数字较为可信。

据《海南岛新志》，本岛耕地面积为3852700亩，以此推算，日本会社所占土地占全岛耕地总面积的6.47%。

（2）房屋损失

日军侵占海口后，其军事机构直接抢占市民商铺和住宅。如海南最大的图书出版贩卖机构——海口海南书局，在日军侵入的当日即被其军事报道部抢占，作为《海南讯报》的办公地点。日本人在海口开设店铺145家，多是占用民间企业的房屋来开办。海口市得胜沙路12号原为土产经营商“巨美合号”的一座三进店铺，被日本国际电气株式会社据为办公地点（日本人为遮掩其抢占的事实，仅给予少量房租），隔壁的得胜沙路10号也被该会社占作职员宿舍。

日军为修建机场等军事设施，强行拆毁大量民房。1940年夏天，日军修建三亚机场，将原三亚街400余户民房拆除，把居民逼迁到羊栏、妙林等地。同年4月，日军在崖县黄流镇（今属乐东县）修建南进机场，拆毁新荣、官园、赤龙等24个村庄，共拆民房6950间。9月，日军在陵水县修建后石机场，强行拆除50多户民房。

据行政院善后救济总署广东分署编制的《广东省战时房屋损失调查表》（1946年6月）记载，海南各县房屋损失数量如下（附表九）：

附表九： **海南各县房屋损失数量统计**

县别	损失屋数
琼山	2135
文昌	2274
定安	470
澄迈	465
儋县	563
临高	519
崖县	193
陵水	219
万宁	300
乐会	245
琼东	183

续表

县别	损失屋数
感恩	98
昌江	122
乐东	138
保亭	180
白沙	424
合计	8528

原表未注明房屋的计量单位。海南传统民宅计数，通常以“处”或“进”为单位，一般每处一进三间，大者二进六间或三进九间，以此计算，被损毁的房屋应在数万间以上。根据战后统计资料，仅琼山一县民房被毁就达38741间。琼崖守备司令王毅在战后函件中记载，海南被敌伪焚毁房屋5.9万栋。此次调研，全省18个市县统一以“间”为单位进行统计，得出抗战时期海南房屋损失140072间的结论。省课题调研组认为，这一统计数据可以采信。

（3）树木损失

树木损失13759637株、573922立方米，其中海口市565162立方米、三亚市670株、文昌市297176株、儋州市141700株、万宁市1560000株、五指山市220株、定安县4810株、澄迈县284000株、临高县49223株、乐东县71838株、陵水县8760立方米、保亭县11350000株。

（4）禽畜损失

禽畜损失2024964头（只），其中海口市382509头（只）、三亚市3859头（只）、文昌市324799头（只）、儋州市456950头（只）、万宁市86000头（只）、五指山市325头（只）、定安县6135头（只）、澄迈县507226头（只）、临高县136848头（只）、昌江县213只、乐东县54053头（只）、陵水县688头（牛、猪）、保亭县64671头（只）、琼中县688头。

（5）粮食损失

粮食损失66346864斤、360020担、2047石，其中海口市21061772斤、三亚市123940斤（大米）、文昌市19050771斤、儋州市377000斤、万宁市360000担、定安县73500斤、澄迈县21092286斤、临高县2641471斤、乐东县1020624斤、陵水县20担（谷）、白沙县251500斤、保亭县654000斤、琼中县2047石。

（6）服饰损失

服饰损失705764件、3箱，其中海口市137008件、文昌市59024件、儋州市

279000 件、万宁市 23502 件、五指山市 1470 件、定安县 4276 件加 3 箱、澄迈县 146871 件、临高县 12525 件、乐东县 15308 件、保亭县 23980 件、琼中县 2800 件。

（7）生产工具和生活用品损失

生产工具与生活用品损失 1192426 件，其中海口市 390691 件（生产工具 49568 件、生活用品 341123 件）、三亚市 10 件（生活用品）、文昌市 128830 件（生产工具 48652 件、生活用品 80178 件）、儋州市 260000 件（生产工具 189000 件、生活用品 71000 件）、万宁市 321840 件（生产工具 13640 件、生活用品 308200 件）、五指山市 750 件、定安县 4506 件（生产工具 3540 件、生活用品 966 件）、澄迈县 17336 件（生产工具）、临高县 5591 件、乐东县 17177 件、白沙县 30600 件（生活用品）、保亭县 13982 件、琼中县 1113 件。

（8）其他损失

其他被劫掠物品 92486 件、猪油 1050 斤、渔船 7 艘、光洋 1300 元；对敌负担粮食 3388097 公斤、糖条 610 担、光洋 335435 元、银圆 2464858 元。

抗战时期海南居民财产损失总计 30010690 元（1937 年 7 月法币，下同），其中房屋损失 14007200 元，占全部居民财产损失的将近一半，其直接原因是日军为了消灭抗日力量，多次大规模“扫荡”抗日根据地，实行“三光”政策，大量炸毁和焚毁民用房屋。此外，日军为了就地解决兵员粮食供应，大量占用土地和掠夺粮食，造成土地损失价值 5298728 元，粮食损失价值 7391226 元，使本已十分贫困的海南民众生活更加困苦。

（六）结论

1. 基本结论

抗战时期，海南人口伤亡异常惨重，财产损失特别巨大。根据此次调研汇总统计，抗战时期海南人口伤亡和财产损失的基本情况为：

人口伤亡总计 566174 人，其中直接伤亡 218506 人，间接伤亡 347668 人。在直接伤亡中，民众死亡 139682 人，伤 53621 人，死伤不分 557 人，失踪 16786 人；另外，中国国民党抗战人员（主要是武装部队人员）死亡 1727 人；共产党抗战人员（主要是武装部队人员）死亡 6133 人。在间接伤亡中，被俘捕人员伤亡 27526 人（其中死亡 10476 人，伤 4576 人，失踪 1844 人，不明 10630 人），灾民伤亡 196279 人（其中死亡 83458 人，伤 102555 人，失踪 6717 人，不明

3549 人），劳工伤亡 117016 人（其中死亡 93469 人，伤 6150 人，失踪 1947 人，不明 15450 人），“慰安妇”5200 人，另有被强奸妇女 1647 人。上述间接伤亡人数中，劳工伤亡仅有 16 个市县统计的数据，被强奸妇女为 9 个市县的统计数据，其他市县因缺乏资料而无法统计。

财产损失总计 80907270 元（1937 年 7 月法币，下同，其他币种另注明），其中社会财产直接损失 46555290 元，社会财产间接损失 4341290 元，居民财产损失 30010690 元。在社会财产直接损失中，矿业损失 10853472 元，工业损失 28248168 元，农业损失 3942509 元，交通损失 265739 元，邮政损失 60230 元，商业损失 378795 元，海关损失 617302 元，财政损失 278190 元，金融损失 213986 元，文化损失 713107 元，教育损失 654760 元，公共事业损失 91041 元，其他损失 237991 元；还有水晶矿、木材、店铺、图书、寺庙、文物、学校等一批社会财产损失难以估价。此外，日军在侵占海南的 6 年半中，总计发放军票 399020000 元（日元），战后日本政府宣布军票不予兑换，无形中劫掠了海南巨额财产。在社会财产间接损失中，13 个市县抗战时期间接损失 417 万元（光洋），战后用于难民救济、遣返 171290 元。在居民财产损失方面，土地损失 5298728 元，房屋损失 14007200 元，粮食损失 7391226 元，其他损失 3313536 元，尚有大批树木、木材、禽畜、服饰、生产工具、生活用品等无法折价。

根据截至目前所掌握的资料和进行的相关研究，我们得出了海南省抗日战争时期人口伤亡和财产损失的以上若干数据。由于年代久远、搜集资料困难等客观原因，应该说，我们得出的这些数据还只是初步的和尚不完整的数据，并不是研究的最终结果。今后，我们将继续推进本课题调研工作，以期在掌握更多资料和取得研究新成果的基础上对有关数据再做出修订和补充。

2. 海南人口伤亡和财产损失的特点

抗战时期海南人口伤亡和财产损失有以下显著特点：一是人口伤亡比例大，伤亡人口占 1939 年海南人口总数的 23.42%。按当时家庭人数计，平均每户至少有 1 人伤亡。可谓家家都有一笔血泪账。二是自然资源遭受巨大损失，主要表现在日军为了战争需要，掠夺了海南数以百万吨计的高品位铁矿和大量的优质木材，以及水晶矿、锡矿等。三是劳工伤亡惨重。日军为掠夺海南资源，以强征和诱骗的方式招募 20 余万劳工从事采矿、采伐、筑路等劳役，劳工伤亡累计 11 万余，伤亡率高达60%。四是妇女受凌辱、摧残异常凄惨。日军在海南强奸妇女之后，往往采取各种惨无人道的手段予以侮辱蹂躏（如割乳、刺下身、剖腹），然后杀戮。仅澄迈一县，被日军强奸的妇女就多达879人。日军在海南各地建立76处“慰安所”及遍及各地军事据点的“战地后勤服务队”，有数以千计的妇女被诱骗或强迫充当“慰安妇”，供日本官兵泄欲，许多人被日军奸淫、毒打致死。幸存下来的“慰安妇”身心蒙受巨大损伤，一生无法抚平。

3. 人口伤亡和财产损失对于海南的主要影响

从1939年2月日军侵入海南岛，到1945年8月日本宣布投降，日军侵占海南长达6年半之久。为了将海南岛变成日军在太平洋上永不沉没的“航空母舰”和台湾式的殖民地，日军在政治上实行血腥统治，对岛内的抗日军民多次进行大规模“扫荡”，大肆屠杀海南人民，造成重大人口伤亡。由于日军实行“三光”政策，海南曾出现整个乡乃至整个区范围内焦土遍地、尸骨遍野、荒芜人烟的“无人区”惨况。在经济上，日军进行掠夺性“开发”，疯狂攫取海南自然资源，造成海南巨大的社会财产损失和严重的生态环境破坏。在历经日本的残暴统治之后，海南社会经济面貌极度残破，人民经济生活十分困苦。以海南经济中心海口市而论，战后百业凋零，万物腾贵，猪肉每市斤从法币1.5元涨至5元，一般蔬菜每市斤从一两角钱涨至5角钱左右。不少居民米缸没有隔夜粮。有时交通断绝，发生全市性粮食恐慌，粮价飞涨，居民只能吃番薯或米糠度日。棉布奇缺，每十户居民每年仅有一两份布，每份三四米长。海口市居民生活尚且如此，更遑论广大乡村。

民国初期，海南社会经济建设开始缓步发展。但随着抗战的爆发和日军的侵入，原有的经济发展秩序被完全打破，海南经济发展的自然进程随之中断。其突出表现之一是，刚刚开始的海南城市发展进程完全停止。此外，刚起步的热带种植园经济也受到沉重打击，几乎所有由华侨所创建的热带作物农场都被日军占领，转移给日本会社进行所谓“开发”。虽然日本占领海南时期也有一些“经济建设及开发”的措施，并有相当数量的基础设备保存到日本人投降之后，但其“开发建设”是在军事占领的前提下，以海南的资源尤其是矿产资源作为日本军需资源补充为目的的“开发建设”。日军认为海南是一座“天然资源宝库”，特别是“世界良质铁矿”（含铁量57%），是“建造舰艇用最好的钢材原料”，经济战略价值非常重要，因此，在其占领期间，日本政府的支持和民间企业相结合进行的海南矿业及其他所谓“开发建设”，是为了大肆掠夺海南资源。日军为掠夺资源而采取的一些措施是一种临时性措施，既不完备，也不牢靠，反而使海南丧失了原有正常的经济发展基础，加深了海南经济的极度动荡，延缓了海南经济社会的发展进程。

近代以来，海南历次战乱对本地经济社会发展都有一定程度的阻滞作用，而其中时间最长、波及地区最广、对海南历史进程影响最大者，乃是日本军队对海南的侵略。日军的暴政对海南经济社会发展造成了巨大的破坏和灾难性的后果，日军的暴行给海南人民留下了巨大的心灵创伤，其影响至今无法消弭。

执笔人：张兴吉（海南师范大学）
吴晓红（海南省委党史研究室）
审核人：陈　波（海南省委党史研究室）

二、资　　料

（一）档案资料[①]

1. 琼山县战时官兵死亡人数及公私财产损失数量调查统计表

（1946 年 8 月）

填报时间：中华民国三十五年八月　　　　填报人：琼山县县长吴荣楫

死亡人口		财产损失					
官兵	民众	公有		私有			
		房室	其他物资价值	房屋	耕牛	耕田	其他物资价值
166 人	36200 人	3152 间	50000000 元	38741 间	15000 只	30000 亩	400000000 元

附注：1. 本表包括抗战期间一切发生损失死亡数字在内。

2. 物资价值计算系以抗战胜利日价值估计。

3. 民众死亡系流亡、杀害、死亡数字在内，“耕牛”系瘟疫死亡、被杀等数字在内，“耕田”系荒废、被占数字在内。

（海南省档案馆馆藏档案，档案号 1—21—1616）

---

① 以下档案资料中，涉及财产损失的货币统计数据，凡未标明币种者均为法币（亦称为国币）。特此说明。

2. 行政院交办议案件通知单： 军事委员会办公厅函请褒恤琼崖孤岛抗战殉职军政人员及救济阵亡将士由 （节选）

（1946 年 1 月）

（中华民国 35 年 1 月 11 日）

（发和人字第 50064 号）

抄原函

准国民政府参军处军务局代电，以奉交琼崖守备司令王毅十一月二十六日签呈一件，内称琼崖孤岛抗战七年，与敌先后作战大小共一千六百三十七次，我忠勇军民依赖钧座德威之感召，献身党国赴义成仁者二十七万三千余人，房屋被敌奸焚毁者五万九千余栋，尤以参战官兵之产业损失十之六七。

（中国第二历史档案馆馆藏档案，档案号二——2180）

3. 琼山县第四区文昌乡民财产损失　被敌伤亡汇报表

（1940 年 9 月）

（1）琼山县第四区文昌乡民财产损失汇报表（民国二十九年九月五日）

姓名	籍贯	损失种类	数量	价值	损失情形	日期	地址	备考
梁安勺	琼山县文昌乡	屋	一间	约五百元	被敌机轰炸	廿八年二月初十日	中堂村	
梁生恩	琼山县文昌乡	屋	二间	约一千一百元	被敌机轰炸	廿八年二月初十日	中堂村	
梁居仪	琼山县文昌乡	屋	一间	约五百元	被敌机轰炸	廿八年二月初十日	中堂村	
梁居好	琼山县文昌乡	屋	一间	约六百元	被敌机轰炸	廿八年二月初十日	中堂村	
梁安全	琼山县文昌乡	屋	一间	约五百元	被敌机轰炸	廿八年二月初十日	中堂村	
梁居乙	琼山县文昌乡	屋	一间	约七百元	被敌机轰炸	廿八年二月初十日	中堂村	
游步宏	琼山县文昌乡	屋	二间	约一千一百元	被敌机轰炸	廿八年二月十三日	昌头村	
游逢春	琼山县文昌乡	屋	一间	约六百元	被敌机轰炸	廿八年二月十三日	昌头村	
游乃玉	琼山县文昌乡	屋	一间	约三百元	被敌机轰炸	廿八年二月十三日	昌头村	
梁居教	琼山县文昌乡	猪	一只	约四十元	被敌进犯乡境捉去	廿八年四月廿六日	中堂村	
梁安信	琼山县文昌乡	猪	一只	约六十元	被敌进犯乡境捉去	廿八年四月廿六日	中堂村	
梁安明	琼山县文昌乡	猪	一只	约六十元	被敌进犯乡境捉去	廿八年四月廿六日	中堂村	

续表

姓名	籍贯	损失种类	数量	价值	损失情形	日期	地址	备考
梁安保	琼山县文昌乡	沙牛	一头	约七十元	被敌进犯乡境牵去	廿九年一月廿九日	中堂村	
何天章	琼山县文昌乡	沙牛	二头	约一百一十元	被敌进犯乡境牵去	廿九年一月廿九日	文宿村	
何名儒	琼山县文昌乡	沙牛	二头	约一百三十元	被敌进犯乡境牵去	廿九年一月廿九日	文宿村	
游乃祥	琼山县文昌乡	沙牛	一头	约七十元	被敌进犯乡境牵去	廿九年一月廿九日	昌头村	
游步宏	琼山县文昌乡	沙牛	一头	约八十元	被敌进犯乡境牵去	廿九年一月廿九日	昌头村	
游步颜	琼山县文昌乡	沙牛	一头	约六十元	被敌进犯乡境牵去	廿九年一月廿九日	昌头村	
游步玺	琼山县文昌乡	沙牛	一头	约七十元	被敌进犯乡境牵去	廿九年一月廿九日	昌头村	

（2）琼山县第四区文昌乡民被敌伤亡汇报表（民国二十九年九月五日）

姓名	性别	年龄	籍贯	伤亡日期	伤亡地址	被害情形	备考
梁居礼	男	四七	琼山县文昌乡	廿八年二月初十日	中堂村	被敌机炸	
梁莫氏	女	二二	琼山县文昌乡	廿八年二月初十日	中堂村	被敌机炸	
梁吴氏	女	五二	琼山县文昌乡	廿八年二月初十日	中堂村	被敌机炸	
梁黄氏	女	二三	琼山县文昌乡	廿八年二月初十日	中堂村	被敌机炸	
何天定	男	二六	琼山县文昌乡	廿八年八月初九日	谭文市	被敌兵进犯谭文市击毙	
梁安永	男	五三	琼山县文昌乡	廿八年八月初九日	谭文市	被敌兵进犯谭文市击毙	

琼山县第四区文昌乡乡长云大琛

（海南省档案馆馆藏档案，案卷号 L001—5—304，第 3—7 页）

4. 琼山县第四区文岭乡民被敌伤亡汇报表

（1940 年 8 月）

（民国二十九年八月十六日填报）

姓名	性别	年龄	籍贯	伤亡日期	伤亡地址	被害情形	备考
周缵殷	男	51	琼山	二十八年六月十日	湴田坡	被敌屠杀	该员系绅士
谢晋兰	男	25	琼山	二十八年六月二十日	斗牛村	被敌枪毙	
谢晋栋	男	15	琼山	二十八年六月二十日	斗牛村	被敌枪毙	
吴魁美	男	56	琼山	二十八年六月二十日	斗牛村	被敌枪毙	
潘德养	男	29	琼山	二十八年七月十二日	龙交村	被敌枪毙	
黎学海	男	34	琼山	二十八年四月十二日	龙交村	被敌惨杀	
梁安栋	男	51	琼山	二十八年四月十一日	大稔村	被敌惨杀	
梁安利	男	46	琼山	二十八年四月十日	大稔村	被敌枪杀	该员系保长
梁安深	男	22	琼山	二十八年五月二日	横冲村	被敌枪杀	
曾兴源	男	23	琼山	二十八年四月十一日	大稔村	被敌枪杀	该员系甲长
蔡世花	男	42	琼山	二十八年七月一日	桃村	被敌枪杀	
周林氏	女	55	琼山	二十八年四月九日	加令村	被敌枪杀	

续表

姓名	性别	年龄	籍贯	伤亡日期	伤亡地址	被害情形	备考
周思兴	男	28	琼山	二十八年四月九日	加令村	被敌枪杀	
符和球	男	22	琼山	二十八年四月十三日	高欃村	被敌枪杀	
梁居寿	男	32	琼山	二十八年四月十一日	高欃村	被敌枪杀	
梁居禄	男	38	琼山	二十八年四月十一日	高欃村	被敌枪杀	该员系甲长
符气道	男	31	琼山	二十八年五月八日	高欃村	被敌枪杀	
陈曾氏	女	38	琼山	二十八年四月十一日	深水村	被敌枪杀	
梁生杏	男	50	琼山	二十八年四月十四日	大稔村	被敌枪杀	
洪梁氏	女	40	琼山	二十八年八月一日	昌文村	被敌枪杀	
洪发则	男	32	琼山	二十八年八月一日	昌文村	被敌枪杀	
周瑞章	男	17	琼山	二十八年六月一日	南面村	被敌枪杀	
陈王氏	女	72	琼山	二十八年九月二十一日	三加村	被敌枪杀	
张熊仁	男	68	琼山	二十八年九月一日	福岸村	被敌枪杀	
吴王氏	女	45	琼山	二十八年十月一日	龙文村	被敌枪杀	
梁居兰	男	28	琼山	二十八年四月十四日	大稔村	被敌枪杀	

续表

姓名	性别	年龄	籍贯	伤亡日期	伤亡地址	被害情形	备考
袁林氏	女	78	琼山	二十八年三月三十一日	文岭市	被敌枪杀	
王张氏	女	85	琼山	二十八年九月二十一日	三加村	被敌枪杀	
合计	男	21					
	女	7					

乡　长：黎学清

副乡长：邱启福

中华民国二十九年八月十六日

（海南省档案馆馆藏档案，档案号1—22—1690）

5. 琼海关财产损失报告单

（1940年4月）

（自抗战发生之日起至二十九年四月三十日止）

日期	地点	事件	损失项目	数量	原价（单位:国币元）	附注
二十七年三月三十一日	琼州海口	日机轰炸	海关房屋及无线电台被毁		960.71	房屋修理费用无线电机件损失价值不在内
二十八年二月十日至三月九日	琼州海口	日军进攻	汽油被盗窃	30箱	1050.00	
二十八年二月二十三日	清澜港	日军进攻	定海号缉私艇被日军占用	1艘	147298.20	
二十八年二月十日至三月八日	海口港	日军进攻	海关第三十七号运输艇被日军占用后器具什物损失		1397.08	包括修理费用在内，该船已交还
二十八年二月十日至三月八日	海口港	日军进攻	帆船被日军占用后器具什物损失		597.64	包括修理费用在内，该船已交还
二十八年二月十一日至三月八日	海口港	日军进攻	海关运输艇载船号被日军占用后器具什物损失		319.34	包括修理费用在内，该船已交还
二十八年二月间	清澜分卡	日军进攻	器具什物被劫		492.00	
二十八年二月间	三亚榆林港分卡	日军进攻	器具什物被劫		2080.27	
二十八年二月间	铺前分卡	日军进攻	器具什物被劫		528.60	
□□	□□	□□	□□		454.00	

［中国第二历史档案馆馆藏档案，档案号六七九（6）—208］

6. 海务科财产直接损失报告表（节选）

（1946 年）

（民国三十五年）

地点	事件	损失项目	数量	原价 （单位：国币元）	附注
临高灯塔	现在情形不详右列物件或已被毁	四等旋转透光镜 旋转机及气灯装置 木器房屋装修另件等		8175（545 镑） 7050（740 镑） 2500	前清光绪二十年价 民国十九年价 估计费用（按廿六年物价指数）
海口湾灯塔	同上	六等旋转透光镜机及汽灯装置 木器房屋装修另件等		6000（400 镑） 1500	前清光绪二十年价 估计费用（按廿六年物价指数）
海口砲台灯杆	同上	六等透光镜 电石闪光灯装置 木器房屋装修另件等		4610（2952 海关两）	民国五年建筑所费

（中国第二历史档案馆馆藏档案，档案号四四六—859）

7. 定安县政府呈：缴本县广丰盛电灯股份有限公司及广丰火砻因战事破坏损失情形表暨照片各乙份恳核备转由

（1946 年 12 月）

（中华民国三十五年十二月三十日）
（安建廉字第七八二号）

本年十一月廿九日奉钧厅本年戊元穗建四业字第〈3956〉号代电，饬即调查该管区各地工矿电商事业方面因战事破坏状况资料暨重建情形，迅即搜集照片及各种有关数字之记载，暨于十一月廿日以前送厅以凭备转等因。奉此遵将本县城商办广丰盛电灯股份有限公司及广丰火砻破坏情形搜集有关数字及照片各乙份呈报钧核备转。

谨呈

广东省政府建设厅厅长谢

附呈本县城商办广丰盛电灯股份有限公司及广丰火砻破坏情形损失表暨照片各乙份。

定安县长谭伯棠

定安县商办广丰盛电灯股份有限公司因战事破坏损失情形表

物名	数量	时价（国币）	备　考
发动机	1 架	300000 元	破坏三分之一需修整费
电球	1 个	400000 元	破坏十分之三需修整费
五三加仑机油	3 桶	795000 元	均被夺去
五三加仑油渣	12 桶	1200000 元	均被夺去
材料	42 件	2003000 元	设置电灯材料及街道电线夺去殆尽
机件	30 件	1300000 元	系机件损坏时换驳均被夺去
家伙	18 件	340000 元	修整机器用具均被夺去
家私	27 件	350000 元	铺中一切用具完全损失
合计损失		6715000 元	以上各件系外国名词不能详细记录

以上各件系外国名词不能详细记录

经理王鉴填报

定安县广丰砻因战事破坏损失情形表

物名	数量	时价（国币）	备　考
发动机	1 架	600000 元	破坏十分之五需修整费
碾米磨	1 架	120000 元	破坏三分之一需修整费
五三加仑机油	4 桶	1060000 元	均被夺去
五三加仑油渣	10 桶	1000000 元	均被夺去
机件	35 件	630000 元	机器损坏时换驳完全夺去
家伙	26 件	210000 元	修整机器用具均被占取
家私	32 件	190000 元	铺中一切用具完全夺去
合计损失		3810000 元	

经理王兰洲填报

（广东省档案馆馆藏档案，档案号 6—2—375）

8. 陆军第四十六军司令部命令

（1945年11月）

（中华民国34年11月22日）
（崖接字第3号）

一、前日本在琼雇用华工（包括台籍）、韩籍工人等，合计一万七千九百零二人（详见附表第一）。应着仍复归各该所属工厂，系各该工厂接收机关，应查遵前令规定，尽速策划复工外，所有上开全部工人膳食，准由本部统一筹拨，继续供应，自卅四年十一月廿三日起至同年十二月卅一日止。

二、上项工人膳食之实物或代金，经饬由琼崖日本官兵善后联络部遵照附表第二规定，分别呈缴指定之军需人员，核定实有人数，转发各有关接收机关，补给工人。

三、各该工厂之接管人，每月应造具工人粮秣副食证明册（附表第三）乙份，呈由各地区经管军需人员，汇呈本部察核。

右三项除分令本军各师长、各接收机关、本部军需处、海口台湾同乡会、琼崖韩国侨民同人会、琼崖日本官兵善后联络部，并布告周知外，仰即遵照。

此令

交通部电信局黎接收员伟吾

中国陆军第四十六军军长中将韩练成

附发：前日本在琼雇用华工（包括台籍）韩籍工人调查表一份（附表第一）

日人呈缴工人粮食配布区分表一份（附表第二）（略）

工人粮秣副食证明册一份（附表第三）（略）

附表第一：雇用华工（包括台籍）韩籍工调查表

前日本在琼雇用华工（包括台籍）、韩籍工人调查表

<table>
<tr><td colspan="21">一、属于民用事业者，不包括石碌、田独矿山工人（民国三十四年十月一日，据琼崖日本官兵善后联络部长伍贺启次郎中将报告）</td><td rowspan="7">两项合计</td></tr>
<tr><td colspan="2">北黎地区</td><td colspan="8">三亚地区</td><td colspan="4">那大临高地区</td><td colspan="6">海口地区</td><td rowspan="2">总计</td></tr>
<tr><td>日室海南兴业</td><td>小计</td><td>西松组</td><td>石原产业田独</td><td>三井仓库</td><td>台拓海南产业</td><td>大日造船</td><td>日本制铁</td><td>其他</td><td>小计</td><td>日糖海南兴业</td><td>南海兴业</td><td>其他</td><td>小计</td><td>西松组</td><td>丰田自动车</td><td>福大公司</td><td>海南硝子</td><td>旗山商会</td><td>小计</td></tr>
<tr><td>4027</td><td>4027</td><td>1400</td><td>1436</td><td>582</td><td>161</td><td>258</td><td>111</td><td>411</td><td>4359</td><td>50</td><td>230</td><td>20</td><td>300</td><td>170</td><td>11</td><td>17</td><td>9</td><td>25</td><td>232</td><td>8918</td></tr>
<tr><td colspan="21">二、属于军用事业者（民国三十四年十一月一日，据琼崖日本徒手官兵善后联络部长伍贺启次郎中将报告）</td></tr>
<tr><td colspan="21">前日海军建设部所属</td></tr>
<tr><td colspan="5">三亚地区</td><td colspan="5">嘉积地区</td><td colspan="5">北黎地区</td><td colspan="5">海口那大地区</td><td>总计</td></tr>
<tr><td colspan="5">429</td><td colspan="5">79</td><td colspan="5">483</td><td colspan="5">106</td><td>1097</td><td>10015</td></tr>
</table>

石碌、田独矿山华工（包括台籍）及朝鲜籍工调查表

（民国三十四年十一月五日，据琼崖日本官兵善后联络部长伍贺启次郎中将报）

<table>
<tr><td colspan="4">一、石碌矿山（北黎地区）</td><td colspan="4">二、田独矿山（三亚地区）</td><td rowspan="2">两项合计</td></tr>
<tr><td>台湾省</td><td>韩籍</td><td>华工</td><td>小计</td><td>台湾省</td><td>韩籍</td><td>华工</td><td>小计</td></tr>
<tr><td>534</td><td>296</td><td>4533</td><td>5363</td><td>338</td><td>4</td><td>2182</td><td>2524</td><td>7887</td></tr>
</table>

（海南省档案馆馆藏档案，档案号 11—2—59，第 3—5 页）

9. 行政院秘书处公函：救济海南岛失业工人案

（1946 年 4 月）

（中华民国 35 年 4 月 15 日）

（发第玖字第 11745 号）

粤桂闽区敌伪产业处理局，电陈办理救济海南岛失业工人一案，已由院电准备查，除分行外，相应抄司原件，函达。

查照此致

经济部

附送粤桂闽区敌伪产业处理局原电一件

秘书长：蒋梦龄

抄原电

渝行政院长宋副院翁密查，海南敌设工矿场厂接收后，共被敌人强征到各场厂工作之工人，除由各机关处理外，仍留下失业者 700 余人，饥寒贫病，亟待救济，特邀集经济部、军政部、交通部、农林部、行营、招商局、善后救济分署、空军司令部，省府各有关机关代表商议救济办法。经一次议决，设法将该批工人转送湛江市，交由善后总署广东分署第八工作队接运。所需费用约 7000 余万元由本局及经济部特派员办公处酌予筹垫。途中粮食由善后救济分署以面粉接济。并由招商局、租海成胜图胜利三轮，负责运输所有遣送事项。统请驻琼 46 军韩军长主持，设立机构，会同省府驻琼办事处蔡圣仕、本局办公处符代主任妥速办理，财政开支由本局办公处及经经济部特派员办事处共同负责记录在案。

广东分送经济部粤桂闽区特派员办公处粤桂闽区敌伪产业处理局公鉴查

（中国第二历史档案馆馆藏档案，档案号四—10188）

10. 经济部粤桂闽区特派员办公处呈：为遣送海南难工一案准外交部两广特派员公署港办事处代电本处应负担一部分费用请核备由

（1946年6月）

（中华民国35年6月22日）

（发文〈35〉粤特字第4035号）

案准外交部驻广东广西特派员公署香港办事处代电："广州分送经济部粤桂闽区特派员办公处，粤桂闽区敌伪产业处理局公鉴，查海南榆林北黎各地难工业已运送反港完毕，兹接香港总督抄送关于遣送该批难工所耗费用问题，致上海英总领事之044号电乙件。过处查与善后救济总署广东分署前复本处820号寅陷代电，内开关于救济输送海南失业工人。经有关各机关会商，结果决定所需费用暂由经济部粤桂闽区特派员办公处及粤桂闽区敌伪产业处理局分垫一节有关除分电外，相应抄同原电随电转达，请烦查。照为荷外交部驻两广特派员郭德华已支秘印附送抄电乙件。"

等由附抄送原电乙件，准此查该项遣送难工总数为2343名。据本处琼州办事分处电称，该舰前后遣送难工两批，共207名，计不及总数十分之一。该项遣送费用本处自应按照人数分配负担一部分。除函复该办事处并函请粤桂闽区敌伪产业处理局将办理情形见复外，理合备文呈请。

鉴核备案

谨呈

部长王

附抄原抄电乙纸

粤桂闽区特派员林继庸

（中国第二历史档案馆馆藏档案，档案号四—10188）

11. 善后救济总署广东分署呈：为留琼台胞亟待遣送请拨专款或派船接运免使滞留转增耗费电

（1946年6月）

（中华民国35年6月24日）
（发文粤济振字第2274号）

案准

广东省政府本年巳鱼民四第13296号代电开：“现据本府琼崖办公处主任蔡劲军电报，有巴拿马国轮船1艘，载重二千二百吨，可容二千人，原于六月初旬驶琼继续运载台胞回籍，每人付船费若干。请核示等情。除电复着该船主切实洽商，尽量减低票价报核外，相应电请查照拨款补助船费仍希见复为荷”等由准此查目下留琼台胞为数约一万七千余人，以每人船费四万元算，共需款项680000000元。照前遣送留穗台胞办法，本署负担费用二分之一，亦需三万万二千余万元，该款数目庞大，实非本署目下财力所能担负。查该批台胞在琼每日食米八吨，若不设法早为遣送，本署势难长期救济，则此批台胞必将尽成饿殍。拟请即派专轮或指拨专款，俾得迅速遣送，以免滞留转增耗费。是否有当仍请核示祇遵。

谨呈

署长　蒋

副署长　李

浦

广东分署署长凌道杨

（中国第二历史档案馆馆藏档案，档案号二一—1439）

12. 善后救济总署广东分署呈：报运送琼崖失业工人经过由

（1946 年 7 月）

（中华民国 35 年 7 月 9 日）

（发文粤济振字第 2430 号）

查前被敌伪诱胁逼赴琼崖工作之工人为数约达万人。我国胜利后，该批工人滞留琼崖，生活异常困苦，嗣经当地机关团体组织“琼崖失业工人归乡服务处”，计划输送回籍，并由职署第九工作队拨给物资救济，分由水陆两路运送返籍。计水路方面，由职署驻港专员 MISS. HARROP 与港政府洽商派舰协助运送，经于五月廿二日至廿八日，分两批运载老弱工人 2552 名抵港，分别遣送返籍。陆路方面，由职署第七工作队沿湛江至恩平设立十个输送站接运海口送来难工，并经输送 1422 人，现因大部分工人遣送完竣，失业工人归乡服务处经已结束，未完业务交由粤桂闽区敌伪产业处理局驻琼办事处接续办理，并由职署第九工作队酌拨物资救济，大概短期内当可运送完竣。理合备文将运琼崖失业工人办理经过情形呈报。

察核

谨呈

署长　蒋

副署长　李

浦

广东分署署长凌道杨

（中国第二历史档案馆馆藏档案，档案号二一—1439）

13. 善后救济总署广东分署呈：请速拨专款办理遣送留琼台胞由

（1946 年 7 月）

（中华民国 35 年 7 月 25 日）

（发□□□字第 2643 号）

查关于遣送留琼台胞一万六千余人返籍乙案前经迭次请示

钧署指拨专款以便办理有案，本年七月五日在广东省政府民政厅召集有关机关举行遣送留琼台胞座谈会，台湾行政长官公署参议黄镇中亦代表出席参加，查是次会议经决定遣送全部台胞，船费分由广东省政府、台湾行政长官公署及本署平均负担。经记录有案惟查该项费用为数甚巨，本署负担三分之一，变须付款三亿元以上。若在本署业务费项下开支，实感无从应付。顷准黄参议镇中最近自港来函称"晚在港与宗成行洽租八百五十吨英国籍和平号及挪威国籍三千吨胜利号，均可本月底驶赴海口，搭载台胞回籍，请援沙班号分扣票费。除电广州行营张主任请发航行证暨广东省政府核示外，如何之处？乞电示复，俾便进行为祷"。等由查遣送留琼台胞固属刻不容缓之事，惟以本署目前财力有限非由。

钧署另拨专款，实属无从办理，为此理合备文呈请

钧核并请速拨专款俾便办理仍候。

示遵谨呈

署长　蒋

善后救济总署广东分署署长凌道扬

副署长李浦

（中国第二历史档案馆馆藏档案，档案号二一—1439）

14. 财产损失报告单

（1939 年 6 月）

事件：被轰炸及作战等被敌焚烧

日期：民国二十八年六月十七日

地点：广东琼州琼山县会文镇龙家乡东昌村

填送日期：民国三十二年十一月八日

损失项目	单位	数量	价值（国币元）
房屋被烧	间	四间	五万元
家私被焚烧	件	六件	九千元
被服	包	五包	七千元
箱笼	个	十六个	一万二千元

填报者　军四分校政治部第二科科长龙兴任

（中国第二历史档案馆馆藏档案，档案号七七二—614）

15. 琼山县第五区住户财产损失汇报表

（1941年2月）

事件：敌军进攻

日期：民国三十年一月二十七日

地点：官塘坑新昌肚新安钟瑞新市黄宅墓等五村

填造日期：民国三十年二月九日

分类	价值
共计	共计损失统值国币一万八千五百六十八元
房屋	共损房屋一百六十一间，共值国币一万七千五百二十五元
器具	共损失器具二百五十件，共值国币五百五十元
现款	无
服装物	无
古物书籍	无
其他	共损失牛猪鸡鸭白糖咖啡等件，共值国币四百九十三元

填报者：琼山县政府第五区署区长陈伯之　　附财产损失报告单二张

（海南省档案馆馆藏档案，档案号1—22—1690）

16. 财产损失报告单

（1941年2月13日）

事件：敌军侵犯中税市

日期：民国三十年一月二十七日

地点：官塘坑新昌肚新安钟瑞新市黄宅墓等五村

填造日期：三十年二月十三日

损失项目	单位	数量	价值（国币）
正宅	间	七	六千零六十元
横宅	间	二十三	八千九百六十五元
草宅	间	一百二十八	二千五百元
牛	只	一	一百五十元
白糖	包	八	一百二十八元
砂糖	条	六十	九十五元
咖味仁	斤	八十	一百二十元
家具	件	二百五十	五百五十元

填报者：琼山县第五区钟瑞乡乡长陈嘉煌

（海南省档案馆馆藏档案，档案卷号1—22—1690）

（二）文献资料

17. 惨绝人寰的大屠杀

——日军在儋州北部地区的罪行

海 涛 白 石

儋州沦陷后，日军在汉奸吴卓峰的带引下，出动海、陆、空三军对北部地区的抗日村庄进行大规模的“扫荡”，疯狂地推行野蛮残酷的“三光”政策，使北部地区广大人民遭到一场空前绝后的惨重灾难，从而把北部地区的人民推进水深火热之中。

1939 年 4 月 16 日，由儋县的民族败类、汉奸头子吴卓峰、周文海带引日军饭田旅团第 52 号联队从岛西的白马井港登岸，当天占领白马井，次日攻占新英、王五。18 日攻陷县城新州，五月中旬起继而侵占中和、长坡、东成、洛基和那大等重镇。

日军为巩固和扩大其侵略地盘，以政治、军事双管齐下的手段来达到其征服和奴役中国的目的，到处搜罗汉奸分子，并在北部地区的南滩、下浦、东山、王坊、屯积、新丰、水隆、兰训等村庄设立日伪据点，组建治安维持会等傀儡机构，推行以华制华的政策，起用吴卓峰、周文海为儋县维持会正副会长，并通过吴、周利用北部地区原有的宗派情绪，物色一批卖国求荣，甘当汉奸走狗的奴才吴日峰、吴祖儒、吴乾先、吴方杰、吴泮清、黎兴汉、黎耀球、黎壁光、羊振裘、何让贤、何瑞香、薛胜群、邓雄（后弃暗投明参加我军）、蒲文江、余永俊、洪元汉等人充当北部地区各乡镇维持分会会长，充当日军打手。他们狼狈为奸，为虎作伥，借日军的势力，全面地对儋县北部地区进行血腥大屠杀和奴化统治，手段残忍，惨绝人寰。

当时，儋县北部地区的广大爱国同胞，面对着日军的侵略暴行，出于爱国爱乡的热忱，在“国共合作、统一抗日”、“有钱出钱，有枪出枪，有力出力”的伟大感召下，自觉行动起来，纷纷组织起各种抗日部队上前杀敌。此外，还以村为战斗单位，自行围村，建炮楼，筑碉堡，卖耕牛到北海购买武器，自我武装起来，并提出“抗日救国不怕死，流血当流汗，头断当帽掉”的壮烈口号，决心同日军血战到底。

日军探得北部地区人民的抗战行动，十分恼火。就开始对北部地区的抗日村庄进行围攻，但每到一处都遭到抗日群众的迎头痛击。1939 年 10 月间，侵儋日军纠集了詹松年的伪军数百人进攻沙棱桥等村庄（今中和镇），由于村民早有准备，利用外有刺竹环绕，内有坚固石墙的有利地形，以少胜多，以弱抗强，进行着顽强的抵抗，把敌人拒于村庄之外，加上附近其他村庄抗日群众前来增援，形成内外夹攻之势，让敌人连攻 6 昼夜也不得前进一步，直到第 7 天敌人百般无奈，动用飞机从空中轰炸、扫射，用大炮从地面轰击，摧毁了防御工事，攻进沙棱桥烧杀洗劫。1939 年底，日军出动 400 多人，来势汹汹地“扫荡”来山村（今木棠镇），村民发扬不怕流血牺牲，誓与村庄共存亡的大无畏精神，同日军进行了英勇搏斗，并得到东山、笔架、永陆等乡的抗日群众赶来增援，敌人不但攻不进去，还被群众包围打得落花流水，溃不成军，一败涂地，当场击毙日军顾问山村士郎。

日军在北部地区虽受到了抗日群众的沉重打击，但亡我之心不死。1944 年春起，集中了侵儋的大批日军和伪兵，在汉奸头子吴卓峰带引下，陆、海、空三军配合作战，五六艘军艇从北部湾海面上炮轰海边村庄，十多架飞机轮番轰炸，低空盘旋扫射，大批日、伪军步步为营地对北部地区的 428 平方公里的一大片村庄进行大规模“扫荡”。东从光村、松林“扫荡”泊潮、新隆、苏村、全罗、里赤、光村、书村、兰山、屯积、英豪、简屋、新丰、王坊、陈坊、铁炉、粉坡、大川、白沙塘、糯村、新村地、振兴等村庄；南从木棠、松林“扫荡”梁屋、潭洋、李坊、沙棱桥、杨士、积万、大老、王坊、蔡宅、来山、东山、关里、铁匠、陈坊、唐屋、岸江、道南、谭里、大井、东鲁、南行、苏屋、陈屋等村庄。北再从兰训、峨蔓“扫荡”美龙、石兰、许宅、邢宅、谢屋、和郡、灵山上下村、孙公、那陆、田来、彭屋、沙塘、陈井、回龙、高根、南吉、东长、华坊、赤地、马墩、旺村、多美、李屋、美蔡、朱屋、茅园、英村、龙山、沙地、片石、铁炉、长荣、王坡、塘坎、磨菜等村庄。然后西边再从干冲、三都“扫荡”雷车、沙塘、高田、铁炉、沙地、太成市、连藤、扁石、南纽、陈屋、李屋、牛根、新村、南滩市等共 240 多个村庄，占当时整个北部地区村庄的二分之一。使八千多户人家受难，四万多人无家可归。多数抗日村庄被烧杀二三次，有的多达八九次，如棠柏村就遭日军九次大杀烧。陈、王、李姓的村庄几乎全遭受烧杀。日军所到之处，无所不用其极，见人就杀，见房就烧，见物就抢，抓到女人就强奸，连 60 多岁的老妇和十一二岁的幼女也被轮奸。北部地区被日军烧毁的房屋计有一万五千多间，被杀害的无辜群众有九千多人，被抢劫的财产不计其数。邢宅村9户人家，一次就被杀绝了7户，其余2户不知下落。美龙三甲一个上午就被杀绝了70多户，当时整个北部地区硝烟弥漫，焦土千里，尸体遍野。1939年农历十二月初十日凌晨，被大批日军和汉奸重重包围牛根新村后，五六架飞机从早到晚轮番轰炸，低空盘旋扫射。当天杀害的群众有300多人（包括部分外村人）。日军攻进村后，当场捕到群众87人，押到雷坛地，男的用刀斩头，女的用刺刀刺死。除初梅身被刺三刀倒在死者血泊中幸存外，其余86人全都被杀害。

1940年1月27日，日军出动了海、陆、空三军大举“扫荡”美龙、北路、盐场、石兰、许宅、大老、邢宅、灵山上下村、西坊、和郡、陈井、谢屋等村庄。六艘军舰在神冲海面上向这些村庄猛烈炮击，三架飞机轮番轰炸，陆军在海军舰队和飞机炮火掩护下南北夹攻，仅从新方灌至两好不到200米地段里，被日军杀害的就有100多人。日军截击逃难岭崇山的群众，不到一小时就杀害300多人。整个岭崇山，血流成河，尸体如山。仅这一天，这一带村庄被日军杀害的群众共有776人，烧毁房屋1626间，抢劫耕牛1347头，强奸妇女15人，炸毁渔船18艘。王芬在被抓后绑在树根上，先用尖刀剜出眼睛，后破肚掏心肠扯到绝气。王君振被日军抓后，开膛取肝煮给汉奸吃，分尸四胛用火烧熟喂狼狗，后斩头挂在树上示众。时年才14岁的赵欢南遭10名日军轮奸后，割去乳房凌辱致死。

1940年农历二月二十四、二十六两天，日军在分会长黎英汉带引下，动用飞机大炮，出动两千多日、伪军“围剿”李坊、兰秀、潭泮、南塘、美里、铁匠等村庄。日军进村后，短短不到一个小时内，就屠杀无辜老百姓276人。96岁的老太婆李二红被日军推倒后，四名日军用刺刀在她身上剐来剐去挑了20多刀，最后被一名日军用刺刀刺死。65岁老太婆×××被日军从牛粪堆里拉出轮奸，未满月的婴儿李××被日军从紧吮已被杀死的母亲乳头里拉出抛刀花，手段残忍不可言状。

日军大肆血洗后，吴卓峰、周文海等汉奸走狗，借助日军的势力，对逃难群众进行跟踪捕杀。如汉奸吴昌裕等人把雷车村陈振权抓到王园村后，斩头斩手脚，五体分尸，把头颅挑到三都墟示众出卖，该亲戚看到后用10个白银买回头颅埋葬。抗日群众遭受长达6年之久的追杀和迫害，逼使这240多个抗日村庄的4万多人背井离乡无家可归，四处逃难沿途讨乞。其中大多数人逃到东南部的光村、东成、洛基、大成等山区，有的逃到白沙、琼中、昌江、乐东、东方、三亚等地的黎村苗寨，过着贫困交加，饥寒交迫的生活。仅三都地区的逃难村庄，解放后重返家乡时，比逃难前减少了700多户。解放后，长安、竹穴、息偏、连藤、南纽、偏石、大浦、李宅、陈村、李屋、旧河、黄姜、谢屋、新村、崖村、李村、白郎山、陈屋、流水下村、邢屋等20多个村庄竟没有人回来重建家园，至今，这些村庄，荆棘丛生，四处荒凉。

吴卓峰、周文海等汉奸分子作恶多端，罪该万死。解放后，这批罪大恶极的汉奸分子受到人民政府的严惩。前几年当地政府在三都镇（当年抗日将士被杀害的地方）建起了一座烈士纪念碑，使人民不忘当年的悲惨情景，对阵亡的战士寄以永远的怀念。

（编辑：吴陆荣　儋州市政协供稿）

［海南省政协文史资料委员会编：《铁蹄下的腥风血雨——日军侵琼暴行实录（续）》，海南出版社1996年版，第209—214页］

18. 儒显村血案

琼华村乌海桥（今为海榆西线琼华桥）东面的公路旁，有一个日军用木板钉成的哨楼，日兵轮班放哨，监视着在那里强征来采石（为海口机场建筑用）的工人。

1939 年 8 月 15 日，上午 9 时许，四五个游击队员扮成挑担贩子，从秀英方向往长流走来。当他们走近哨楼时，掏出手枪击毙了哨楼下一个日兵，同时，另一名游击队员也向哨楼上的上日兵开枪。当游击队员上楼缴其枪时，被伏下躲过枪弹的日兵开枪击中，摔下楼梯。游击队员抬着受伤的同志急忙撤离，绕道儒显村南去。日兵循着血迹寻踪，以为是儒显村人所为，中午，日军用汽车从秀英载来 300 余日兵，把儒显村包围，以检查“良民证”为由，驱赶村民到村东集中。青壮年则被赶到五源河的石板桥上排队。日兵挥舞着军刀，疯狂地杀砍村民，杀一个踢落一个到桥下，使河中尸体狼藉，鲜血染红了五源河水，其中有陈才哲及堂兄陈成章堂嫂及儿子 7 人被同时杀害。有一 13 岁少年李方谟被刺了 7 刀，未中要害，被踢落河底后，又被落下的尸体压着，未被日军发现，至今尚建在，今人以“七刀”呼之，而不叫其名。

日军走后，李方谟爬起来，听见尸体堆中有呻吟声，李方谟去翻死尸，拉出比他年小 3 岁的史道昌和史逢昌两兄弟。他俩兄弟也各被刺了数刀未中要害，被埋在尸堆底下，史道昌至今尚活着，手上仍留有显著的刀疤。另一妇女也被埋在死尸底下，李方谟力小拖不动，去叫大人一起才拖出来，因流血过多，她回到家就断了气。

对女人、小孩和老人，日军令其集中在一坵园子里，全部跪在地上，然后进行施暴。有斩首的，有割乳房而后杀害的，有剖腹的，有用枪托对着脑勺打死的，有用军刀插入阴部致死的。五花八门，惨不忍睹。睡在摇篮里的也无一幸免。这天，共杀死无辜村民 199 人。只有赶集，走亲戚的，在外劳动尚未回家的得以幸存，全村只剩下 27 人。日军杀人后又放火烧村，180 余间民房化为灰烬。

农历十一月，劫后幸存而寄居他村的史奇文、史士昌父子，发动散居各村的幸存者回村备耕以播春种，他俩回到村外时，遇上日兵，被绑于椰树杆上，活生生地被剥皮致死。

（海南省政协文史资料委员会编：《铁蹄下的腥风血雨——日军侵琼暴行实录》，海南出版社 1995 年版，第 28—29 页）

19. 血染大海

——日军杀害林墟乡难民纪实

黄奕芳　整理

1939 年冬，日军铁蹄践踏琼州大地，山河破碎、民不聊生。地处琼山北部沿海一带的贫苦村民为了逃避日寇的掳掠杀害，纷纷逃往异国他乡……

有一天，演丰墟林墟乡（现属演海镇边海村委会所辖）的一群村民忍受着与骨肉分离之痛苦，惶恐不安地涌向龙江角溪圮，登上开往南洋的大帆船。

帆船在海上漂了两天两夜，好不容易漂到赤坎仔（湛江以南的海面）时，忽遇见日军巡逻船艇；船主王鸿梓惊慌失措，来不及降帆，被日寇一枚炮弹打断了桅杆。日寇舰艇逼近了帆船，几个荷枪实弹的强盗登上了船，一阵搜查，没有发现什么东西。但是，嗜血成性的日本强盗，将船主李诗兰、王鸿梓和十几名青年捆绑起来，拖上了日寇巡逻艇进行严刑拷打。后来，把他们的衣服撕开，用刺刀刺破肚皮掏出肠子，然后抛到大海里。龟缩在帆船上的村民，目睹自己亲人遭此杀戮，义愤填膺。凶狠的敌人又往帆船上喷汽油，然后纵火焚船。帆船起火后，有的人当场被烧死，绝大多数人忍不住烈火焚烧的剧痛，纷纷跳进汪洋大海……

日军制造的这次大海难，38 名村民无一生还。其中林市村陈姓一大家族就有 11 人遇难。后来他们的亲人为了铭记日寇侵琼惨杀亲人的深仇大恨，特竖一块大石碑，将此事刻于碑上。碑文曰：

“民国二十八年冬，日寇侵琼大肆杀戮，人心惶惧。或行船以谋生，或离乡避难，或存、或亡不知几几。莫如演丰乡儒林村陈家一门六人之惨也。一如桢行船谋生，在安铺湾遭日寇焚船投水而殁；一如楝亦行船谋生，也溺亡于广州陈村河中，葬于沙墩之上。最可惨者，如梁与妻吴氏，侄加裕、加琦，离乡避难而往安南，到於赤坎仔海面，忽遇日寇，俱遭枪刀而毙，嗟嗟，欲谋生，反害其生；思避难，且遭其难。仓皇溺命，当时之惨切难堪，瞬息杀生，此后之凄凉何极。昆仲如干、如材、如荣等念手足之亲，心常哀恸，乃将情形表示于余，余故直记之铭於碑后，以垂纪念不忘耳！梁燕栖记”这块碑文成了日军罪行的铁证。

（编辑：范运晰　琼山市政协供稿）

［海南省政协文史资料委员会编：《铁蹄下的腥风血雨——日军侵琼暴行实录（续）》，海南出版社 1996 年版，第 45—46 页］

20. 日军侵犯乐罗地区罪行见闻录（摘选）

颜国才

1939 年 7 月，日军侵占黄流后，江波户余部 200 多人于 1940 年 2 月 6 日进犯乐罗地区。当天驱赶群众 400 多人，在崖县第二高级小学校体育场上开会恐吓群众，进行侵略宣传，并在校内的文昌阁楼上（今乐东第一小学），挂上一面日本国旗，被崖县国民政府第四区区长陈若琼（冲坡人）当夜带兵拔下烧掉。过了几天，日军飞机散下传单，胁逼群众供出游击队活动情况，插回日旗，否则生命难保。接着 2 月 8 日投下两枚炸弹，一枚落在乐二村陈汉家，烧毁陈汉房屋一间；另一枚投在望楼港，炸坏渔船二艘，烧毁民房 3 间。春节过后的 2 月 18 日深夜，从九所据点开来 200 多名杀气腾腾的日军，把乐罗村围的水泄不通。村里四个大路口驾着机关枪，各个路口全部派兵把守。当晚杀死颜国洲、陈德文、周大章、周春光、赵才庆、陈元献、陈应生、吴明城、潘振伟、颜德英（孕妇）、陈玉鸳、颜庆豪、周庆善、徐开瑞父、陈开茂母、陈永宁、蔡启鉴、陈作豪、陈作秀等 195 位村民。拂晓进村，又将陈印章的铺楼和颜任明、颜启训、颜绍笔、颜庆养等 40 多家民房纵火烧毁。惨案发生时，笔者侥幸从死人堆里逃出虎口，过后曾暗里赋诗痛斥日军的血腥暴行，诗曰："倭奴居心似豺狼，屠杀无辜罪昭彰，多少良民罹浩劫，野心侵略臭名扬。"

"2·18"惨案后，日军仍不罢休，继续采取残忍手段对乐罗村民进行残酷镇压。乐罗小学教师颜绍禹，对日军的暴行义愤填膺，毅然决然投身抗日救亡活动，1940 年 3 月在佛罗昌厚村宣传抗日时被日军抓到黄流据点严刑拷打、灌辣椒水、坐老虎凳，后押到佛罗杀害。端庄、娴静的韦大康的妻子陈石姣，在丈夫的支持下积极从事地下抗日活动，发动群众募捐钱粮、牙膏手巾等支持抗日游击队，于 1941 年 2 月 15 日被日军抓住，杀死在望楼河畔。接后，日军还杀害了颜绍奎以及笔者的同事周苏老师等爱国志士。

除了杀人、放火、抢劫民财，日军还兽性狂发，奸污妇女。"2·18"惨案的次日凌晨，日军进村看见身怀 7 个多月胎儿的周濂杰之妻颜德英，抓住轮奸，颜极力反抗，日兵奸污后又将她剖腹取出胎儿嬉戏，末了又抛起用刺刀挑死！年仅 13 岁的颜文莺，有一天不幸落入日军的魔爪，惨无人道的日军竟在众目睽睽之下将其进行轮奸，奸得这位幼女失声痛哭，鲜血横流！甚至连六七十岁的老妇，日兵也强行施暴。此外，日军一发现姿容较好的青年妇女，就抓去当"慰安妇”（军妓），供日军玩弄蹂躏。

1941 年至 1942 年间，野蛮的日军拆毁了崖县第二高级小学校（今乐东一小学校）。该校为神山庙、文昌阁和书院，系大型古建筑物，有 10 多幢，能容上千名学生，全被日军拆毁，夷为平地，致使大批学龄儿童失学。

此外，日军为了阻止人民群众支援抗日游击队，强行并村移民，用枪刺胁迫乐罗上村 86 户千余人和球尾灶村 120 多户近两千人，全部迁移，致使这两村群众流离失所，无家可归。

1945 年 8 月 15 日，日本天皇宣布无条件投降，祖国山河光复，全国人民高唱凯歌欢天喜地。乐罗村人民借这富有纪念意义的日子，为颜在明、颜启亨以及所有参加抗日救亡之兄弟姐妹设宴庆贺，斗酒洗尘。这一天，颜氏宗祠门楼上贴着一副鲜红的对联，其联为笔者撰写。联曰：

抗战八年，艰苦备尝，庆此日河山既复，救国勋奇光祖武；

逢时八月，胜利欢款，期他年邦基更固，合族团奕乐宗觞。

而今日，日本右翼势力妄图否认侵略中国的罪行，殊属可恨。因此，笔者虽然年逾八旬，爰将当年亲见亲闻的日军侵占乐罗的罪行诉诸笔端，公之于众；以驳斥日本右翼分子的谎言谬论，并作为八秩老人向我们伟大的抗日战争胜利五十周年献上的致敬礼。

（编辑：范运晰　乐东县政协供稿）

[海南省政协文史资料委员会编：《铁蹄下的腥风血雨——日军侵琼暴行实录（续）》，海南出版社 1996 年版，第 370—372 页]

21. 日军沙土大屠杀

雷登华①

在澄迈县北部的海岸线上，靠近花场湾的出海处，有一块几平方公里的沙壤土地带，分布着大大小小 13 个村庄，人们习惯称为沙土峒，现在是桥头镇辖下的沙土管区。日军侵琼时，全峒人口 2100 多人，以农为主，兼营渔业，人民生活自给有余。然而，侵琼日军台湾混成旅团十五警备司令部驻新盈的一个中队，却于 1941 年 3 次出兵，对手无寸铁的无辜的沙土人民进行惨无人道的大屠杀、大纵火、大抢掠。计捕杀村民 1336 人，焚毁民房 58 间，抢走耕牛 600 头，使沙土人民蒙受了千古奇冤。

"沙土惨案"的原因

1941 年，琼崖国共两党合作共同抗日的局面已破裂，但是国民党与日、伪军还没有结成反共联盟，琼崖国、共、日三角斗争开始形成。琼崖守备司令部叶丹青大队（1942 年编为独立大队），驻兵于桥头乡西岸、昌大村，负责转运从徐闻运抵沙土的军用物资，每月有一、两次之多。其时，国民党澄四区区长陈碧志（沙土峒北山村人）、乡长谢甲龄（洋郎村人）专门负责在桥头一带抓民工，把军火和物资运送到守备司令部所在地的白沙县。日军对此早有察觉，限于兵力不足，想利用国民党顽军牵制共产党抗日武装等原因，暂时不愿与叶丹青部队发生冲突，但对沙土峒人民已蒙发杀机。

1941 年农历四月十日（即公历 5 月 5 日——编者），一批商船满载货物（主要是大米、生猪和土特产物品），从临高新盈港启航运往海口，押运货物的是日伪西路总指挥官林桂深的大儿子林明成。这个消息被国民党临高县游击大队长黄坤新、中队长符玉廷获悉，事前派兵分乘两条大船出海拦截。当林明成的货船驶到沙土海域时，被黄坤新、符玉廷的船只截获，抢走全部货物，并打死了林明成。林桂深得知后暴跳如雷，猜疑是沙土群众受共产党煽动所为，立即向驻新盈港的日军中队长报告，该中队长又向驻那大镇的大队长报告，日军大队部的答复是：以驻新盈中队兵力为主，增派那大、包岸部分兵力，"围剿"沙土峒，斩尽杀绝凶手"刁民"。

---

① 雷登华为澄迈县政协委员会文史组组长。

“沙土惨案”的经过

1941年农历四月十一日，日伪桥头维持会会长吴敦文，召开沙土峒村长会议，说：“皇军将于明天到沙土峒检查‘良民证’，任何人不得外出逃避，违者抓到就杀头。”4月12日早晨，全峒各村人民备好“良民证”，在家里等待检查。上午9时许，日军200多人，从那大、新盈、包岸等地分乘10部汽车窜到沙土峒。

首先包围昌堂村，通译官进村叫村民集中开会检查“良民证”，村民集中后，日军架起机关枪向人群进行扫射，杀害该村140多人。接着，分兵两路包围美梅村和那南村。在美梅村，日军把村民集中起来后，每次绑着2人到村外刺杀，直至全部杀光。全村遭杀害有160多人。在那南村，日军集中村民后，将青壮年和老弱者分开，青年谢光文观形察色，意识到日军不怀好意，凭借自己高强的武功，举拳左右开弓，击倒看守他的日军两名，带头冲出，多数人随尾脱险，只有34人遭杀害。接着包围北山村，日军通知村民开会，到齐后将全部捆绑，是青壮年的，则用刺刀和指挥刀砍死；是老少的，则用皮鞭一个个地抽打致死；是青年妇女的，则在众目睽睽之下剥光衣服进行轮奸，兽欲泄够后，就用刺刀残忍地插入阴道，连续数次猛刺，她们在一阵阵惨叫声中死去。全村死于日军屠刀和铁蹄之下的有170多人。北山村的逃脱者符道崇之妻，及时赶到上帝村通报消息，上帝村村民立即逃跑，只有一位90多岁的老奶奶（邓仲龄的奶奶），认为自己年老，日军不会对她怎么样，不肯逃跑，后来被日军杀害，将首级割去。接着，日军分别包围昌表、文旭、钦帝3个村，以同样的方式每村杀了几十人，共计195人。其中昌表村受害较严重，全村10多户只有2户幸免于难，其余全被斩尽杀绝。

接着轮到了圣目村了。全峒就这个村较大，私塾小学就设在这里。日军集中全部兵力约200多人，分两路左右包抄过来，先将私塾小学的60多名学生赶到一间屋里关起来，后将全村300多名村民赶出来，强令面朝墙壁跪着，后面站着手持刺刀的鬼子兵，日指挥官用两面小三角旗打了“×”字，鬼子兵就一齐朝群众背部刺去。当时该村小学教师的温明光（现年75岁，圣目村人，已退休在家），全身挨刺14刀，昏倒在血泊中，日军走后才被村民救活。有3名年青妇女被剥光衣服进行轮奸，奸后用削尖的木棍从阴道捅死。村民杀光后，又对学生下毒手，60多名学生中，得以生还的只有3人，其中一名是温国俊（原县水电局干部，现退休在家），他躲在水缸里用缸盖盖住，未被日军发现。另2名被刺倒在血泊中，后被村民救起。这个村总人口400多人，这次遭杀害的有314人。

最后，日军又集中兵力包围福留村，日通译官进村叫村民集中检查“良民证”，这时一位80多岁的老汉温德成出村边大便，被围村的日军刺伤，其子温奇炳将父亲背回村，要求日军通译官取药治疗，通译官叫他带全家人出来才给治疗，温奇炳信以为真，将全家老少七口都带出，结果被日军全部杀害。日军把年轻力壮的男人关在温国现的屋子里开枪射击，枪杀不死的又用刺刀再戮，61人无一人生还。又将12名男子捆住手脚，喝令跪下砍头，日军队长挥舞指挥刀一个个地砍头，当场砍死9人。当砍到温家明时（他现年76岁，因受伤致残，现在桥头镇敬老院休养），日军队长用脚先踢刀后砍，温的头一低，四公分的颈皮被削了一层，遮住他的后脑勺，倒在血泊中，直到日军撤走后才被村民救活，他的大哥温家宏、二哥温家宣均被日军队长的长剑刺穿了腹部，但都没有死。有4名老妇，被鬼子剥光衣服轮奸，奸后用刺刀对阴道乱捅而死。其中温学义的女儿被五名日军轮奸，造成阴道子宫破裂流血过多当场死亡。日军用刺刀刺进婴儿的腹部挑起来取乐，或将婴儿抛向空中，然后用刺刀顶住戮死，名曰“顶排球”，并将婴儿的头颅割下抛到远方，5天后才找到。当时全村有82户，被日军杀绝的有63户，仅存19户；总人口298人，日军杀了264人，仅存34人。

日军从上午9时起至12时止，用3个小时杀戮10个村庄村民1277人。时间已过中午，他们筋疲力尽了，肚子饿了，所以木春、小美良、扶里3个村庄才得以幸免其祸。日军回到才坡村附近，又杀该村3位老人才扬长而去。这一次，日军共杀1280人。

1941年农历九月（即公历11月——编者）的一天，驻扎在那大、包岸据点的日军出动100多人。包围沙土峒圣眼村，抓了村民14人到才坡角杀死，全部埋在一个大坑里。其他村民向四方逃跑，有42人乘船向马村方向逃去，被日军发现开枪追击，由于船小人多，小船摇摆不定，造成沉船全部溺死。这次日军杀害圣目村人民56人。

1941年农历十月（即公历11月底或12月初——编者）的一天，国民党游击队在马村角接运从大陆运来的一批武器弹药，被日军发现后双方交战。日军被打死2人，国军战死1人。交战后几天，日军出动100多人来包围沙土峒，他们首先包围小美良、木春、扶里3个村，但进村找不到人，便大举纵火焚民房，焚毁小美良村20间，木春村20间，扶里村18间，合计58间。接着又到福留、昌堂、美梅、那南、北山、昌表、上帝、圣目、文旭、钦帝等10个村抢劫耕牛600头。

大屠杀后的惨状

日军大屠杀之后，全峒劫后余生的约700人，除3个村没有人被杀外，其余各村所剩无几。

大屠杀那天早晨，即使日伪维持会事前严令禁止外出。但每个村依然有人外出做工、下海打鱼、挑龟到墟镇赶集，或者有意外出逃难。发生大屠杀后，外出的人们挂念家里亲人的安危，候日军撤走后马上回家探听消息。当他们踏进村口的时候，首先映入眼帘的是横尸遍地、血成沼泽的惨状。那些被杀不死的伤者伸出可怜的手，呻吟着呼喊亲人救援，人们的悲泣声、号哭声、呻吟声、呼救声此起彼落，汇成一股嘈嘈切切、凄凄惨惨的声浪。他们一面哭泣，一面清理尸体，把那些受伤不死的亲人迅速抬回家去，请医登门诊治或送外地治疗，忙碌一阵之后，伤者总算得到安置和治疗，接着就是清理死尸和安葬死者。福留村清理出死尸264具，仅在温家现家就清出60具，屋里的人血厚达15公分，舂米的石臼里积了半臼的人血，死了这么多人，而幸存者只有34人，于是他们采取统一行动、互帮互助的办法，分头到各家各户收集门板、草席、毛毡等将尸体裹住，又分头到村外挖穴，大人尸体两人扛一具，小孩尸体一人挑两具，连夜将死尸葬完。清理过程唯独不见温国现的尸体。过了5天，有人发现温国现草房的屋顶上苍蝇满天飞，到里面掀起稻草一看，原来是温国现的尸体已经腐烂发臭，人们找来一只谷桶，用锄头一块一块地搭进谷桶里抬去埋葬。其余圣目、钦帝等村，由于幸存者没有人组织协调，安葬工作无序，有些绝户的尸体好几天仍未埋完。圣目村幼儿谢德仁，父母被杀后仍然伏在母亲的身上吸吮乳汁，乡亲们见了这种悲惨的场面，才将其抱回家抚养成人，钦帝村幼儿王德林（现县农业局干部）母亲生了一对双胞胎的弟弟，父母被杀后村民用箩筐将其吊在母亲墓旁，祈求路过的行人收留抚养，但外人哪敢走过这鬼门关？结果这对婴儿活活饿死在箩筐里。

6月的天气格外炎热。加上几天没有下雨，有些绝户的尸体已腐烂发臭，活着的村民人手少，忙于安葬家中死者，人们只好通知他们的亲戚来安葬。等到亲戚来时，尸体已烂得面目全非，认不出死者是谁了，只好草草收拾埋葬了事。那些没主人喂养的猪狗饿得呱呱叫，到处毁坏庄稼和吸死人污血，吃死人肉，啃死人骨头充饥。外地人都不敢买沙土峒的猪肉吃，村里人只好杀掉自用。

刚刚埋完遇难者的尸骨，日伪维持会又派人来打探消息。幸存者怕日军卷土重来，干脆牵着耕牛、挑着行李、携着家少远走他乡。使得这里十室九空，耕地荒芜，人哭鬼泣，情景更加凄凉。日伪花场维持会长王希志因收不到沙土峒的钱粮，心里很是苦恼，通过多种途径通知逃难者重返家园，花言巧语地说："皇军这次不杀你们了，如再杀你们1个，我赔你10人，望你们赶快回来居住。"可是吃过苦头的沙土峒村民对这些汉奸恨之入骨，哪里轻信他们嘴甜舌滑的承诺？但是，沙土峒毕竟是自己的故乡，他们世世代代在这里繁衍生息，确实舍不得离开这个破败的家，许多人出走以后，带去的粮食吃光了，钱也用完了。饱尝了逃难寄人篱下的苦楚，终于又陆续迁回来，重建家园。

3个月过去了，勤劳的沙土人民正在忙碌地耕耘着已经荒芜了的农田。岂料日军又出兵对沙土人民进行一而再再而三的屠杀、纵火和抢掠，使沙土人民家破人亡，流离失所，吃无果腹，穿无蔽体，处于水深火热之中。

我党得知这一消息后，中共琼崖特委和中共澄迈县委组织了一个20多人的慰问团，由澄迈县办事处副主任吴元隆和吴正桂带队，到沙土峒进行慰问和做善后工作，并以"沙土惨案"为活教材教育澄迈人民，组织人民群众掀起新的抗日高潮。

前事不忘，后事之师

1945年8月日军投降后，沙土人民在中国共产党的领导下，重整废墟再建家园。现在，人民生活得到改善，住房条件大有好转，人口得到恢复和发展，但是，日军制造"沙土惨案"的痕迹依然没有消失。一行行死难者的坟墓告诉后人，铭记着先人惨死的深仇大恨；一个个活着的伤者的伤疤仍然十分清晰地烙印在身上，因受伤致残者艰难地苦度余生。日军在沙土的暴行铁证如山，任何人是抵赖不了的。日军惨无人道的暴行，没有征服中国人民，反而激起中华民族的反抗，加速日本军国主义的灭亡。为了使炎黄子孙和日本人民了解"沙土惨案"的事实真相，我们采访了受害者和目击者温家明、温明光两位老人，写成这篇血泪的书稿。让它在中日人民之间世世代代传下去，使子子孙孙永不忘怀。

（中共澄迈县委史志办公室编：《澄迈革命斗争回忆录》，陕西旅游出版社2003年版，第449—457页）

22. 日军“三光”扫荡　村民五百罹难

——我们亲历的大洋、北岸两村惨案

何君范等口述

卢家桐　龙建武　整理

乐会县（现属琼海市）北岸乡广阔的田野上，竖着一座具有民国时代特征的纪念碑，碑高约三米，非常醒目。正面大理石碑文“五百人墓”。墓座后面正中并排三块石碑，两块记捐资建碑者名字，中间一碑记事：“五百人碑二十八年春倭寇占我琼岛无何陷乐会后越二年六月廿五日晨夜焚劫北岸大洋两村屠杀男女三百余人比鄰各邨先后被杀者百数十人自七七抗战农村殉国罕有若此之惨烈者寇既投降黎君登云等倡议建碑纪念苑者适符田横五百人之数又以吴中有名贤祠与戒幢寺五百罗汉堂对峙著称胜迹足为模楷潜芦居士周思兼闻而伟之遂书其事题曰五百人墓碑中华民国三十七年岁次夏日戊勒石”。自此每年农历六月初一，附近大洋、北岸等村相约为“军坡”期，祭祀死难同胞，延续至今。

笔者于1995年3月20日分别找到大洋北岸两村何君范、何书林、何书琼、何国树、黎汝燕、黎月花等8名血案幸存者，并录下他们回忆当年劫难的口述。北岸乡在九曲江北岸，虽然地处偏僻，但有山有水，田洋广阔，盛产水稻，故素称鱼米之乡。日军侵琼，此处常有抗日队伍活动。1941年春，日维持会骨干黎清农，被抗日游击队伏击毙歼。日军即将北岸乡视为隐患，伺机“扫荡”。

1941年6月24日（农历五月三十）晚，日军集中桥园、龙滚、中原、卜鳌、乐城等据点日驻军400余名，由维持会青年团带路，深夜乘车来到距村约2公里的行岭坡，包围了大洋、北岸两村。六月初一，天色蒙蒙亮，日军开始闯进村庄抓人，一时吆喝声、喊杀声、呼救声、惨叫声、枪击声喧乱一团，气氛紧张、情形恐怖。

我（北岸村何书林、现琼海市农行退休干部）当年16岁。记得日军杀人那天清晨，我正蹲在村旁树丛中，一因昨日与同伴何君拨竞吃椰子肉，吃坏了肚子，拉稀不停，一看见日军进村抓人，急忙提起裤子，隐身草丛逃到九曲江边，跳下河向对岸拼命游去，至河心被日军发现开枪扫射，幸亏我水功好，马上潜入水中游至对岸，不顾一切爬上河堤坎钻入稻田逃命。背后机枪还响，子弹唧唧地打在河坎上，我逃脱了，可家里亲人被杀了12人。

我（北岸村何君范，生产队保管员）那年7岁，对日军杀人的事，因为我是死里逃生印象深刻，加之惨案后，村里幸存的村民时常回顾，所以至今记忆犹新。那天早上，太阳有小竹竿高时，日军士兵窜进我们村，借查“良民证”为由，逐户搜查，不论男女老少统统赶出家门，在机关枪、步枪和刺刀的威逼下，村民分别集中到村民何君志、何君日两家庭院中。我随家人走到自家屋前龙眼树下，看见村里12岁的何君芳，正被几个日军强迫上树摘椰子，日军喝完椰子水，用枪托击倒何君芳，一刺刀捅穿君芳的肛门。何君芳还没来得及哭喊出声便抽搐着死去。我害怕极了，正要跑回屋里，一个日军士兵把我强行抱起，走到何君日院里，我母亲惊慌失措地把我抢了过来搂在怀里。

在何君日家，院外日军士兵荷枪实弹，严密把守。两挺机枪对着院门，在院门槛上也架着二挺机枪，枪手趴在地上，手指扣在扳机上，对准院内村民，如临大敌。院内挤满了人，估计有70多人，妇女儿童及老残者蹲坐一堆；20多个青壮年男人一堆。部分男人手掌被刺刀扎通，用铁丝穿串起来，血沿铁丝滴流，若一人手动，所有人都痛得钻心呼叫。在屠杀前日军又逐个把男人拉出来捆绑。面对日军淫威，院里男女老少无一敢乱叫。不久，另外来了8名身材粗壮，杀气腾腾的日军。他们上身着赭色衣裳，手持白晃晃的军用刺刀，其中2人分别站在堂屋大门两旁，2人紧靠门口站立。听见日军叽哩呱啦一阵后，堂屋过厅扔进一堆稻草、芦席，再浇上汽油，当火一点燃，杀人就开始了。院内4个穿赭色衣裳的日军，2人一组逐个把村民推到堂屋大门站在门槛上，由紧靠门口的2名日军举刀逐个砍、刺数刀，不管死活，再由站在大门两旁的日军扔进堂屋过厅火堆中。看着日军杀人，院内村民惊恐万状，人群骚动，但置于日军刺刀枪口，都束手无策，眼睁睁只有等死。院里男人全杀光了，轮到老弱妇孺。当2个穿赭衣的日军走向我母亲时，院里剩下的人已不多。一个日军野蛮地从母亲怀里抢去刚满月不久的弟弟，母亲拼死想抢回，却被另一日军拖到过厅门前，母亲不停地哭喊，哀求不要杀小弟弟。但丧尽天良的日军根本无动于衷，朝母亲身上乱刺几刀，就将母亲抛入火堆里。可怜我的小弟弟（说到此处，述者已泣不成声）也被日军活活扔进火堆中。扔了弟弟的日军回头抓住我，在过厅门口，两名日军胡乱在我身上刺4刀，其中一刀刺在胸口下腹部（见文前相片）。可能由于不中要害，日军又挥刀要砍我头部。我看见刀光落下时，忙扭头躲避，刀锋削中我右脸颊（见文前相片刀痕），抓我的日军把我投入火中。过厅的火沿着尸堆四周烧得很旺，人堆上由于推进的人又快又多，一时还烧不起来。我正好俯身落在一人的大腿上，看见小弟弟正被火焰吞噬，已经死去。我感到火烤难受，从高处顺势滚下去，滚出火圈，跑进过厅后卧房，卧房中有盛干薯片用的大水缸，我赶紧跳进去藏身。外边日军继续杀人，屋内人体被烧的焦味刺鼻，加上浓烈的火烟，呛得我头昏脑胀。我发现屋后山墙有一窟窿，可钻出一人，可惜太高我够不着，只好退回卧房，一直到院里再也无任何声息的时候，才走出卧房。过厅里人堆上火焰已息，但所有人体已烧成焦炭状，热烘烘的。当时，火已漫上屋顶，屋外庭院已无活人，也没有日军了。我试着走出过厅，但烧焦的尸堆灼热烤人。我折回卧房，找到一根撑蚊帐用的竹竿，再走进过厅，试图用竹竿拨烧糊的尸身，开出一条走出堂屋的路。竹竿刚碰到焦尸，尸身焦炭随即脆散，露出白骨。这时我只想逃出去，根本无心细看那些被烧焦后的人的形状，沿着拨出的路，小心迈过尸骨走出过厅。在堂屋走廊，见一具尸身下截还有火焰，便急忙找水泼息，从死者脸认出是村民何国瑞。走廊的柱上还绑着七八个男人，是被刺刀捅死的。走出院门时，太阳已经斜照，村里静悄悄。我浑身血迹走回自家门口，像平时一样坐在门坎上，等候父母亲。这时还未能意识到母亲、二姐、弟弟、妹妹和伯婶及大嫂均遇难了。

傍晚，一邻居老婆婆走过来，帮我揩去血迹，包扎伤口，让我藏进芭蕉树丛里。天快漆黑时，我父亲和二哥（出门在外幸免于难）回来，那时我脸上伤口疼不能说话，只是不停地招手，父亲认出是我，万分惊喜，把我抱起来，趁天黑跑出村到外婆家。几个月后，我脸上、身上的伤口才慢慢愈合。

我（黎汝燕，81 岁）是北岸村媳妇，那年 27 岁。日军入村杀人那天早上，我和大嫂及小叔听到动静，爬上自家堂屋屋顶，伏在瓦片上一动也不敢动。从早晨起村里日军凶狠的喊杀声，村民声嘶力竭的呼救声，绝望的惨叫声，不断传来。我们趴在屋顶，由于惊吓全身颤抖，不停地冒汗。我们藏身那半边屋顶正向村外公路，位置略高。大概下午 3 时，日军撤出村庄走在公路上，突然发现我们 3 人。几个日军大声吆喝着向我们走来，到屋檐下招手叫我们下来。此时我们已吓得全身发软，谁还能动。日军就从屋内搬出桌椅，叠至屋檐，上屋把我们全拖下。大嫂立即被刺死了。小叔也被刺穿脖颈当场死亡，我被刺六七刀，幸均未中要害，只是昏死过去，后才被大叔和弟弟抬去抢救，一年多以后才伤好再认村回家。这一天，日军共杀害我家 11 口人。

我（何国梅）那年才 20 岁。幸亏我藏身在厨房稻草堆里，才幸免于难。我刚满月的弟弟何国树（现琼海市粮局干部见文前相片）被日兵刺了 4 刀抛入火屋里，被何君昌救出，事后我抱回外婆家抢救才活下来。我家当场被杀害共有 5 人。和我同睡一屋的何子南家 10 名姑娘，2 人被杀，3 名幸存，其余 5 人失踪。

听何君范说，1964 年在塔洋工作时，塔洋桥村民曾经告诉他，1941 年农历六月十六日，日军从卜鳌运来两车约 50 名姑娘到塔洋桥，集体枪杀，听姑娘呼救哭喊，知道是大洋、北岸村人。姑娘们是被抓迫充军妓，因不从而惨遭杀害的。5 位失踪姐妹想必也在其中。

我（黎月花，大洋村人）当年 13 岁。日军抓我时，我清楚地看见日军士兵手臂上套着黑色袖章，袖章上写红字。我被带进一家屋子，屋内已经是浓烟滚滚，日军把我推进去，幸好火势不大，只是烟熏得睁不开眼。我直冲到屋后山墙，看见有墙洞通屋外，立刻钻出洞口，刚好落在一具尸身上，此尸可能是带伤从屋内爬出而死在墙脚下的。当时，也顾不上害怕，跑进屋后丛林中藏身。到下午约 4 点，日兵撤走前，维持会青年团还佯装村民呼叫：阿爹、阿妈、阿哥、阿姐……出来吧，日军撤走了！一些躲藏的村民刚一露脸，立即被日军射杀。

我（何书琼，现任中国人民银行琼海支行副行长）那年才 4 岁，还不懂事。母亲抱着我，带着姐姐一起被日军赶到何君日院里。母亲抱我被推至过厅门前，日军刺杀母亲，我身上也中 4 刀，其一刀头上，二刀前胸口处，伤口较浅，另一刀刺穿我右手臂。母亲、姐姐当即死去，我也倒在过厅地板上，昏过去。幸亏君文大公和婶姩负伤不死，挣扎着抱我到堂屋后山墙，打破墙壁斗砖，钻出屋外。后找草药给我治伤，才幸存至今。那天我家除母亲、姐姐外，还有 4 人遇难，全家共计 6 人被害。

下午 5 时后，日军撤离大洋、北岸两村，傍晚我（何君范）父亲偷偷跑回村，把我带走。事后父亲说，在回村路经大洋村园边看到死去的村妇，全身裸露，腹部被剖破，内脏全流出来；大洋村一老人，脖子皮肉被割下一大片，鲜血淋淋，日军故意不割其喉管，任其在地上惨叫、残喘，到晚上才死去；九曲江边还有不少死尸，是在江边藏身的村民，被日军发现后射杀而丧命的，江水都被染红了；入村的路边，树上绑着几个被棍棒打死的村民；村中 16 户被烧大半，50 多口人，幸存不足 10 人；两村被集中烧杀的约 300 人，地点是大洋村的黎锡州、黎国安家和北岸村何君日、何君志等七家。

大洋村黎月花说，第二天外逃亲属回家收拾亲人尸体。黎克拨 4 个儿子被杀死在家里椅子上；黎汝添头落灶前，身体不知在何处；在屋里集体屠杀烧化的村民，尸身被烧焦无法辨认，幸好村民都习惯身上带锁匙，亲属就凭锁匙辨认家人，我母亲也只能认出一只脚。收集尸骨埋葬，对无法辨认的或全家遇难的尸骨，由村民集中收集，集体埋在南山岭上。

这次大惨案，大洋北岸两村被日军杀害 369 名村民，加上过后几天被杀的两村村民及路过被害的外乡人，计130名，总共499人罹难。两村财物掠夺一空，房屋被烧毁四十多间。事后日军又强拆两村砖瓦木料运往龙滚建筑炮楼和据点。直到1943年幸存者才回村居住。

1948年夏，两村海外乡贤及幸存村民，为纪念惨案死难同胞，捐资兴建纪念碑，立于大洋田野上，题日“五百人碑”（见文前相片）。每年约定农历六月初一为“军坡”，祭祀死者，纪念“六一惨案”至今未罢。

（编辑：王国建　琼海市政协供稿）

（海南省政协文史资料委员会编：《铁蹄下的腥风血雨——日军侵琼暴行实录》，海南出版社1995年版，第144—151页）

23. 四村大屠杀

1941 年 8 月 20 日，黄竹的大河桥再次被毁，日军便怀疑是当地共产党组织带领群众干的。于是，同月 25 日拂晓，黄竹据点的日军和伪军包围了大河、后田、牛耕坡和周公等村庄，以检查“顺民证”为名，挨家挨户搜查，将 4 个村在家的男、女、老、少共 110 人分别押到大河、后田、牛耕坡的 3 间大房子里关起来，每间大房开一扇门并派兵架起机枪监守，其余门窗全部关住。日军先拿汽油洒在 3 间房子上点燃，憋困在房子里的无辜群众大部分被活活烧死，拼命往外冲出来的群众也被日军持刺刀刺死。日军为了寻欢取乐，杀害小孩的手段更是凶残，先用刀划破其手背皮肉，孩子痛得大声嚎叫，喊爹叫娘，然后又将孩子抛向空中活活摔死。疯狂的日军连母亲怀抱着的婴儿也不放过，这些野兽抢过婴儿，当着孩子母亲的面便将婴儿抛起用刺刀顶刺致死，母亲也当场昏死过去，惨不忍睹。这次日军共杀害民众 109 人，其中大河村 79 人，后田村 23 人，牛耕坡村 3 人，周公村 4 人。还纵火焚烧了 4 个村所有民房 191 间，屋料的爆裂声、坠地声一直持续一整天，尸骸烧焦味数华里也能闻到。唯一逃脱而幸存的是牛耕坡村的符福堂，因他学过武术，当他从大房里往外冲出时，腰部被日军刺中 7 刀。他强忍剧痛，撂倒一个日本兵后继续往溪边跑才逃脱。

（定安县地方志编纂委员会编：《定安县志》，海南出版社 2007 年版，第747 页）

24. 煎煮幼童　奸杀妇女

——日军烧杀石马村纪实

韩茂良

1942年3月2日下午，侵琼日军驻文昌县湖山部、昌洒部700多人以“围剿”抗日分子为借口，层层包围了抱罗镇石马村。日军分成二部分，一部分专烧房屋，一部分专杀人，见屋就烧，遇人就杀。负责烧房屋的日军带着汽油，一窜进村，就破门而入，把柴草、家具和拆下的门板堆积在房屋中间，浇上汽油，点火焚烧。石马村上、中、下三个自然村100多户人家的房屋除5间堆粪肮脏无人居住的杂草丛生的房屋外，全部烧光。刹时，整个村庄火光冲天，鸡飞狗跳，全村人家的衣物、家具、粮食随着房屋的焚毁而化为灰烬，惨不忍睹。

更令人发指的是日军灭绝人性的种种杀人手法。日军在上村搜捕到的黎姓的3户22人（实际有24人，当天两个小孩外出不在家），除一个长得漂亮的姑娘外，被押回据点充当军妓，其他男女老少21人全部押到屋外空旷场地上，架起机枪，一阵疯狂的扫射，全部打死。

中村韩东元一家老少5口被日军抓住，关进厨房。日军则在屋外堆柴草，泼汽油点火，把这家人活活烧死。一伙日军在潘梓孝家抓住他家3个儿子，先用刺刀死2个大的，为了杀人取乐，日军竟残忍地把最后一个仅三岁的小儿子及梓宜家二个小孩、洪已元妻的小妹等4个儿童捉到厨房，按进大铁锅，舀水进去，盖上锅盖，在灶膛下烧火。就这样，4个幼儿活蹦乱跳地煮死在铁锅里。潘姓、韩姓老少妇孺68人，全被日军捆成一串，驱赶到潘梓宜屋外杨桃树下的空地，不管男女老少都被迫脱下身上所有衣裳。日军端着刺刀对准全身赤裸村民的心窝，将他们一个个捅死，然后在尸堆上泼上汽油，引火焚烧。

在下村，日军在梓宜家屋角刺死潘梓桑4岁儿子，其妻谢春梅（现年74岁）被日军开枪射中左膝盖，背部连刺8刀，幸未中要害，后被丈夫梓桑抢救活至今日，但左腿已残（见相片）。日军闯进潘先勇家，发现他的妻子搂着一个女婴躲在屋内，就举起刺刀猛刺。他妻子身中8刀倒在地上，一个日军士兵还从母亲的怀中，一把捉住女婴的嫩腿，往空中抛，举起刺刀对准落下的婴儿，往上一挑，婴儿胸膛被刺穿，随着一声惨叫死去，围观的日军疯狂大笑。一部分日军押着抓到的几十个村民关进潘氏祖祠，从中挑出4名年轻美貌的妇女，当着她们父母、叔伯、兄弟姐妹的面，剥光她们的衣服，先行猥亵，恣意玩弄，并在光天化日、众目睽睽之下轮流奸淫，最后将其刺死。接着日军在祖祠的门窗处架起机关枪，把祠内几十人全部枪杀，再泼上汽油，连人带屋烧掉。

这一天，日军从早上至夜晚，放火杀人有10多个小时。石马村被焚毁的房屋（瓦房）380间，被杀害的村民有128人。被惨害的村民尸体无人收殓，任由猪拱狗啃，好长时间还有尸臭味，人们根本不敢靠近。当时传说石马村的猪肉不能吃、石马村的荔枝无人摘、石马村的杨桃不能食、石马村这个百来户、200多人的宁静乡村，一日之间成了瓦砾堆，成了无辜村民葬身地，甚至有许多人家绝了后嗣。事后，村民中幸存者有些漂泊海外（泰国、新加坡一带），有些实在无处可去，又怀念乡土的，就在靠村的田野上搭起简陋的茅寮栖宿，讨乞为生。至今，石马村残存着许多当年日军暴行的遗迹，侥幸活下来的老年人，每当提起当年惨景，仍泪流满面，悲痛不已。日军法西斯制造的历史灾难，人们没齿难忘。

（编辑：龙建武　文昌县政协供稿）

（海南省政协文史资料委员会编：《铁蹄下的腥风血雨——日军侵琼暴行实录》，海南出版社1995年版，第94—96页）

25. 日军“蚕食”、“扫荡”，制造“无人区”

1942 年 5 月起，日军调集十五警备队、绥靖队、日警队约 400 人向琼文抗日根据地“蚕食”、“扫荡”。首先占领树德、咸来、道崇等圩镇，所到之处皆实行抢光、杀光、烧光“三光”政策。在道崇乡昌洽村枪杀陈书刚、吴道统等 30 多个村民，劫夺财物，火烧民房，全村 125 户人家仅剩 45 户。接着，日军“扫荡”本务村，杀死村民 16 人，其中妇救会主任王淑美被强奸后烧死。在云龙乡东田村，集中枪杀该乡青抗会主任廖之裕及其父亲等 10 多人；在上村，集中枪杀儿童团长陈继儒等 8 人；在长泰村，把 18 人关在房屋内放火活活饶死；在岭脚下村，把一个睡在摇篮里的婴儿抛向空中，用刺刀顶刺取乐；在桃村轮奸 4 名妇女，后用石头砸开脑壳致死。1942 年 10 月，日军增调十六警备队和大批伪军共 5000 多人，对琼文地区发动更加凶狠的“蚕食”与“扫荡”。把琼文公路以南，海榆公路东线以北的道崇、苏寻三、咸来、树德及三江和云龙部分地带至文昌的大昌、南阳等地划为“无人区”，派飞机狂轰滥炸实行“三光”政策。日军在美桐洋一天杀死 70 多人；在龙田村一次奸杀 6 名妇女。在日军“扫荡”中，中共道崇乡总支书记曾超、咸来乡支书王道保、美良乡支书陈仁钦、乡长符令风等中共党员和抗日骨干 150 多人被残杀。咸来乡 300 多人被杀，300 多间房被烧毁。福禄坡、白水塘、九斗山上村、排溪园、咸来湾、罗虎山、后井山、龙群、石桥园、昌仙、柯湖、杨日、低溪川等 13 个村庄成为“无人区”。

（琼山市地方志编纂委员会编：《琼山县志》，中华书局 1999 年版，第697 页）

26. 血染“宰人砧” 注毒害人命

——日军在昌洽村的暴行

林照尧 口述 吴钟敏 整理

1942年11月1日至1943年1月，土桥昌洽村遭受了日本侵略者惨无人道的屠杀。在日军“三光”政策的摧残下，昌洽村55间房屋被烧掉54间，禽畜财物被劫一空。更残暴的是，日军大肆残杀昌洽村村民及从附近村庄抓来的平民百姓。

农历九月二十三日的早上，日军乘坐6辆卡车气势汹汹地开赴进昌洽村。一进村，立即烧房抢物，全村被洗劫一空。来不及逃的47名村民落入日军魔掌。日军将这些无辜的村民集中到村外坡地上，架起机关枪，凶残地把这47名村民全部杀害，尸体堆满坡地；瞬间腥风血雨笼罩着昌洽村。几个月后那些幸运逃脱的村民归来时，发现他们的亲人已经只剩卜人骨头，认也认不清了。这般惨景，催人泪落。

当时村民认为日军不会杀害老人和小孩，在逃难时便把8名小孩托付给4名老人。谁料，日军连老幼也不放过，他们把这8位小孩和4位老人关进一间房中用烈火全部烧死。老人的哀求和孩子的啼哭根本阻止不了日军的罪恶行径。

日军驻扎昌洽村后，在村口用石块筑起了3个“宰人砧”许许多多被日军抓来的抗日分子和无辜村民都在这“宰人砧”上遭受日军的宰割，甚至被日军挖肝下酒，“宰人砧”的周围，血流满地、腥气难闻。有一天，日军还把这些被杀戮的民众的鲜血涂在村民黎田夫妇身上，然后围着大叫大笑取乐。如今林照尧老人回忆起“宰人砧”，泪流满面，愤怒不止。

昌洽村的林克英，被日军嫌疑为共产党，不幸在桥墟被日军抓捕入狱；在狱中，他遭受日军的严刑拷打。更卑鄙、更残酷的是日军对他施行严刑后又往体内注射了毒药，然后才放他回家。半月后，林克英在毒药的折磨下痛苦死去。

（编辑：范运晰 琼山市政协供稿）

［海南省政协文史资料委员会编：《铁蹄下的腥风血雨——日军侵琼暴行实录（续）》，海南出版社1996年版，第65—66页］

27. 日军经济封锁　残杀无辜盐贩

潘企村　刘道经　口述　黄宏校　整理

1940年正月，日军飞机轰炸松涛墟以后，约三、四月间，日军一个中队八、九十人进占松涛墟设立据点，强迫松涛、番企、那坪、新村、三足岭、上堆、下堆等村民在松涛墟建筑了一座坚固的炮楼（炮楼据点设有：军部室、工兵房、岗哨台、仓库等）。从此对松涛人民实行殖民统治，不仅从军事和政治上控制我抗日军民的反抗，而且从经济上进行封锁。

1942年秋，日军对食盐的封锁更加严酷，日日夜夜派出小分队巡逻搜查。在巡逻搜查中，抓到了12名从儋临一带来贩盐的过路商人，十五、六个日本兵荷着枪、拿着长剑，将他们押着到北诵溪边（现松涛乡供销社后面），强迫其自挖了一条五、六米长的土沟，然后将其杀戮。日兵用绳子将这12个贩盐商人绑紧连结成一串，并排地站到土沟旁边，挥起闪亮的长剑，一个一个地向他们的胸口刺去，推倒在土沟里。接着日本兵拉来了几个正在建筑炮楼的民工，填土埋掉这12位无辜的贩盐商人。

日本兵杀人的手段是十分残忍的，在日军控制下的地方，随时都可以见到杀人的情景。当时有个临高人被国民党差遣送盐到黎母山地区（当时琼西各县国民党政府都迁入黎母山莺歌岭一带山区），路经北诵溪上游的亲速口时，被日本兵搜查发现抓住，五花大绑，一刀劈开腹部，将其食盐大把大把地撒进腹中，使这个送盐人挣扎惨叫了半天而死。其手段何其残忍？

日军封锁和控制食盐使其到处奇缺，其目的一方面是使民众缺盐，丧失体力，无法抵抗；另一方面是日军用大量食盐提炼盐硝，制造弹药，发展军火生产。用以扩大侵略和摧残人民的抗日意志。

（编辑：范运晰　琼中县政协供稿）

口述者：

番企村（原临高迁松涛居民）李来福，1909年生，今87岁。

松涛墟（队）（原梅县迁松涛居民）刘道经，1909年生，今87岁。

[海南省政协文史资料委员会编：《铁蹄下的腥风血雨——日军侵琼暴行实录（续）》，海南出版社1996年版，第332—333页]

28. 日军强征劳工情况

日本侵略者为了掠夺海南矿产资源，先后从上海、广州、香港、澳门、汕头、厦门等沦陷城市欺骗和强抓来学生、失业工人共 68 批、25000 余人，加上海南各地劳工共达 4 万余人，分别在矿山、电站（厂）、码头、铁路等处做苦工，一天要干 9 小时以上的重活，稍休息一会儿就要遭工头皮鞭毒打，每人每天只发 4 两饭球，住的是茅草房，穿的是麻包袋，病了看做是偷懒，不给饭吃，还遭毒打，染上传染病便活活烧死，逃跑抓回来有的立即枪毙，有的捆绑毒打，施加电刑、灌水等。这样，在日本侵占的 6 年中，病死、饿死、打死、烧死、活埋、逃跑的工人不计其数，到日本投降时，仅幸存 5803 人。

（海南铁矿志编辑委员会编：《海南铁矿志》，1984 年内部出版，第 4—5 页）

29. 田独铁矿劳工概述（节选）

该矿原有工人八千余名（海南工人4700名，大陆工人3100名，台湾及朝鲜工人400名），以其籍贯分之，所谓大陆工人者，其来自广州、香港、澳门、厦门及上海等地者。计工人中，以海南人为最多，皆充苦力，大陆工人，多操技工，日人所谓特殊工者，充当苦力者亦复不少，台湾及朝鲜工人则皆当较高级之技工及事务管理。各种工人之招致，系以引诱、欺骗、强迫、招募等方法，分别由各沦陷区都市之敌伪机关运至海南岛之日本特务部，转配该矿雇用。当时声明服务期为一年，期满护送回籍，但日人始终未履行诺言。外来工人到此者，久者五六年，近者二年，除逃走外，鲜能归家。至海南工人，系采征用方法，亦即强迫方法，该矿山需用工役，则由海军特务部通知当地之伪县、乡、保长征送，以三个月为一期，期满后换班归家。故原有工人四千余名，自去年一月，该矿停工后，均已返家，留下之台湾及朝鲜工人，因其以前待遇较高，皆略有积蓄，且言语相通，故自日人宣布投降后，配给较多，生活尚能维持，且以军令集中，日有给养矣。然有家归不得之大陆工人，向非苦力，体质既弱，又从未习于劳作，到海南岛后，处于极端恶劣环境下，从事于苦力工作，体力不胜，加以水土不服，营养不足，死亡率诚是惊人。据调查所得，日人由外地运至海南岛之榆林、三亚、北黎、石碌、八所、东方等地工人，先后六十八批，每批三百人至五百余，合计二万五千人，除少数逃走外，现存七八千人，在此间惨亡者计一万六千余人，占百分之六十有奇。本区之大陆工人，自抗战胜利后，原有二千三百余名，其后一部分之死亡，资送回籍，或另谋别业外，现剩余1377名，然多属面黄肌瘦，体质残弱之辈，据检查结果，堪能工作者，仅占百分之二十而已。此诚一严重问题，现虽由本处每日发米20市两、副食费20元，以维持其简单之生活，每月需米约五百余市担，所需维持费，诚属不赀，各工人亦皆存返乡之念，盼从速设法救济及安置，以期早日解决。

［陈历刚：《海南岛榆林港田独铁矿调查报告》，民国35年4月（1946年4月），第44—45页，藏于海南钢铁公司档案室，案卷号25］

30. 崖县田独万人坑

崖县（今三亚市）田独镇东南方向有座黄泥岭，田独铁矿旧址就在黄泥岭的西北边。铁矿现存有直径300米、深50米的矿井，以及运矿矿桥和一些日军营房及仓库等。万人坑在矿井东面50米的一片坡地上，海南建省后，被列为省级重点文物保护单位。1939年2月，日军占领三亚市。为加速掠夺海南资源，日军海军特务部北浦大佐发现田独铁矿，其储量不多（时估约1500万吨），但质量特优，日本政府授命“石原株式会社”负责开发。开发工程分三期进行，但采矿设备和运输器械型号小，数量少，绝大多数开采运输靠人工完成。1939年上半年动工，第二年投产，1944年因盟军飞机封锁海域而停产。共开采矿石2691623吨，掠走2687687吨。日本海南株式会社和石原株式会社为寻找劳工，通过敌伪机关的合记公司，在上海、广州、香港、澳门、汕头、厦门等沦陷城市，采用种种诱骗手段，招来大批贫民、学生和农民，先后共68批，约2.5万人；日军海军特务部还通过海南各伪县、乡政权强招万余人，安排在田独、石碌、八所、北黎、板桥、东方等矿区充当劳役。充当苦役的劳工，每天下矿井14小时，规定每人每天必须拣矿石8吨，完不成任务不给饭吃，还遭毒打。劳工吃的是限量的蕃薯、玉米、南瓜汤；住的是简陋的茅棚；睡的是竹片架成的上下两层大通铺；穿的是破麻袋或洋灰纸袋。繁重的矿井劳动和非人的生活，使许多劳工相继昏死在矿井上。日本工头、监工凶残如蛇蝎，工人陈牛因病不能下矿井，日本工头令他双手举起几十斤重的矿石，同时施以棍棒，陈牛终因迫害死去；工人黄福没有裤穿，为遮羞找一块布围住臀部，日本监工以误工为由施以毒打，又逼他挖一土坑，并逼他跳进坑中，用土掩埋。日本监工将黄福埋至胸口，眼见呼吸困难，人将窒息时，才将其挖出来，如此反复几次，致使黄福口腔、鼻孔出血，最后窒息而死。如果劳工逃跑被抓回来，不是立即枪杀，就是施加重刑，直至折磨死去……矿上天天有死人，少时六七个，多时四五十个，甚至上百个；患传染病的，或被怀疑是传染病的，一律活活烧死。矿井旁边的万人坑，就是当年焚烧矿工尸体的地方。平时一两天烧一次，逢死人多时几乎天天烧。焚尸坑纵深3米，宽8米，坑底部铺架粗钢条，死者尸体堆在粗钢条上，尸体周围和上面堆放干木柴，浇洒汽油，然后点火焚烧。一天，一个生病的广东劳工，尚未断气，就被日本监工抛入坑内，坑内传出他凄惨的呼救声，他企图爬出坑外，却被监工反复推进坑内，后来被活活烧死。焚尸一般是一层尸体、一层木柴，当死人多时一连叠放至10层。坑内外常有烧不完的尸骨，狗拖鸟啄，惨不忍睹。日本监工对反抗的和企图逃跑而被抓获的劳工，常处酷刑以示众。1942年4月的一天，保亭县一名黎族劳工（姓名不详）逃跑，被日本监工抓回来。日监工将所有劳工召集在土坑旁，把逃亡的黎族劳工摔跪在土坑旁，由日本士兵挥刀砍头示众。至于对劳工施以倒吊毒打，割脚后跟，放狼狗咬等刑罚，更为常见。据资料记载，在田独矿山，1944年5月份劳工数7940人，至12月份，仅余5729人；1945年1月劳工锐减至4039人，到8月份，只剩下1713人，死亡人数达2326人。日军在田独铁矿采矿达6年之久，被枪毙、活埋、烧死、打死和饿死、病死的劳工共计1.2万人，其中崖县的本地劳工10120人，其余近2千人是岛外或岛内各县的劳工。（龙建武）

（李秉新、徐新元、石玉新主编：《侵华日军暴行总录》，河北人民出版社1995年版，第1160—1161页）

31. “慰安妇”来源、人数及“慰安所”遗址（节选）

向海南岛输送“慰安妇”的机构，大致采取如下的运作形式：

1939 年 2 月 10 日，日本陆军和海军攻占了海南岛。海军方面设置了第五舰队司令部（司令官为近藤信竹中将），其后，1939 年 11 月，第五舰队情报部改组为“海南海军特务部”。陆军方面，由第二十一军指挥下的台湾混成旅团（饭田支队）驻扎于海口。海南岛的占领政策，由陆军省、海军省和外务省的代表组成海南三省联席会议制定。

海南岛是日本在华南占领地区的一部分，日本海军在占领和统治海南岛的过程中，当然希望得到来自台湾总督府的协助。其中，台湾拓殖株式会社扮演了一个重要角色。台湾拓殖株式会社在海南岛的海口市设立了分支机构，在与海军保持着密切的联系与合作的状况下，谋求自身事业的发展。台湾拓殖株式会社在海南岛的事业中，就包含有随军“慰安所”的设置、“慰安所”经营者的选定和“慰安妇”的征集与输送。

台湾拓殖株式会社是创立于 1936 年 11 月 25 日的“国策会社”。社长加藤恭平原为日本垄断财团三菱商事会社的高层领导。台湾拓殖株式会社的社长，需要经过日本拓务省大臣向内阁会议咨询，并得到内阁会议的同意之后，方由台湾总督加以任命。副社长由台湾总督直接任命。社长、副社长的任期均为 5 年，可以连任。

台湾拓殖株式会社的设立宗旨，如下所述：

从事台湾岛内未垦荒地的开拓，经营各种栽培事业、移民事业以及与此等事业相关联的其他事业，同时，更主要以提供拓殖资金等方法，协力推进华南、南洋一带日本人拓殖事业的发展，以促进彼处和我国资源之开发①。

不难看出，台湾拓殖株式会社是服务于华南、南洋开发的日本“国策会社”。其总部设在台北，支部分设于台中、台南、高雄及东京，其后在广东、海口等处亦设立了支部。台湾拓殖株式会社的主要股东为台湾总督府、大日本制糖株式会社、明治制糖株式会社、台湾制糖株式会社、三井物产株式会社、东洋拓殖株式会社、三菱本社、住友本社、台湾银行、安田银行等，均为与日本政府或军方关系极为密切的垄断资本企业。

---

① 三日月直之：《台湾拓殖会社及其时代》，苇书房，1993，第 499 页。

台湾拓殖株式会社的活动，事实上可以认定是以台湾总督府为中心组织起来的“国策会社”所从事的“国家事业”的一部分。关于随军“慰安所”的设置，1939 年 3 月间，驻海口的海军情报部门通过驻台北的海军武官室，向台湾拓殖株式会社总部提出了协力请求，5 月，海口随军“慰安所”竣工。台湾拓殖株式会社在向日本帝国议会所作的说明中谈道：台湾拓殖株式会社“依照海南岛现地三省联席会议的要求，经由台湾总督府下令，近来设立了‘海南建筑公司’，着手推进该项事业”。其中之一，就是“海军慰安所”的建设。

关于海南岛海军“慰安所”的设立，在作于 1939 年 4 月 4 日的题为《海南岛海军慰安所文件》的文书中，有这样的记述：

关于海南岛海军慰安所的设置，“台湾总督府木原调查课长请求（台湾拓殖株式会社）高山（三平）理事派遣艺妓、娼妓共 90 人，以供给海南海军慰安所之需要”。台湾拓殖株式会社立即对“花月及竹之家进行资金融通，使之派遣了艺妓、娼妓 10 人”。

该文书还记述道：

台湾拓殖株式会社所负担的向海南海军慰安所提供资金之事虽有种种困难，现经福大公司贷付，已经得到妥善解决。今后这类事情均可通过福大公司（福大公司为台湾拓殖株式会社下属之子公司。——译者）加以处理①。

也就是说，海南海军慰安所的设立及其艺妓、娼妓的派遣，所需资金均可通过台湾拓殖株式会社的子公司福大公司办理。福大公司开设于 1937 年 9 月 27 日。当时，华南银行的专务竹藤峰治向台湾拓殖株式会社提出了在福建和上海进行经济活动的计划，得到了台湾拓殖株式会社的首肯，决定成立福大公司，由台湾拓殖株式会社的监事任社长，竹藤峰治任专务②。

由于海南岛当时处于台湾拓殖株式会社的商业势力圈内，因而其公然与“慰安所”发生关系有种种不便，鉴于此种考虑，台湾拓殖株式会社便利用福大公司作为掩护，办理向“慰安所”经营事业融资等有关事务，以此来遮人耳目。

福大公司的开业资本金为 300 万日元，其中华南银行出资 200 万日元，台湾拓殖株式会社出资 100 万日元。

第一批送出的“慰安妇”，于 1939 年 5 月 24 日乘船前往海南岛。关于此事，

---

① 三日月直之：《台湾拓殖会社及其时代》，苇书房，1993，第 499 页。

② 三日月直之：《台湾拓殖会社及其时代》，苇书房，1993，第 91 页，又，关于海南岛的日军“慰安所”情况，台湾文献委员会编印的《台日官方档案慰安妇史料汇编》中有详细记载，参见第 111—153 页。

1939年5月，台湾拓殖株式会社的事业课长大西文一曾经向台湾总督府临时华南调查局理事长今川渊报告：台湾总督府临时华南调查局4月26日交办之事，业已办妥。而华南调查局交办之事的内容，是应台湾总督府海军武官府的要求，指令台湾拓殖株式会社派遣“特要员”前往海南岛三亚。所谓“特要员”包括：（“慰安所”）经营者1名，账房1名，厨师2名，门房接待2名，陪酒女郎（“酌妇”）10名。显而易见，这是为三亚的日本海军“慰安所”输送“慰安妇”及其经营管理人员。由这份报告可以看出，日本海军“征集”“慰安妇”命令的一条传达渠道是：海军方面向台湾总督府海军武官府发出指令，海军武官府则通过总督府官员的中介，向台湾拓殖株式会社提出要求，由台湾拓殖株式会社出面完成“慰安妇”的征集和输送。由此可见，作为“国策会社”的台湾拓殖株式会社，与战争期间日本军队的“慰安妇”制度有着千丝万缕的联系。

事实表明，日本军队在侵占海南岛后的仅仅3个月内，就已经开始在岛上设立了“慰安所”。这种“慰安所”并非仅仅在海口和三亚才有，凡是日本军队驻留之处，大致上都有“慰安所”的设立。到1941年为止，日本军队已经在海南岛上构筑了大约360处军事据点。其后为了对岛上的抗日根据地进行所谓“扫讨”作战的军事行动，又增设了多处军事据点。在这些军事据点里，以“后方勤务”的名义，设有人数不等的“从军慰安妇”。据西野琉美子在《海南岛“慰安妇”调查报告》（1997年9月14日发表）里的统计，在她进行调查的20世纪末期，海南岛上得到确认的日军“慰安所”遗址有62处之多。① 日本军队在海南岛占领的16县1市中，仅崖县、昌江县、八所镇、那大镇这2县2镇的日军“慰安所”，拥有“慰安妇”人数就在1300人以上。苏智良著《“慰安妇”研究》一书，也曾作出海南岛上的日军“慰安所”约有62处的统计，统计数据见表18②。

表18　　　　海南岛日军“慰安所”统计表

县（市）	数量	地点	数量	名称与内容
崖县	14	崖城	2	尊道村陈家民房，军官慰安所“华南庄”；林家民房，士兵慰安所“崖泉庄”
		榆林	3	榆林港（今榆林小学），海军军官慰安所
				日式浮脚屋，陆军军官慰安所（今三亚文化宫后）
				榕根村附近，士兵慰安所（今三亚交通宾馆后）

① 西野琉美子：海南岛“慰安妇”调查报告，见：星期五周刊，1997—9—14。

② 苏智良：《“慰安妇”研究》，上海书店出版社1999年版，第149—150页。

续表

县（市）	数量	地点	数量	名称与内容
崖县	14	红沙	1	占欧家园扩建，士兵慰安所（今三亚盲残院址）
		藤桥	1	占中街龚家民房
		黄流地区	5	黄流市林葆光宅，“南恩光”慰安所，内分为军官的“桃庄”和士兵的“梅庄”
				黄流机场设“营队”和“西松组”2个慰安所
				日军机场东门外设日海军航空兵慰安所“乐园”，内分为军官“乐园”和士兵“乐园”
				日军派遣队部旁的军部慰安所
		铺村	1	日军机场，士兵慰安所
		九所	1	日军分遣队部旁，驻军慰安所
海口市	6			中山路与今新华路交叉口，军官慰安所
				关上塘与法国天主教堂间，海军航空兵慰安所（今市工人文化宫址）
				另外，白坡日军海口机场附近，大兴西路，龙华路（今市罐头厂址），关良均被设有慰安所
琼山县	5	长流	2	烈楼市
				新李村学优公祠
		县南	3	南间市日军慰安所（今南间镇新市场址）
				枫木市日军慰安所（今枫木镇）
				乌石市日军慰安所（今乌石镇老市址）
文昌县	3			文城校场坡（今称文中坡），日军慰安所
				清澜市（今清澜镇）一幢清代双层楼，日军慰安所
				公坡市（今公坡镇）一幢2层楼，日军慰安所（今公坡小学址）
儋县	7	那大	2	霸占赵亚灵的民宅设赵家园慰安所（今大勇商场）
				霸占民宅设李家院慰安所（今儋州市委第二招待所）
				另外，在白马井、新州、新英、中和、光村都设有慰安所
临高县	3			分别在临城、新盈等城、镇（墟），加来慰安所设在孙帮光家
感恩县	10	北黎市	4	市民杨广香家，北黎日军司令部使用
				时高雷会馆附近的2幢大楼，军官慰安所
				日军七营队驻地附近的白色房子，士兵慰安所
				西树林里简易平房，普通慰安所，供公司职员使用

续表

县（市）	数量	地点	数量	名称与内容
感恩县	10	八所市	3	有高级、中级、低级 3 种慰安所
		叉河宝桥，日军慰安所，供监护修建发电站的日军使用		
		新街市，日军慰安所		
		广坝电站，日军慰安所		
昌江县	3	石碌河南桥头，石碌慰安所（今石碌镇河南派出所等址）		
		石碌矿山金牛岭，矿山慰安所（今石碌铁矿公园后山）		
		保平村旁冼太夫人庙，日军中队驻军慰安所		
琼东县	2	嘉积市（今琼海市嘉积镇），白石楼慰安所		
		石壁市（今琼海市石壁镇）慰安所		
乐会县	2	阳江市（今琼海市阳江镇）慰安所（今阳江镇政府址）		
		博鳌市（今琼海市博鳌镇）慰安所		
万宁县	1	万城慰安所（80 年代时为万城人民公社管委会址，今为民居）		
定安县	1	翰林市（今翰林镇）南慰安所		
澄迈县	2	金江市（今金江镇）慰安所（乐善堂旁陈国宗双层楼民宅设立）		
		石浮乡日军 15 警备区石浮中队石浮岭慰安所		
陵水县	2	陵城瓦灶街（今后山街）石峒庙慰安所		
		后石日军机场慰安所（在今后石村附近）		
保亭县	1	保城日军“快乐房”慰安所		
共计	62			

资料来源：符和积主编：《铁蹄下的血雨腥风——日军侵华暴行实录》，上、下、续三编。苏智良：《“慰安妇”研究》，上海书店，1999 年 3 月，第 149—150 页，整理统计。

那么，在海南岛上日军“慰安所”里遭受凌辱和蹂躏的“慰安妇”们，是怎样被“征集”来的？又是在怎样的状况下被迫作为性奴隶而遭受欺压与残害的呢？海南岛上生活着黎族、苗族等少数民族，这些少数民族妇女或是被横征暴掳，或是被欺骗强迫作为“女子战地挺身队”队员，就这样成了“从军慰安妇”。这与日本军队对台湾原住民妇女采取的手段毫无二致。

除了海南岛当地的黎族、苗族妇女之外，还有来自朝鲜、菲律宾等国家和台湾地区的许多“慰安妇”，她们都是被日本军队强制“征集”而来的。

驻屯在海南岛各地的日本军队，一般都会强要当地的保长或“治安维持会长”提供妇女，或是采取物质利诱的手段，要求地方上的有势力者提供妇女为日本军人服务。这些被强制来的妇女，被拘禁关押，若要尝试反抗，就会遭到残酷的拷打甚至杀害。

在三亚，日军将校军官们常去的地方是有日本“慰安妇”服务的“海南庄”。这些日本“慰安妇”，“被看作为从事餐饮事业者”①，享受到由日本军队提供的充分物资供应。一般的日军士兵和家属，则受到限制，只允许他们去有朝鲜“慰安妇”和台湾“慰安妇”服务的“慰安所”。那些日本“慰安妇”，得到日本军队的充分供给，过着衣食无忧的生活，与此相反，朝鲜“慰安妇”和台湾“慰安妇”们，则过着极其悲惨的生活。这是日本殖民地歧视政策在“慰安妇”问题上的实施。

此外，在石碌矿山、八所港等开发工程的现场，还有一些为“开发战士”们设立的“慰安所”。与军队中区分为将校军官专用的“慰安所”和士兵们使用的“慰安所”一样，石碌、八所的“慰安所”也根据使用者的不同，而有上、中、下的区别。大体上的区别是：高级“慰安所”为日本式的酒店旅馆以及兼业的艺妓；中级“慰安妇”里有日本人、朝鲜人、台湾人“慰安妇”；低级“慰安所”里，则是由香港姑娘做“慰安妇”。

在当时日本军部的指令下，日军“慰安所”在日本军队所到之处都有设立。从当时日本政府的内部文件来看，设立“慰安所”的理由是：为了防止日军官兵在所占领地区强奸当地居民及其他违法行为，从而造成当地民众的反日情绪，为了防止性病及其他疾病造成日军士气的低落和战斗力的削弱，同时也是为了防范间谍活动，所以有必要设立“慰安所”。然而，对于当时沦为日本殖民地的朝鲜和台湾妇女，以及广大中国被日军占领地区的妇女来说，“慰安妇”制度说到底只不过是由日本军队管理的强奸、轮奸制度罢了。更不用说占领和统治着海南岛的日本军队，由将校官兵采取暴力手段强掳当地黎族、苗族妇女到日军驻地的房屋或将校营舍内，进行监禁、拘押和持续不断地强奸、轮奸的兽行了。这样的案例数不胜数。

日本军队在海南岛实行的“慰安妇”制度，并不仅仅存在于日军攻占海南岛的短时间内，而是在1939年2月至1945年8月的长期间内。在日本军队的军政统治下，对当地民众进行野蛮虐杀和残酷掠夺的同时，将海南岛的妇女作为“慰安妇”“现地调配”的对象。

金富子说过：“考察侵略战争与强奸的关系，首先是日本军队在侵略其他国

---

① 海南岛海军特务部编：《海南岛三省联席会议决议事项抄录》，昭和十七年十一月，第106页。

家、其他民族领土的过程中，兵士们对其他国家、其他民族妇女的侵犯。”日本军人所“侵犯”的这些妇女，都是已经被日本军队运用武力“侵犯”了主权并剥夺了抵抗力的“敌人之女”。日本军人对这些妇女的“侵犯”，具有满足对这些妇女以及这些妇女所属的国家和民族的男子的双重征服欲的意义。对于日本军人来说，这些妇女的肉体也被看作为应该加以征服的敌方领土了。由此可见，要揭露日本军队性犯罪行为的本质，如果不从更深一层的民族问题的侧面来探讨，是不可能的①。

〔［日］水野明著、王翔译：《日本军队对海南岛的侵占与暴政（1939—1945）》，南海出版公司2005年版，第279—287页〕

① 金富子：《从军“慰安妇”问题——运动及其意义》，见原广子等编：《相关社会科学》（二），社世社1996年版，第246—261页。

32. 海南日军“慰安所”里“慰安妇”的情况

表 7－3　海南日军“慰安所”里的“慰安妇”（一）

序号	慰安所名称	见证人	中国“慰安妇”来源	“慰安妇”数	年　龄	国籍或地区	海南县籍	有无统一穿着	饭　食
1	新村慰安所	赵向仍	抓、骗	10 多人	19—30 岁	中（大陆、台湾、海南）、日、朝	陵水、临高等	无	3 餐，很差
2	新街慰安所	戴泽运	抓、骗	30—40 人左右	不详	中（海南）	陵水、文昌、临高、昌感	无	2 餐，很差
3	北黎慰安所	戴泽运	骗	不详	不详	日、朝	无	有	3 餐，很好
4	宝桥慰安所	向全	骗	7 人	20—30 岁	中（香港）	无	无	2 餐，不知
5	南吕慰安所	卢宏宣 李玉花	抓	10—20 人左右	10 多岁—30 多岁	中（海南）、日、朝	临高最多	无	不详
6	那大慰安所	蔡裕三	抓	8—10 人	20—40 岁	中（海南、台湾）、日、朝	临高最多	无	不详
7	石壁慰安所	张梦详	扣押	不详	不详	中（海南）	琼东（今属琼海）	无	不详
8	三亚机场慰安所	林金福	不详	不详	20 多岁—30 多岁	中（台湾）、日、朝	无	无	不详
9	红民街慰安所	王不黑 王桂月	抓	10 人左右	不详	中（海南）、日	临高县新盈镇	有	不详
10	金江慰安所	陈国香 朱永泽	抓	20—30 人左右	不详	中（海南）	临高、澄迈、文昌、琼山、海口	无	不详

续表

序号	慰安所名称	见证人	中国“慰安妇”来源	“慰安妇”数	年　龄	国籍或地区	海南县籍	有无统一穿着	饭　食
11	烈文小学慰安所	李正模	抓	7、8—20、30人左右	不详	中（大陆、海南）、日、朝	定安、临高多	无	日、朝“慰安妇”吃得好，中国吃得差
12	新李村慰安所	李皇济	抓	一批人	不详	中（海南）	海口市长流镇	无	不详
13	烈市楼新街慰安所	吴金彩	抓	不详	不详	中（海南）	海口市长流镇	无	不详
14	清澜慰安所	王方权	抓	不详	不详	中（大陆、海南）、日	不详	无	不详
15	龙发慰安所	吴大利	抓	10多人—20人	20—30岁之间	中（海南）	临高、定安最多	无	不详
16	绣衣坊慰安所	胡敦才	抓	不详	20—30岁之间	中（海南）、日	不详	无	不详
17	翰林慰安所	符廷泮	抓	8—10人	20—30岁之间	中（大陆、海南）	不详	无	很好
18	定城慰安所	许荣颂 王慧容	抓	不详	不详	中（台湾、海南）、日、朝	不详	无	不详
19	新盈慰安所	宋福海	抓	4人	20岁左右	中（海南）、朝、新海口、临高	海口、临高	无	不详
20	石碌慰安所	何十里采访	骗	前后300多人	17—30岁	中（广州、香港等）	无	不详	很差
21	黄流机场慰安所	钟　强	抓	21人	不详	中（广州等）	无	不详	不详
22	那大赵家园慰安所	吴连生	抓	21—45人，最多150人	15—22岁	中（台湾、海南）	临高多、文昌等	不详	3餐，很粗糙

资料来源：笔者实地调查采访整理而成。

表 7－3　　海南日军“慰安所”里的“慰安妇”（二）

序号	慰安所名称	见证人	每天“慰安”时间	每人每天“慰安”人数	有无怀孕	有无患病	有无死亡	是否遭受毒打	能否外出	慰安所解散后的去向
1	新村慰安所	赵向仍	早上 8 点一直到晚上	少则几个，多则 12—13 个	不详	有	不详	是	否	日、韩的被遣返回国，中国的不知去向
2	新街慰安所	戴泽运	白天，主要从晚上 8 点起	至少 2—3 个，最多 6—7 个	无	有	有	是	否	各自逃命，不知去向
3	北黎慰安所	戴泽运	随时	不详	有	有	不详	是	能	遣返回国
4	宝桥慰安所	向 全	不定，一般从晚上 9—10 点起	不详	不详	不详	不详	否	否	不详
5	南吕慰安所	卢宏宣 李玉花	随时	很多	不详	不详	不详	不详	能	各奔东西
6	那大慰安所	蔡裕三	平时下午 5 点起，周末很早	不详	无	不详	无	是	否	台湾的有些回到故乡，其他不知去向
7	石壁慰安所	张梦祥	晚上	不详	不详	不详	不详	不详	否	不知去向
8	三亚机场慰安所	林金福	随时	很多	不详	不详	不详	不详	否	不详
9	红民街慰安所	王不黑 王桂月	随时	不详	不详	不详	不详	不详	否	各自逃命，不知去向
10	金江慰安所	陈国香 朱永泽	随时	几十个人	不详	不详	不详	是	否	各自逃命，不知去向
11	烈文小学慰安所	李正模	随时	不详	无	有	无	是	否	日、朝的被遣送回国，中国的各自逃散

续表

序号	慰安所名称	见证人	每天“慰安”时间	每人每天“慰安”人数	有无怀孕	有无患病	有无死亡	是否遭受毒打	能否外出	慰安所解散后的去向
12	新李村慰安所	李皇济	随时	不详	不详	不详	不详	不详	否	转移别处
13	烈市楼新街慰安所	吴金彩	随时	不详	不详	不详	不详	不详	否	不知去向
14	清澜慰安所	王方权	随时	很多	不详	不详	不详	是	否	被日军带走，不知去向
15	龙发慰安所	吴大利	随时	不详	不详	不详	不详	是	否	各自逃命，不知去向
16	绣衣坊慰安所	胡敦才	随时	不详	不详	不详	不详	不详	否	各自逃命，不知去向
17	翰林慰安所	符廷泮	随时	不详	不详	无	无	不详	否	各自逃命，不知去向
18	定城慰安所	许荣颂 王慧容	随时	不详	不详	不详	不详	是	否	各自逃命，不知去向
19	新盈慰安所	宋福海	随时	50—60 人，最多达 70—80 人	不详	有	不详	是	否	各自逃命，不知去向
20	石碌慰安所	何十里采访	随时	至少 8 次，多达 24 次	不详	有	有	是	否	各自逃命，不知去向
21	黄流机场慰安所	钟　强	随时	不详	不详	有	不详	是	否	不知去向
22	那大赵家园慰安所	吴连生	随时	至少 20 人，有时多达 50 人	不详	有	有	是	否	各自逃命，不知去向

资料来源：笔者实地调查采访整理而成。

（苏智良、侯桂芳、胡海英：《日本对海南的侵略及其暴行》，上海辞书出版社 2005 年版，第 231—236 页）

33. 海南本地“慰安妇”人数

在二战时期，究竟有多少女子被侵琼日军沦为性奴隶，目前由于资料不足，再加上受害人大多都因年事已高、相继去世而不可知晓。即使有少数健在的幸存者，在中国传统贞操观念的影响下，为了维护自己的尊严和家人及后代的面子，她们也不愿将此事公之于众。因而，欲求得一个较为准确的数据，实属困难。但笔者据现有的资料和前人研究的成果推断，至1945年日本战败时，遭受过侵琼日军性肆虐的女性至少数以千、万计。因为在日军侵占时期的海南16个县和1个建制市中，“慰安所”总数至少有300所，目前已经证实的就有62家。“每个‘慰安所’里的‘慰安妇’人数少则十人八人，一般为三十几人，多者则数以百计。”① 况且由于日军官兵喜新厌旧的心理，“慰安妇”身患性病或被折磨而死等因素的制约，“慰安所”里的“慰安妇”死亡率和更替率都相当高。所以纵观一个“慰安所”，从战争爆发到结束，其前后“慰安妇”的总数应是十分的可观。如昌江县石碌镇石碌铁矿“慰安所”，“慰安妇”先后达300多人。昌感县八所市（今东方市八所镇）八所港“慰安所”里面的“慰安妇”有200多人。儋县那大市（今儋州市那大镇）赵家园和李家院“慰安所”，其“慰安妇”有150人等。“仅崖县、感恩县、昌江县和那大市就有‘慰安妇’1300多人，全部16个县的本地‘慰安妇’达5000多人，如果再加上从岛外掳掠来的中国‘慰安妇’，总数在万人以上。”②

（苏智良、侯桂芳、胡海英：《日本对海南的侵略及其暴行》，上海辞书出版社2005年版，第188—189页）

① 符和积：《侵琼日军“慰安妇”实录》，载苏智良、荣维木、陈丽菲主编：《滔天罪孽——二战时期的日军“慰安妇”制度》，第188—189页。

② 苏智良、陈丽菲：《侵华日军“慰安妇”制度略论》，载苏智良、荣维木、陈丽菲主编：《滔天罪孽——二战时期的日军“慰安妇”制度》，第29页。

34. 金江、石浮“慰安所”见闻

朱永泽口述　雷丁华整理

1939年冬，侵琼日军十五警备司令部派遣两个警察中队入侵澄迈县，每个中队约300余人。其中：一个驻在金江镇，中队长叫中觉，统领金江以北各据点的分遣队；一个驻在石浮乡的石浮岭，统领金江以南各据点的分遣队。

日军所到之处，除了实行“三光”政策和强奸妇女之外，一发现稍有姿色的女青年都抓到军部里充当“慰安妇”，专供其玩乐。日军每个中队设一所“慰安所”。驻金江中队“慰安所”，设在金江乐善堂旁边陈国宗的家里，全所有“慰安妇”30余人，陈国宗一家被驱逐到别家居住，楼上楼下几百平方米全部供“慰安妇”居住，四周用铁丝网团团围住，并设专人管理，关在里面的“慰安妇”是无法逃跑的，外人也无法进去；驻石浮中队的“慰安所”设在石浮岭的军部里，全所有“慰安妇”20余人，也是用铁丝网围住，派专人看守和管理。

这些“慰安妇”都是被抓来的。如：山口乡一位姓叶的农民的妻子名叫黑姑，刚生孩子不久便被抓进“慰安所”服役，丢下丈夫和孩子留居故乡；直到日本投降后，一家人才得到团圆。文儒乡加炳村一位农民的妻子被抓进石浮“慰安所”后，受到日兵日夜轮奸，后来染上梅毒病，才被管理人员释放回家，回家后又传染上丈夫，夫妻两人抱头痛哭，被迫倾家荡产卖掉耕牛和生猪，拿钱请医诊治，才保住了生命。

在“慰安所”里的“慰安妇”常常受到非人道的压迫，有时受到十几人轮奸；如稍有反抗意识便被痛打，甚至连累家属，所以只好乖乖就范，任由侮辱。

有几名稍有姿色的妇女，被日军上曹、中曹军官看中意了，便另住别院，专供这几个军官玩乐，其余士兵不得染指。个别长相特别美的，被选进军部专供指挥官玩乐，如丰盈墟有个青年姑娘名叫塔市姐，就是供中觉玩乐的玩具。所里有一条特别的规定，就是非日籍日兵不得进所，违者从严处治。有一次，一位台籍日兵偷偷进所销魂，被发现后当场挨打直到昏了过去，然后抛出门外好久才苏醒过来。

我家恰好在金江“慰安所”的旁边，孩童时期我由于好奇心强，经常探头探脑偷看所里日兵的丑相。每到星期六的晚上和星期天，成群的日兵带罐头和酒肉，大摇大摆地踏进“慰安所”的大门，拉着“慰安妇”的手大吃大喝，唱着日本歌曲，大闹一通才进室销魂。因“慰安妇”人数不多，往往一人要接几个甚至十几个日兵，虽然身体感到难受，但也无可奈何。这些日兵闹了一天两夜之后，星期一全部归队了，遭受强暴的妇女疲倦地躺在床上休息，院里才显得安静一些。我和附近几个男孩冒着挨打的危险，偷偷地穿过铁丝往院里钻，每人拾得几个空罐头瓶，拿到街上卖得几个铜板，买几个糖果润润喉。

日军为了消除“慰安妇”怕失面子的思想顾虑，本地籍的慰安妇多数被调往外县“服役”而在澄迈“服役”的多数是外县人，面孔陌生者居多。由于她们与外人接触的机会特别少，所以外界人都不知道她们的籍贯和名字。

1945 年日军投降后，这些受压迫在最低层的中国妇女才得到解放，释放回家同自己的亲人团聚。由于年深日久，她们多数人已离开了人世。即使个别还活着，但现在已不知其下落。

（编辑：范运晰　澄迈县政协供稿）

［海南省政协文史资料委员会编：《铁蹄下的腥风血雨——日军侵琼暴行实录（续）》，海南出版社 1996 年版，第 99—101 页］

35. 我亲睹的新盈日军“慰安所”

宋福海 口述 陈子明、王 吉 整理

1940年1月5日为了稳定军心，提高部队士气，满足日派遣队士兵的淫欲兽性，日军川岗队长在现今的新盈镇红民街设立一间“慰安所”。

这个“慰安所”原是3间民房。其中两间让4个“慰安妇”居住，中间用木板隔开，一间为管理人员（两个日本中年妇女）居住。3间民房的后面又有3小间低矮的瓦房。其中，一间为“饭堂”，一间为洗澡室，一间为勤杂人员居住。

“慰安所”里的所有人员，川岗都作了安排。两个日本中年妇女直接管理4个“慰安妇”及勤杂员。“慰安妇”都是20岁左右美貌妙龄女郎。其中一人为朝鲜人，一个为新加坡人，这两人都是日军登陆新盈后才从日本司令部送来的。另有一姓屠的姑娘，是从海口送来的，一姓刘的姑娘，是在当地抓来的。我当时仅12岁，在那里负责扫地、煮开水、煮饭等杂活。

“慰安所”直属派遣队，受日军队长川岗领导。川岗为管好“慰安所”，规定了苛刻的制度，内容大意是：“慰安妇”不得随便走出“慰安所”，不准逃跑，否则，连同家属立斩；要无条件听从日军的使唤与摆布，对日军不得无理；要绝对服从两个管理员的管制，否则，处以重罚；派遣队员无论什么时候需要，都须无条件服从。

川岗制度满足了日军的兽性，却害苦了“慰安妇”。规定每个“慰安妇”每天接待50—60人，甚至有时高达70—80人，平均每小时要接受两到三名日军士兵的性发泄。日军士兵远离本土行军作战，生命不保，行为放纵，性欲强烈，“慰安所”的门前每天都排着长长的队伍。“慰安妇”们常常是通宵达旦，承受着兽性折磨。虽然川岗派军医给“慰安妇”定期体检，但每天被几十个日军折磨无论如何都是难以承受的。

姓刘的“慰安妇”，本是一户渔家的独生女，年龄18，眉目清秀，父母视如掌上明珠。“慰安所”设立后的第10天，正在巡逻的川岗发现刘姑娘出门去洗衣服，便张牙舞爪，哇哇直叫。姑娘一看这光景，早就吓昏了……过了许久，她感到下身阵阵发痛，待清醒过来发现自己已赤裸裸地被川岗压在“慰安所”的床上了。悲痛、耻辱使姑娘极端痛苦，她想推开川岗，可是一点儿力气都没有。少女贞操就这样被糟踏了！

川岗出去不久，进来一个日女管理员，她用半生不熟的中国话对刘姑娘宣布：从今天起，你就是一名“慰安妇”，要严格遵守制度。日女管理员立即宣读所谓的“川岗制度”。刘姑娘听罢，如晴天霹雳，木然地呆坐着，眼泪潸然而出，其悲愤难以言述。

日管理员刚出去，又进来了一个日本中年军人。他一边咕噜咕噜，一边指手画脚。刘姑娘看到这个如虎似狼的日军，连忙爬到床角。中年军人却迫不及待扑向姑娘，极其粗暴地强行奸污。

这一天中，刘姑娘先后遭受了近五十名日军的性摧残。

第二天早上，刘姑娘感到阴部、乳房肿痛难忍，全身骨架犹被碾碎。其他3个“慰安妇”已经吃完早餐回床，她仍躺在床上，眼瞪瞪地望着窗外。忽然一个高大的日本军官，带着一根皮鞭，满脸横肉地朝姑娘走来。她预感自己又将面临更大的痛苦，于是向军官诉说自己的身体不适，难以接客。军官蛮不讲理。非要刘姑娘接待不可。浑身疼痛的刘姑娘苦苦哀求，军官恼羞成怒，挥鞭毒打，姑娘被打得不省人事，还是被军官粗暴地奸污了。

“慰安所”里的其余三个“慰安妇”，命运与刘姑娘基本一样，她们在人间的地狱里，痛苦、悲惨地捱过每一天。每当忆起在新盈镇“慰安所”的所见所闻，我就感到极其恶心和异常愤慨。日本帝国主义奴役中国妇女的铁证是永远赖不掉的。

（编辑：龙建武　临高县政协供稿）

口述者：

宋福海　1927年出生，新盈人，时新盈“慰安所”杂役工。

［海南省政协文史资料委员会编：《铁蹄下的腥风血雨——日军侵琼暴行实录（续）》，海南出版社1996年版，第188—190页］

36. 日军在“服务队”中的暴行

——忆我母亲被残害的经过

王荷仙　口述　张应勇　整理

我是三道镇什南班村人。母亲黄荷润，17 岁那年生了我，后来又有一个妹妹。我们黎家生活虽然清苦，但还是平静的。

1943 年春，日军从藤桥经首弓开公路直达三道的田滚村，并在田滚村建立据点派驻一个日军小队。日军从田滚村据点准备另开辟一条公路经什各岭、番雅等地，以便和驻扎在保亭县城的日军兵营连成一片。

要开公路就得抓劳工。我们什南班村离田滚日军据点不到 3 公里，日军抓劳工，我们村是躲不开的。我的父亲、母亲同时被抓去当劳工修公路。

当时我的母亲已是 28 岁的人，不过仍然丰满好看，笑脸常显两酒窝，皮肤也白嫩。一到据点，就被日本人看上了，叫她“花姑娘”，立即把她编入“服务队”。

“服务队”是干什么的，母亲不知道，和母亲一起编入“服务队”的还有 3 个更年轻的黎族姐妹，其中一个姓林，一个姓蓝，大家都不知道将会有什么遭遇。姓梁的日军翻译官交代说：“服务队就是为皇军服务，皇军叫你们干什么就干什么，不准反抗，也不许逃跑。”就这样母亲和几位姐妹被安排住在据点的一间茅草屋里。起初，她们被安排扫地、做饭或洗衣服。到了第四天，灾难降临。那天晚上，7 名日军把母亲叫到他们的住处，二话没说就粗暴地剥光母亲的衣服，按在床上轮奸，她呼叫、反抗都没有用。当母亲昏昏沉沉、痛苦疲惫、衣服不整地回到住处时，另一个姐妹也同样被日军糟蹋，头发凌乱、衣服破烂，拖着痛苦不堪的身体，跌跌撞撞地回来。姓蓝的姑娘浑身上下还布满伤痕，眼睛红肿。她们相互抱成一团，哭成泪人。

自此几乎每天母亲她们都被日军拉去施暴，甚至不分白天黑夜。母亲不堪凌辱，在那年 7 月的一天，日军大部分去公路监工，据点里几个日军除站岗外都午睡了。母亲认为这是逃跑的好机会，便借口解手逃出日军据点。不幸却被日军哨兵发现了，哨子一响，午睡的日军马上从宿舍里冲出来，母亲未跑半里地就被日军抓回。

日军一曹长狞笑几声将母亲拖进房间，撕烂衣服，按在床上施暴。这时母亲鼓起勇气，狠狠地在日军曹长肩上咬下一口，痛得军曹哇哇叫。被激怒的日军拳打脚踢，把母亲打得不省人事，结果还找来绳子将母亲的双手反缚，拖到据点旁边的大榕树下，捆在树上，曹长一边叽叽哇哇大骂，一边抽出军刀乱戳母亲的下身。母亲尖厉惨叫，日军却哈哈大笑。惨无人性的日军还用刀将母亲的乳房割下来，在伤口上撒盐巴，母亲痛绝昏死。日军似乎仍不解恨，又搬来干柴堆在母亲身边，淋上汽油、点火，母亲被这群禽兽不如的侵略者，活活地烧成一堆白骨。

在场目睹日军暴行的乡亲奔告父亲。满腔悲愤的父亲有几次要找日军算账，都被乡亲们劝住了。可是血气方刚的家叔，却咽不下这口气。有一天叔叔磨利了砍山刀，爬上什各岭，寻找日军监工报仇。但他的行动被放哨的日军发现，开枪打伤了他的腿，又被赶上来的日军乱刀捅死。乡亲们担心日军追杀我们，劝父亲连夜将我和妹妹带到新政一个山村躲藏，我当时才 11 岁。

为了把公路修到新政番雅，日军在番雅建立据点。他们将继续把路修到在大本和县城，因此到处强征劳工。在工地上，不听他们指挥的劳工，经常有人被砍头或剖腹取出心肝煮吃。1945 年夏天。14 岁的我也被强征去修公路。我是一个年幼的女孩，力气小干不了多久就累得举不起锄头，被监工棍打、皮带抽，经常旧痕未愈又添新伤。幸好修路仅 2 个月，日军就投降了，不然的话，谁知命运将会如何呢。

1951 年，我嫁到响水镇什南龙村，现年 64 岁，儿孙都有了。每当想起我母亲和家叔被日军残杀惨景，心中就隐隐作痛。我常向人们控诉日军的侵略罪行，和忆述当亡国奴的痛苦，教育后代不忘日军侵略者残害我们同胞姐妹的罪恶。

（编辑：龙建武　保亭县政协供稿）

［海南省政协文史资料委员会编：《铁蹄下的腥风血雨——日军侵琼暴行实录（续）》，海南出版社 1996 年版，第 322—324 页］

37. 日本在海南岛设立会社的情况

	机关名称	地　点	事　业
渔业	西大洋渔业株式会社（海南岛营业所）	榆林	制冰冷冻、制造加工、渔业
	海南岛水产株式会社	榆林、红沙	制冰冷冻、渔业
	南日本渔业株式会社（海南岛出张所）	海口、白马井	制冰冷冻、渔业
	拓海产业株式会社（海南岛营业所）	白马井、后水	水产品收买
	胜间田洋行	乌场	水产品收买
牧业	海南畜产株式会社	海口、那大、嘉积、北黎、榆林、铺前、定安、澄迈、临高、后水、白马井、儋县、万宁、藤桥、陵水、三亚	牧畜、皮革、酪农
牧业	水垣海南产业株式会社	海口	罐头、畜产加工、制冰冷冻
	台拓海南产业株式会社	藤桥	牧畜
	海南产业株式会社	琼山	养猪
农产品加工	株式会社南兴公司	海口	制酒
	南国烟草株式会社	海口	香烟制造
	木村咖啡海口清凉饮料水工场	海口	汽水制造
	水垣产业株式会社	海口	罐头制造、味精、酱油酿造、冷冻制冰、其他农畜水产食品加工
	西大洋渔业统制株式会社	白马井	制冰冷冻
	明治制糖株式会社	定安、中原、感恩	制米、制油、制糖
	盐水港制糖株式会社	嘉积、琼东、加来、和合、白莲、龙糖	制糖、制油、制米
	日糖兴业株式会社	儋县、那大	制糖、制米、制酒

续表

	机关名称	地点	事业
农产品加工	台拓海南产业株式会社	陵水、藤桥、马岭、六乡村	制米、制酒
	日本油脂株式会社（海南岛出张所）	海口、万宁、藤桥	制油、制米
	海南产业株式会社	琼山	制米
	伊藤产业株式会社	文昌	制米
	海南物产株式会社	澄迈	制米
	南洋护膜株式会社	万宁	制米
	苏门答腊拓殖株式会社	嘉积	制米
	三井农林株式会社	藤桥	制糖、制米
	南洋兴发株式会社	崖县	制米、酒，味精、酱油酿造
	南国产业株式会社	九所	制米、制糖
	大南公司	海口	制米
	绪方商店	北黎	味精、酱油酿造
	南洋起业株式会社	北黎	制米
机械	丰田自动车工业株式会社	海口、榆林、崖县	汽车修理
	台拓海南产业榆林织工场	榆林	机械修理
	浅野水泥株式会社	荔枝沟	机械修理
	石原产业株式会社	田独、安游、汐见	机械修理、制作事业、系田独矿山附属工厂，拥有火力发电厂
	日窒兴业株式会社	石碌、八所	系石碌矿山附属工厂，有火力发电厂及氧气工厂
	福大公司	海口	农具制造
	旗山商会	海口	缸制造
	台拓海南产业株式会社海口工场	海口、榆林、崖县	汽车修理工场
	三井农林株式会社藤桥工场	藤桥	农具制造
	浅野水泥株式会社海南岛工场附属工场	榆林	浅野水泥附属工场
	西松组北黎工场	北黎	汽车修理工场

续表

	机关名称	地　　点	事　　业
电气	日窒电业株式会社东方发电所	东方、三亚、海口	石碌矿山附属发电所，东方系水力发电，三亚海口均系火力发电
	石原产业株式会社汐见发电所	榆林、汐见	火力发电（制铁工场附属工场）
	日本制鉄株式会社（海南岛工业所）	榆林、安游	火力发电（日铁水泥工场附属工场）
化学工业	东亚盐业株式会社	感恩、莺歌海	未完成
	株式会社东亚制药厂	琼山	制药
	石油联合会社海南岛支店	榆林、安游	代用汽油及机油制造
	下津磷寸株式会社	琼山	火柴制造
	日本油脂株式会社海南出张所	海口、清澜、嘉积	肥皂制造、石油制造、制油
造船业	大日产业株式会社	榆林、安游	机帆船制造
	台拓海南产业株式会社新村帆船制造所	新村	帆船制造
窑业	浅野水泥株式会社（海南岛工场）	榆林	水泥制造
	海南水泥业公司	榆林	水泥制造
	日本制铁海南岛工业所	榆林	水泥制造附设火力发电厂
	海南炼瓦制造所八所工场	八所	砖瓦制造
	台拓海南产业株式会社炼瓦工场	榆林	砖瓦制造
	岛田合资株式会社炼瓦工场	海口	砖瓦制造
	三井农林株式会社田独炼瓦工场	崖县田独	砖瓦制造
	日窒兴业株式会社八所炼瓦工场	八所	石碌矿山附属炼瓦工场
	海南炼瓦制造所榆林工场	榆林	砖瓦制造
	日窒兴业株式会社三五炼瓦工场	宝桥	石碌矿山附属炼瓦制造

续表

	机关名称	地点	事业
窑业	日窒兴业株式会社宝桥炼瓦工场	宝桥	石碌矿山附属炼瓦制造
	海南玻璃株式会社	海口	玻璃、器具制造
	海南畜业株式会社	海口	制革、鞋、袜、罂等
	松崎工厂	琼山	制罂等
纤维	海南天蚕株式会社	海口	天蚕及牙刷制造
	日进制造叠合资会社	海口、琼山	制席、箸
	南进商店	海口	制席、帚等
	海南制纸株式会社	琼山	制纸
	三友殖产株式会社	海口	杂纤维、纺织、织布
	竹腰产业株式会社	琼山、榆林	纺织、织布兼裁缝业
土木	日本辅道株式会社	榆林	承包道路工程
采矿	石碌矿山	石碌（昌江县）	铁矿开采
	田独矿山	田独（崖县）	铁矿开采
	南中国第一矿山	广东省阳江县东南方南朋岛	重石矿开采
	羊角岭矿山	琼山县长昌附近	水晶开采
冶金	海南原铁制造工场	八所	海绵铁制造（尚未完成）
	石原产业株式会社汐见工场	榆林、汐见	铸铁制造附设火力发电所
贸易	海南交易公社	海口、榆林、北黎、嘉积、那大	物资交易及配给
	三井物产株式会社（海南岛出张所）	海口、榆林、北黎、嘉积	物资交易及配给
	竹腰产业株式会社	海口、榆林	兼纺织并被服制造
	岩井产业株式会社海口支店	海口、那大	兼制材业
	大建产业株式会社海口支店	海口	
	榆林万和出张所	榆林	
	海口万和出张所	海口	
	建泰公司海口出张所	海口	

续表

	机关名称	地点	事业
贸易	株式会社加藤商会海南岛出张所	海口	
	有限会社日本海南公司	海口	
	株式会社大丸海南岛出张所	海口	开发用资材之贩卖
	海南协和药品有限公司	海口	
	汤浅实业株式会社海南岛出张所	海口	
	竹内兴业株式会社	海口	土产物资、收买及配给
	海口地资配给有限公司	海口	
	株式会社三越榆林支店	榆林、北黎、嘉积	百货商
陆运	台拓海南产业株式会社	海口	包办本岛汽车运输
	日窒海南兴业株式会社	自昌江县石碌至感恩县八所	铁矿石输送
海运	开南航运株式会社	海口	海运业、包装业
	开南帆船组合	海口	海运业
	海南运输公司	海口	包装业、帆船修理
	图南洋行	海口	海运业
	三井仓库株式会社海南岛支社	榆林	包装业、仓库业
海运	大阪商船株式会社海南岛出张所	海口	海运业
	东亚海运株式会社海南岛出张所	崖县、榆林	海运业
电信	国际电气株式会社海南岛支社	海口	岛内主要地点设制电报电话
	大日本航空株式会社航空通信所	海口	航空通信

资料来源：《海南岛新志》，第71—82页。

从上表可见，这些会社数量众多，涉及到农业、林业、矿业、牧业、渔业、加工业、电气业、窑业等各行各业，几乎垄断了海南岛的所有行业。他们在日本占领海南岛期间，与军方相结合，在军方从军事上和政治上对海南岛进行统治的过程中，他们在经济上对海南岛进行侵略，和军方一起构成了日本在海南岛的殖民统治。他们既是日本统治者在海南岛殖民统治政策的执行者，同时又依托于军方而生存，其生产直接为军事服务，产品首先满足在琼日军的需要，而不是市场需要。同时，又将各种经济资源、产品源源不断地运回日本，不但缓解了国内的经济危机，而且给日本军阀进行战争提供了巨大的支持。众多会社的设立也吸引了愈来愈多的日本人移民海南岛，据称 1941 年 5 月 1 日为止，在海南岛的日本人有 3945 人，至 8 月 2 日又增至 6714 人，至当年底已超过 10000 人，至 1945 年日本投降时，日军及日侨共有 24000 余人。又有资料记载，到 1944 年，随着会社的增多，日本派到海南来的日本人剧增到了约 30000 人。日本侨民的增加，既缓解了日本国内的人口压力，又促进了各会社在海南岛的经济开发与掠夺。

（苏智良、侯桂芳、胡海英：《日本对海南的侵略及其暴行》，上海辞书出版社 2005 年版，第 102—110 页）

38. 日本占领海南岛后之事业投资数额及其种别

一、日人占领期间经营事业投资表

事业种别		投资约数（日元）
道路桥梁		112000000
	道路	102000000
	桥梁	10000000
港湾设备		41000000①
	海口	4000000
	榆林	5000000
	三亚港市	2000000
	八所潭	30000000
	新村	500000
矿山事业		263500000
	石碌矿山	220000000
	田独矿山	40000000
	羊角岭水晶矿山	500000
	南中国第一矿山	2000000
	那大锡矿山	1000000
农业会社	台拓海南产业等	100000000
木材事业	台拓等五社	9000000
水利事业		5000000
畜牧事业	海南畜牧会社	5000000
水产事业	西大洋渔业等四社	12000000
各种工业		12000000
窑业	浅野水泥等	5000000
盐业	东亚盐业	3000000
通信事业		6000000
食品加工事业	水垣等	6000000
其　　他		20000000
合　　计		600000000

① 此处合计后数字有误，应为41500000。原文如此。

附：

各种农林机构投资表

机构名称	投资约数（日元）	机构名称	投资约数（日元）
明治制糖	7000000	南洋护谟	3500000
盐水港制糖	7000000	苏门答腊拓殖	5000000
日糖兴业	6500000	三井农林	7500000
台拓海南产业	14000000	南洋兴发	6000000
日本油脂	7000000	南国产业	5000000
厚生公司	2000000	武田药品工业	1500000
南海兴业	1500000	小川香料	1500000
海南产业	2000000	梅村产业	2000000
伊藤产业	1000000	南洋起业	3500000
海南物产	4500000	海南拓殖	2000000
资生堂	2000000	日室农林部	4000000
东台湾咖啡	2500000	合　　计	100000000①
三共（化学兴业）	2500000		

二、日人占领期间经营事业表

（一）农林业

1. 农业

机关名称	地　　点	事　　业
明治制糖株式会社	海口、定安、中原、感恩	农场（兼食品加工厂）
盐水港制糖株式会社	海口、嘉积、琼东、大路、长坡、加来、和舍、白莲、龙塘	农场（兼食品加工厂）
日糖兴业株式会社	海口、那大、儋县	农场（兼食品加工厂）
台拓海南产业株式会社	海口、榆林、陵水、藤桥、南桥、新村、三十笠、英圳坡、马岭、妙山、六乡村	农场（兼食品加工厂、畜产）
日本油脂株式会社	海口、铺前、文教、烟墩、清澜、加积、乌场、和乐、万宁、东澳、藤桥、陵水	农场（兼化学工业、食品加工）

① 此处合计后，数字有误。原文如此。

续表

机关名称	地点	事业
株式会社厚生公司	海口、烈楼、丰盈、瑞溪、澄迈、那大、洛基、南丰	农场
南海兴业株式会社	临高、那白、马袅、皇桐、美台	农场
海南产业株式会社（海南岛出张所）	琼山、福山、三江	农场（兼食品加工）
伊藤产业合名会社	海口、文昌	农场（兼食品加工）
海南物产株式会社	澄迈、美亭、大纹、海口	农场（兼食品加工）
资生堂	海口、琼山、福来、岭仑、大致坡	农场（兼食品加工）
东京湾咖啡株式会社	海口、迈号	农场
三共株式会社	海口、东山、高坡岭、流水坡、琼山	农场（兼食品加工）
南洋护谟株式会社	万宁	农场（兼食品加工）
苏门答腊株式会社	嘉积、大路、文曲、黄竹、龙门、遵塞	农场（兼食品加工）
三井农林株式会社	榆林、藤桥、田独、加茂、保定	农场（兼食品加工、制材业、窑业）
南洋兴发株式会社	崖县、九所、止松岭	农场（兼食品加工、制材业、窑业）
南国产业株式会社	九所、冲坡、乐安	农场（兼食品加工、制材业）
武田药品工业株式会社	南桥	农场
梅村商店	佛罗、桶井	农场
南洋起业株式会社	北黎、东方、罗带	农场
海南拓殖株式会社	御影桥、海头、高石	农场

2. 林业

岛田合资会社	北黎、马鞍岭、黎头	木材生产
台拓海南产业株式会社	榆林、吊罗山（七都〇）、陵水	木材生产
大共木材株式会社	榆林	制材
王子制纸株式会社	北黎、尖峰岭	制材
三井农林株式会社	三龙	制材
南洋兴发株式会社	崖县	制材
南国产业株式会社	九所	制材
海南拓殖株式会社	御影桥、海头、高石	制材
绪方商店	海口	制箱
岩井产业株式会社	海口、那大	制材

3. 渔业

西大洋渔业株式会社（海南岛营业所）	榆　林	制冰冷冻、制造加工、渔业
海南岛水产株式会社	榆林、红沙	制冰冷冻、渔业
南日本渔业株式会社（海南岛出张所）	海口、白马井	制冰冷冻、渔业
拓海产业株式会社（海南岛营业所）	榆林	水产加工
大日产业株式会社	白马井、后水	水产物收买
胜间田商行	乌场	水产物收买

4. 牧业

海南畜产株式会社	海口、那大、嘉积、北黎、榆林、铺前、定安、澄迈、临高、后水、白马井、儋县、万宁、藤桥、陵水、三亚	牧畜、皮革、酪农
水垣产业株式会社	海口	罐头、畜产加工、制冰冷藏
台拓海南产业株式会社	藤桥	牧畜
海南产业株式会社	琼山	养猪

5. 农产加工

株式会社南兴公司	海口	制酒
南国烟草株式会社	海口	香烟制造
木村咖啡海口清凉饮料水工场	海口	汽水制造
水垣产业株式会社	海口	罐头制造、味精、酱油酿造、冷冻制冰、其他农畜水产食品加工业
西大洋渔业统制株式会社	崖县、榆林	制冰冷冻、罐头制造
海南岛水产株式会社	崖县、榆林	制冰冷冻
南日本渔业统制株式会社	白马井	制冰冷冻
明治制糖株式会社	定安、中原、感恩	制米、制油、制糖
盐水港制糖株式会社	嘉积、琼东、加来、和合、白莲、龙塘	制糖、制米、制油
日糖兴业株式会社	儋县、那大	制糖、制米、制酒
台拓海南产业株式会社	陵水、藤桥、马岭、六乡村	制米、制酒
日本油脂株式会社（海南岛出张所）	海口、万宁、藤桥	制油、制米
海南产业株式会社	琼山	制米
伊藤产业株式会社	文昌	制米
海南物产株式会社	澄迈	制米
南洋护膜株式会社	万宁	制米
苏门答腊拓殖株式会社	嘉积	制米
三井农林株式会社	藤桥	制糖、制米
南洋兴发株式会社	崖县	制米、酒，味精、酱油酿造
南国产业株式会社	九所	制米、制糖
大南公司	海口	制米
绪方商店	北黎	味精、酱油酿造
南洋起业株式会社	北黎	制米

6. 农田水利

业已完成工程	丰盈等四十七处	受益面积7171公顷
尚未完成工程	东方、玉道等十六处	受益面积5776公顷
计划尚未着手工程	望溪楼等二十三处	受益面积414406公顷

7. 农林研究及教育

产业试验场	三亚	农林各项问题之研究
东京帝国大学热带林业研究所	崖县	热带林业之研究
台北帝国大学南方资源实验所	榆林	海南资源之搜集研究
甲种农业学校	嘉积	训练农业技术人员
植物病虫害检查所	海口	输出入植物之检查
家畜血清制造所	榆林红土坎	血清制造
农民训练所	海口	训练农民
六乡开拓民村	三亚六乡村（今改向华村）	移民实验新村

（二）工业

1. 机械

机关名称	地　点	事　业
丰田自动车工业株式会社	海口、榆林、崖县	汽车修理业
台拓海南产业榆林铁工厂	榆林	机械修理
浅野水泥株式会社	荔枝沟	机械修理
石原产业株式会社	田独、安游、汐见	机械修理、制作事业、系田独矿山附属工场、具有火力发电厂
日窒兴业株式会社	石碌、八所	系石碌矿山附属工场、具有附属火力发电厂及养气工场
福大公司	海口	农具制造
旗山商会	海口	钉制造
台拓海南产业株式会社海口工场	海口、榆林、崖县	汽车修理工场
三井农林株式会社藤桥工场	藤桥	农具制造
浅野水泥株式会社海南岛工场附属工场	榆林	浅野水泥附属工场
西松组北黎工场	北黎	汽车修理工场

2. 电气

日窒电业株式会社东方发电所	东方、三亚、海口	石碌矿山附属发电所，东方系水力发电，三亚海口均系火力发电
石原产业株式会社沙见发电所	榆林、沙见	火力发电（制铁工场附属工场）
日本制铁株式会社（海南岛工业所）	榆林、安游	火力发电（日铁水泥工场附属工场）

3. 化学工业

东亚盐业株式会社	感恩、莺歌海	未完成
株式会社东亚制药厂	琼山	制药
石油联合会社海南岛支店	榆林、安游	代用汽油及机油制造
下津磷寸株式会社	琼山	火柴制造
日本油脂株式会社海南岛出张	海口、清澜、嘉积	肥皂制造、石油制造、制油

4. 造船业

大日产业株式会社	榆林、安游	机帆船制造
台拓海南产业株式会社新村帆船制造所	新村	帆船制造

5. 窑业

浅野水泥株式会社（海南岛工场）	榆林	水泥制造
海南水泥工业公司	榆林	水泥制造
日本制铁海南岛工业所	榆林	水泥制造附设火发电厂
海南炼瓦制造所八所工场	八所	砖瓦制造
台拓海南产业株式会社炼瓦工场	榆林	砖瓦制造
岛田合资株式会社炼瓦工场	海口	砖瓦制造
三井农林株式会社田独炼瓦工场	崖县田独	砖瓦制造
日窒兴业株式会社八所炼瓦工场	八所	石碌矿山附属炼瓦工场
海南练瓦制造所榆林工场	榆林	砖瓦制造
日窒兴业株式会社三五炼瓦工场	宝桥	石碌矿山附属炼瓦制造
日窒兴业株式会社宝桥炼瓦工场	宝桥	石碌矿山附属炼瓦制造
海南玻璃株式会社	海口	玻璃、器具制造

6. 皮革

海南畜业株式会社	海口	制革、鞋、袜、霫等
松崎工厂	琼山	制霫

7. 制盐

东亚盐业株式会社	榆林（事务所）红沙（盐田）	制盐业

8. 织维

海南天蚕株式会社	海口	天蚕及牙刷制造
日进制造叠合资会社	海口、琼山	制席、制箬
南进商店	海口	制席、帚等
海南制纸株式会社	琼山	制纸
三友殖产株式会社	海口	杂织维、纺织、织布
竹腰产业株式会社	琼山、榆林	纺织、织布、兼裁缝业

9. 土木

日本辅道株式会社	榆林	承包道路工程

（三）矿业

1. 采矿

机关名称	地点	事业
石碌矿山	石碌（昌江县）	铁矿开采
田独矿山	田独（崖县）	铁矿开采
羊角岭矿山	琼山县长昌附近	水晶开采

2. 冶金

海南原铁制造工场	八所	海绵铁制造、尚未完成
石原产业株式会社汐见工场	榆林、汐见	铸铁制造附设火力发电所

（四）商业

1. 金融

机关名称	地　点	事　业
台湾银行支店	海口、榆林、北黎	银行业
台湾银行嘉积出张所	嘉积	银行业
横滨正金银行海口支店	海口	银行业

2. 贸易

海南交易公社	海口、榆林、北黎、嘉积、那大	物资交易及配给
三井物产株式会社（海南岛出张所）	海口、榆林、北黎、嘉积	物资交易及配给
竹腰产业株式会社	海口、榆林	兼纺织并被服制造
岩井产业株式会社海口支店	海口、那大	兼制材业
大建产业株式会社海口支店	海口	
榆林万和出张所	榆林	
海口万和出张所	海口	
建泰公司海口出张所	海口	
株式会社加藤商会海南岛出张所	海口	
有限会社日本海南公司	海口	
株式会社大丸海南岛出张所	海口	开发用资材之贩卖
海南协和药品有限公司	海口	
汤浅实业株式会社海南岛出张所	海口	
竹内兴业株式会社	海口	土产物资、收买及配给
海口地资配给有限会社	海口	
株式会社三越榆林支店	海口、榆林、嘉积	百货商

（五）交通

1. 陆运

机关名称	地　　点	事　　业
台拓海南产业株式会社	海口	包办本岛汽车运输
日窒海南兴业株式会社	自昌江县石碌至感恩县八所	铁矿石运输

2. 海运

开南航运株式会社	海口	海运业、包装业
开南帆船组合	海口	海运业
海南运输公司	海口	包装业、帆船修理
图南洋行	海口	海运业
三井仓库株式会社海南岛支社	榆林	包装业、仓库业
大阪商船株式会社海南岛出张所	海口	海运业
东亚海运株式会社海南岛出张所	崖县、榆林	海运业

3. 电信

国际电气株式会社海南岛支社	海口	岛内主要地点设置电报电话
大日本航空株式会社海口通信所	海口	航空通信

（六）文化

机关名称	地　　点	事　　业
海南新闻社	海口	新闻印刷
海南迅报社	海口	新闻印刷
开南出版印刷株式会社	海口、榆林	印刷
电影院	榆林	电影
同盟通讯社海口支社	海口	新闻

（七）卫生

机关名称	地　　点	事　　业
同仁会海南岛支部	海口	事务所
海南岛卫生研究所	海口	风土病及地方病研究
海南岛防疫处	海口	防疫
医院	三亚、榆林	空军医院设于三亚、海空军医院设于榆林
海口诊疗防疫班	海口、嘉积、万宁、那大、儋县、琼山、文昌、定安、榆林、崖县、陵水、北黎、黄流	诊疗防疫

（八）军事

1. 海军

机关名称	地　　点	事　　业
海南海军工作部	榆林	小型船舶、电气兵器及光学兵器及汽车等之修理
海南海军设施部工作工场	三亚	土木建筑用材之加工及机械器具之修理
海南海军设施部铁道工场	三亚、乐东	机车、铁道、车辆、线路桥梁之修理
松根油制造所	松贤峒、蒲冈	松根油制造设施未完成
码头	秀英（海口）八所	军用及商用

2. 空军

机关名称	地　　点	事　　业
第六十一航空厂三亚分工场	三亚	航空机械及发动机之修理
第六十一航空厂海口补给工场	海口	航空机械之修理、压缩养气之制造
飞机场	海口、三亚、黄流	

（陈植编著：《海南岛新志》，商务印书馆1949年版，第33—43页）

39. 日军在石碌、田独矿山的生产及输出情况

石碌铁矿生产及输出情况表

年　　度	生产数量（吨）	对日输出数量（吨）	备　　考
一九四一年度	5000		一九四一年三月开始
一九四二年度	95724	51456	
一九四三年度	393553	248012	一九四五年一月停止
一九四四年度	200997	110900	山脚贮矿 7411 吨八所
计	695274	410368	贮矿 219582 吨

二、田独矿山的开发概况

1. 矿山的开发及建设状况

本矿山的地点在本岛的南端榆林港东北方约二十公里。一九三九年日军占领后不久，石原产业株式会社参考中国文献，在对该地域进行调查时，发现了旧时的探矿坑道。接着进行了贮藏量的调查，确认其有开挖价值，同年八月由该会社自己着手开发工作。

田独铁矿生产及输出情况表

年　　度	生产数量（吨）	对日输出数量（吨）	备　　考
一九四零年度	169599	167991	从一九四零年六月
一九四一年度	355921	306634	开始
一九四二年度	893824	805098	一九四五年一月停止
一九四三年度	918511	832214	采矿
一九四四年度	353436	304120	河口贮矿 120407 吨港
计	2691291	2416057	口贮矿 152969 吨

［日本大藏省管理局：《关于日本人海外活动的历史调查——海南岛篇》，日本大藏省管理局 1947 年编辑印刷，（汉城）高丽书林 1985 年版，第 122、125—126 页〈张兴吉翻译〉］

40. 羊角岭矿山的开发概括

1. 沿革

本矿山位于本岛的北部屯昌市以南五公里。一九四二年七月对本地区进行调查，确认了水晶的含存状态并进行了试挖掘，确认其有望状态之后，由三菱矿业株式会社着手正式开发。

本事业的着手是在太平洋战争开始后，由之治安、物资及劳动者等方面皆不尽如人意，虽遇到了相当大的困难，然而由于当时日本从巴西搞到这种原料，已变得十分困难的原因，故不惜排除万难继续该事业开发的努力，大致达到了所期的成绩，一九四五年对日空运日益地困难，由之该事业中止。

2. 推测残存矿量　约二十吨

3. 生产实绩

羊角岭水晶矿生产及输出情况表

年　　度	生产数量（吨）	对日运送数量（吨）	摘　　要
一九四二年度	4.520	4.520	未运走的库存移交给中国政府
一九四三年度	23.536	23.536	
一九四四年度	90.480	65.210	
一九四五年度	19.815	—	
计	138.351	93.266	

［日本大藏省管理局：《关于日本人海外活动的历史调查——海南岛篇》，日本大藏省管理局1947年编辑印刷，（汉城）高丽书林1985年版，第126—127页〈张兴吉翻译〉］

41. 林业的计划及其实绩

一、木材自给计划

就日军占领前海南岛的木材及林业状况而言，即如在第一部中所阐述的，岛内的木材不可能自给，其不足部分每年用本土的福州杉或泰、马来方面进口的南洋木材来补充。

是故日本军队及相关开发会社，在离开了进驻后暂时使用的民舍之后，建设独立的军营和会社事务所、宿舍、工场时其所需要的建筑用材，特别是木材、椽材要从遥远的日本内地、台湾、朝鲜（鸭绿江木材）运来，然而由于战时日本的木材供给状况日渐窘迫，对如海南岛这样远隔的地区继续供给内地、台湾木材，即便是在本国的供给计划上也逐渐呈现了困难的趋向，不仅如此，从有限的运力的效率来看，损失太多是不言自明的道理。因此对将来有无限增加倾向的民间用材需求，特别是矿山开发中广泛使用的坑木、铁道枕木等，要求确立现地取材，即利用岛产木材的方针。担任田独矿山开发的石原产业及担当石碌矿山开发的日窒公社确立了利用岛内木材的计划。其结果是石原产业在田独设立了小规模的木材加工厂，从附近山林开始所需木材的砍伐利用；在日窒的事业活动地区，在一九四〇年岛田合资会社，进入感恩县东北地区开始了大规模的森林采伐和木材加工事业，从侧面支持了日窒的矿山开发事业。

在其后随着民间开发会社的进步和铁道的开设、榆林、北黎的都市计划等的实施，预见到建设用木材的需要将越来越增大。为此日本海军在腹地进行了未利用森林资源的探察，历经非常的苦心和困难，终于在崖县尖峰岭地区及陵水县吊罗山地区发现了针叶树混生的大森林。其结果是，前者由王子造纸株式会社开发，后者则有台拓海南产业株式会社着手各种森林开发事业。

以上四家会社之外，散在各地的农业开发会社，在其事业地区开始兴办小规模的森林采伐和加工事业，由于沿着木材的岛内自给的路线而推进开发，从一九四三年以后几乎见不到日本内地、台湾木材的输入，他们达到了以当地木材来满足其需要的目的。

就海南岛的日本方面林业开发事业，尚有值得特别记述者有两件事，其中第一件是采伐事业和疟疾、匪贼的战斗。

在海南岛的森林采伐事业和其他南方热带圈内的林业一样，是在未开发的原始森林腹地的作业。这种作业中由于要和最为危险的恶性疟疾进行不断的斗争，故而虽设置了比平原地区价值数倍的卫生措施，但仍然付出大量生命的牺牲。

其次海南岛的腹地原始森林地带是最难教化的共产匪帮的巢穴，他们以夺取食粮、衣料、武器为掠夺目的，不断地袭击事业地区，夺取物资，烧毁设施，进而夺取人们宝贵的生命。这些牺牲在海岸地带农业开发事业中是比较少的。

第二件是家具制造事业的改善。

历来在海南岛事务及家庭用家具、日用器具一般是支那式样，其质地差，而且使用不便。是故占领后的日本军队及民间会社使用的家具、日用器具不得不从遥远的日本内地输送而来以供使用。因此日本海军特务部在海口市设立工艺辅导机构，从日本引进技术人员和机械，指导纯洋式家具、日用器具的制作，进行了对传统的支那式制作的一次大革新。又在南部榆林市引入大共木材株式会社和木材加工业合并，开始进行洋式家具、日用家具的制作，完全满足了在南部地带的需要。这两个政策的实施虽是个小问题，但若从海南岛的林业及家具制造工业史角度来看，不能不说是很大的贡献。

二、林业实绩

在本岛林业的实绩如下表所记

会社名	事业地点	设备概要	生产能力	备考
岛田合资会社	感恩县东方	采伐及木材加工厂 索道 1条 山地轨道 7公里 送电线路 3公里 汽车道路 10公里 森林铁道 25公里 蒸汽机车 2台 内燃机车 2台 搬运车 30台 木材加工机 1台 附属设备 1套	年产13000立方米	工人 日本人340人 中国人300人
	昌江县北黎	木材加工厂 木材加工机 3台 附属设备 成套		

续表

会社名	事业地点	设备概要	生产能力	备考
王子制纸株式会社	崖县尖峰岭 昌江县北黎	采伐及木材加工厂 山地轨道　2公里 森林铁道　10公里 汽车道路　7公里 木材加工机　2台 附属设备　1套 木材加工厂 木材加工机　3台 附属设备　成套	年产15000立方米	工人 日本人30人 中国人300人
台拓海南产业株式会社	陵水县吊罗山 陵水县陵水	采伐及木材加工厂 山地轨道　3.5公里 汽车道路　1公里 滑道　351米 拖车斜面　292米 第三拖车斜面100米 木材加工厂 木材加工机　1台 附属设备　成套	年产10000立方米	工人 日本人83人 中国人380人
大共木材株式会社	崖县榆林市	木材加工厂 木材加工机　4台 锉锯机　2台 附属设备　成套 家具制造厂	年产15000立方米	工人 日本人10人 中国人30人 因空袭而毁坏
三井农林株式会社	崖县三龙	木材加工机　1台 附属设备　成套		
南洋兴发株式会社	崖县崖	木材加工机　1台 附属设备　成套		
海南拓殖株式会社	昌江县御影桥	木材加工机　1台 附属设备　成套		

［日本大藏省管理局：《关于日本人的海外活动的历史调查——海南岛篇》，日本大藏省管理局1947年编辑印刷，（汉城）高丽书林1985年版，第112—113页〈张兴吉翻译〉］

（三）口述资料

42. 海口市“儒显村惨案”幸存者史道昌的证言

我叫史道昌，海口市秀英区长流镇长东村委会儒显村人，1927 年 10 月 15 日出生。1939 年 8 月 15 日（农历七月初一），日军调集兵力 300 多人，借口儒显村窝藏抗日分子而包围全村，家家户户进行搜查，后将全村 200 多人押送到村东头的五源河边，逐个讯问，严刑拷打，令群众交出抗日分子。日军的企图破灭后就开始杀人，先刺杀小孩和虐杀妇女，接着把青壮年村民逐个押到桥上砍头或开膛破肚再踢进河里，最后用机关枪扫射。全村 199 人惨死在这次大屠杀中。日军杀人后又放火烧毁民房 180 余间。这是震惊全琼的“琼山儒显村大屠杀”。

（史道昌口述，中共海口市委党史研究室滕志雄、朱良和 2009 年 1 月 15 日采访，朱良和整理，原件存于中共海口市委党史研究室）

43. 海口市昌洽村吴学汉的证言

我叫吴学汉，1932 年出生。1942 年 11 月日军对昌洽村“扫荡”时，我叔叔吴道修（当年 38 岁，琼崖抗日战士）在村中被日军抓获杀害，堂兄吴学章（当年 32 岁，琼崖抗日战士）在抗日战斗中受伤，回家疗养才 5 天也被日军杀害，林照文（当年 30 岁）在土桥乡被日军杀害（本村人）。日军还将我吴家 4 间房屋设为据点驻扎，还在村口设“宰人砧”、“宰牛砧”，杀害许多抗日人员和不幸村民。

（吴学汉口述，中共海口市委党史研究室张生俊、王万江、梁洪文、韩雄 2009 年 1 月 8 日采访，张生俊整理，原件存于中共海口市委党研究室）

44. 三亚市凤凰镇妙林村妙山二队黎金龙的证言

我叫黎金龙，1922 年 11 月 10 日出生。1940 年 12 月初的一个傍晚，一名日本工兵来村里讨东西吃，自称是被抓来修机场的外乡人，因受不了日本人的虐待，醉酒后杀了工头跑出来，并说要去参加游击队。村里人相信了他，当 12 月 13 日晚上 3 名游击队员带他进山时，遭到了日军的伏击。其实这个工兵是日本特务装扮的。到 14 日凌晨，日军包围了整个妙山村。有些人想逃到树林里，但被日军开枪打死。日军把村里的男女老幼集中到村东头的大谷场上，放火烧毁了村民的房屋，并让那个日本工兵认人，被他认出的体壮男人，被绑起来赶到两根长竹竿做成的刑夹里，拉到菜地的井边，然后一个一个拉出来砍头，砍完了就往井里推。日本人杀人就像割草一样。全村有近 40 人被杀，牲畜和粮食也被抢光。

（黎金龙口述，中共海南省委党史研究室吴晓红、符思权、王寒漫 2006 年 10 月 19 日采访，符思权整理，原件存于中共海南省委党史研究室）

45. 文昌市南阳新合罗衣陈村陈俊汉的证言

我叫陈俊汉，1930年6月8日出生。1942年冬至那天，平常躲在周围山里的罗衣陈村的村民纷纷回到村里准备第二天扫墓（因为日军在南阳地区实行“无人区”的“三光”政策），结果日军在天刚亮时包围了整个村子，开始施行“烧光、杀光、抢光”这一灭绝人性的“三光”暴行政策。村里39户人家的33间正屋只剩3间未被烧毁。为防止村民在建造房屋时砌上夹墙藏匿财物，日军还用枪托逐一砸烂墙砖进行搜寻。全村有30多人被杀死，有的人家都被杀绝了，其中我的大姐死得最惨。当时她只有14岁，日军强奸后又用刺刀捅她的下身，把她杀死在槟榔园里。当时我才12岁，因外出而幸免于难。

（陈俊汉口述，中共海南省委党史研究室梁振球、符思权2007年4月10日采访，符思权整理，原件存于中共海南省委党史研究室）

46. 琼海市中原镇长仙村欧宗俊的证言

我叫欧宗俊，1936 年 10 月出生，今年 73 岁，现住长仙村坡村小组。1945 年 4 月 12 日（农历三月初一日），日本侵略者制造的“长仙村、坡村大屠杀惨案”，我刻骨铭心，终生不忘。那天早上，我的母亲和村里许多人按通知带“良民证”去中原墟验证。幸亏我母亲发觉情况不妙，中途躲入杂树林逃生。我们坡村有 44 人被日本兵捆绑去燕岭坡杀害了。当天早晨，我和同村几个小孩在九折土冬放牛。8 点左右，我听说日本兵在邻村杀人放火，就回家叫姐姐还有一女孩欧继香一起逃入大山里躲藏。我还告诉北山阿婆赶快逃，但她说我老人家不怕，后来发现她被杀死在竹丛边，下午约 3 点钟，我们的肚子饿得撑不住了，想回家找东西吃。不料刚到村边被日本兵发现开枪射击，我们扭头便跑。日本兵在我们坡村里残杀了 4 个老人，9 个小孩，鲜血满地，尸首任猪狗啃咬，房屋被烧毁 100 余间。

（欧宗俊口述，中共琼海市委党史研究室王祯华、许德长、陈锦爱 2008 年 4 月 15 日采访，许德长整理，原件存于中共琼海市委党史研究室）

47. 琼海市中原镇长仙村欧育媛的证言

我叫欧育媛，1934 年 11 月出生，现住长仙村长三村民小组。欧家庄 1945 年 4 月 12 日（农历三月初一日）那一天，日本侵略军假借通知长仙村村民去中原墟维持会检验“良民证”，然后将无辜村民押送去燕岭坡残酷杀害的数百人中，有我的母亲偶余民、叔父欧厚信、叔母欧李氏、大婶欧林氏等 12 位亲人，还有欧循正、欧循三、欧循标妻子黄氏等五位欧家村村民。最悲惨的是欧继亚一家被杀五口人，仅剩下 8 岁的欧继亚无依无靠，给别人放牛讨口饭吃。我当年 13 岁，已领取“良民证”，发生“三一惨案”当天，我在被带往燕岭坡途中逃脱，幸免被杀。

（欧育媛口述，中共琼海市委党史研究室王祯华、许德长、陈锦爱 2008 年 4 月 15 日采访，许德长整理，原件存于中共琼海市委党史研究室）

48. 儋州市“和合村惨案”幸存者韦月英的证言

我叫韦月英，儋州市和庆镇和合村人，1925 年 10 月 19 日出生。1943 年 12 月日军对和合村大屠杀惨案中，我被多名日军轮奸后，又被日军用刺刀从我右背刺穿过前胸，他们认为我还没死再用刺刀从我左背刺穿过前胸，我当场晕死不省人事。现在我的胸前身后仍留有四个刀疤。“和合村惨案”中我全家共有 15 口人遇难，其中有父亲韦焕楼，母亲张氏，大哥韦妚代，堂兄韦忠任等人。

（韦月英口述，中共儋州市委史志办杜建心、唐卓昌 2008 年 5 月 20 日采访并整理，原件存于中共儋州市委史志办公室）

49. 儋州市那大镇文明路羊有干的证言

我叫羊有干，1927 年出生。1943 年 8 月 17 日（农历七月九日）深夜，日军调集驻新州、长坡、中和等地的日、伪军 250 多人，乘村民还在熟睡的时候包围了吴村。第二天拂晓，日、伪军以查户口为名，把全村男女老幼 300 多人赶到村西头田边集合，把中青年背靠背绑起来，并要村民跪下。然后叫出村长羊振贤（共产党员）和羊卓宫（共产党员），把大刀放在他们的颈部，说只要供出村里的共产党员和县区派来的领导干部就释放他们，否则就杀死。羊振贤和羊卓宫坚决不暴露革命同志，并高呼“打倒日本侵略者!”，于是日军几支机关枪同时扫射，全村 300 多人倒在血泊中。枪杀过后，日、伪军还逐个验尸，发现未被击中或尚未断气的即补枪或用刺刀捅杀。在这次惨案中，吴村总共有 326 名村民被杀，210 多间房屋被烧，所有猪牛鸡狗粮食财物都被抢光劫尽。我和羊临壮、羊志民、羊兴教（女）是吴村惨案的幸存者，当时被压在死者的最底层，才幸免于难。我父母姐弟 6 人全部被杀。

（羊有干口述，中共海南省委党史研究室梁振球、符思权 2007 年 6 月 12 日采访，符思权整理，原件存于中共海南省委党史研究室）

50. 万宁市万城镇月塘村朱建华的证言

我叫朱建华，1944 年 7 月 15 日出生。1945 年 5 月 2 日（农历三月廿一），驻守万城的日军听说月塘村有不少人参加共产党领导的革命武装，是共产党窝，就派出 100 多日、伪军到我村“剿共”。他们把整个村子包围起来，不论男女老幼，逢人便杀，近则刀刺，远则枪击，杀死杀伤村民 223 人，其中死 190 人，伤 33 人。此外，还烧毁房屋 30 多间，抢走耕牛、生猪、三鸟、财物一大批，不少村民家破人亡，流离失所。我当时被刺了 4 刀，距出生仅 88 天，幸亏我母亲没被杀死，否则我性命难保。

（朱建华口述，中共海南省委党史研究室梁振球、符思权 2006 年 12 月 26 日采访，符思权整理，原件存于中共海南省委党史研究室）

51. 万宁市万城镇月塘村朱进春的证言

我叫朱进春，1935年出生。1945年5月2日（农历三月廿一），驻守万城的日军听说月塘村有不少人参加共产党领导的革命武装，是共产党窝，就派出100多日、伪军到我村“剿共”。他们把整个村子包围起来，不论男女老幼，逢人便杀，近则刀刺，远则枪击，杀死杀伤村民223人，其中死190人，伤33人。此外，还烧毁房屋30多间，抢走耕牛、生猪、三鸟、财物一大批，不少村民家破人亡，流离失所。我当时被刺了8刀，击中1枪，大难不死。

（朱进春口述，中共海南省委党史研究室梁振球、符思权2006年12月26日采访，符思权整理，原件存于中共海南省委党史研究室）

52. 定安县“大河、后田、牛耕坡、周公四村惨案”见证者符和昌的证言

我叫符和昌，1923 年 10 月 31 日（农历九月二十二日）出生，是定安县黄竹镇大河村人。小时在村中私塾读过一年级。1941 年 8 月 25 日驻黄竹墟据点的日、伪军猛扑到大河、后田（现改为后贤）、牛耕坡、周公四个村庄惨杀民众时，我 18 岁。那天早上我早早到山上放牛才躲过这一难。下午大约 3 点我回村里时，看到一片惨象：有的尸体被烧焦了弯曲着，像“弓”字形；有的尸体肚皮破后肠子流了出来，臭气难闻；每过几分钟或十分钟被烧的房顶就掉下一块。当天夜里我不敢回家，只好躲到 8 里路之外的新村亲戚家。事后经过统计，这次屠杀共 109 人，其中大河村 79 人，后田村 23 人，牛耕坡村 3 人，周公村 4 人。大河村 118 间房子，后田村 44 间房子，牛耕坡村 20 间房子，周公村 9 间房子全被烧毁，日本鬼子真是大坏蛋！

（符和昌口述，中共定安县委党史研究室崔开勇、李强 2008 年 5 月 23 日采访并整理，原件存于中共定安县委党史研究室）

53. 澄迈县桥头镇钦帝村王世禄的证言

我叫王世禄，1933 年 1 月 13 日出生。“沙土峒惨案”：沙土峒是桥头镇辖下的管区，有 13 个村庄。当时的桥头是国共两党驻兵接运物资的中转地。1941 年农历四月的一天，押运日军货物的商船在沙土峒海域被拦截，货物被抢走，日伪指挥官被击毙。于是日军决定进行疯狂报复。1941 年 7 月 6 日，日军以检查“良民证”为借口，要求沙土峒村民在家等候。日军调集 200 多人从那大、新盈、包岸等地分乘 10 部汽车赶来，先用机关枪扫射昌堂村村民，再对美梅、那南、北山等村村民进行刺杀。从上午 9 时至 12 时止，沙土峒有 10 个村庄的 1116 人惨遭日军杀戮。剩下木春、小美良、扶里 3 个村，因日军筋疲力尽，肚子饿了，才幸免于难。

（王世禄口述，中共海南省委党史研究室吴晓红、符思权、王寒漫 2006 年 10 月 16 日采访，符思权整理，原件存于中共海南省委党史研究室）

54. “慰安妇”蔡爱花的证言

我叫蔡爱花，女，1926年出生，原籍澄迈县中兴镇东岭村，现住中兴镇东岭村委会南进村。1940年5月的一天傍晚，驻福来军部的日军20多人，气势汹汹地来到东岭村，说是要抓村中的共产党员。东岭村村长蔡安玉被绑在村边的大树上，不肯供出村中的中共地下交通员。日军大怒，用刺刀剖开了蔡安玉的腹部，活活地把他宰杀了。日军“剿共”一无所获，便把目光放到村民和妇女身上。几名日兵用抢指着我们，强迫我和几名男村民把晒在地上的稻谷挑到福来军部，在军部外，日军又枪杀了村民蔡安保，把其他男村民赶回去，我被强制留在军部，关锁在屋子里，充当“慰安妇”。

当晚，我被三名日军轮奸，痛得晕了过去。第二天晚上，又有两名日军来要我接客，我硬死不从，日军就用脚重重地踢我的小腹部，至今还给我留下了严重的后遗症。两个星期里，每天都有日军来折磨我。后来，我才知道，我和几位姐妹被关在一起的屋子——专门供日军性奴役的地方就是加来日军部“慰安所”。为了救我，我父亲到处借钱，在村中亲人的帮助下，挑10多担稻谷到福来军部，再送上30个光洋，我才被保了出来。

（蔡爱花口述：澄迈县政协文史委2007年6月黄大强采访，李树德、黄大强整理，原件存于中共澄迈县委党史研究室）

55. “慰安妇”李美金的证言

我叫李美金，女，1927 年出生，原籍澄迈县和岭农场茅园村，现住中兴镇东岭村委会土龙村。1942 年 6 月，日军到茅园村抓人，放火烧村。日军从村前面进村，大部分群众从村后逃走。人们躲藏在村外山上，等日军走后才敢回村。当时，我也躲在村后的山上，过了两个小时，不知哪一位村民说，日军已出村了，于是我便跟着一些群众回村。当我们一回到村里，日军突然来个回马枪，把村子包围起来，我被日兵抓个正着。两名日兵用枪把我和 10 多名群众押到临高的加来军部，要我们修建日军飞机场。白天，我被日兵押到机场上锄草，夜晚我被锁在小屋里，每晚都有日兵来要我接客，我稍有不从，他们就用刺刀指着威迫我，我不得不顺从他们。

一个多月后，我父亲才打听到我的下落，于是跟村里人筹借了 50 个光洋，送给日军队长，我才被放了出来。我和父亲怕日军追赶，在山林里拼命赶路。白天，我和父亲躲在山林里，饿了就打野果充饥，到了夜晚才敢赶路。我和父亲跑了两个晚上，才回到澄迈的家中。

（李美金口述，澄迈县政协文史委黄大强 2007 年 6 月采访并整理，
原件存于中共澄迈县委党史研究室）

56. “慰安妇”符美菊的证言

我叫符美菊，女，1928 年出生，原籍儋州市大成镇，现住澄迈县中兴镇东岭村委会土龙村。1943 年被日军抓去当修路民工。一天晚上，几名日兵到工棚里用枪指着我，把我强制带到大成镇附近的日军据点进行轮奸，并把我锁在一间小屋里，强迫我充当日军的“慰安妇”。我和被关在一起的几个女子根本不敢逃走，怕被枪杀，也没有机会逃走。我们被关的地方，日军还设有岗哨，“慰安所”四周用铁丝网围着。晚上我被迫接客，有时接两三个日兵，如果我不顺从他们，就遭到殴打。

我的父亲为了救我，跟邻里乡亲借了 40 个光洋，送给日军据点的头头，一个月后，我才被父亲领了出来。

（符美菊口述，澄迈县政协文史委黄大强 2007 年 6 月采访并整理，原件存于中共澄迈县委党史研究室）

57. “慰安妇”陈亚扁的证言

我叫陈亚扁，1927 年 12 月 16 日出生，陵水县本号镇祖倖村人。1942 年春天的一个中午，未满 15 岁的我正在家中织桶裙，嫂子和姐姐在舂米，突然，几个端着枪的日本兵闯进屋来，吓得我们不知所措。他们堵住门，眼睛在我们姑嫂 3 人身上扫了一遍又一遍，最后停留在我身上。日本兵把我姐姐和嫂子赶出门，剥光了我的衣裙，强行轮奸了我，直到我昏死过去。后来日军把我抓到砧板营的军营进行长期奸污。他们还把我押送到崖县藤桥“慰安所”，在那里我被糟蹋了一年。我在日军军营和“慰安所”里，遭受了近 4 年的非人折磨，身心受到了很大的伤害。

（陈亚扁口述，中共海南省委党史研究室梁振球、符思权 2006 年 12 月 27 日采访，符思权整理，原件存于中共海南省委党史研究室）

58. 侵琼日军对一个年轻少妇的性侵害实录

张少霞，现年88岁，1921年（民国10年）出生，海南文昌县东郊乡马田村人。1938年，17岁的张氏嫁给了东郊乡南宝村的符福光（19岁）为妻，婚后夫妻恩爱、生活甜美、家庭幸福、邻里和睦，可在短暂的幸福时光过后等待张氏的竟是伴随她终生的噩梦。

1939年2月10日，日本军队入侵海南岛侵占海口，22日侵占文昌，随后占领清澜港并在码头（城内村）驻扎军队。东郊乡南宝村距清澜码头仅5里路程。

张氏结婚后不足一年，在1939年3月4日（农历正月初六）的那天，时间将近晌午时分，18岁的张氏闻讯驻扎码头的日军进村后，便与家婆快速逃躲到家后边的密林中。丈夫随后也另寻他处躲避。惊慌的她们只有耐心的等待着能够安全返家。可是张氏心中所期盼的并未实现，两名面目狰狞的日本军人在张氏她们躲藏的地方将其发现。看到年轻貌美的张氏，两名日本军人兴奋得一阵叽里咕噜地乱叫，他们钻进密林将其硬拽强拉出来，用刺刀架在张氏的脖子上，吓得张氏全身瘫软得像死了一般倒在地上。家婆此时也慌恐无措。张氏被两名日本军人强行拖至密林附近的邻居符载选家的老屋里。一名日本军人在门口站岗把守，另一名日本军人将张氏按倒在地施行强暴。两名日本军人反复轮奸，兽欲得到满足后方才扬长而去。张氏昏死在地，苏醒过来后跌跌撞撞回到家中。日军离开村子后丈夫也回到了家里，看到衣冠凌乱、悲痛欲绝的妻子，丈夫当场怒气堵胸，口吐鲜血，不久之后便病倒在床。1944年，久病无治的丈夫吐血身亡，年仅25岁。对于丈夫的病逝张氏的内心充满了痛苦和自责。后来先后有人为其说媒，但张氏由于传统伦理道德的压力和对已逝丈夫内心的自责，更深怕被他人歧视而屡次拒绝。23岁就守寡的张氏只能和家公家婆相依为命。由于婆家无田可种，张氏只能回到离家八九里路的马田村娘家借地耕作，以那片微薄的农田收获来维持生计。后来张氏婆家的弟媳离家出走，丢下了10个月大的小女婴，张氏便收养了她。张氏终年劳作于田间，强忍着内心的屈辱，抚育养女，赡养老人，艰难地支撑着这个家。张氏如今还受到骨质增生、高血压的疼痛晕昏困扰，颈椎僵硬，血压时常低压110、高压210，出现头晕目眩的情况更是常事。由于家庭经济困难，张氏长期舍不得看病吃药。2008年4月曾一度昏厥，卧床不起，送进医院急救。虽说养女早已成家，但其养女身弱多病，而且养女儿子身残，家境贫苦。这位从 16 岁就失去双亲，18 岁惨遭日军强暴，23 岁痛失丈夫，时至今日还耕作于田间的 88 岁老人，对于 70 年前的那悲惨的一幕始终不愿提及，即使是她养育并伴随她多年的养女她也从不吐露。当采访者问及当时遭受性侵害之事时，老人神态木然，未言哽咽，泪水充盈眼眶。

（中共海南省委党史研究室符和积 2009 年 1 月 24 日采访，河南大学学生符史诚记录整理，原件存于中共海南省委党史研究室）

59. 台湾劳工林甫考的证言

我叫林甫考，1918 年 12 月 31 日出生，现在三亚市田独镇。我 1943 年被日军从台湾台南县抓来修铁路，从崖城修到黄流，每天从早上 7 点干到下午 6 点，非常辛苦，日军还经常用很粗的藤条抽打我们。有许多人得了疟疾，病死、饿死、累死、被打死好多人，我也差一点儿死掉。我一直修铁路到日军投降。

（林甫考口述，中共海南省委党史研究室吴晓红、符思权、王寒漫 2006 年 10 月 20 日采访，符思权整理，原件存于中共海南省委党史研究室）

60. 海南铁矿劳工口述[①]

第1本

海南铁矿基建总队
记录人：朱照堂

（1963 年）

谭六的口述（节选）

我 1942 年 11 月从广东江门转香港合记公司来海南，属第 34 批，共有 300 多人。

家乡（广东省南海县）沦陷时，因家乡的地主（财主）压迫无法生活，我逃到广东中山、澳门当小徒工，那时港澳也由日本军国主义控制，没有吃的，米很贵，因不能保持长期工作，又逃回乡下。乡下也更难了，我家的 3 个侄儿已卖到东莞，大嫂也不知去向。母亲把仅有房子拆下木料去卖了 40 元，自己要了 20 元作路费，留下 20 元给家里作家用，之后就在江门合记公司订合同来海南，合同是 1 年。

1943 年 2 月份到海南八所，在八所关了一个星期，不能自由。在那里一个星期中听到很多人说分配工作，其他地方比较好一些，如果调入海南昌江石碌就是十死无一生。

2 月间从八所进入石碌，初来住的是茅草棚，只有顶盖，顶盖上又漏水。

---

① 海南铁矿形成于侵华日军占据海南岛时期，最初由石碌、田独两个铁矿组成（田独铁矿资源 1960 年采完）。自 1939 年 2 月入侵海南岛后，日军就开始对石碌铁矿、田独铁矿进行大规模掠夺性开采。新中国成立后，1993 年 4 月海南铁矿更名为海南钢铁公司（2009 年 1 月注册为海南海钢集团有限公司）。2007 年 8 月，由上海复星高科技集团与海南钢铁公司共同投资设立海南矿业联合有限公司，2010 年 8 月完成股份制改造，整体变更为海南矿业股份有限公司。1963 年，海南铁矿为编写《海南铁矿史》，对广大职工进行矿史教育，集中铁矿党校 30 多名学员，用 10 天时间，以座谈会与个别采访相结合的方式分别采访了 314 名老工人（其中 156 名为抗战时期被日军强征、骗招来的劳工），采访的内容总共记录了 31 本记录本，保存于海南矿业股份有限公司档案馆，档案标题为：矿党委办公室《矿史记录本》（一）、（二）、（三）（合称《海南铁矿劳工口述资料》），档案号：0—1—1963—1—84、85、86。这里收录的是当年采访记录内容的部分节选。

来石碌的第二天早上4点钟就叫工人起床排队开工，由早上4、5点干到晚上6、7点才放工，没有礼拜天。吃的又不好，吃的是沙谷米饭。

病了也得不到治疗和休息，每天早上4、5点还得上工。

我们第34批同来的300多人不到一个月就病倒，且又被日本人打，要带病上工，死了很多人，只好把原来十几个班缩编了一半。

有个广东中山县来的人病了还强迫上75米（矿山的海拔标高点）做工。当天上山后不能干工，被日本人用镐柄打了几棒，又用脚踢了几下阴部，当场倒下不能动，过了一个钟头就死了。

1943年8、9月间，搞直井［现在350米（矿山的海拔标高点）左右的地方］，打了几十米深，我们不敢下去，那个叫地瑞的日本人就用铁条来打我们，我也挨了两下（打的是脚、腿部）。

入石碌几个月以后，粮食就逐渐少了，每天由1斤米降到3两6米，吃不饱又要做工，很难顶。我到处找东西吃，我和几个工友到日本人的饭堂边水沟捡菜头剩饭，在水沟里用手挡住饭，等水流了再把饭粒捞起洗净再煮来吃。有一次从水沟里捞来了的饭粒在宿舍外正煮的时候，头目来了就连煲带饭用脚踢掉。

在那个时候有个工友拿了自己仅有的衣服去土佬处（即本地人）换番薯吃，给汉奸看见，拉回来，说他逃走就送入警备处受刑，再也没有见到他出来。

穿的，有一件麻袋衣就是上衣，有的人称为万能衣。

有一次有个人搞了一个半麻袋回宿舍用刀割来做衣服，刚好碰见管工来巡，就说他偷麻袋而抓去警备处受刑。

医疗的问题，工人有病（小病）还要上工，到了不能动的时候（将死了）才不挨打。有病而没有治疗还要上工，带病干一天，第二天就不能起来了。这样的事很多，那个人我记不清。

我有一次脚痛，也不敢去治，只好自己用树叶草末来敷，因为医院十分残酷。当时的脚痛病是很多的，都是下肢的中下部，烂了1、2天就生蛆子，十分臭。去医务所治呢就用铁丝刷刷伤口，又医不好，搞得人人都怕，有病也不敢去医院。

在石碌有时有很多民工来的。有一次来了几个民工，民工怕苦逃跑了，被日本鬼捉到一大一小两人，大的30来岁，小的8、9岁，在现在的电影院上一些的地方就刑。日本鬼把我们工人从宿舍驱赶出来示众。我们的工人站了满场，有些来慢一步也挨打。但当听说要杀人，我们都不忍看，站在前头的就低下头，站在后面的就利用前面的人遮住视线而不敢动。在受刑时只听呱一声，就倒下两人，大人被砍了头，小的惊得没有魂了也倒下，小的抬回宿舍几天就死了。

1944 年到海南乐东黄流飞机场修交通沟，也是没吃，逃跑也杀头。

编者注：谭六（1916—2006），广东南海人。

孙尧的口述（节选）

我是海南乐东黄流人，1944 年在黄流飞机场做工。

在日本时期，我很小就给日本人做工（在黄流机场），吃的很少。日本人经常打人，我见到的很多，但不知名。我因小无力做工也被日本人打了几下。

有一次，很多人逃跑被日本人捉回来砍头。有一个被日本人用一把东洋剑砍了后脑就倒下去了，那人没死，爬回黄流叫人医治好了。此人后来也跑到三亚榆林做工，化名叫做砍崩刀，真名不知。

做亡国奴不如外国人的一条狗。我们从封锁卡口过要磕一个头给站哨的鬼子，又要磕个头给他的那条狗。有个人不知情况，不磕头给他的狗，鬼子就叫他的狗去咬那人。中国人真不如日本人的一条狗！

编者注：孙尧（1924—1985），海南乐东人。

何基发的口述（节选）

我 1942 年由广东江门合记公司招来，合同 1 年，属第 33 批。转到香港就不能自由了。

我的编号是 11866 号，来海南八所后就关了 10 多天。

入了海南昌江石碌，每天早上 4、5 点钟，头目就拿棍棒赶工人起来集合做工，到晚上 6、7 点钟才放工，天天如此。

后来连吃的也少了很多。因有做没吃，有些人想找活路（逃走），捉回来就打或杀。李江就被打死了。我和另一个朋友买来两张火车票想逃，后被查出抓回来坐了几个月牢。

上山送木材下井，地下洞又黑又漏水，没有安全帽，出来又赶进去，慢一点就打，（日本人）用脚（把我们）踢就进去。

吃的每天几两米，捡些剩饭菜头。很多人没有吃的，就到山上采摘山塘蒲吃。

1944 年我到海南九所帮人家耕田。有时没工做就做叫花子去要饭。

编者注：何基发（1918—1990），广东新会人。

章庭玉的口述

我 1942 年由广东汕头转香港合记公司，是第 3 批来海南的，共有 3000 多人。

到三亚飞机场的300多人，每天吃的不好，过了几个月，天天死人，每天有几十个人死去。开始6个人一个穴埋，后来死的人多了16个人一个穴埋。有时一天不止16个人，又不够两个穴的数，要等第二天一齐埋。这样几个月死了很多人。

吃的是一天两个小饭团。

编者注：章庭玉（1924—1994），广东汕头人。1963年在海南铁矿汽车队工作。

谢应宣的口述

因家乡生活困难，我1942年由广东汕头转香港合记公司，是第3批来海南的，共有几千人。和我一起分配到陵水英州坡筑飞机场的有1000多人，我那时很小，有一些气力，不怎么挨日本人打。

看到死的人很多，自己也不敢过问。情况怎样我知不具体。

编者注：谢应宣（1927—），广东澄海人。1963年在供销处锯木厂工作。

邝敬的口述（节选）

我1942年10月由香港合记公司订合同1年，第24批来海南八所，共有300多人，我的编号是7471号。

初来吃的还算饱，1943年下半年就少了。我在八所做工，住在盐场边的地方，上盖木板，两边作睡铺，中间行人道低，宿60人。

1944年5月起每天只有6两米、4两番薯干。1944年8、9、10月就倒过来，每天4两米、6两番薯干。有时到北黎港门买来番薯，也不能进，鬼子不准拿东西进去的，我们只有想办法在哨卡卡位看不见的地方，从铁丝外面抛入，里面有人接住才行。

1942年—1943年4月，我被编入松井班。

1943年4月—1944年5月，松井入东方，我们被编入大山班，后来转入劳务。

1944年3、4月间，在八所现在的街道直往海边的地方，有一个工人村（芙蓉村），这个村有些工人合资在那里开买卖，又有赌博。那时有人去密告日本鬼，说什么工人造反等。在一天早晨，日本鬼子的马队包围了该村，捉了100多人去杀害了①。

编者注：邝敬（1908—1987），广东南海人。

① 另一说为1943年。

袁六的口述（节选）

我1942年由广东新会招来香港合记公司，合同1年，是第33批来海南的，分配到石碌，总管叫欧强，班长叫李启云。

我刚来做工也和大家一样，每天早上4、5点头目就赶起床上班。做工，又不懂日本话，叫拿东西，不懂，拿不到东西回来就挨巴掌，吃耳光，说我们做奴隶的不管用，打几个巴掌耳光。

1944年，有一次我身体不舒服，报告不出工，他来摸了一下我的头部，说我没有病，就打了几巴掌。到工地干工不快又用脚踢我的下阴。

有个广东新会人叫梁昌，因不出工，有个朝鲜工头叫他上工，他不去，朝鲜人打梁昌，梁昌还手打，后被日本鬼子活活地打，回去后几天就死了。

这里吃的也很成问题。没有吃没有穿，吃几两米一天，又要干重活。我同乡来的有12人，现在只剩下我一个，大多数人都是因没有吃的饿死了，有的不能做工而又挨打死了。

袁左、袁生、聂成、梁成、梁尧等先后因饥饿而死了。袁辟也因没有吃的，采摘仙人掌煮吃，后拉红尿无医而死掉。梁旺在八所饿死。1944年时每天只有两个饭团。

1943年2、3月，有个新会梅仕容人因没有吃的生病，还没死就抬出去火葬，抬出去之后他醒过来，后爬回来了，又因不出工没饭吃，结果也饿死。

医疗和谭六谈的情况差不多（见“谭六的口述”）。

当时我为了活命，放工后砍柴跟日本的伙夫（炊事员）换一些菜尾剩饭，到日本人厨房的沟里捡些咸鱼头来煮吃。

编者注：袁六（1911—1997），广东新会人。1943年到海南。1963年在海南铁矿机动科工作。

李良的口述

由于乡下生活难，而香港合记公司招工，我于1942年12月由合记江门分公司招来海南，属第56批，被分配到三亚榆林大日造船公司。

1943年初，每餐只吃一个饭团，我们没吃的，发到衣服就拿去黎村换东西吃。

我当时受大日公司造船厂工友的委托，拿衣服去鹿回头村换番薯。我走到白石坡碰见3个台湾人，他们就问我干什么，我就直说，他们反而说我逃跑，用武士棍照腰部打了几下，又用巴掌打，再用脚踢，打到我不能跑，也爬不起来。3

个台湾人走了之后，我就支撑起来一拐一拐地到了黎村，衣服已被他们抢去，我就向黎族兄弟说明原因。黎族兄弟很好，给一点吃的，又给我带信去大日公司工友，工友把我抬回公司。不能动也要上班，工友说不上班不成啊，不上工就打，只好应付一下，派人吊水（放暗哨），工头不来就不干，来了就干。

大日船厂是日本人包工的工厂。有一次，船主来修船，日本人的包工对我们说如何去省工减料，我们照办了。日本的船主看见，问我们谁叫的，我们都说工头叫的，船主不问三七二十一就每人都打几十下。

我们同乡来了 37 个人，只剩下我和另外 3 人，其余都因病死了。

1943 年间，我们在三亚安由码头见到一个香港来的中国人，做日本的职员，他带来了妻子、妹子，妻子、妹子都很标致年轻。来了不久，日本人就去奸污他的妹子，那个职员反抗被打得半生半死。奸污了妹子不够还来奸污他的妻子。当时他带着妻妹逃走，被日本人抓回来受刑，用绳绑在安由宿舍的大杆上吊起来打，晕倒了用水浇醒再打，结果被吊死了。他的妻子被鬼子污辱后也自杀了。

那时的生活，身上一丝不挂，只好像原始人一样生活，用一块小三角布来罩住下部，天冷了每人多挂 1、2 块破麻袋布就算万幸了。

（符思权　整理）

第 2 本

海南铁矿一矿区
记录人：黎传仁

（1963 年）

陈秋的口述（节选）

我小时父亲在饭店工作，全家兄弟姐妹 6［7］个人。我 3 岁时三哥死了，四哥砍柴时被人家打死。后来我 7 岁开始念书。8 岁时日本人来。9 岁时父亲不知道到哪里去了，大哥去澳门，二哥、我、姐、妹、妈到香港去。我在香港理发店做工。后来在煤厂干了一个月。我二哥在香港报名来海南做工，他是第24批来海南的。我二哥寄钱回家被别人全部没收，就说我二哥死了，不通信了。

在那时我妈没有工作干，回家了。没有工作干，挑鱼，后来东西被人家偷走，去日本鬼子那里要饭来吃。后来日本投降，没有工作干就去海南做工。

我二哥在海南认为我们死了，二哥回到广东江门找到我全家。据二哥说，在日本时期根本谈不上好的生活，有时只有番薯2、3个，饭就一小碗。有些人不能生活就逃跑，几个被捉回的工人被逼着自己挖一个洞，日本人就用刀杀死用土埋了，不知地址在哪里。

庞庄琼的口述（节选）

我1942年来海南八所，属第36批，号码是23600。给日本鬼子做工，搬石头搞码头，衣服没有穿，要水泥袋做衣服穿、做帽戴。1943年调到海南昌江石碌开公路，开火车路。脚烂，到昌江叉河医脚，也没有医生。日本人在宝桥（今叉河）的医院天天死人，1943年发高热没有死就捉去烧死。

日本板根工头在宝桥打死很多人，工人躺在地上，用木棒打工人，你痛哪里他就打哪里，脚痛打脚等。

日本医院你病不给医，而是采取搞死工人的手段去搞工人。1944年我在宝桥受不了日本〈人〉的打。后来调到胜关农场，期间自己也同样受日本人打。有一次，日本人叫工人来捉我去吊了4天4夜。

杨汉林的口述（节选）

我今年41岁。1941年（我19岁），日本人到广东汕头市去招工，我就应招来海南三亚飞机场做工，当时挨日本鬼子打骂，没有吃、没有衣服穿。20岁到三亚金鸡岭，生活不好，每天挖山洞。

编者注：杨汉林（1924—1991），广东汕头人。1963年在海南铁矿采矿车间工作。

黄财的口述（节选）

（采访时间：1963年10月29日）

我1942年来海南昌江叉河做工，在石碌做工。我们来时一间房子都没有。做叉河铁桥几个月后转去东方广坝水电站做工。在叉河时看到死很多人，没有认识名。在广坝干了 1 年（即 1943 年）。1944 年我到五指山去当国民党兵，1949 年 6 月到田独铁矿做工。

编者注：黄财（1912—1988），广西容县人。

周球的口述（节选）

（采访时间：1963 年 10 月 30 日）

我 1942 年从香港来三亚田独铁矿做苦工，属第 37 批。时间大约在 1943 年，在田独因没饭吃，饿死、病死、被打死，第 37 批来 533 人，到日本鬼子投降时只剩 108 人。

编者注：周球（1909—1989），广东顺德人。1963 年在海南铁矿供应科工作。

王运福的口述（节选）

（采访时间：1963 年 10 月 30 日）

1938 年日本人在大洲杀死很多人。我 1941 年来矿做工，那时做工挨打，没有饭吃，日本鬼子捉来用刀作记号，在工作时挨打。1943 年在三亚田独做工，很多工人被日本人吊起来打，日本人叫工人做牛给他骑，压工人。田独有一棵树倒了，叫工人抬起来，工人抬不起来就打。没有衣服穿，每人一天有 1 斤米，又没有菜吃。工人病死不埋，用火烧掉。另有一个工人因偷日本〈人〉的东西被捉来用刀杀死。

1944 年因工人饿，没有饭吃，偷日本人的饭吃，被日本人抓到，就用电来咬或者灌水。

何顺的口述（节选）

（采访时间：1963 年 10 月 31 日）

我 1942 年从香港来，属第 32 批，在海南八所做工。初来时每天有 3 两米，发钱买不到东西吃。我来有一年时间，在八所就亲眼看见日本人打死多人，多少我不知道，什么名我也不了解，就只看见打死。在 1943 年—1944 年，我都没有衣服穿，捡日本人不要的破麻袋来做衣服穿。

1945 年 6—7 月，在海南黄流工人因饿，没有饭吃，逃跑被捉回来杀头，不认识名。

编者注：何顺（1912—1970），广东顺德人。1963 年在采矿车间工作。

（符思权　整理）

第3本

（1963年）①

何华根的口述（节选）

我1940年从上海来海南岛，当时我在上海当学徒，被日本人拉来的。3月间到海南八所，当时八所一片沙滩，仅有几间茅草房。到八所不久就用汽车送到北黎、马岭，在岛村做工。我是第3批，第1、2批是1940年初来的，3批共来2400多人，到这里780多人。在岛村住茅草棚，吃的是饭团，在饭团中间有萝卜干和米沙酱。当时住的没有床，跳虫爬满身。我们没有钟，清早工头、日本鬼就赶起床，起来什么也看不见，摸一个饭团就走。下班回来啥也看不见，摸个地方就睡。我们去20人，经过3个月就剩我一个人。当时得病主要是夜盲、恶痢、浮痤、烂脚、打□。得病也得去干工，不能去就用棍子打。那里水很少，含一种污质，喝水就得病。我当时也得病，在临近死亡的时候被送到新街。当时每天最少死1个人，最多死8个人。得癞的人很多，只有到海里洗澡。人死了也没有棺材，光光2、3个人埋在一个坑里，狗吃乌鸦吃。

1941年初我又去八所吉田做矿桥，我们运沙石，工资5角钱，两班制，一班从天亮到天黑，另一班从天黑到天亮。工作时中间不能停一下，停一下就拳打脚踢。当时是吃得饱了，但病还是很多的，特别是痢疾。当时有些人想不上班就得逃跑，否则要挨打。当时穿的也很困难，工人穿洋灰袋，香港人和上海人穿一些麻袋和洋灰袋，一直到1945年。当时中国人有很多逃跑的，抓回来打死的很多，自杀（上吊）的很多。我们上海来2400人，有一部分在搞由石碌到八所铁路的涵洞。当时工人做不了逃跑被抓回来，绑在树上用火烧，活活烧死。当时打涵洞经常塌崩，一下子压死几十个人。到1945年上海来的2400多人只剩100多人。

在1942年和1943年，日本人从香港骗一批青年女人，说到海南昌江石碌当

① 此时间为编者补注，原记录本没有注明。

护士，来后叫当妓女（“慰安妇”）。

当时工人往家寄钱，中间叫人拿走了，家里也得不到。

编者注：何华根（1923—1993），浙江省余姚县人。1963 年在海南铁矿检修车间工作。

麦秀玲的口述

我 1940 年 2 月份来海南。

在海南昌江石碌工人生活很痛苦的，每人每天 4 两饭，吃番薯和番薯干。穿又没得穿，前胸遮块纸。4 两米不够吃，大人吃小孩的，小孩都饿死。

和我一起来的 8 个女的，死剩我一个。

1945 年 1 月份，陈娜芳等 10 人逃跑，跑到海南琼海，陈感觉不好意思，家里有爱人和小孩，无法见人，因此投海自杀，其余 9 人下落不明。

共渡来 200—300（女）人，光石碌就有 20 人，宝桥（今叉河）、八所、海口到处都有。

（他们骗我们说：）“你去吧，你爱人在那地方做工作，我们送你到你爱人那里做工。”来后根本不让和爱人住一起，而是做妓女。海南保亭那边有人初来时不愿做这工作，上吊自杀死。日本人带来的人死了也不许讲，你讲就打死。

关胜球、林竟诚的口述（节选）①

我于 1943 年来三亚田独铁矿。在广东汕头出来时我家乡大饥荒，工头到那里招工，说要活命就去海南，每月给 30 元，一年后返回。

来后每月只给 10 元钱，说剩下 20 元回家再给。每天大约 4 点钟就打钟起床，集合排队。每人给两个饭团，大约 1. 5 两一个饭团，放点盐巴。一间草房住几百人，有病也得上班，不上班就打，实在上不了班就上病号室，也就等死了。当时我们一张蚊帐住 12 人，死得就剩 1 个人。后来看不跑一定死，跑了抓住也是死，为了逃生，我和另外一个同乡跑到黄流，当时有个老乡很好，把我们藏起来。

那时我们没有菜，要菜自己找。从台湾人饭堂捡回菜头菜尾，用日本人吃完的罐头盒煮吃。当时我们汕头来 4000 人，每个队 200 人。我们那队队长叫某某某，相继死了 160 人，剩下 40 人，还有的人有病。……（略）

---

① 篇中的“我”，无法考证是哪一位。

在外队里面有活埋的，也有被骗说去打鱼，去后全被扔到海里喂鱼。

吴率、曾红、林云街的口述（节选）

我们 1942 年从香港来，属第 1 批，单数去三亚田独，双数去昌江石碌。我们于 6 月间到三亚安由，在港口住了一个星期，然后又去安由机械厂。我们那批有很多技工、翻沙工、车工、钳工。当时技工 2.4 元，普通工 7 角。我第 1 批来，往家寄钱，但香港来的第 4 批说家里没收到。当时我来时就看见工人穿洋灰袋纸。当时睡的是大板床，很多人睡到一起。我们要买点东西，就偷着去红沙。后来被台湾人看见了，问是去哪，我们不肯说，要是说了就被他们抢了。我们不讲，他就叫我们排队挨个打，如果老老实实站着打一棍，如果要是躲一躲就打两棍。当时病的人很多，大多数都烂脚，烂得长蛆。得夜盲症，一到晚上什么也看不到。当时医生护士不愿看病，如果你去看病，他用耙子给你耙，疼得你有病不敢去。据说当时日本人给一些药，但又被医生护士偷走。当时我看到医院一天就死 9 人。

当时工头、技术工种可把家属接来，我一路都是没有钱，正好我赌钱赢了几十块钱，叫工头带回去，把我爱人接来。当时我爱人瘦得不像个人样，当时想不要 3 个女孩，后来勉强带到安由，小孩不做工也不给饭吃，我最小的女儿 4 岁也得做工才给饭吃。

当时有两个工人没有衣服穿，他们就偷日本旗做衣服，后来被查到枪毙。当时人死得数不清，把死人骨灰装进 4 寸见方的小盒里，小盒叠满一个长 3 米、宽 2.5 米、高 2.5 米的小房，另外埋了很多。当时田独有工人 25000 人，一共来 50 多批。

1945 年日本时期，每人每天每餐 2 两稀饭，一天 3 餐，木瓜头等一切拉拉杂杂全都吃光了，用日本人吃完的罐头盒来煮。

编者注：吴率，1963 年在海南铁矿锯木房工作；曾红，在海南铁矿维护队工作；林云街，在海南铁矿基建队保卫组工作。

黄平、李绍雄的口述（节选）

来三亚安由后必须先到斧头岭，我们 500 人在斧头岭住 12 天，死 10 人。当时跟我们讲去海南 1 年，结果在发的工作证上写无限年。一个总管下管 4 个工头，一个工头下有 4 个二手（一队约有 500 多人），一队有 4 个卫生员，100 人里有 4 个伙夫。

我于1942年7月1号到安由，住的是茅草房，睡的是长板铺，一个房间睡100余人，每个人的睡铺宽约30公分，根本没有蚊帐，蚊子又多（总管不和我们住一起，他们睡单床）。一下雨屋里水浸入30—40公分，屋内阴暗潮湿，我到安由7天就病了，脚腕子烂穿。每天早上5点钟，日本人拿一条竹板敲打木板喊起来，统统的起来，晚上6点回来。

吃饭分饭，吃菜分菜，人人一盘（白铁皮做的圆盘，25公分直径、高2公分），并有3、4条手指大的鲜鱼。初来2、3个月没分，以后就分了。到1942年底和1943年时，一天3餐，每餐一小碗。有病不能上班，就用手往头上一摸，拉出去拳打脚踢，用洋镐柄打。当时工人没有饭吃，可是日本人养的猪每一顿一桶饭，喂猪工人偷回来我们一起吃。工人发烧，有病就看病，日本医生给一点金鸡纳霜，忙催上班，强迫工人带病劳动。晚上大家还好好睡觉，第二天一起床就有人死了，拉血死的很多。

当时在斧头岭后边有游击队活动，当时工人生活无路，逃跑找游击队。在1944年夏天有6个人逃跑，有2个人被抓，抓回后把两脚穿上木鞋，殴打得死去活来，最后不见了。

1943年7月，第33批工人黄树从澳门来，当二手，带外线工挖坑竖杆。平时他爱赌钱。初来时总管对他很好，因他有文化，他向总管按20分利借几十元钱来治脚，他跑到海边用海水洗脚，每天都去。有一天日本人因丢东西追捕偷者，说是黄树偷，带回劳务所关闭7天。总管红沙人钟琼对日本人说留着没有用了，日本人将黄树带到铁路边杀头，逼我们去看。

现在安由铁路旁边有一个5米见方深10米的坑，自上而下层层叠叠全是死人。解放后在原地建纪念碑一座。

在日本时期，有个姓梁的总管把日本人发给100个工人的12斤牛肉偷走了3斤6两，工人敢怒不敢言，借他姓编成一首歌谣：“三刃木，偷牛肉，偷我三斤六。”

工人有病丢进茅房，过几天死了都不知道。如有同乡，人较好，可悄悄替他分饭送去。

（符思权　整理）

第4本

海南铁矿机关组

（1963 年）

欧师栋的口述（节选）

（采访时间：1963 年 10 月 24 日）

我今年 43 岁，家住在广东新会县城。谈起我的家境和我身历的遭遇，的确叫人辛酸泪落。

日本帝国主义侵略新会时，无辜的父亲死在日本鬼的刀枪下，家穷不堪，母亲含着泪水借钱来埋葬父亲的尸体。父亲死后，生活更穷困了。为了生活，母亲四处奔波，却被资本家以招工为名，骗走了，丢掉下我和两个弟弟，一个妹妹，无人依靠，只好上姑母家去度日。那时姑母有两个表兄在南洋，每月有些钱寄回过活。可是姑丈为人很不好，对我们有些反感，我那时仅有 12 岁，只好忍耐着，整天为他们打柴挑水。到 14 岁那年，姑丈叫我到新会城南三街长合钻铺当学徒，当这个学徒是名义的，而实际每天从早到晚都是替店主洗衣服、做饭、打柴、扫地等等。吃的是最稀最稀的粥，也没有工钱。不久，这间铺因生意萧条倒闭了。这时，我只好又转回姑母家度日。

16 岁那年，姑丈的兄在香港开设一个印刷厂，我跟着做学徒，可是不识字，只好成天任主人差使，主人叫做什么就做什么。

不久姑丈去世，日本打新加坡后，两个表兄也没有钱接应姑母，实在环境所迫，使姑母无法维持其生活，而我两个弟弟和一个妹妹饿死在饥寒交迫的生活底下。

日本鬼侵占香港后，印刷厂倒闭，我失业了。那时，左无亲族，右无亲友，有谁可怜我这个孤儿呢！奔波无门，生活所迫，只好终日游荡于街头小巷，寻找零星的食物充饥。

有一天在街道上，碰着一个胖子这样问我：“小孩子，你整日闲手无事，游于街道，又饥又寒，我介绍你去工作，好否？”就这样我来了海南的榆林港，那年是 1942 年。

同我一起来的有3、4千人。在船上日本帝国主义把我们像猪狗一样看待。船不知有多大，而那些总管总是拼命推工友兄弟在船上挤。吃没有吃，睡没地睡，只好忍饿，倒睡在地板上、货堆上、甲板上，甚至在厕所里。那时，我才知道上了勾当，但也实在没有办法了！

同我一起来的几千兄弟，现在仅剩下几个了，其余的都是死在日本鬼子那残酷、毒辣的手段之下。

日本鬼子的法西斯罪行，实在是够凶残的。

同我来的几千兄弟，都在三亚榆林飞机场做苦工。初期尚分一些饭吃，后来可惨了。那些日本鬼子和工头是没有人性的，在工地上做工时，稍慢一点，就挨粗大的木棍、长粗的钢绳、枪托、石头打，打死的兄弟实在不计其数。

有一次我患了病没有饭吃，肚子饿得很，便偷偷摸摸去饭堂的水沟里捞那些臭饭粒和发霉的菜来吃，被日本鬼子看见了，立即抓去殴打昏倒，并质问说："你病为什么还能吃饭，为什么不能做工，你是假装病的。"打得我不能动弹，兄弟们看见我被打成这样，也不敢出声。如果谁出声就说同情假病的人，也要一起受罚。我只好爬进宿舍。现在我的身体坏了，有了肺病，这都是日本鬼子折磨造成的。

有一次，我看见许多患病的兄弟也是饿到极点而去饭堂的水沟里捡那些臭菜来吃，被日本人抓去绑吊起来打，打昏倒不动则用冷水泼醒后再打，打得半死就拉去抛在火堆上烧死。又有一次，一个工友因得重病多日不上班，被日本人抬去丢进火堆里，那工友挣跳出来又被推进去。就这样被那些强盗活活烧死的工人兄弟不知多少！

烧尸体又烧不完，乌鸦、狗来拖满地都是。那些强盗的罪恶啊，滔滔不绝！

工人病了，烂脚了，又没药医，又没饭吃，只好等死。

在那住的是破烂的草房，穿的是烂麻袋、洋灰袋，吃的是臭饭菜，到处都是乌烟瘴气，谁也不知道能活多久！

1945年，日本鬼子投降了。

编者注：欧师栋（1921—1996），广东新会人。1942年5月到海南。1963年在海南铁矿检修厂工作。

梁炳的口述（节选）

（采访时间：1963年10月24日）

我的原籍是广东新会县，但三代都住在香港，我出生于香港。小时我在香港水务局做修理工，每天的工资是1元2角5分港币，物价时时高涨，生活很难度日。爱人不分昼夜地替人家洗衣服。每月家里都是超支，生了病就更成问题了。

日本鬼打香港时，一颗炮弹摧毁了我的住宅，爱人、母亲和 3 个孩子都死在日本鬼的枪弹下。

日本侵占香港后，工人的生活更惨了，工人一天的劳动只换来一牛乳筒米（约半斤），没有工资。

一天我遇着罗九，他说："海南好，你去海南吗?"就这样被他骗来海南田独铁矿。那年是 1942 年。

初来发一个月工资，每天 1. 7 元，看来钱不少，但那些总管和头目扺扣什么费后，实发到工人手中不到 10 元。

我是第 4 批来的，来时共 190 多人，这些人都是机械工人。

日本投降时只剩下 5 人，其余的都是死在日本鬼的枪刀之下。

在日本时期工人根本就没有房屋，住的是破烂不堪的草房，80 人住一间约 60 平方，都是硬挤，不能辗身，又没有床，地又潮湿。

初来 6 个月都有些饭吃，6 个月后吃的是杂粮、南瓜，甚至都没有吃饱。

穿的全不发，也不发工资，我们从香港带来的衣服穿完，只好赤身露体光屁股，甚至连遮羞布都没有。

6 个人合用一张蚊帐，盖的是麻袋，冬天里根本睡不着，都是在床底下（自己搭的铺板）挖坑烤火来取暖。

病的人很多，到处都是水肿、烂脚、烂手、盲疾。工人病了不给饭吃，也不治疗，工头还凶恶地到宿舍赶他们去上班。病了不能上班，就挨打。被工头强迫去工地，因病不能干活，日本仔看见了又打。

社会黑暗，工人之间隔膜，甚少来往和谈心，所说的是："现在吃了，等一下死了；今天吃了，明天死了。"

编者注：梁炳（1900—1979），广东顺德人。1963 年在汽车队设备科工作。

蔡秋的口述（节选）

（采访时间：1963 年 10 月 25 日）

我 1943 年来海南陵水英州坡飞机场，同来的有 100 人。

我家住在广东汕头市郊棉花村。8 岁时跟做生意，12 岁父病死，那时家中有我、母亲、祖母和 3 个弟弟。15 岁时母亲死了，家中田地被地主恶霸占去（地主姓名不详），祖母 70 多岁饿死。20 岁时我到广东揭阳做苦工 1 年。3 个弟弟流浪各方。

1943 年我被招来海南英州坡做飞机场。生活过得很痛苦，没衣服穿没被盖，没东西吃，每早 4 时就起做工，到晚 6 时才休息，和我同来的 100 人饿死了 90%以上。

编者注：蔡秋，1963 年在海南铁矿机关供销处工作。

陈涯的口述（节选）

（采访时间：1963 年 10 月 24 日）

1943 年我在海南东方做苦工，因没吃饱患了夜盲病，晚上强迫做工看不见路，日本鬼子认为是假的，就抓去做“四脚牛”，用长 2 公尺、粗 10 公分的木棍从腰间打，打后如果还能动弹，认为还可以劳动，便抓到工地用刺刀指着强迫劳动。

编者注：陈涯（1920—1997），广东新会人。1942 年 7 月来海南。1963 年在机动处民建队工作。

冯全兴的口述

我 1942 年从香港来海南八所，属第 21 批，共有 500 多人。

日本时期工人受剥削情况：

1942 年从香港来八所的 500 多人（第 21 批），那些总管都登记每个工人的详细籍贯，对工人说：“这样登记是每月替你们寄 20 元回家。”但这些都是欺骗工人的话，其实一个钱都没有寄回去。

日本时期工人死亡情况：

1. 日本时期八所每天死人（包括打死、病死、饿死、烂脚死），最少是 10 人，最多是 50 人。石碌每天死亡也是 40—50 人。

2. 1944 年在宝桥（今叉河）仅一个月的时间就死 90 多人。

3. 听说 1941 年—1943 年从上海、广州、香港、澳门、汕头招来 40000 多人，1945 年日本向国民党移交时只有 9000 多人。

编者注：冯全兴（1908—1968），广东顺德人。1963 年在海南铁矿疗养院工作。

黎洪的口述（节选）

我 1942 年 5 月从香港来，属第 33 批，后勤队，共有 900 人来海南昌江石碌。

日本时期工人的死亡情况：

1. 1942年5月从香港招来第33批后勤队共有900多人来石碌，20天左右就病死400多人（包括饿死、病死在内），其余400多人调往宝桥（今叉河），不久又死掉100多人，剩下200人左右调往八所马金山做苦工，不久又死了100多人。

2. 当时一个日本人叫做蛮张飞，是最凶残的，他看见工人做工慢些就打，某某号逃跑了就登记号码，等回来就抓来做“四脚牛”，用粗10公分、长1公尺半的木棍乱打。这样被打死打伤的人很多，不计其数。

3. 1943年八所的芙蓉村被日本马队包围，抓100多人，杀死只剩1人。当时日本人说这些人都是游击队。

日本时期工人的生活情况：

1. 每天一个工人是6两米，被伙夫克扣了一半，每顿只是一小碗饭和一些番薯。菜最好的是南瓜，每次厨房杀猪都是被那些警察、工头吃光，工人连一根猪毛都不见。

2. 有一次有一个叫杜成的工人因饿得不行了，就把一件破烂的卫生衣去农村换回30斤番薯，刚回到石碌就被警察看见，全部没收去吃。

日本时期工资待遇：

工人每天0.77元，总管、头目每天3—4元。

日本时期的医疗卫生情况：

1. 病人睡洋灰地，到处是虱子、跳蚤。凡是病人不管轻重都是每天吃2片药，死在医院没人管。

2. 烂脚烂手的每天排队擦红汞水。

编者注：黎洪（1920—1975），广东新会人。1963年在海南铁矿机关基建队工作。

邓炳的口述（节选）

我1942年第31批来海南，共有580人。

一、日本时期死亡情况：

1. 1942年从香港来第31批共有580人，到1945年仅剩2人（其中1名是梁根，现在一矿区工作）。

2. 石碌每天死30—40人（指1942年至1943年间）。

3. 1944年，工人马秋、莫钦想逃跑回家，已从儋州搭上渔船回广州。2个钟头后被日本人抓回来立即杀掉。

4. 1944 年，有一天两个日本人喝酒说："今天我们来个比赛，看谁喝酒多，看谁杀人多，看谁杀得快。"当天喝完酒后就拉朝鲜报国队 400 多人，仅几个小时内就全部杀光（地点在石碌。据说朝鲜报国队的人是比较进步的，所以日本人控制得更厉害，屠杀也很多）。

5. 石碌每天都有人自杀（吊死）。

二、日本时期殴打工人强迫劳动：

1. 1944 年在石碌总管高红最凶残。有一次莫水等有病的工友不能上班，就被他抓来强迫踩下地，上面用大矿石压住头和手，用鞭乱殴打，当场被打死的就有 2 人（一名是姓林的，一名是陈牛）。第 31 批来的 580 人都被高红打过。

2. 每天强迫工人用手捡 4 吨矿，不完成任务的不准下班，不给饭吃。

三、日本时期的生活：

1. 1943 年工人每天只给 4 条番薯，其中 3 条是生虫不能吃的。

2. 1943 年邓金等工友因饿得不行了，把破烂衣服去农村换番薯，回来被头目（姓名不详）看见，被全部没收，并被殴打一顿。

四、日本时期剥削工人情况：

1. 总管高红每天都扣工人 30□，借口是替工人寄回家，其实都是自己贪污了。

编者注：邓炳（1911—1994），广东五华人。1963 年在海南铁矿机关行政处中心食堂工作。

古仗的口述（节选）

我 1942 年从香港来海南八所，属第 14 批，共有 1004 人。

一、日本时期工人的生活：

1. 1942 年从香港来八所。初来几个月尚有饭吃，后来逐渐每天吃 6 两、4 两、2 两米，到没吃。

2. 没有吃，到处偷，偷被头目看见就挨打。

3. 穿的是麻袋、洋灰袋，睡的是黄泥地。

二、日本时期工人死亡的情况：

1. 1944 年 2 月，在八所有一个工人叫何绍，因饿偷东西吃，当场被日本人用棍打死。

2. 八所死的人不知多少，死人埋满了八所沙滩。后来死的人沙滩没地埋了才用火烧。

三、日本时期劳动时间、工资待遇：

1. 每天4时起床排队吃饭，立即上班劳动，到下午6时才休息（中午休息半个钟头吃饭），没有星期天。

2. 工资：每天0.7元，技工1.2元，总管每天5元，头目3元。

编者注：古仗，1963年在海南铁矿机关供销处工作。

欧林的口述（节选）

我从香港来，属第9批，共来600人，到1945年就剩我一个人。

日本人织田是打人王。1942年有一个人叫谭秋，因病不能上班，就被他抓去灌水，用凶器烧红从胸部、背部熨死（在东方）。

编者注：欧林（1920—1979），广东新会人。1941年到海南。1963年在铁矿机关行政处福利科工作。

李满的口述（节选）

我1942年3月从广东新会来海南昌江石碌，属第33批，共有500人。

1. 总管欧强在新会招工时对我们说来石碌矿做工，工资每天0.7元，有家属的还每月替寄20元回家，来石碌是一年为限。

2. 日本统治时期每个沦陷区都有一个合记公司，是专招收工人来海南的。

3. 在日本统治时期殴打工人最凶的是朝鲜、台湾、高丽人，除这三种人外，打人最凶的是总管、头目。

4. 医院分为两种，一种是台湾、朝鲜、高丽人专门治病的，设备好；一种是工人治病的，病床是破烂的木板皮打成的大铺，每个病人仅有40公分宽的住处，死的人往往无人打理，所以在工人医院里都是病人和死人睡在一起。

5. 穿的是洋灰袋。

6. 工人被控制很严格，不准外出，就算身上有多少零钱也不能外出买东西（日本统治时期）。

7. 日本统治时期石碌设卫生役，约一班人左右（20人）。据卫生夫说每天都有30—40人死。这些卫生夫也是剥削者，死人的金牙、破烂衣服都被这些人脱光。

编者注：李满（1907—?），广东新会人。1942年3月来海南。1963年在铁矿工人医院工作。

（符思权　整理）

第5本

第一次汇报记录

（1963年10月26日）

黄宏昌（采访人）汇报：

访问13人，老工人16人已访12人。陈锦国访问时，哭了好久，说不出话来。共谈20个方面的问题。

1. 日本人杀害工人。谭秋（小孩）肚饿偷东西，被抓后，用铁线通过电流，后用水浸。第二次又偷被抓就绑手脚电死（李邦成反映）。

2. 日本鬼对待患病的工人的情况：把有病不能上班的工人留下来排队，日本人逐个用手摸头，不热，强迫去上班。并从中找一个叫余坤的出来当场打死。

3. 1942年日本鬼规定每个工人用手捡5卡（即10吨）矿石，不完成就不能下班，不发牌子，没牌子就不给饭吃。发牌者是日本人或是台湾人、朝鲜人。

4. 工人生活。1943年工人每人每天6.4两米，每餐用番薯作心，做成饭团。

5. 穿的是洋灰袋，偷到麻袋那是最好的衣服。穿洋灰袋，最怕下雨天。

6. 工资。普通工每天7角，中等1.8元，高等2.1元。

7. 1943年3—4月份，建东方水坝时用木船运工人过河去做工，木船很小，强迫多人下船，结果超重，船沉人憋死。后打桩，拉上钢丝绳，强迫工人渡过。有胆小者不敢过去，失足者不救。填水坝时地滑，人有时摔倒不救，继续下沙埋土。

8. （国民党时期，略）

9. （国民党时期，略）

10. 挖石碌—八所铁路涵洞，死人最多，上海来第1批200多人全部死光，洞倒塌，压死。香港来第7批500多人，死后只剩下5人（其中一名叫甄林）。甄林说他那班30多人，上班回来时，人都不见了。

11. 日本人在昌江石碌的劳务所（现党校）是杀人最多的地方，杀害工人不计其数，杀工人时强迫你吃馒头，馒头刚咽到喉咙即砍头，以避免血喷刽子手。

12. 林卓讲，在三亚田独杀人最多的是台湾王、大口李、李凤泉等通译兼监工，手中都拿一根棍子，打死的人有 10000 人以上。

13. 抽去挖洞的人，每批有去无回，每批 300—400 人。林左参加劳役第 6 批，在距三亚安由一天多路程的山上，在小便时，就逃跑，回到绿山村时，碰到伍林也在绿山村。

14. 工人死的式样有烂脚死、气喘死、痢疾死、饿死、打死、杀死、电死、狗咬死。

15. 工人死了工头可吃空名额。

16. 关少南说东方死人比石碌多，挖泥工死最多。

17. 来时住在猪仔笼，印度人守岗。来时，先来的工人就说："猪仔又来了。" 工作时间是每天早上 4 时起床，吃饭到 4 时半排队上班，晚上 7 时才回来。陈锦周说："不见太阳就出去，不见太阳才回来。"

18. 抬死人，4 人抬 2 个尸体。用火烧，木柴不够，就人叠人，去找柴，没死的人有的逃跑了。

19. （国民党时期，略）

20. 在安由矿场，两个工人逃跑被抓回来，叫两个工人挖两个坑，甲埋了乙，然后日本人又埋了甲，两人被活埋（黄荣反映）。抓到的人就杀头，叫所有的工人都来看。有的抓回安由发电厂，站在水里，浸到胸部，手举几十斤重物，站几个小时，过几天就死掉。

21. 蒋荣反映说："八所 10000 多人来，死后剩下 2000 多人。"

22. （国民党时期，略）

23. 关少南反映：①过去根本不知道什么叫劳动保护品。②抬不起来的东西，也迫你抬起来，工人只有死路一条。

王鸿表（采访人）汇报：

动力车间老工人有 20 人，其中东方水电站 4 人。

秦胜：石碌日本时期每天死人最多者达 49 人，死的工人用柴油烧掉，每桶烧 10 个尸体，烧不尽剩下的肉被成群的乌鸦叼去，烧不尽臭气很多。

陈俊芳：每个土坑埋 6 具尸体。

秦胜：日本时工人住的地方是统铺，每 60—100 人住一个房子，很脏很臭，空气阳光很不好。

工人穿的是洋灰袋，穿不到洋灰袋了就像少数民族（黎族）一样只用一片遮羞布遮住阴部，真是一丝不挂、衣不蔽体。

何满说：工人吃的，每人每天1.2两米、1.2两薯干，吃不饱就捡日本鬼吃后丢掉的鱼骨头、菜头、菜骨，或在臭水沟中找些米粒淘后吃。有时到少数民族（黎族）那里偷一些番薯吃。

陈俊芳：在陵水英州坡飞机场做劳工，饿得不得了，偷了少数民族（黎族）的番薯，被打得大便都流出来。

陈松说：广东汕头工人来到英州坡做飞机场，他们每天是1两多米。王德因为没有吃的，偷了烂的油布换点东西吃，被日本人抓到打得死去活来，用电刑，还坐牢一个月才放出来。

苏德才说：在田独他亲眼看到有些工人还没病死、未咽气就抬去烧了。

何满反映：工人说石八铁路每条枕木都是用一个工人（的生命）去换来的。

黄德说：香港来的第4批500余人到解放时仅剩4人。

郑时反映：同他来的300多人，到解放时只剩100余人。

陈玉标说：从汕头来5000余人，20余人参加游击队，到解放时只有700余人。

周生说：日本鬼对工人的刑法是多样的，他亲眼看见的有活埋、当活靶子练刺杀、抓到的砍断脚。在工地上用木棍、木刀、皮带、电刑。

冯全兴说：1941年—1943年从大陆来4万多人，到1945年日本投降时只剩下9000多人了。

工人如果不能做工、不愿做工，日本人有时命令工人对打，打到大家都受伤为止。

崔全说：从海南招了2000多名，一晚逃跑了500多名，抓到2名，一壮年的跪着杀死，叫齐各地工人来看着，杀时血喷2公尺远。当众杀头，地点在四一零队那个山沟里，年青的虽没杀死也被吓昏，回来不久也死了。

汕头工人有的说来了3990人，还有30多个童工，到日本投降时剩下700余人，集中在黄流集中营。集中营的生活苦不堪言，用玻璃瓶打成碎片剃头。

日本鬼时工人是每天工作十几小时，中午休息20分钟吃饭，饭后又强迫工作，用人工开矿。开始6吨，后来增加到10吨。工作累又不得吃，炎热的太阳下有人支持不了，晕了过去又醒过来。

当时招工时是由各地合记公司负责，他们欺骗说来海南工作，每年可以回家一次。

黄胜：1944年从香港招来180余名女工，骗她们来当护士，洗衣，但年青的就送到“慰安所”当妓女，其中八所20余名，安由30名，石碌100余名。这些人衣不蔽体，只穿了三角短裤，供红星派人物玩。也有霸占华工的老婆的。

第二次汇报（节选）

（1963年10月30日上午）

黄宏昌（采访人）汇报：

检修车间31名老工人已谈27名。具体事例，比如名字，没有办法搞出来。

1. 工人患霍乱病或被怀疑者，推去病房打死针（符光凤回忆录）。

2. 符光凤看见一工人背一病人前往焚尸场，病者没死，紧紧缠住，结果，日本人把这两人一起投入焚尸场。

3. 黄培妻子漂亮，台湾籍人四眼宋经常去强奸其妻，无可奈何他。宋还害死黄培。

韩文光（采访人）汇报：

日本时期，宿舍分为上海人、大陆和海南人，住在现电影院边宿舍。朝鲜报国队来700多人，日本投降时200多人被拉去北黎全部杀死。

妓女院130人大部分是香港招来的，也有少数海南人。从香港骗来的30号（广州人），18号（海口人），在天冷时脱衣服下来打，打后女的失去知觉，再用水冲。每个妓女每天卖25张票。头目、总管、日本人才能进去，个别班长由日本人介绍可进妓女院。

左三季反映：1943年几十人得痢疾被抬去医院，第二天都死，只有他一人没死，于是把他抬出来，其他人都抬去烧。

劳动的吃6两米、病者3两米一天。医院开水也没有，进去一定死。轻病者不愿去医院，愿上班。

脚烂用水龙头冲。有一个人用水冲就昏倒，后擦一点红汞水就走。

梁腾反映：1944年8月，林定叫一个工人上山找烂脚药，梁总管报告日本人说林上山通共产党，日本人就当场抓林来砍头，叫工人回来看。工人虽回不敢看，并掩着耳朵，又被日本人打。

李从根反映：李苏1943年在八所有病，肚饿，看见码头有很多米，米搬走后，李就在地上捡米粒，给日本人看见，用木棍当场打死。

卫生役这一组织的工人发大财。一工人死后，全嘴有金牙，工头叫工人把金牙凿打下来。

日本将投降时拉两大车人到八所枪毙。

1942 年第 24 批来 100 多人，国民党接收时有 80 多人，解放后只剩 3 人（吕忠、林福、李从根）。

600 多上海人搞涵洞，死的人很多，现在一个都找不到。

广东汕头来 3990 人，其中有 12 个小孩。汕头地区的人先来飞机场，后才转来矿。香港来的工人，有家属在香港者发工资时每月留一部分钱给家属，但香港合记公司说，你爱人在海南已死，或者你爱人已输钱，没有钱。

王鸿表（采访人）汇报：

动力车间老工人 21 名。

1. 1942 年广东汕头沦陷，即从汕头市无业、失业的工人中抓来一批。

2. 海南是用抓丁的方法。3 个月轮换一次，有钱者（地、富）可雇别人来。

3. 1943 年台湾报国队、朝鲜来的报国队是大中学生，休息时不准两个人谈话，每天只准抽 2 根烟，上下班都被日本人看住。

4. 陈如省吃仙人掌煮盐巴，结果死掉。

5. 1941 年第 7 批陈金上山砍 2 根木柴换米，给日本人看到开枪打死。

6. 1941 年陈源、陈之偷白铁皮跟黎人换吃的，被日人枪杀在现电影院旁。

7. 1943 年在安由有 2 个工人发高烧，讲话被总管吴杰看到，报告日本人说装病，被日本人打，屎尿都流出。简尤等工人把他们抬去医院，半路就死掉。

8. 1941 年—1942 年从香港招来，简尤号数是 61000 多号。

9. 石碌百姓庙骨灰 1800 多个装入木箱，不装的不计其数。

10. 1942 年 8 月份，第 17 批修铁路，从八所到石碌，一个多月时间，420 人剩 200 多人。

11. 1942 年—1944 年上班分两队，一队有病，一队没病。说有病，鬼子用手摸头，不发烧当场用脚踢。

12. 成吨的机器都是用人工抬。罗成劳累休息，日本人用铁锤打腰，回到宿舍吐血死亡。安装 4 部卷扬机死 3 人。工越忙皮鞭越多。

13. 1943 年米价 1.8 元，当时工资 7 角、1.8 元、2.1 元。

14. 工人麦广昌在 1944 年挖洞时被压断腿，总管还骂他饭桶，抬到半路死掉。

15. 秦胜说：1944年石碌火车站是小山丘，挖土的工人被塌崩压死11人。

徐名芝（采访人）汇报：

装运老工人56人。

1. 第35批工人潘基偷一面日本旗做裤子穿，被查到，绑潘在十字架上，7名日本人用刺刀刺死。

2. 第35批倭子洋工头，拿牛鞭打工人。

3. 1943年在东方广坝衣亚石，有个工人早上很好，吃饭后，泻肚，日本人就抓去打毒针，当场死掉。

4. 1943年，工人陈平脚烂，不能上班，到黎村讨饭。晚上回来，工头报告日本人，林超等5人被叫去挖洞，叫陈平来，问要求什么？要吸烟，吸一半，就一刀砍。

吴昌桐（采访人）汇报：

1. 八所成立一个火葬班（60多人）。老工人郭平说："平时火葬50—60人，最多一天有300人。"

2. 一矿区老工陈光说："1942年底，香港来的工人梁仔，结婚不过一星期就来，爱人王玉霞在香港，不久也报名来当护士。刚来在八所，当妓女，不愿干。来后到处找爱人。梁病了，梁知玉的住所后，找到"慰安所"会面，老板把玉关在一个房间。后调来石碌。不久，梁在医院病死。玉在石碌闻爱人已死，就在河边上吊自杀。"

3. ××开一茶馆，专门听取工人的言论。

4. 工头上班，坐在平台上，叫工人推，不走路。有时6人推，有时8人推。

5. 日本将投降时，有4仓库马达，偷了3车运去八所。

廖一初（采访人）汇报：

一矿区老工人70人。

1. 香港第48批，共有300多人，日本投降后剩100多人。汕头来4800多人，日本投降后剩800多人。上海来最多一批3000多人，1948年只剩30多人。

2. 黄波有病不能出工，被日本人在头上一拉，用脚一踢，回宿舍当晚死亡。

第二天日本鬼子再来，又打，但人已死，日本鬼骂道：“睡死啦!”

3. 日本劳务所不见一个电话机，7个工人都遭毒打。

4. 胡昌红在劳务所洗衣服，有一日本鬼睡到八点还不起床，不能洗，日本鬼起床后就打胡。不久又碰到胡，脱下鞋子打。

第三次汇报（节选）

（1963年11月5日）

王鸿表（采访人）汇报：

“慰安所”4人（李秀珍、莫冰老婆、叶宗树、王才老婆）不愿谈。邓秋老婆说：“长得漂亮客人多就好一些，每晚8—10人就不挨打。每晚平淡2—3人要挨打骂。”生病也要接客。其中一个怀孕，还要接客人，结果流产，本人也死掉。欧卿本人有病也要接客，病了没人送开水，自己喝自己的尿。房子里虱子多。妓女有调动，有时去宝桥（今叉河）或八所。外出限定时间，超过时间，鸨婆就打。吃的每餐2碗薯干（口杯）。穿衣服先借，以后卖肉体钱来还。有一妓女借600块，以后还3000块。当时谁都顾不了谁，除吃饭外，没有零用钱。有些客人高兴时给1—2元。

妓女每月抽取约50cc血做检验。人人吃得不好，面黄肌瘦，患妇女病、性病。

妓院分为日本的、省港的，日本的妓院都是抓朝鲜人和日本人，省港的都是说白话的。

日本人到“慰安所”是横行霸道，拿出军刀砍伤一妓女。每个妓女都有妇科病。日本和朝鲜妓女嫖客是日本人。

护士王坤1942年从香港招来，王是第36批来的，同批来67人。石碌留20名，大部分配“慰安所”，其余是宝桥（今叉河）、安由等地。

北区当时有4名医生（2内科，2外科），10多名护士，看本地人的。东区看日本人，二等看台湾人、朝鲜人，三等看山东人，四等看苦力工。看病时认识医生或护士就给好药，否则不理你。

医生麦大英是最坏的。来看第二次病，不献殷勤，他就不高兴，说比前好，就不给你看。

在东方干活的工人，多有受苦不了跳水自杀的。东方工人有7批，共3000

多人，到国民党接收时只剩几百人。东方统治工人的是总管，下设五个头目，还有书记、卫生役。总管辖400—500人。工人生病，分疟疾、烂脚、拉痢等病房住，痢者多被打“死针”。

东方“慰安所”有20余名妓女。

（符思权　整理）

第6本

海南铁矿基建总队
记录人：李骏声

（1963年）

林瑞的口述（节选）

我1941年12月到香港，1942年1月到海南北黎市做飞机场。当时因广东汕头失陷又闹饥荒，到处见到死人。我们同来的共800人，分8个大队16个小队。当时汕头市出布告骗人来海南做工1年就回去，每月在这里除伙食外，家里可向汕头收容所拿一点钱。另外还有一批小孩，这一批人不知到哪里去。和我们一批来的工人在矿里尚有好几个。

在日本时期，天一亮就起来做。说病就摸一下额头，发热，算有病，不是发热就打。一天最少10个钟头。吃的，每餐一小平碗，以后早上吃3个手指大的番薯（肖炳奎同志最熟）。

当时一个月拿到的工资除吃饭外，做不了一件衣服。

在日本时期，我知道有一个工人，说他偷鸡，结果被活活打死。我们从家里带来一些破衣服，因饿了到农村换吃的，结果连裤子都没有穿。日本人叫我们“小孩”，意思是没有穿裤子。剃头发，就打破玻璃，用玻璃碎片剃头发。很多人吃“仙人掌”，吃了小便发红，过了不久就死了。

日本时期我们没来海南以前，在汕头收容所有一个同小组的工人名叫章廷明，他妻子刚生一个小孩，当时我还安慰他妻子说：“我们去那里如果生活苦，我们还有点文化，帮人写信，收点钱也可以寄回来养活你们。”结果她爱人来到海南饿死在农村。

我来海南时家里有母亲、妻和7岁小孩，因逃荒母亲死了，孩子死了，老婆被迫出嫁。一家12个人到解放前只剩我一个人。

编者注：林瑞（1914—1993），广东潮阳人。

余信的口述（节选）

我1942年从香港来，属第7批，同来的共有300余人。初来在海南八所搞铁路，以后我就搞机车。

日本时期，吃2两4米，3两6薯干，菜是南瓜、罗［萝］卜，没其他菜。穿的是偷来的麻袋做的衣服。如被日本鬼抓到就把衣服弄湿，施电刑。有的不敢去偷，用洋灰袋做衣服。住的是茅草屋，没床板，睡地下。

有一次我生病，不想吃饭，想买点番薯，他说我逃亡，被他打。

当时由香港、澳门共招来17000人，后只剩2000多人，大部分水土不服病死。特别是后期生活比较困苦，吃得就更少了。

做工没有什么劳动保护品，只一条毛巾用一年，得用钱买。每月工资杂工约24元，技术工60元。

以前开设一个福民公司，里有茶楼、烟馆、赌馆、妓女院。

总管在八所开了一个福民公司，工人不服自己也搞了一些东西卖，总管就说我们是游击队，当时被日本人杀100多人（约1944年）。

东方、八所、宝桥（今叉河）都设有妓院，这些妓女其中有少数日本人，朝鲜人、台湾人也有，最多是香港人。

石碌挖火车山洞，病死好多人（动力车间何华根清楚）。

编者注：余信（1905—1974），广东台山人。

白占的口述（节选）

我1942年2月从香港招工来，属第4批，订合同1年。来时身体检查很严格，差的都不能来。3月到海南八所，住草棚，初来整日关在里面搞卫生等，不做工不能出。

我被分配来昌江石碌，当时石碌没有房子，住在叉河。我和他们斗争两次，第一次因不让我上火车路基路走，我们就合起来和他们闹。他们叫工头去问话，工头回来叫我们以后不能这样，要听话。第二次在矿场，早晚要排队，早上要对太阳列队后才工作。我们不习惯，有的笑站得不好，日本人就用手打人，我们不服气，中午叫齐工头去问话，在发电所后面架上机关枪，结果将工头打了，说工头管理不好，以后工头对我们要求严格多了。

我初来当苦力工人，先做运矿。当时无铲机，用洋铲铲上，用人力推矿卡。当时我年纪小，力气小，台湾人说我不卖力，用木棍打我。那时只哭，也不懂怎样斗争。不到一个月调去做风钻工，做 3 个月多。再分配去做建筑，修理一些工具，打铁。以后知道我会打铁，就调我去大公司做技工。一次我抓钳，日本人抓锤打东洋剑，剑刀掉下来割伤了我的脚。

有一次招了 1000 多民工，逃走 500 多人，被抓回 2 人，有一个年纪大的，约 1943 年将他杀掉。杀时还叫我们出来看，并告诉我们以后不准逃走。小的吓病昏倒，之后不知有没有死，杀的地点就是现在电影院的左边。当时经常听到或见到工人投河死、吊颈死。

当时分管工人和管生产的管工仔只负责每天将人数交给工地工头，因此有好多人逃避不上班。有时在河边见到丢在河边的骨架，不知什么时候死的。也经常见到吊死的，现在市场冰厂也吊死过人。和我同批来的 1000 多人，现在只剩 8、9 个人。现在贸易食品公司的地方（茶楼）过去住 108 人，现市场钟表修理店是当时台湾人住的。

当时配给一件无领衫（白帆布做），但不是每人给一件，后来的就没有。这些都是用钱买的。我得了一件麻袋。一张蚊帐住 25 人，一间屋给 4 张蚊帐。

1943 年底至 1944 年初死人最多。当时设有两个卫生组，一个收尸，一个清地。有一个烧尸班长，有一次将一个没死的人抬到半路，发现尚未死。每收一具尸就要奖金，我看见收尸班两人赌博，钱特别多。

吃的方面，初来第一年还不错，一星期有两次肉吃，以后就逐渐差了，吃米糠。

彭满的口述（节选）

我 1941 年 4 月底来矿，同来 138 人，现剩 13 人，有少数返广州。

我初来矿在三亚安由做钳工。我原在广州做钳工，因家散人亡，当时看到布告招来琼山做工，实际来三亚田独铁矿做工。每天工作 11 小时。如不上班，来宿舍催。如遇病不上班，台湾人来宿舍用木棍打人。当时每人每天 4 两米 1 个番薯，伙房又扣除，实际得不到这个数字。有一次我们数十人做家具，被台湾人看见，当场被打巴掌，最后按倒在地用脚踏。以后叫我到陵水新村港做防御工事，我不愿去就逃亡，逃到爆破崖给少数民族（黎族）砍柴。当时没有衣被，幸得农民照顾，拿点破布来用。

当时大家因肚饿，被迫去偷，被抓到，把头汇报得好就挨打，不好就杀头，所以大部被杀。安由纪念碑下杀死有1000余人。每次杀人都逼人去看，当我听到杀人，宁愿不上班。人死后在田独用火烧，在安由用土埋。

安由有一栋房由头目代表（工段长）、二手（组长）等人开设赌场。三亚榆林有一个“慰安所”（里面妓女全部是中国人），现矿里邓球（调去海口）爱人邝瑞云，当时在里面工作。

有一次，在安由劳务所，我看见一个工人因偷东西被抓到了，先用棍打，打昏用水灌，醒后审问，以后死了。

编者注：彭满（1912—1965），广东番禺人。

黄智泉的口述（节选）

我1942年从香港来，属第9批，同来524人。香港沦陷，生活不能维持，当时招工订合同1年，每人只发1本册子，编1个号。初来到海南八所，2个中队在八所，3个中队在宝桥（今叉河），每个中队1个翻译，1个头目、4个班长。我初来分配八所矿桥工作，填矿桥。

初来几个月，粮食基本过得去，至年尾粮食限制。我当时运沙，每天运12车，两人1个卡，24卡。劳动力强的早干完早回去，差的从天亮干到天黑，干不完不能回去。装不满就打人。

当时在八所运沙，40多岁的工人杨金水在八所石山运沙，因车出轨辗断腿，送医院不久就死掉。

伤病了，上班前排队由总管检查，发烧摸头，烂脚用牛肉敷伤口，有的生虫。邓荣就是烂脚到见骨，一次运石头，抬到医院死了。

我们领班的总管有2个，一个叫张绍全，一个叫黄柏。黄打工人最厉害，他用有刺的野山骨来打人。

日本将投降时死人最多。每天2两4米，6两番薯。每人每餐一小白平碗烂饭。1944年底集中石碌、宝桥一带工人到八所挖战壕，规定挖3洋铲深，2.5洋铲宽，共做了4个多月，限制很严，甚至病人也要强迫去做。当时有一个工人，大家叫他傻仔，他对日本人残酷压迫痛恨入骨。他抱定牺牲自己决心，一次他跑到日海军特务处去自首，自称他是游击队员，并将总管工头也说是自己游击队的同路人。日军听了大惊，马上将总管头目扣押起来。以后这些工头用钱去买通医生，用毒针将这个傻仔打死。但这些头目还是没有逃脱日本人之手，一天夜晚，这100多个头目被杀于八所桥下。

日本时期我本人经常挨打。有一次在海军特务处被打得最惨，当时我被分配到船上当水手，有一次起大风暴，水手头目回来，在码头上大声叫我开仙［舢］板。当时周胜和我值班，两个人划仙［舢］板过去，几次都靠不了岸，水手头目发怒，打了我几个耳光，我以仇眼相视，他又用藤鞭来打我，我当时忍无可忍，宁死痛快，干脆将仙［舢］板用力一掀，仙［舢］板翻倒过来，水手长看了更不服气，马上传我到海军特务处用洋镐打我，一连十几天起不了床，也不给到医院治，幸好工友们凑点钱买了一些番薯酒喝和擦才好起来。

在日本时期住的是洋灰制的太平床，每人一张短的小棉毡，还在工资里扣除10多元。天冷加洋灰袋御寒。有的冒死胆去偷麻袋，因万一被他发现，轻则吊打，重则杀头。在八所杀头多是夜晚用汽车运到八所桥去杀。八所的石山是埋人的地方，当时抬死人的棺材都是底下活动的，抬出去，尸体倒掉，棺材又抬回来。

林壮的口述（节选）

我1943年来海南陵水飞机场当炊事员。同批来的280多人，日本投降时剩72人。

编者注：林壮（1921—1988），广东潮阳人。

陈晃的口述

我是1942年9月2号从香港来海南。当时一因生活所迫，二因年轻要抓去当兵，迫于无奈才来海南。当时来时没有说来矿山工作，并订合同，期满1年后就回去，这些根本是骗人的。我来到八所，分配搞铁路，以后挑饭等。

在日本时期，工作时挨打，人人都难幸免。我记得有一次分配我们4个人去抬800斤钢轨，因抬不起被头目用洋镐打（地点是9公里，时间1942年11月），当时被打昏了。以后听工人说抬我到医院去，医院不给住，在家休息一个星期又继续上班。第二次在35公里处的工地上，因叫我去打道钉，我不敢做抡大锤的苦力工，头目就用锤打在我的腰部。现在年纪一大，有时还会作痛。

日本人打人，年轻的打得少一些，他认为可以感化后帮他做事。30岁以上的打得就更多，几乎天天都挨打。

日本人是不讲安全的，所以翻车、出轨经常发生。有一次在昌江石碌北 3 公里路上，翻下一辆汽车，死了 20 多人。又一次是 1944 年上半年，在 24 公里处，火车出轨翻了 10 多个卡，将 10 多名火车上面的工人全部压死在矿石底下，事后过了 3 天才去挖，结果尸体都腐烂了。

日本人打人是无所谓的。1944 年冬，有一次日本人丢了一个皮箱，之后工人黄就在铁路上捡到一些破皮箱碎片，被头目知道了，就传全班人去审问，最后迫黄承认是他偷皮箱，也是用吊、电、打等刑罚。关了一个星期，出来后没几天就死了。

有一个香港来的工人名叫梁仔（1942 年春），在香港结婚刚一星期，他就被招来矿里工作，因身体不是很好，病在医院。他爱人王玉霞在香港听说这里要招女工来做招待员，又想到爱人也在这里，就报名前来。谁知到八所一上岸就分配她到“慰安所”当妓女。当时她不肯干，整天哭，到处托人找她的爱人。后来有人告诉她的爱人，她爱人在医院听到以后十分痛苦，穿着麻袋衫跑到“慰安所”去找她，日本人看见不让他进去。后来他爱人知道，见了面，两人痛哭一场。日本人则大发脾气，拿铁棍打梁仔，他爱人也被关进去。以后梁回到医院没几天就死了。他爱人还不知道他死，日本人见她病容憔悴，也暂不叫她接客，也不给她去访寻。后来把她调来石碌，以后她认为难逃虎口，将她所存的钱托人转交给她爱人，工友才把她爱人已死的消息告诉她。当天晚上，她吊死在石碌大桥边的大树上。

编者注：陈晃（1926—2005），广东南海人。1963 年在基建工程公司工作。

欧壮的口述（节选）

我 1942 年 1 月 7 日从香港坐船来海南岛，属第 2 批，共有 500 多人。船到八所上岸，中午在海边沙滩上吃一餐饭，每人分一个饭团，一块火烧咸鱼，吃完后到宝桥（今叉河）。住的是茅草房，屋顶破烂下雨漏水。睡的是用小竹编织的大平铺，上面凹凸不平，总长 30、40 公尺，睡上 70、80 人。吃的方面，初时基本够吃，到将投降时粮食紧张，吃的就少了。

来了一个多月，大家水土不服，发高烧、拉肚。日本人怕传染，设一个防疫站。有 7 个人染了痢疾，医生就拿一种药水把病人注射死，其中有 2 人因药水少，没有注射死，一个拉回去再注射死，另一个躲起来没有死。

在宝桥时有的病人发高烧昏迷了，被当作死尸用小木板钉成棺材架抬到烧尸架上，有的清醒过来大叫爬回来，有的没有醒就当死人把他烧掉，这样的事经常都有。

当时大家的心情，一是害怕吃药，怕医生用药针把人害死；二是大家都感到自己不知今天或明天死。因此，大家都是有一点钱就吃了再说。

1943 年底，在东方赶建发电工程，因工作紧，管得更严，挨打的人就更多。有的打重了，回去几天就死了。也有觉得吃苦不下自尽的。有一个工人叫亚波，被日本人打后，自己吊死在饭堂后面的大树上。

1945 年日本将要投降之前几个月，仓库被人偷去一部分内衣，日本人抓了大部分工人来审问。当时我和一个卡兵也在警备队分配看守仓库。那次我们也被抓去，用电刑，用棍打，脚上还用木板夹锁住两腿。我们俩被关闭一个多星期才由头目保出来，其余的人被叫去做苦工，上山捡柴。不久投降了，这批人也就看不见了。

在日本时期做工是没有星期天的，每天做十几个小时。在东方因为过河要坐渡船，有的人晚上 2 点就起来到渡船边等过渡，因为只有一条渡船，每次只能坐 10 多人，每天要等到 9 点多钟才能过完，天黑下班，也要等到晚上 10 点多钟才过完。

编者注：欧壮（1913—1974），广东番禺人。

欧昌的口述

我是 1942 年 4 月份从香港第 10 批来海南，同批来的约 500 多人，总管叫朱其，头目叫罗根。初来分配在昌江叉河做搬运工作，以后调到配给所做搬运工作。一次因偷仓库的东西，被工人告发，抓到后用洋镐柄打我。当时把我按在地上，把屁股都打烂了。他们一定要我供出同谋的人，我不肯说，所以打得更凶。

当时工作没有钟点，上班的拉鸣也不是固定时间，工人从天亮干到天黑，中午休息 1 个小时。每天天一亮就有头目到宿舍来催人上班。吃饭后排队，有病的就叫出去排队。如果你说发烧，他就在你额上摸一摸，假如他摸了不烧，他就说骗他，当场就拖出来打。在工地上有时因听不懂话做错了，也要挨打。有时做累了，想歇一歇，被头目看见也要挨打。总之工作中他认为有不顺眼的，就随便拿东西打人。打的东西有铁、洋铲柄、木棍，见到什么就拿什么打。在工地上有 3、4 个监工，随时都可能被发现挨打。

我当时在昌江石碌住的是洋灰做的大平铺，一栋宿舍住了 100 多人。

穿的是麻包袋、洋灰袋。虽然每个人来时都带有一定的衣服，来矿后因为肚饿都把衣服卖光了。卖完东西就靠偷过日，偷的多是仓库里的东西。大家也明知道被抓到是九死一生，但不偷就等于白白饿死，也活不下去，所以大家都是死里求生。

我有一次因为偷东西被抓到，送到警备部（日本走狗）审问，进去就把我反手吊起来，叫“坐飞机”。后将每个手指尖上插火柴枝，然后将火柴枝点燃着火，把指头烧得十分痛，结果我一句不讲，又将我送到警察队（朝鲜、台湾人）专用电刑、灌水、灌辣椒水等，一般进警察队大部分都死。到日本投降时，约有100多人不知道哪里去了。

还有一次我和6、7个工人到河北面将围住农场的木柴偷了卖给茶楼，结果被抓到了，叫了几百人来看，把我们一个个举起手来打，棍子都打在屁股上，忍不住想用手去挡，连手骨都打断了。当时打我们的叫西侯，地点是现在的市场，那边也是当时的宿舍门口。当时被打的都打到木棍断了为止，或打到倒下去为止。

编者注：欧昌（1920—1980），广东南海人。

郭炳的口述

我1943年从广州坐船经香港来海南，属第31批，共580余人。当时来的有自愿的、有被迫的。我是自愿的，因当时父亲去南洋（新加坡），自己生活无依无靠。当时想合同订1年，来试试看也无所谓，谁知道都是骗人的。

来矿后分配在矿山做采矿工，半年后调去打风钻。那时工作是没有礼拜天的，每月30日发工资，1号休息1天，叫工休。

1944年6月间，一次，我和几个同组的同乡（一个姓王、一个姓李、一个姓蔡）假病请了假，拿了内衣到大坡农村去换些糯米和狗肉吃，回来时在石碌桥边被何华发看见，当时我知事情不好办，抓到要被处死。我当时马上叫3人散开，免得让他看见，结果我被抓到日本警备队。当时坐堂审我的名叫陈平（他是日本审判法院的师爷，他有权判决人死活。这个人听说解放后还在八所工作），受尽严刑拷打后，将我送到日本警察所，在所里关了20多天，也用电刑、灌水、棍打等。以后还准备拿我去杀头，我就想尽一切办法要逃走。但周围都装上电网，很难逃出去。那天夜晚我假装大便出去，正好看见守卫人坐在那里睡着，我就找了一块木板打在电缆上，电缆一碰，电压就烧掉了，因此我就逃出来，躲了几天，才避开这次危险。

我原名不是叫郭炳，我也不是姓郭的，我本来是姓伍的，因日本时期身份证失落，当时无身份证，那［哪］里也不能去，刚好找一个朋友，我们都叫他王叔，他过去也是因为失了身份证，将郭炳的身份证拿来顶用。当时他准备逃跑回广州去，所以他就将郭炳的身份证又给了我。到现在大家都把我叫郭炳，我单位多次要求工会李炳耀恢复我的真姓名，工会都没有很好的给我解决。

日本人杀人多数成批运到北黎、港门、新街等地去杀，他不给大家知道，当时死的人也实在不少。我见到每天都有 60 多人，最多的有 300 余人。当时有一个火葬班，单这个班就有 60 人，专门收尸、烧尸。烧尸不是天天烧的，有时积了几十个才烧。烧一次 40 人，4 人一层，一层尸一层柴架好后淋上汽油，然后用火球丢到尸架上燃烧起来。尸化不完，乌鸦、山猪就把尸体撕碎，到处都是。烧尸也有值班的，每一次烧尸，在摆尸时一般把尸体伏着。有一次摆在上面 2 个死尸仰卧着烧，火烧起后，尸体筋络收缩，仰卧的尸体就坐起来。那一次值班人员见到上面 2 个尸体被火烧时坐起来，他怕得马上跑回宿舍里去。日本人当时把这个吓死的值班人员进行剖腹，检查发现胆已破裂了。

日本时期做工，没有劳动保护品和安全措施。1943 年间，有一次在 315 米（矿山的海拔标高点）开山洞，因山洞忽然崩塌，有 200 多人死于洞内。日本人也迷信山上有鬼，该洞就停开，连埋在洞里的人也不去挖出来。

编者注：郭炳（1918—2007），广东番禺人。

何兵的口述（节选）

我 1942 年从香港来，属第 10 批，共有 900 多人，当时总管黄柏。我初来在海南八所做杂工，以后调去做木工。日本时期我的工作多数在东方。

白川[①]的口述（节选）

我的家在台湾大甲镇南门，父母生下兄妹 8 人，全家大小 10 人。家中没有土地，也没有房屋，一家依靠父亲做木工手艺和母亲织草帽维持生活。以后因时势不景，资本主义国家普遍呈现经济危机，百业生意难做，手艺工资跟着降低，平均每天只得 4 角钱。特别是夏秋之间更加难过，因此收入难以养活一家人。迫于无奈，将 2 个妹妹卖掉，姐姐嫁出去，哥哥到砖瓦公司挑土，我也跟去帮哥哥一起挑土。这样整天做，除吃饭外，一个钱工资都没有。做不久，由我姐夫介绍我去给人放牛，那人姓廖，他家不是十分富裕，但他的老婆是有钱地主家出身的人，对人十分刻薄，我整天做到晚，连饭都不给我吃饱，还要挨骂。我除放牛外还要帮她煮饭。后来我回来帮我姐夫看牛，自认为姐夫亲一点，比较有感情，但也不见得。在台湾，一般农民生活比城市好，我姐夫在农村种田，家里有 2 头公

---

① 白川现名白标。

牛，生活还算不错。我帮他放牛期间，给我睡的就在牛栏旁边。一天晚上牛跑出外面去吃了人家的东西，第二天就把我痛打一顿，我姐看了很难过，以后就叫我回来。当时我家的生活是很不好过，因为我家没有半片瓦屋，住的还是向人租来的（大房间一年60元，小的也要30元）。那年我16岁了，自己也想去学些手艺将来生活才比较牢固。以后就入一间私营砖瓦公司做学徒，主人姓杜。我在那里，名义上说是学徒，实际上是跟主人做私人的工作。每月除吃饭外也是没有工资的。半年以后，我每月领了他15元伙食费，回家吃饭。该公司是用机械化生产，我因工作不熟，经常触电，工作危险，又想到在那里学不到技术，之后就离开该厂。又由我表哥介绍到测量队做测量工（我表哥在测量队当技术员），在那里工作生活都比以前好一些。我们一家就凑了一些钱买回2头母猪，计划在副业上增点收入。猪买回不久，一天我父亲在猪栏旁昏倒下去，经医生检查后说断了脑筋，无法治疗，结果就死了。当时我母亲到处求人借一点钱来料理我父亲后事。过了几月，债主找上门来迫债，结果将2头母猪抓走。那时我们一家还住在林风，因交不起房租，最后才搬到南门来住。

1941年台湾规定，年轻人不是抽去当军夫，就是召去做人夫。所谓军夫即当兵，人夫即是招来海南做工。我当时害怕当军夫，同时当人夫说是还有60元军票。当时我想我一家这样很难活下去，母亲年纪老了，还是想办法帮助我哥哥娶个老婆，打理家务，可以到乡下去谋生。因此自己决定报名参加人夫来海南岛做工。当时合同订期满6个月即可回来。自己做满6个月就可以拿到300多元，可以够哥哥娶老婆。

1941年6月4日，从台湾出发，同来的共104人，7月1号才到达海南八所。领队的叫团长，名陈创锁，下面还有班长等。

我们到达八所后住了一个晚上，以后在新街休息2天，第三天就调来昌江石碌。初来石碌到处是荒山草地，见不到一间房屋。当时我们就在现发电所和原基建饭堂中间搭起两栋茅草房居住，睡的是大家上山砍了木枝，用树皮扎成的木排大平铺，我们104人全部住在那里。以后分配我们去做火力发电站基地。当时做工的时候有朝鲜人在工地上来回监视，工作不好就要挨打。当时我年纪最小，自己也害怕挨打，工作也老实，大约做18天，我不习惯海南热带气候，一天热得突然吐血，同乡见我病得昏迷不醒，就把我用树枝叶盖好，抬到石碌桥下面河中心的一个大石上。当时大家看到都以为一定死掉，至下午我才清醒过来，但神经失常，好似得了精神病。当时同乡建议要把我送去医院治疗，在医院给了2片黄药片，就把我介绍到宝桥（今叉河）去治（当时宝桥医院较大）。到宝桥又说无法治疗，再介绍到北黎去治。当时台湾的同乡还经常来看我，并买了番薯凉水煮给我吃，不几天又用汽车送我到三亚去治疗。我治好回来后，同乡也找不到了。以后才知道有的病死，大部分都病了，送到北黎医院去了，也有一部分轻一点的留在新街。当时就算我和一个班长的身体比较好，因此日本人就叫我不要回去，留在北黎看管病人。我在北黎工作一个多月，见死了工人40多人。当时死的多是患水肿和烂脚而死。

当时吃的饭一般还够吃，菜，日本人吃肉罐头，我们吃的是蔬菜罐头，青菜是见不到的。

我们初来时，每人预备20元日本币。我们感到在这里气候条件不好，很难活下去，大家都要求回台湾去。当时日本人说，你们来了还没有做什么工作，花了他们很多钱，又用了不少医药费等，如果你们要回去，先把欠款还清了再说。

之后没有办法，大家去修从9公里（地名）到宝桥的一段桥路，做了9个月，大家的欠款都扣完了，大家比较同心、团结，胆也大一些。一次集合排队，有一个工人因病跑来慢一点，就被一个叫阿角的日本人打了，当时大家就合起来围上把他打了，之后他跑到办公室拿出手枪向天打了几下，后来有几个他认为表现不好的，还是被他拖进去打得半生半死。

后来大家坚决要求回台湾，等候了一个多月，才把30多个人运回去，最后只留下我和郑金凤（现在八所）两个人帮助做饭。

后来农林部有一个日本人叫中村，在那里搞测量工作，他要我去做测量工，一个月90元，后来我还把姓郑的也介绍进去。

1943年4—5月，有一次，我运洋灰到19公里（地名）做桥，我一个人在车上面搬洋灰。当我抬着的时候，司机一开车，我从车上跌落地下，当时不省人事，一直到晚上才清醒过来，自己才慢慢地爬回21公里（地名）来。

1945年日本投降，日本人都集中回台湾。

编者注：白川（1920—），台湾台中人。1941年来海南。1963年在基建工程公司工作。

何恩的口述

我1942年在香港被日本人抓来，属第10批。4月8日到海南八所，住破草房，用木枝做床。上岸见到先来的工人穿麻袋、洋灰袋。6月份调来昌江石碌，住在现在市场草房，睡的床是大平铺。一年以后，一天每人吃4两米。有时没吃的就找腐烂的东西吃，有时在水沟里找吃的。1944年7月去干烧尸工作，一个班共20多人。烧尸时，下面用大枕木，上面放尸体，排列来烧。烧尸的时间有时三几天烧一次。

当时在现钢铁厂山边烧。当时日本人死了就一个一个烧，有棺材，我自己来烧。因为当时好多人看到都怕，不敢去烧，以后才叫我去。我同班的人做了一个时期，有的也怕跑了。当时工人死了连衣服都被剥光，用木架用绳绑住抬去烧的。有一个工人没死，日本人叫我抬去烧，那个工人还哀求说他没死不要烧他。当时我和几个工人把他抬去医，被日本人看见，说他是患霍乱病，结果打了一针就死了，然后拿去烧。以后又调我去昌江叉河做烧尸工作（1945 年 4—5 月）。

编者注：何恩（1913—1973），广东新会人。

林福的口述（节选）

1939 年，日本侵略广州后，生活非常困难，广州每天饿死的人不知是多少。由于生活所迫，我兄弟无路可走，只得逃往香港。当时我去到香港以后，香港并不像我想的一样。一间小小的房子要住几家人，每天看到被日本鬼子杀头的也不知道是多少。他们杀头时，看到那些人的血像是水龙头开的水一样大，真使人难过。

1941 年，日本强盗侵略香港，香港的生活就更加困难，物价一天天的高涨。米每斤 2. 5—3 元。做工作简直像牛马一样，每天工作 12—14 小时。每天所得来的钱只是 5—6 角钱，根本不能支持每天的生活。由于这样，香港每天饿死的人不知是多少。迫得工人没办法，有的就偷，但一被抓住，就要杀头。

1942 年 12 月来到海南八所，我一下船，工友就说：“又有一批替死的来了。”当初来的时候，日本人对我们还马马虎虎，但是到了下半年，情况就变得全不相同，生活就变得更困难。我们每天上班的，每天才得 3. 6 两米，不上班的就得 1. 6 两米。在工作方面，上班和不上班同样挨打挨骂。如果你有病，不管大病或小病，一送进医院就一定死，所以工人叫死瘟。鬼头们从不讲道理，如果你要和他们讲道理，就把你的头打破，我的头也被他们打破过。1943 年在八所变电厅当场打死姓郭的埋掉，由工友抬去埋。不够吃拿衣服去换薯、玉米，被警备队发现，拉去打屁股，还留下半个月给他种菜。1945 年在石碌有 7—8 个搬运工打柴去市场换点东西吃，被郑百捍抓去杀掉。晚上找点野菜吃，被警备队看见了，不仅打人，东西也打烂。有发高烧没死的工人被抬去烧。

在日本时期共有几万人，50 批，白骨木箱单昌江石碌就有 1 万 7 千余个。我亲手去埋，八所也有我去埋，但没有点数。

我过去简直是牛马，每天挨打、挨骂，吃的如狗，穿的是麻包袋、洋灰袋，工作每天 12—14 个小时，但是从没有一餐吃得饱，住的是草房，都是破烂的，下雨天根本不能睡觉。最后迫得没办法，为了活命，我逃出了这地方，逃往东方少数民族（黎族）地区，跟少数民族（黎族）整整过了半年，给他们种田、养牛、砍柴等。

编者注：林福（1922—1999），广东南海人。

（符思权　整理）

第7本

海南铁矿动力车间（东方八所）
记录人：张国仪

（1963年）

肖金的口述（节选）

我今年49岁。1942年从澳门被日本合记公司骗来，属第36批，共有800多人，总管顾芳，他下面200—300人有一个头目，头目下有班长，每个班30—40个工人。

日本人说每天有2元工资，一年有2套工作服，什么都有。当时是从海南八所登陆，登陆后看见工人没有衣服穿，只有一条又破又烂的短裤。我这批人被关在一间草房里，有一个人偷偷出来洗澡，被日本人当场抓回去，印度人用拳打死，他的姓名是肖生。这些人关2个星期后放出来做工。我是挖水井，每班有6人，其中有一个班长，每班每天挖1公尺多深。每天早上4时多上班，中午12时至1时休息（包括吃饭），下午从1时上班到晚上8时才下班，下班后每人还扛一根柴到八所。

在招工时说，会有猪肉、鱼、菜吃。但来到八所工作后，什么都没有，饭也吃不饱，每天只有3两米，加一些薯干、一些萝卜，没有萝卜就每人半条小咸鱼。住的每间宿舍睡70个人。

日本人专有一医院（包括朝鲜人），台湾人也专有台湾人医院。工人病了没有医院看病，因此，病人中天天有人死亡。

1943 年我调到东方，当时共有 25 人同我一起来东方。有一个人因病死，一个人被日本人打死。在东方搞锯木房工作，有一个台湾人，天天来检查我（当时因我买来一袋薯干），他怀疑我偷日本人东西和偷钱来赌，被打晕过去。每天工人只有 8 钱米，每人每餐只有一小小茶杯饭菜兼薯干。这样日子长了，工人有病，不能上班，日本人就不给饭吃。

1943 年，在东方因工人有痢疾病，日本人设有 4 个病房（草房），位于东方河北区，分大、中、小、痢疾病房。如头痛、发热就在小病房。病情重了就进大、中病房。有了痢疾，日本人就给你打死针，有痢疾的工人被打针后，不到一个星期就死了 40 多人。

日本时期，在东方河北区（水电站），日本人用 3 间房做“慰安所”，有 20 多名“慰安妇”。“慰安妇”的来源有海口、广州、香港等地的女工。另外，东方电站河北区立有香港坟墓的木牌。

编者注：肖金（1920—1971），广东中山人。1963 年在海南铁矿东方电站工作。

张望的口述（节选）

我今年 41 岁。我老家广东新会，15 岁由母亲带去香港，母亲替人洗衣、补衣。我在香港做工 3 年。

我 1942 年从香港来，属第 20 批，共来 500 多人，总管是国堂。当时香港合记公司出报告招工，订合同 1 年，有一张证明回香港。一来就到海南八所呆了一个礼拜，后才到东方。来时做水坝、水沟。来东方广坝时，只有一间草房，住 100 多人，全睡在地上，用麻袋来盖。工作太慢，就给太阳晒，吃河水，有许多人得痢疾死。

有个姓张的，10 多天不吃饭，我和他过河，在吊桥上，他自己跳下河死了。我们没有衣穿，如有 1 角钱都吃光，做工时都是穿麻袋。

河坝、电站是在 1942 年做的，一边做工，一边打石头，经常死人。做工一天得 1 元，不做工不得钱。如果病，有好的班长就给饭吃，不好的班长就不给饭吃。劳动时没有保护品。如有休息就叫去抬死人，从草房中抬出来。有刀刺死的、脚痛死的、腹痛死的。工作没有休息，过年也没有休息，病重才休息。

在广坝时总管有：国堂（第 20 批）、木坤（第 2 批）、张子华（第 4 批）、陈成（第 18 批）、劳不明（第 21 批）、何富（第 22 批）。

在广坝河北火电站分四类病草房，痢疾一房，热寒一房、烂脚手一房。如有痢疾就打死针。

1945 年调到乐东做飞机场，因台湾仔打，没饭吃，就下农村养牛。在乐东县下分城村养牛 1 年。

现我脚有个疤，就是以前烂脚的。

编者注：张望（1922—1997），广东新会人。1963 年在海南铁矿东方电站工作。

曾善明的口述（节选）

我 12 岁前，父母已经死了，有两个弟弟，年纪很小。因生活困难，日本人在三亚建设飞机场，我在飞机场做工。当时因我年纪小，没有力气，被打伤了。后调回三亚红线荔枝沟工作，我做普通工，主要是砍木。在荔枝沟工作时，日本人就无条件投降了，我见到一个广东汕头工人，日本投降后，他做生意，被日本人用铁棍打死掠钱。

编者注：曾善明（1924—1978），海南三亚人。1963 年在铁矿东方水电站工作。

杜棉的口述（节选）

我今年 37 岁。1944 年从香港日本合记公司招来，属第 58 批，共 120 多人。初来到三亚田独，日本人讲每天 1 块钱，我被分配到田独中站工作，当时是当杂工，在日本人农场种菜。约一个月，调来中站发电厂，在这里工作每天工资 7 角，每天 1 斤米，没有菜，自己买盐当菜，没有钱就卖自己衣服。我在中站电站挑土，睡的是草房，每间睡 200 多人，用棍子搞床铺。初来有衣裤卖，后来过几个月衣裤卖完，也没有衣服穿，只好穿麻袋、洋灰袋。每天虽然发 1 斤米，但实际没有，因为被头目顾芳及许多打手扣掉，实际两餐只有 10 两米饭，没有油也没有菜。因此，许多工人由于没有营养，身体渐渐弱了，晚上眼睛也看不见东西。

因为没有吃，工作苦，上班时间长，每天约 12 个小时。因此，有病的工人很多，发热寒、烂脚等。但病了不能上班，工头不给饭吃，也没有当天工资。如工人没有钱用，向总管借钱，借 1 元到月底发工资还 2 元，从中剥削 1 元。

工作时你慢点，台湾人就打工人。我也被打过 2 次，且不给饭吃。打人是用木棍从你腰部打。

1945 年 1 月，我调到三亚飞机场工作，挖防空洞。每天只发 6 两 4 钱米，每人一个拳头大的饭团。当时什么菜也没有，自己找野菜。后来改为 3 两 2 米，实在顶不下去了，我就逃跑，逃到洋荣村给本地人挑水、种田、看牛。过几月后，日本人投降了。但国民党当时还没有接收，我又回来工作，有饭吃但不够饱。

我第58批同来的120多人，我逃亡回后都没有了，大部分是在日本人时期死了。

日本时期在田独工人死了，开始是土埋，后来因为人死多了，就挖掘来烧灰，每个洞烧10人以上。

有些病重的工人，没有死就将衣服脱光，放上火堆烧。

编者注：杜棉（1925—1994），广东南海人。1963年在海南铁矿东方广坝电站工作。

林贵的口述（节选）

我今年51岁。我原开木船，日本人来打广东汕头后，船坏了，我做生意，后来又没有生意做。

1944年在汕头被日本人骗来，日本人讲每月30元，我就来了。初来到三亚田独，工作在藤桥，共来100人。初来时我们身体都很好，在藤桥只死了3个人。

后又调来三亚搞涵洞，因没有饭吃，人死得很多。每天上班10个小时以上，工作很苦，当时有些工人逃跑到黎村。

后又回田独，挖涵洞，建仓库，工作很苦，我就逃跑到藤桥椰子湾村给农民做工。但也给日本人做工，挖南溶洞，被原来同批来的工头看见，他就要抓我回去（工头是李龙田）。后来日本人叫不要抓回。后来日本人投降了，我听说要放我们回家，我就来三亚，但又不是。我只好在红线市做些小生意（卖旧衣服），有了些钱又被人抢去。

在日本时期，那个工头（李龙田）一贯压迫工人，如工人病了，强迫上班，不能上班就被打。每个月工资30元，扣了20元，说代寄回家，但实际没有寄。有时连工人应得的10元工资，工头代领也没有发给工人，我也有几次得不到工资。

我来时不知是第几批，但我的号码3400多号。我来时共100人，但日本投降时剩下不到20人。

编者注：林贵，1963年在海南铁矿东方电站工作。

陈祖的口述（节选）

我今年70岁。1942年在香港日本合记公司招来，属第25批，共160多人，一个总管是陈啰（此人已死）、2个头目、10个班长。来到海南八所就工作，开始当杂工（苦力工人）。

工资每天总管5元、头目3元、班长2元、普通工7角，我是每天1元。做30个工就得30元，但工作日不足就按实出工日来发。

在香港招工时说好有家属就扣10元给家属。15天发一次工资，扣5元给家属。到1943年，我有病，每月出工只有十多天，没有钱，日本人也没有代扣工资寄家属了。

工时，每天10小时，早上6时吃饭，7时上班，11时30分回来吃午饭，下午1时30分上班，晚上6时下班，上班时要排队。我的班里不到一年死了3人，逃跑了3人（名字忘记）。知道2人是死了，一人是投水自杀，因年老不能干苦工，又被日本人打，忍受不了，这人就在八所北边日本人的熔矿厂附近投水自杀。

1945年后，工人就没有饭吃，在年初工人每天发12两半米，到年终每个工人6两4钱，一天的米不够一餐吃。没有菜，工人自己找野菜。有菜时也只有些南瓜、萝卜丝，6个人一盘。没有油和鱼。吃不饱工人没有力上班，病人也多，每天死3、4个人。

睡的一栋宿舍几十人，大蚊帐，每班1张。1943年前给工人发工作服，1944年就不发工作服了。

编者注：陈祖（1893—1973），广东顺德人。

赵桂的口述（节选）

我今年47岁。1942年被日本人从广州骗招来海南工作，每天工资2.10元。我来八所干杂工，但实际发工资是每天1.5元。

我是第36批工人，共1000多人，后分开工作，只有班长带领。

初来到八所，没有房子住，住的是草房，睡地板，没有蚊帐。初来时饭够吃，但到1944年饭不够吃，每餐只有3两米和一些番薯，菜都是南瓜、番薯叶，没有油。

在八所工作，每天工作10个小时。工人有病，日本人都不让看。因为粮食少，工作苦，工人有病，日本人又打，所以天天都有人死。人死了，有些是埋下地，有些是用火烧成灰。工人没有劳动保护品，工作服初时有，后来再也没有发。初期来八所有几千工人，但后因病死，没有饭吃，有些工人逃跑了，到日本人投降时剩下的人不多了。有些工人没有钱不能跑回大陆，就跑到海南农村去给农民做工、放牛。

编者注：赵桂（1916—1997），广东高要人。

陈扬的口述（节选）

我今年63岁，广东人。1942年从香港合记公司招来，属第4批，共有1000多人，在海南八所登陆。

我在八所搞一年电灯。1943年调到东方水力发电站，搞外线。那时我不懂话，工作中经常被日本人打。1943年末到1944年，日本人给每个工人每天只发2两米，其余是薯干。因此，当时有些工人得病而死。病了没有医生看，不上班要挨打，工人过牛马的生活。

在东方电站工作，有痢疾病的工人，日本人就给你打死针。人死了，日本人叫中国人挖大坑埋。

睡的是地板，一间房70、80人睡，一张蚊帐10多人，每人发一幅破毯，冬天也是这样过，工人受寒受冻。

工作没有工作服，没有保护帽。技术工人每年有一条短裤、一条汗衫。

在日本时期当工人，好像卖猪仔一样，每天工作10小时。

在昌江石碌挖一个铁路涵洞时，听说死了1100多名上海工人（大约是1940年—1941年）。

李万的口述（节选）

我今年52岁，广西桂平县人。1942年从香港合记公司招来，属第7批，共有94人。我来海南后一直在东方发电厂做碎石工，直到1945年日本投降。

来时有94人，现矿里有何其、黄德、关绍南和我4人，其他人都被杀死、水土不服病死或逃亡、返乡了。工作苦，吃得少，每天至少工作10小时。早上2点到3点，日本人赶起床去工作，中午吃完饭继续上班，到晚上7—8点才回来，夜盲病人多。头两年餐餐有饭有菜吃，以后（1944年底后）每人2两多米一天（米和薯干共3—4两），没菜。头两年穿自己带来的衣服，以后穿麻袋、洋灰袋。病了还得去上班，还挨打。死的人有吊死、打死、饿死，多数是痢疾死，单东方水电站就死3000人以上，每天都死2人以上。在香港时讲好来东方打石头，每天1.3元，奴隶工7毛，有工资发。水坝没建成以前，利用小船载人往返，后改用吊桥，有1.8米宽。住的是茅〈草〉房，94人住一间草房，没蚊帐。后来发纸蚊帐（10人用1床），利用树木钉成的大床铺。死人都是烧灰，烧尸场在火力发电厂。

带队人张子华被日本人杀死。

在东方设有一间“慰安所”（娼妓院），台湾人的班长可去，和日本人好的可以去，朝鲜人和日本人可去。

关兴的口述（节选）

我1942年由香港来，属第14批。当时是自愿来的，日本人招特殊工（即有技术的人），我就报名来。

日本人统治香港后，英国人爆破了电厂，使工厂停工，工人没工干，没有钱发，只给几天的饭吃，以后就不管你了。在这种情况下，只得帮日本人做工，4—5点钟集中用车装去做工，工作重，自己没力，几个人扛一条木，往往因体力不支，背就弯下来，工头就不管三七二十一劈头就打。因工作重受伤，不能工作连饭也不得吃。米是有，但物价极高，工人哪有能力买得起。当时工作每天才发几两米，多到1斤米。

因工作重受伤，生活又苦，迫不得已报名来海南工作。5个队一个总管（张秀全），一个队有4个炊事员，总共有500多人。我那队头目是何伦。

招来时总管讲，叫我们来海南是一年，伙食又好，衣服也有得穿，一年满后用船载我们回香港。当年来时住的是茅草房，两个星期后，把我们当做猪仔卖，每人都有号码，点名叫号不叫名。当时那几间草房叫猪仔栏。

当时我被卖到劳贸所，做的是苦力。当时调到北黎去做苦力，有蔬菜吃，干了几个月被调到八所劳贸所，以后被挑出来管柴火。当时的工人吃没有得吃，吃的是2小碗薯干饭一餐，往往吃不饱。穿的是“遮羞布”。

那时工人早上5点就得起来出工，吃的是冷饭剩菜，工作很苦。当时常有飞机扫射日本人的住宅，日本人不敢住，跑到工人住地住。这些日本人住宅的东西就被人偷去，日本人就赖我们10个人偷，把我们10个人抓去关闭。警备队是中国人（日本人的狗腿），队长放了我们回宿舍，队长告诉日本人，日本人叫我们去审讯，说你当苦力哪有这等裤子穿。我也不承认，日本人就不管三七二十一将我打，打得皮破肉裂。那9个人见了就怕，马上就走开了。日本人反而火了，脱下鞋用鞋打我的脸，后又用一支铅笔夹在手中间用力一抓，由一支铅笔到4支（两只手8支）用力抓，这样搞得我死去活来，尿、屎都痛的难忍流出。在这种情况下迟早都是死，所以我只好承认。这以后日本人就不打我了，而是将我手反绑，送回原来那个监所，关了15天。由于身体受过刑，在狱房就病倒了。15天后在八所由劳贸所当猪仔卖。今天做在这边，明天那边。有一天叫去做陆军防空洞，当时有病也被拉去做，吃的是薯干，吃又吃不饱，工人哪有力干工。在这种情况下，又是挨打，我受不了就逃跑。日本人令那个班长抓我回去挖防空洞，那个班长说你回去也会死，不如逃跑了还好。我就逃跑到龙娥村给人放牛。我在龙娥村做工一直到日本投降，约几个月。

逃跑出去的工人被抓回来，就被杀头或叫你自己挖个洞自己埋自己，并叫工人排队来看。还有一种刑，就是将逃跑的工人电死，但并不是一下子电死。还有就是将逃跑的工人灌水，灌到肚子胀，然后用脚踩在那人的肚子上，一直弄到死。

编者注：关兴（1914—1995），广东新会人。1963年在东方八所机械厂工作。

李斌的口述（节选）

我今年42岁，广东中山人。1943年我从广东中山来。1941年前我在香港当店员。1941年日本人来香港后，我就回家，当时家里有4人，母亲及两个哥和我，生活难过。当时家乡也是日本人统治，我和两个哥哥在家乡当苦力（散工），有工作时干三天二天不等，每天干苦工换来6、7元。当时米很贵，1元只能买4两米。1942年我的二哥因工作累成病死了，因生活苦，迫得母亲同年也投水死了。母亲死时我不知，后来才找到。母亲和二哥死时，没有棺材，只用草席裹着埋了。到1942年8月间，我也患霍乱病，我的大哥也患霍乱病死了。最后剩下我一个人，无法生活。

在1943年1月，日本人在广州招工，当时我在广东中山报名来，属于第36批工人，共900多人，总管是顾芳。在澳门住几天，后又转回香港合记公司集中。3月初来海南八所登陆，现在只剩下东方的肖金、陈伦，八所的李万等几个人，其他的都死或逃亡了。在八所我们一个队120多人，编入水谷公司，工作是搞八所矿桥、开山（苦力工）。

到1943年5、6月间，我又调到昌江石碌矿山当采矿工。当时采矿是人工用粪箕抬矿放上车卡，用牵引车拉，每个工人每天定额抬4—5卡矿（共10吨）。这样经过半年的苦工磨难，我们那班30人死了23人，只剩7人（挨打死、病死）。我也挨日本人打一次，提起来丢下去，弄得我死活不分。

病了要和日本人请假，日本人同意就给你休息，不同意你还得带病工作。日本人每天都要工人排队检查，有些工人发热退了，就说你假病，用棍或掌打。

在来时日本人说来后有布，但后来没有发。初来时工人从家里带来些衣服穿，到1944年衣服用破了，只好用麻袋、洋灰袋做衣裤穿。冬天很冷也是这样过下去。在八所码头，工人个个都没有衣裤穿，个个穿麻袋、洋灰袋工作。冬天天气很冷，日本人才发一条毯子。

1945 年 1 月我调到东方广坝电站石灰场，那时每天每个工人 4 两米、2 两 4 薯干。烧石灰每天要上山砍柴，工人很饿，只好在山上找野菜来充饥。我在这干了半年，无法工作了，1945 年 6 月我就逃跑到民族（黎族）村（东方老村）给农民放牛过活。

睡的，我那间宿舍睡 60 多人，每天都病死 8—10 个人。病了没有药吃。

每天天没亮起来干工作，天暗了回来，每天工作 10 个小时以上，没有星期天。

（符思权　整理）

第 9 本

采访人：陈　美

（1963 年 10 月 24—31 日）

伍林的口述（节选）

（采访时间：1963 年 10 月 24 日）

我在 1943 年前，是在香港给日本鬼子做工的，但工钱少，总是不能维持生活。恰巧从香港来海南八所的邝发回香港入太古船厂，我在该厂当学徒。据邝发讲海南很好，有饭吃、有衣服穿。我听他讲后看见合记公司招工，讲去海南 1 年就回香港，我就去报名。同我一船来的有 308 人，从香港来三亚安由，我们上船当晚就发现有 8 个人死亡，我们就感到很不好了。我们来这批人按日本鬼子的编号是第 39 批，我们来到的那几天时间里，都有几餐饱饭吃，但过几天以后，按半斤，接着是 6 两，最后只剩 3 两米一天。后来越吃越不饱，就出卖自己的东西（如衣服等）要钱吃饭。

在日本鬼子的手里，我们经常挨打，就是上班也打、不上班也打。在这种情况下很多人都患了病，病了又没医生医治，饭也没得吃。病后就是准备死的，把自己的东西出卖被日本鬼子知道了就抓来打。给包各代卖，包各是我那班煮饭的，经常上街买东西，别人经常拿衣服给他代卖。后来在安由捡日本人的碎铁出卖，被日本人抓住拷打，病了1、2个月后吐血死了。我有一次病了没饭吃，只能把两条衣服拿来出卖要钱买饭吃。有不少工友只能找草来吃。在那时候没吃又没穿，住的又是草房，睡在地上。1943年年底，我和陈孙、黄甘等几个因肚子饿去农村讨饭吃，被鬼子看见就抓回来打，在安由市场卖豆腐的屋子旁打，当时用洋镐柄打。黄甘、陈孙被打后病了2个月就死了。

当时在三亚田独有12000人，和平后（即日本人投降后）剩下很少人。

当时日本鬼子打人都是用两条电线绑起来，用手摇表来用电咬，我有一次被日本人用木鎚打了18下（主要是台湾人打）。有一位名叫梁深的被鬼子打得血流全身。

当时人多，没有蚊帐，如果有一张蚊帐要10人睡。穿的是麻袋衣，戴的是麻袋帽。我们还叫这些东西作“金山毡”（即好的意思）。甚至用水泥纸袋来做衣服穿。由于粮食不够吃，肚饿起来只好去捡鬼子吃剩倒在水沟里的饭菜来吃，真不如一只狗啊！

第39批共308人，现在只剩下我和麦炳、曹兴、张智兴、彭满等5人。

过去给鬼子做工的时候，鬼子要杀头，只给一个包子吃就送去杀头了。过去鬼子管理工人的秩序是：总管、头目、班长，来的每批工人都有一个总管。总管是由日本人直接领导的，我们不上班或病时班长就来打。工作时又不分时间，白天黑夜同样做，做工病了还要带病工作，不做，班长就来打。

编者注：伍林（1921—1994），广东台山人。1963年在海南铁矿检修车间工作。

林卓的口述（节选）

（采访时间：1963年10月24日）

我是1942年3月间香港合记公司招工来的。当时我们还不知道海南在哪里，我们来时是讲1年后就回香港。同我一船来的有550人，属第16批。这550人中现在只剩我一个人，其他的都死了。

我们来2、3个月后，就没吃没穿。住的是草房子，睡地板，没有蚊帐，蚊子咬，很多人都染疟疾，腹部大大的，还要做工。做工是不分时间的。

1944年粮食开始紧张，我们就从每天10两米减到8两，接着又减到了3两。从此开始走的人越来越多，死的人也越死越多了。我也逃走过。

那时技工还好一些，普通工更惨，早上4点就起床，否则台湾人就来打。被打后患病死的人每天有一百几十人。我当时挨过3种人打，就是中国台湾人、朝鲜人、日本人。在出工时走慢一些就打。

有些人没衣服穿就要鬼子的麻袋来做衣服穿，被鬼子知道后又挨打。后来大家只好捡破烂的草包和水泥纸袋来做衣服穿。每天要做工 10 个小时。日本人不记得我们的名，只叫我们亡国奴。

鬼子时期工友死了要火烧。我记得有些只是生病，还没有死就拉去烧（忘记姓名）。

我们从香港来时，普通工只有 7 角一天，技工 2 元 1 角一天。当时铁矿里有几个公司，各个公司把我们当做商品来出卖，由这个公司卖给那个公司，也可以由那个公司卖给这个公司。

我们最初来时采矿只是用手捡，最初每人规定捡 1 卡（2 吨），后来又规定 2 卡（4 吨）、3 卡（6 吨）、4 卡（8 吨）、5 卡（10 吨）。如果捡不到规定数量，工头就回来告诉伙房不给饭吃，也不发牌领工资。

在三亚田独，有几个名叫关凤田、台湾黄、大口李的台湾人亲手打死上万人。日本人在田独开防空洞时要去 500 人左右，后来这几百人没有一个回来，都被杀了。

1944 年，有一次，鬼子带我们 300 多人走了一天路（从早上 6 时到晚上 7 时还走不到）。走过好几个山岭，也不知道要做什么。我走到晚上就逃走了，其余几百人也不见一个回来。我走在路上两天不得吃，只偷黎人的番薯和包麦吃。后来去黎村给人种田过活，日本投降后才回安由。

编者注：林卓，1963 年在海南铁矿检修车间工作。

甄林的口述（节选）

（采访时间：1963 年 10 月 24 日）

我是 1942 年 7 月间受香港合记公司的欺骗招来昌江石碌的，来时讲明 1 年后回香港。我的原名是甄宝林，为了准备后路（准备逃走）才改为甄林。

我们 6 月 29 号从香港上船，7 月到达海南八所。我们到八所时码头还没有搞好，当时的人数还很少。我们登陆时八所的工人就反映这里拉痢很多，死了很多人，我们很害怕。当时工人穿的都是麻袋衣，戴的是麻袋帽子，裤是用蚊帐布像黎人一样包起来。

我们来时和香港合记公司订合同 1 年，每天工资 7 角日本币。尚未来海南时在香港就先给 10 元作安家费，来海南做工后扣回 10 元。后来总管每月扣 10 元，说代寄回家，但实际上并没有寄（当时家里经常来信问），都被总管自己独吞了。

我们最初来时是在热水（石碌—八所的火车站站名）修建铁路，主要是挑土、抬钢轨等。我们做工不分时间，做少或慢些就挨打。铁路修好后我们就来石碌。

我们从香港来时鬼子就给我们每个人编号，我是4268号。从香港来我是第7批。来石碌是第4批。我们来石碌2、3天就上矿山修公路，抬钢轨，抬不起来，日本仔就用铁鎚打。病了也要做工，天不亮就叫起床排队出工。有些人病了不能起床，就要求不出工，鬼子就拖出来打。有很多人挨打，伤口烂得生虫，却不给医治，还要带病做工，有些迫不得已自杀了。

1942年8月间，我病了睡在宿舍门口（现在昌江县饮食店第一门市部），不能起床，只好叫两个扫地的工人（陈焕、利金）携起来排队，不能上班被当场抓出用洋镐柄打。最后去看病时也只能由陈焕和利金两人携去看病（陈和利现不知道在哪里）。打时是头目跟班长一起打，头目黄荣，班长黄沅。

我们最初来时没有什么机械，采矿都是用手捡，每人每天规定捡6吨（3卡）。有一个时期规定10吨（5卡），如果捡不到定额就不给吃饭，也不发牌子领工资。做工是没有休息的，有时一个月才休息一天。工作很艰苦，有些人受不了就逃走，被鬼子抓到就叫工人们排队看他们杀头。有一次鬼子在北黎一下杀了108人，鬼子叫即将被杀的人先自己挖洞，然后杀头，再把108人全部埋在一起。当时在石碌，很多人都是在现在电影院这个地方被杀死的。当时石碌每天都有30、40人死亡。上海第1批来石碌200多人修铁路打山洞（北边山洞），除一人逃走外，其余全部死光。和我一船来的500多人，现在只剩我和简游、林洒、黄志、邝新5个人，其余的全部死光。以前和我同一个班的30多人睡在一块，我只病几天，他们就全部死了。

工作艰苦，粮食少，吃不饱。1944年，有一次，有2个工人，一个叫陈因，另一个忘记叫什么名了，他们偷电机（电话机）出卖，被密探抓到，拖来给罗木太审讯，后押到警察所。后来迫供，供出我和黄德、罗强、黄沅等7人。于是就抓我们去审讯，问我们是不是游击队，我们不承认就用电话机来电，排队起来一个一个电。后来偷电机的2个工人被送去北黎杀头。我们不承认就在现党校下面坐监，坐了3个月。

当时吃的是野菜，有时吃鬼子吃剩的、不能吃的、小小的臭鱼子，每餐只吃一小茶杯的饭，根本不够吃。工人吃不饱，只好偷一些铁块去跟黎人换米，如果被鬼子抓着就送去罗木太（管工人的工头）打。但肚子饿，工人每天还是拿东西去卖，买米吃。有时没饭吃，只好吃米糠和找野菜吃。

日本投降后我问当时一位管工人的吴苏（已返香港），他说，原来石碌大约有10000多人，现在（指日本投降时）只有1400多人。

我记得在1943年，有一天晚上下班的时候，日本鬼子抓2个海南人（逃走的，不知道什么名），一个大人、一个小孩，放在现在电影院附近的地方杀头，叫工人排队起来看。当时杀头的时候让2人排队站齐，但只杀大人，那位小孩不杀，吓得那小孩回宿舍2、3天后就死。

编者注：甄林（1916—1997），广东开平人。1963年在海南铁矿机动处检修车间工作。

黎登成的口述（节选）

（采访时间：1963年10月25日）

我1942年从香港合记公司招来，属第20批，一船500多人来海南八所，500多人中有1个总管、4个头目，每个头目有4个班长，我的编号是5808号。我们当时订合同1年，每天工资7角钱，来时先发给10元安家费。来海南后每月发工资都扣10元，代寄回家，但实际上并没有寄。那时我父亲经常寄信来问我有没有钱寄。

我们在八所住一个星期就去东方电站。我们去东方时人数还很少，只有几十人。我们去时没有地方住，只住草房，睡在地上，几十人睡一张蚊帐。我们当时是挖土方做堤坝，每天天还不亮鬼子就叫起床出工。当时从河这边到对岸只有一只小船，鬼子不顾工人的生命，坐得满满的，经常船沉死人，每沉一次都死几人。后来鬼子又用钢丝绳从河这边拉到另一边做天桥走路，但桥小人多，鬼子急起来就从一边推，使工人经常从天桥上掉到水里淹死。由于住的地方不好，患夜盲病的人很多，夜间看不见东西，也看不见路，要叫人带着去出工，不出工工头来宿舍看到就拖出来打。做工时不准休息，做慢一些就打。挖电站那条水沟时，我们在下边挖，累了，慢了一些，鬼子在上面看见就投大石头打下来，打得许多人头破昏死，又拖上来打。在做那条堤坝时，急起来连人都填在里面也不管，就这样活生生的填下去。有一次做闸口时，水很急，淹死了好多人。同我一批来的500多人中死了300多人，有200人左右逃跑，现在只剩我、罗桃、郑九、陈锦周、陈艺等5人。

做工病了没有医生医治。我有一次脚烂了，去叫护士看，他们不理睬。每天都有几个人烂脚死或病死。有些病人还没有死就送去火场烧，扛去时还呱呱叫喊。我有一个叫余坤的朋友，病（发烧）了不上班，就被活生生打到要死。每天出工时病人全部叫出来排队，如果用手摸一摸头额，不发烧的得马上去上班，如果不上班就打。

我们做工最初每天是吃 6.4 两米，但实际上总管和伙夫贪了一部分，我们只有 4 两米，这样还算不错。后来更惨，连 4 两米都没有吃了，只吃番薯，没有菜。我记得有一位叫唐秋的小鬼，肚子饿，把自己的衣服拿去农村换东西吃，被日本鬼子抓住，就拿电石放在他背上用火烧，烧烂了一大片，烧得他死去活来。但肚子饿又没办法，后来他还是拿东西去农村换东西吃，鬼子发现后就用电把他活活电到死。

1943 年有一次在早上上班时，我自己亲眼看见，一船人沉死了 4、5 人。

日本鬼子当时每人发一本出勤卡，出工要经过日本人盖章，如果出工不盖章或每月出工不到 20 几天以上，鬼子检查到了就打。

东方电站一共去了 6 批人，每批都有 500 人左右，但到日本鬼子投降的时候，东方电站只剩下几百人，其余的都死了。

编者注：黎登成，1963 年在海南铁矿检修车间工作。

张智兴的口述（节选）

（采访时间：1963 年 10 月 28 日）

我是 1943 年由香港合记公司从广州招来的，属第 39 批，同批共有 308 人，全部是技工，没有总管，只有一位代表（带队的）。同我这批来的 308 人中，我记得现在只有我、曹兴（木工房）、伍林（检修）、麦炳（不知道在哪里）4 个人。其余有些过去逃走，有些国民党时期遣散，大部分都是死掉（具体数量不知道）。

当时我们来时是在三亚安由机厂，在生活方面很艰苦，穿的是麻袋，吃也很不好。因此，很多人都烂脚、患黑水病、黄肿病和肿脚病等。病了也没有人管，早上 4 点钟还要上班，不上班就没有饭吃。在这种非人的生活下，很多人无法忍受就逃走了。有一次，在三亚田独有两位工人（不知道什么名）逃走被日本鬼子抓到，就在铁路对面（现纪念牌对面）杀死。当时有些人逃走被日本鬼子抓回来，或者有些不上班的，鬼子就用两块方木从中间做两个半圆形，将两条方木合成一个圆形把工人的脚锁起来。特别是对当时的苦力工人更残酷，对技工一般没有像苦力工人那样残酷。有一次，有一位技工，不知道什么名了，因上班慢了一些，鬼子用木棒打了几下。当时听有些人说，有些人被鬼子用木棒（洋镐柄）打，打到木棒断，有些用电电。我有一次在旧年（哪一年忘记了）30 晚上，日本鬼子叫我搞清洁，本来我是按指定地点搞过了，但鬼子说我搞不好，就抓我用锄头柄打几棒。

当时一天吃 6.4 两米，工人吃不饱，只好捡鬼子吃剩丢掉的东西来吃，但不能让日本鬼子知道，如果鬼子看见就不准吃。

当时在翻沙房有一个领班叫黄才（现在不知道去哪，是广东人），每一次发工资都要请他喝，如果不请他喝就经常打骂，说你的工作不好，技术低，工作迟慢等等。我没有挨他打过，但每发工资就说我这样那样不好，我知道就请他喝。他经常都叫我拿钱给他用，我每月发工资都要拿10多20元给他。

日本时期在安由机厂翻沙房有100多人，现在只剩我一个人，其余的大多数都是在日本鬼子时期死掉，有很少一部分是在国民党时期走了。

编者注：张智兴（1913—1990），广东番禺人。1963年在海南铁矿检修车间工作。

（符思权　整理）

第10本

海南铁矿机关

（1963年10月24日）

陈松的口述（节选）

我家在广东潮阳县潮阳镇。大兄被国民党抽壮丁去当兵而生病，国民党不但不给治疗反而赶回家，因家庭没有钱治疗而死去。大兄死后，因家庭生活困难，父与母也在那年饿死了。

剩下我一个人无依无靠，只好给镇上一个富农打长工。早上4点钟出工，到太阳下山才回来。没有工资，吃的是番薯稀粥，每餐只给一小碗薯粥。因此，我饥饿得受不了，就去偷挖富农的一点薯回家煮吃，被富农看见就打我，并赶我出他的家。从此，我就没有工作做了。

1943年，我在非人生活中恰遇着一个同村人说日本人在广东汕头市招工，我不得已去报名。在报名时，那些骗子说来海南1年就能回去，每月工资30元，吃三餐干饭、4两肉、4两鱼。在报名那天日本鬼子就不给我们出去，来一个关一个，关在一间仓库内，不准出入，连吃饭、洗澡也不准出入，而亲人来看也不准接见，把我们像犯人一样看待，每天只给一个小饭团（大约有2两米）。过几天就押我们这些人上船，共有1005人，强迫我们呆在船舱内，1000多人坐在船舱内，连动身都不能动。我们属第4批。我们工人要求吃饭后才上船，但日本人不肯。

上船后每个人发一个过夜的饭团，因船出事故，一连3天才到香港。工人在船舱内不给饭吃，连水也不给喝，连饿了3天。3天中，1000多人在船舱内又不能睡，没有水喝，没有饭吃，这样非人的生活，使许多工人生病。有些在船舱内生急病死，有些人生病上岸后，不能走路，被日本鬼子推上车送到日本集中营关起来。

为了使中国人灭亡，到香港后，日本鬼子骗许多工人说有新的衣服及新被子发，叫工人们把从家带来的东西丢到海里。有些工人真以为发新的，就把从家带来的被子丢到海里。结果没有发给工人，使许多工人没有被子盖。

1943年从香港来海南文昌县谭牛飞机场，后又到陵水英州坡飞机场。

一、劳动时间：

每天从早上4点多钟就起来，吃一点饭，就到工地，干到下午7点多钟才回来。每天要劳动13个钟头。在劳动时候，日本人随便打人。因此工人如果劳动过累而做慢一点，被日本人看见拿什么就用什么打，甚至打死。

二、住、吃、穿、盖等情况：

1. 住是烂草房，每一个工人睡床是40公分左右，到晚间连翻身也不能翻。

2. 吃：每人每天吃二个小饭团。我有几次去捡日本人吃剩扔到流水沟的饭粒吃，被日本人看见捉回来就吊起来打，打到半死才放走。工人因肚饿要拾一些野菜煮吃，被工头及日本人看见了也打。因此，我们因饿受不住了，就偷偷去日本饭堂水沟拾一些饭粒到厕所内吃。

3. 穿：工人穿的是烂麻包、水泥纸做的衣服。

三、生病情况：

工人因劳动过累，加上饿，生病的人最多，但日本人，轻病不给休息，不给治疗；重病送到病房，没有人照顾，没有药治疗，在病房内只给一点米汤，不给饭菜，工人每天都有死亡。如：2个工人因脚烂，日本人不给饭吃，使这2个工人脚烂加上饥饿而死在病房内，没有埋。我也生病，但工头还整天叫我上班，不上班就打，不给饭吃。因我生病后几天没饭吃而身体没力，在上班时没力支持住，在伸红砖时，掉一块红砖，就被日本工头拉我到办公室，用大木棒打得半死才放我回来。我被毒打后，第二天还得上班，这样还是每天被工头毒打，而且不给治病。我恰好有个同难的工友给我一点水喝，这样我的病才好起来。现在我左脚与右脚都留下被日本鬼子打伤的伤疤。

四、死亡情况：

工人因生病还被日本人随时打等等原因造成死亡率高。如：陵水英州坡飞机场每天最少要有10多人死亡。因人死过多，日本人不但不烧而且连埋都不管了，使工人尸体到处都有。狗、乌鸦满天飞吃人肉，病房周围臭得极难闻。有许多工人死后被日本人剖开肚子要心肝出来后才埋葬。有几次这样的情况，有些工人因肚饿受不了去偷农民的一点番薯，被日本人看见就抓去杀头。如沈平及一个姓谢的工人，因去偷农民的几个番薯被日本人看见捉回来，集中所有的工人，强迫这2个工人挖好洞，给每人一支烟，跪在洞边，日本人用刀子砍头。

编者注：陈松（1919—1993），广东澄海人。1963年在铁矿工人医院食堂工作。

潘名鉴、陈松、马霖、冯柏林、苏基、梁胜、张耀官、何球、黄平等的口述（节选）

一、分批情况（批数及人数）：

第1批：潘名鉴等1000多人一船来，2个总管；

第2批：冯柏林、苏基等3000多人一船来，3个总管；

第4批：陈松、马霖等600多人一船来，1个总管；

第9批：梁胜等1000多人一船来，2个总管；

第36批：何球等1000多人一船来，2个总管；

第37批：黄平等1000多人一船来，2个总管；

第53批：张耀官等200多人一船来，1个总管。

二、死亡情况：

1. 饿死。因脚烂不能上班不给饭吃而饿死。

2. 病死。生重病送到病人房，95%都是死的。如陵水英州坡飞机场，因日本人不给吃不给穿，每天劳动13个小时，使工人疲劳导致生病，而送到病房，没人送水，没人送饭，工人病都要排队要饭菜，强迫工人站队。仅英州坡飞机场每天死的工人就有18—22人之多。1943年从香港来海南时，在船上病死的工人日本人都丢到大海里（潘名鉴反映）。

3. 打死。

陈松反映：1944 年 12 月，沈平和一个姓谢的工人，因脚烂日本人不给饭吃，而去偷一点番薯，被日本人看见捉回来。日本人召集全飞机场的人来观看，杀害了这两个工人。

黄平反映：1944 年 10 月间，潘基、梁虾两个工人，因没有衣服穿，就到三亚田独矿山上偷日本国旗，被日本人查出捉来杀头。

梁胜反映：1944 年 8 月间，一个名叫林是绍的工人，因捡一些烂麻包跟民族（黎族）换一点番薯，刚回到昌江叉河就被日本人抓住，说他通共而被杀死。1944 年 9 月间，有 3 个工人肚子饿，就去捡日本人养鸡吃剩的杂米，被日本人看见，捉去宝桥（今叉河）杀死。

潘名鉴反映：一个姓林的工人，经常去捡一些草药给工人治病，被工头沈明香看见，说该工人通共产党而捉回来杀害。

苏基（朝鲜人）反映：总管张修全报告给日本人说芙蓉村是共产党活动的地方，日本人就包围该村，捉了 108 人，后释放 3 人，其余的全押到一个洞内杀死。藤井（工人称打人王）在八所工人宿舍看见一个工人班长赌博，当场一棒将那个班长的头打破，流血而死。

何安、林明是日本警察队长，在赌场上谁胜就眼红谁，并报告日本人说这人是共产党，就捉来杀头。

三、住、穿、吃、盖等情况：

1. 住的是烂草房。

2. 穿的是烂麻袋、水泥袋。

3. 盖的是烂麻袋及一些干草。把干草编成块来盖。

4. 没有草席发给工人，睡在用小树枝编成的床板上。

5. 吃的。陈松反映，在英州坡飞机场，每天约 6 两米的定量，但内有玉米、番薯干，煮一个小的饭团，每人一餐一个。

四、医疗、卫生情况：

梁胜反映：轻病休息在宿舍但不给药，重病送去病人房，没有人照顾，自己要水要饭，没有人送水送饭。第一次看病，只给工人一点丸，没有打针。轻病、重病都是给一点丸，烂脚的只给一点红药水擦就算了。

五、劳动时间与条件：

陈松反映：每天早上 4 点 30 分钟就起来，中午 12 点钟休息一个钟头吃饭，至晚上 7 点钟才回来。

马霖反映：每天工作13个钟头。

陈松反映：每人每天要推32车土，不然就被打。

马霖反映：每天每3个工人要从三亚安由后岭山上砍来一条大树，扛回到安由建日本造船厂，如果3个工人不能扛得动就被日本人打。有些工人因木头过重扛不动而硬要扛，结果被木头压死。

六、工资待遇：

黄平反映：每一个工人，每日才领到7角日本币。

潘名鉴反映：3个月做满90天工才发一条短裤子。总管及头目经常对工人说，扣工资（20元日本币）是寄回家给家属。

张耀官反映：1942—1943年间，他在香港合记公司当杂工时，亲眼看见许多来海南的工人家属到香港合记公司领男人寄回来的工资时，资本家对那些家属瞪大眼睛大骂：你们男人已死在海南了，还有什么钱寄回来呢！使那些工人家属生生哭到死在门口。

七、腐化生活：

日本人的狗腿子、总管、头目、二手都赌博，逛妓女院等。

（符思权　整理）

第11本

海南铁矿基建总队铁道队
记录人：符书灌

（1963年）

何根的口述（节选）

（采访时间：1963年10月24日）

我今年53岁。1942年从香港来，属第15批。

日本统治香港后，物价天天高涨，工人生活困难。当时大米每斤2元6角。

在此情况下，我实在活不下去了，才到日本香港合记公司报名来海南工作。

1942 年我从香港到达海南八所，一上岸就看见早一些来的工人，在日本人的打骂下整天劳动，真是人不像人，鬼不像鬼。不久我被调到宝桥（今叉河）工作，当时不懂日本话，第一次被日本工头拿扳手从我头上打，当时头破血流昏倒，幸有工友救起，要不我就落下 10 多米深的河底。以后类似这样的情况我亲身经历了 3—4 次，总是全身受伤。

有一次，日本工头叫我和另一个工人扛 400 斤重的钢轨，因重扛不起来，我又被打得全身受伤。

每天吃的是 2 个饭球或者 4 两红薯。住的是破烂漏雨的草房，100 多人住一间，睡的是铺着烂水泥袋的潮湿地板，没有蚊帐，没有被子。穿的是破烂的麻包或披着破布。乱、脏、臭得不像一个人的生活。工人们到处找野菜、草根、树皮吃，当时因食物中毒的人很多。

1944 年工人生活更加困苦，每天 4 点 30 分起床工作，每天只给 3 两红薯，强迫每天劳动 10 多个小时。工头张基、黄柏在工地任意打骂工人。有一次我因病严重，不能上班，同总管请假，不但不同意还挨打，全身受伤，当场昏迷过去。在从八所到石碌的铁路上工作，就是距八所 3 公里的地方，强迫工人每天挖洞，规定每人每天挖一个 2 公尺深、1. 2 公尺宽、3 公尺长的坑。如果完成任务就发给红薯 4 两，不完成的不但不发还被重打。工友陈华因饥饿，生病 2 天不能完成，天天挨打，第三天也不完成。日本工头叫陈华上来，不问长短，当场拳打脚踢，木棒、铁条乱打，头破血流，口腔出血昏倒在地，当场被杀了。

不久，因飞机经常炸八所，日本人强迫工人上车调到榆林工作，每人发给生米 4 两。到榆林后工人因整天没有饭吃，日本鬼子叫工人将带来的 4 两米自已煮。工人们用带来的破铁罐、椰子壳、罐头盒等做饭，谁料刚生火，日本工头又叫上车，工人们想将浸在水里的米拿起来，不料日本工头不同意，并且将一切做饭工具及米全部打烂。工人们又饿了一整天。到了三龙，住的是不能形容的破烂草房，每人睡三支竹，天气又冷。工人们个个面色如土地围在一起，披着潮湿的破麻袋。每天同样得 4 点 30 分起床上山工作，每天 4 两红薯。40 多人不到一周因病、因饿死去 4 人。在如此恶劣情况下，我在 1945 年 2 月的一个夜里逃走到马岭去讨饭及找零星工作过活。当时我因脚烂找不到工作，天天没有饭吃，总是找野菜、树叶过日子。

在日本统治时期，很久不给工人工资，有时发工资又说替寄回家多少多少，但实际上家内并没有收到。这样的剥削手段是普遍的。

基本没有劳动保护品。

编者注：何根（1910—2004），广东番禺人。

梁安的口述（节选）

（采访时间：1963 年 10 月 25 日）

我今年 50 岁。1943 年，我从香港合记公司来海南榆林，在三亚安由造船一年多。当时日本人在香港招工时说有吃、有工资。

刚来时有饭吃饱，过 5、6 个月后，每人每天 2 个饭球，有时一条小咸鱼，后来鱼也没有了。再过 3、4 个月连饭球也没有了，每人每天 4 两番薯或一小茶杯稀粥。每月工资不够吃。工作从早到晚没有休息，经常挨日本人的打骂。

当时没有衣服，基本没有蚊帐、被子等，住的是茅草屋，睡的是潮湿的地板。基本拿不到奖金，没有劳动保护品。不理工人的生死，任意打骂工人。一起来的一位工友，有病不能做工，就被杀头，还叫工人集合来看。病死、饿死的每日都有，有时甚至一天死去 5—7 个工人，主要是病死、饿死或烂脚死。

1944 年初，我饥饿得走不动，就拿唯一的一条衣服跟群众换一个椰子，刚拿到手就被日本工头看见，当场拳打脚踢，并用木棒打，打得我口腔流血当场昏倒，换来的椰子也被日寇拿走了。经过这场重打后，我下了逃走的决心，在精神上恢复了一些，也就是过了几天后的一个夜里逃走到牙龙去讨饭及捡野菜过活。

我在日本时期仅干了一年多工作，但很多时间没有领到工资，还经常挨打骂。

编者注：梁安（1912—2000），广东开平人。

陈荣的口述（节选）

（采访时间：1963 年 10 月 28 日）

我 1942 年由香港合记公司招来，当时日寇统治香港，生活困难，失业而来。当时到宝桥（今叉河）搞铁路工作，开始有饭吃饱。1942 年 7 月在宝桥工作中，因不懂话，全班 25 人每人被打 2 木棒，工人不敢哭。

1942 年 8 月份调到 50 公里（地名）工作（搞暗洞），全班共 50 人，工作不到一周全都染病，但日寇还强迫工作。每天最少工作 10 小时。50 人吃一个南瓜。上班时工人每人给日本人检查有没有发热，有发热的才准休息，如不发热当场就对你棒打脚踢。有一次在暗洞工作中日本鬼子来了，我同林田工友正在工作，日寇拿铁镐打在我肩上，一脚朝林田踹去，两人当场受伤。

1942 年 9 月调到热水（石碌—八所的火车站站名）工作（铁路），我患关节炎，但日寇还强迫上班。我亲眼看见日寇一条狗杀了两位老百姓，叫我拿被杀两位的肝去给一条狗吃。如果我不去也要杀。第二天夜里我逃走了。

住的是漏雨的草房，睡的是地板，没有蚊帐、被子。当时因关节炎严重，到昌江叉河留医。

1943 年 3 月份调到 35 公里（地名）做道班。8 月调来昌江石碌工作。到 11 月份每人每天 1 斤谷。1944 年初每人每天 12 两米，到 6 月份减至每天 8 两米。当时找野菜，拿东西换红薯。到 10 月份每天 4. 4 两米及一些薯干。按当时合同，每天工资 7 角，每月工资 21 元。但总管卖粉条 10 元一碗，一块蛋糕 1 元、一杯红茶 2 角。1943 年底每人每天 3. 6 两米，当时吃野菜中毒的人很多。陈开因找野菜吃中毒，吐满地。

1944 年 8 月份，日寇抓来一位儋州人，在 9 月份杀死，还强迫 1000 多名工人来看。

我从 1943 年起就没有衣服了，于是就去盗麻袋（窃日寇的）来披，当时冻死的人很多。

编者注：陈荣（1920—1994），广东番禺人。

潘基的口述（节选）

（采访时间：1963 年 10 月 29 日）

我 1943 年从香港合记公司来海南岛榆林，同批有 800 多人，从榆林换船到八所，再到石碌。25 米（矿山的海拔标高点）探矿。48 人住一间草房，每 12 人睡一张蚊帐。

1943 年 4 月，全班工作在 25 米（矿山的海拔标高点），其中有一位工友因累休息几分钟，被日寇看见了就每人打一棒。

1943 年，日本鬼子叫抬飞轮，12 人抬一个飞轮，因太重，抬不了，日本鬼子又每人打一木棒。

1944 年 7 月 7 日，日本鬼子叫抬设备，因路难走跌倒，机器打伤我的左面部，重伤。当时留医 3 个月尚未痊愈就叫出院，强迫工作。左手还不能动就要到伙房工作，否则停饭挨打。

在生活方面，如有死猪就是所谓加菜，总是一级比一级少，到工人面前就没了。

1944 年底被调到后水（那大），那时我就逃走，到北黎西洋公司（种菜）。

当时每人每天吃 2 椰子壳稀饭。如果不做工，2 天就没有饭吃。后来在西洋公司无法生活，我就到三亚港门讨饭，被保长打 2 巴掌。后我在新村学校附近讨饭，被警卫队抓回八所坐牢 14 天，每天 4 两红薯。有 48 人是讨饭吃被抓的。

1943 年日本鬼子到河里洗澡，掉了衣服，说是工人偷，就叫全班排队，每人打 5 木棒，共打 20 多人。

1943 年在工作中，我被日本鬼子用脚踢在腰上，痛 10 多天，到今天天气变化尚痛。

日本时期病人很多，主要是烂脚最多。

1943 年同批有 800 多人来，大部分死掉，主要是病死、饿死、打死。

向全的口述（节选）

（采访时间：1963 年 10 月 31 日）

我 1942 年从香港来，属第 6 批。当时说来一年就回去，但一年一年过去。每月都说扣钱寄回香港，实际上家里收不到钱。

一上岸，先来的旧工友说："又来代死鬼。"当时无心工作，把全部家产卖掉买吃的。

全队 109 人，来 7 天死了 5 人，即何中（队长）、何庚等 5 人。住草房，平铺。有饭吃，一年后紧张。早 4 点 30 分起床工作，初时有病可以休息，一个月后有病也要工作。

1943 年初，工友曾龙因饿盗日寇罐头被抓，当场用了很多刑具，如上老虎凳。后日寇投降后被人暗杀。

1943 年底，有一位工友陈起在工地（暗洞地方）被打，跌跤后用脚乱踢，当场吐血。下午想逃走又被管工抓着，用铁线捆两手两脚拇指倒吊 4 小时，放回后 3 天死亡。

当时得夜盲症的人很多，我自己也得过。

当时如因病不出工的，就全体集中，两脚尖蹬着，两手举起枕木，如果脚跟着地就被木棒打。有时两手两脚趾顶地，背上放一条枕木。

1945 年 5 月，工友陈飞逃走被抓回，叫他自己挖洞，自己坐在洞内自己用手拿泥巴埋自己。到昏迷时，日寇用木棒、洋镐将陈飞埋掉。

有病不敢去医院，医生、护士故意搞鬼造□，工人不敢去医院。

全队 109 人至今剩我和吴金 2 人。

编者注：向全（1917—），广东清远人。1963 年在铁矿土木队工作。

黎允明的口述（节选）

（采访时间：1963 年 10 月 31 日）

1941 年 12 月份从广东汕头来，由国民党走狗宣传来海南，称每日 3 两肉、半斤鲜鱼、10 元日币。

来三亚（金鸡岭）后，住草房，睡地板。同批 900 多人，同队 197 人，每人每天 2 茶杯饭，穿破麻袋，用破布条包着生殖器。全队 197 人，病死、打死、饿死 195 人，剩 2 人（黎允明、姚禾中），现在基建总队。

来到海南后，每人每天 4 两米，饿得要命，到日本饭堂后面水沟捡饭（现三亚），被看到，当场叫做四脚牛模样，打 4 木棒，当时爬不动。类似情况共有 3 次。

1942 年底，谢洪、郑海□、曾安□，当时因病不能出工，不给饭吃，饿死。

每天早上 4 时出工，晚上 7—8 时下班。

饥饿时，工人老谢因吃□中毒死亡。

领工资时扣下钱代寄回家，但实际没有寄。

（符思权　整理）

第 12 本

海南铁矿动力车间

记录人：王鸿表

（1963 年）

秦胜的口述（节选）

我 1932 年在香港太咕船坞当钳工，半失业，每月 15 天有活。干 5 年，每月工资 10 多元，每天 1. 19 元港币，干 10 个小时，收入可怜得很，生活没依靠。1937 年又到香港南京电筒厂做电筒，一直到 1941 年，日本打香港。香港沦陷了，失业了。

1942 年 3 月香港合记公司招工，订合同，是特殊工（有技术），矿山叫苦力工。

搭船从香港到海南八所，航行 7 天（怕海上有鱼雷），在海口住 1 天，没饭吃。

到八所后如进集中营，不准上街，怕逃跑。一星期后来石碌发电厂工作，同来有 25 人，两周后死 1 人叫林成。因喘病没医治，结果死掉。

有技术的工人打的少，苦力工天天挨打，残酷得很。用手打鼻梁，打得眼泪直流。有一天日本工头叫叶文拿工具，叶文不懂，工头用扳手打脚趾，皮破肉绽鲜血流，不能跑路。

工人陈启安与工头争工具，晚上 11 点，工头 4 人用铁条打断他的右脚，治了 3 个月，后来残废了，逃跑了，生死不明。

日本工头用铁棒、锄头柄、皮鞭打矿山工人。

住的是草棚，住 1 年，一栋住 100 人，4 队，每队 25 人。睡地板，10 个人、5 个人一张蚊帐，粗麻布做的。来迟 4 批的人还没有蚊帐。蚊子又多。没棉被，盖麻包、洋灰包、米包，用洋灰袋做草席。

1943 年夏天，一天最多死 43 人，每天叫发电厂挑两桶柴油去烧尸，一桶烧 10 人。平常每天都有 10 人死去，在石碌河边烧尸场烧。有的油少烧不完，留下骨头，肉烧焦了，乌鸦一大群一大群把死人肉叼走了，真是一片凄惨，石头人也会流泪。

现在的火车站过去是个小山包，有 6 公尺高，1944 年把此小山开成铁路，一天死了 11 人，没安全设施，上面的石头土方塌下来压死 30 人，大部分是儋州人。

工人穿的衣服是从家乡带来，香港带来的。穿完破了补，补了又补，有的上衣补了 12 层，厚得很。有的穿洋灰包、米包，还是偷来的。到日本人住的宿舍见洋灰袋从屋上吹下来偷偷拿走做成衣服，有人被日人发觉，打得遍体鳞伤。

工人（苦力工、技术工）赤着上身，光着脚，没鞋穿，有许多人烂脚，发浓［脓］，又肿又臭，又不敢进医院。矿山工人烂脚很多，结果死的人很多。吃，每天 3 两 6 米，刚好一碗，有时米里面大部分又臭，沙又多，有时还有条番薯，许多人不够，自己做成粥，肚饿了自己上山找野菜充饥。

饿死的人不计其数，第 7 批来石碌的香港苦工不给饭吃，贫病、饿、气，自己吊死在树林里、厕所里、宿舍里，有的死了几天发臭了才知道。

每个人面黄肌瘦，剩一把骨头。

有一个医生几个护士，但没有药。更骇人听闻的是：有点小病进医院打针，出来后死了。原因是日本人怕连累，病不会干工又白吃饭。

矿山苦工每天干 9 个小时，每天只有 7 角钱，收入十分微薄。商店是把头，日本人办的，要买点肥皂要日本工头写条才能买到。日本开的茶店中国工人进去就被赶走，真是华人与狗同。每日工资买不到 12 包烟丝，几碗番薯、糖水。要想吃点猪肉，必须由在日本人食堂当炊事员的偷出来才有。

当时没有邮电局，常年没通信，与家人断绝关系。不准离开一步，要逃走也没办法，没钱，没车。

许多人没法生活，不过牛马生活，逃走了。1943 年儋州一个工人逃走，被日本人抓回来，用大刀砍头。电厂工人陈全饿得受不了，砍点木柴卖钱，日本兵知道了，开枪打死了。陈元偷电话机卖给共产党也杀了头。

在北黎，日本人活埋中国工人还要让你自己挖坑。

没有劳保品，做一天工才几角钱，不出工生病没工资，还要挨皮鞭。15 天休息 1 天。

编者注：秦胜（1898—1981），广东番禺人。

黄胜的口述（节选）

1942 年 3 月 24 日，我从广州到香港，每餐吃 2 个饭团，干了一个多月，每天 6 角工资，吃不饱，工资还不够吃饭，后没法生活逃回广州，仅有的一点衣服在九龙给小偷偷光。在香港飞机场做小工，每天要挑 100 担土，每担 60 斤重，才给大米吃。当时脚肿又病。许多人生病，日本人也不管。在干工时，没有房住，我睡在大西街的厕所里，半夜英警说我是小偷，抓了去，后才放出来。

逃回广州后，先在白云机场做小工。脚底生疮，每天 3 元金圆券，1 斤番薯 6 角钱，1 斤米 2 角钱，干一天工只有 5 斤番薯。住在草棚里，不论男女几百人拥在一起。狼狗咬死 3 个小孩，2 个大人也受伤。

后来说海南岛吃得好，什么都有，一年又回家一次，每年一人可发 1 尺布，每月工资 60 多元，当时招工时日本人的合记公司讲的。

1942 年 8 月，我从广州坐船到香港，住了 15 天，每餐 4 两米，2 块萝卜干。再从香港坐船来海南共 15 天。在船上吃稀粥，还不准吃饱，每人一餐只有一口杯。在船上的时候睡铁板、甲板，又冷又饿。在船底死了 4 个人。日本人比野兽还坏，把死人抛下大海喂鱼。到海南三亚安由码头后又抓了5个百姓来补名额的缺位。我与陈晃同属第23批，共有110余人，领队周顺。

在田独下船后，睡在用草盖顶，墙壁用椰叶捆成的草房。睡总铺（大平铺），每人只有一尺宽的床位，越过就要挨打。

没衣服穿，补了又补，没办法，只用一条布条包下身，全身晒得比墨还黑。

每餐定量半斤米，但把头、公务员、伙夫、班长层层克扣，到工人肚子里只有几两了，菜每天6角，但伙夫赌钱赌输了，用井水冲盐巴做开水送饭和一块萝卜，实际被贪污了。

干工作挖土方，在安由码头下矿，2人每天要25车即50吨，包挖土、装土、推车在内。不够25车要打屁股3棒。这时病、饿、累。

干了3个月再也受不了了，大家商议之后把把头砍了几刀，罢工不上班，伙夫每人打了10多棒，我们胜利了，伙食比过去好些，饭多了，也能吃到一些咸鱼。

一天夜里死了48人，与自己睡在一起还不知道他们死了。早上上班了，把头打他们，不动，无声无气，才知道死了。

生病不能上班，每天只给2两米，许多人一点小病加上饿，病更重。许多人实际是饿死的。

生病的人不敢找医生，病严重也只能自己偷偷去找点草药煮吃。

有些人忍不了这些苦，逃走被抓回的，日本用小圆木棒打胸部。我眼见被打死的有20多人，更残酷的是打不死的就吊起来，用电来电，折磨死的。

有些人饿得受不了跑到饭堂偷米，几个人当场被打死。

日本人洗浴的地方，中国人如果下去洗，就被打得死去活来。中国人洗澡的地方是池塘死水，有牛尿，又臭又脏。

吃饭时也没开水，白天上矿山干工，又渴又热，但喝不到开水，渴死了，因此而生病的人很多。

早上4点起床，把头到宿舍大声吆喝，每人一棒，有病起床慢点，又打又骂。到5点集合，6点开工，中午没有休息，20分钟吃饭后继续干工，不完成25卡土还要打，又不给饭吃。一天干9个小时至10个小时。

干工没有劳保品，上矿山干工赤着脚，仅有一条包屁股的布巾要洗了，只有露出屁股。没办法，有的人去偷洋灰袋做衣服。

在安由一共死了3000人左右，最多每天死去49人，最少也有18人。有病死的、饿死的、打死的、工伤死亡的。如麦广昌打洞时，没安全措施，两条大腿压断，不到一小时死掉，时间是1944年。另有的小病不能起床，把头用皮鞋踢，活活踢死。

日本时期的妓女院八所、宝桥（今叉河）、石碌处处都有，里面的妓女除一部分日本女人外，有一部分是台湾人和朝鲜人，大部分是香港骗来的女工人。妓女院都是排队买票进去的，整天一个出来另一个进去，川流不息。但进去的人多是台湾人和满洲人，也有一些职员，真正的工人进去是很少的。

1944年第一批从香港招来180多名女工，给日本人洗衣服。漂亮的不管是否有丈夫，占去做老婆。如赵元老婆被日本人抓去做老婆，是日本矿长干的事。从香港招来100多名女工，海口50人，八所20人，安由30人，招来时说干护士、洗衣、缝衣，欺骗她们来。被招来的女工全部赶进“慰安所”，“慰安所”实际是当娼，当妓女，日本人守门，矿山工人不能进去。要她们去卖色相、肉体来供红星玩乐（红星科长，高级职员）。矿长一人一个房间招用一个妓女。

这些女人成天衣不遮体，露出全身肉体，只穿一条三角内裤。伺候日本人不满意的还要挨打。

家属因饿受不了，去偷点番薯给丈夫吃，被日本人抓去活埋，还要自己挖洞，自己填沙土，不愿挖洞全被打。一个妇女被救出来，虽幸存世上，但半身瘫痪了。

编者注：黄胜（1909—1987），台湾台中人。1963年在海南铁矿基建综合队工作。

张成弟的口述（节选）

1939年日本鬼侵略海南。1943年我和老妈（53岁）逃进黎族村庄挑小咸鱼贩卖。当时我住在名叫黑□村的黎村，日本鬼打进来，村里的黎胞在地下党领导下坚决抗战，打死很多日本鬼，后日本鬼放火烧全村草房。从早上打到晚上7时。全村人都逃进树林，没东西吃，吃野菜。

我也跟老妈一同逃走，2个月后才回黎村，仅有的一间小草房也被烧光了。没法居住，又带老妈逃到另一叫西村的黎村，开荒种番薯过活。

妈后来病死了，我只身回堆头村与大兄一起生活。这时大兄做木工，我给日本鬼割草、挑水浇树，从上午8时干到下午5时才回家，没有工资，自己带饭吃。当时是轮流给日本鬼干工的。

大兄后来饿死；二兄做木船，现在还在。

妹在日本时在西岗常村死。我给日本鬼做工，给人放牛。

我1954年来矿工作，家在海南东方县。

编者注：张成弟（1933—2001），海南东方人。

陈露的口述（节选）

我出生贫农家庭，租耕地主3亩多田过活，生活很苦。

日本侵略中国，广东失陷后，中山县到处满是财狼。物价飞涨，1两米1元金圆，地主老爷也费尽心思，吊佃我家土地，另高租佃给别人。一家4人全靠我和爸上山砍柴出卖过日子。每担4元、5元，但买不到5两米。只好把米磨成粉掺进南瓜叶、野菜一起吃。加上我成家立业，人口增多更苦了。

由于饥寒交迫，爸妈先后死去。姐姐16岁嫁人。父母死后，只有我和爱人和一个小孩。但不久小孩又得病也死了，这时6岁。生第二个小孩几个月后得了百日咳，没钱医治，几天后也死了。

1940年夏天，在家乡没法生活下去，身体只剩一堆骨头了。日本人的合记公司到中山招矿山工人。招告说吃得饱，一年后可回家乡，也可自己找工作。工作好，有多少布奖励。用财钱骗人。

我从澳门到香港，7天后坐船来海南。在船上吃番薯，每人每餐2、3条，有时吃点眉豆，吃了不能消化，许多人拉肚子。番薯大半生虫，不能吃。而总管是吃好的。睡甲板。

两天后到海南八所港下船，下船第二天就饿肚子。后分配来石碌。

初到石碌，比我先来的已有31批，我是32批的工人。大部分人生病吃不下，所以还能吃饱饭。不久就不能吃饱，每天每餐3两半米，用绿豆、玉米吃，小咸鱼又小又臭，吃不下只能煮点咸鱼水来吃。

工资：每月12元日币，还借口说代扣10元寄回家给家属，实际没寄，给总管吞下去。每月只拿2元的工资。那时我是上矿山做苦力工。

工作：每天5点起床，吃饭，上山工作还是黑蒙蒙的。中午20分钟吃饭后继续工作到下午5时才下班。每天干10个小时以上工作。矿山工人当时叫苦力工，用人工挖矿石，用簸箕装，铁锹、铁三角耙挖矿石，装上小矿卡，每天规定每人完成3卡多（6吨），完不成任务要扣工资。当时许多工人为了不受折磨，半夜就抢先上班去捡矿石，找矿石多又容易捡的地方捡。

太阳火辣，没劳保品。光着头，有的被晒昏。经常喝不到开水。没衣服穿，全身墨黑。有的人实在干不下，偷偷休息一下，被工头发觉，叫你站起来不动，呆立着，工头（日本人）用皮鞋踢，打到你昏倒、不省人事，回手反抗就更遭殃。有的用手掌打耳光，鲜血流，眼光火花四射。有一次一个工人本来是生病，不上班要打，坚持上班，山上工作又辛苦，受折磨。下班走到半路昏过去，死了。叫李海。

与我同来的一批700多人，不到一年死去一大半，大部分是病死。每天最少死7、8人。放死人的一间草房，几天堆成一堆，几天一起烧。把中国人看成蚂蚁。

那些工头有日本人、山东人、台湾人，都是讲日本话，叫工人拿工具，听不懂要挨耳光。有的害怕不懂也不敢问，硬着头去拿，拿不回来一直是打。

上山赤着脚，大部分人烂脚，发红发肿，生虫了就死，烂脚而死的人最多。

苦力工住在草棚，睡总铺（大平铺）。现在的床，那时是做梦也不可能。两边睡人，中间是人行道。一张蚊帐睡几十个人，挤在一起，空气又臭又闷，那时哪有什么讲卫生呢！

所谓卫生院，几十个病人挤在一起，更臭更难闻，有的死去还不知道，第二天不能起床才知哩！因此，病再重也不愿去送死。

冬天盖麻包。

工人偷麻包、洋灰袋做衣服。一条衣服去洗，再也没有穿了。

招女工骗说当护士，但是骗来后当妓女，专供日本人玩乐。女工被骗进去，就不能出来。哭、闹就挨骂、打，不给吃，不接客要受刑。

日本警备队专门用刑，拷打工人，最残酷。工人张容用柴去换点饭来吃，被抓去后，被杀死，用刀砍头。本岛工人逃回乡里，抓回来的通通砍头（在现地质队地方）。

有些工人肚子饿，我去找西瓜吃。附近有木柴，日本人看见后以为我偷东西了，把我打得死去活来。吃野菜、野西瓜、仙人掌下盐巴、香蕉干。

梁瑞发的口述（节选）

我的父亲叫梁安，我3岁死父母。父母共生我们10兄妹，现在只剩大兄和我2人。其他兄弟姐妹因生活贫困，饥寒交迫，先后死去。

1939年，日本侵占海南。日本鬼要各家各户抽壮丁，我才10岁，被迫同20多个小孩到三亚给日军做飞机场。

我们一批童工分配在锯木房搬木柴，挑小石渣、洋灰，每天5时起床，晚上6点下班。中午吃两个拳头大的饭球，一条小而臭的咸鱼。吃不饱，我又同几个小孩拿了一个空罐头到日本人食堂洗碗流在臭水沟里的剩饭，捞干后加煮开水做成稀饭，几个人又在一起吃了。

狗日军在休息时，要我们童工打架取乐。他们站在一边哈哈大笑。有时要自己打自己的嘴巴，或叫其他童工来打我。如果打得力不大，狗日军又用双拳打我们的脸，像打鼓一般。满脸、嘴流鲜血了，他越快乐。

我亲眼见到日本人抓3个中国苦力工，到椰子林杀头，说他们是偷吃东西。

狗日军杀死3个中国人还要自己挖坑，叫他们跳下有胸深的坑子，又再起来在旁边另挖一个小洞，跳下去后，狗日本抽出利剑“嗖”的一声，人头落在旁边的小洞，鲜血冒出2公尺高，狗日军在旁哈哈大笑。日本人就是这样残忍地杀害中国苦力工。

站在旁边的一个高个子八字胡的长官用日本话向旁边的一个侩［刽］子手叽里咕噜的说“日本大帝国制造的宝剑大大的好用!”日本人就这样用中国人头来做试验品。

我害怕了，不敢看，一个狗日军抓住我叫我去买东西。

在1940年底，一个晚上我钻进椰林逃出来了。没法又捡点柴去卖，又流浪了。又进了日本办的“南洋砖瓦厂”做工。每天10多个小时，我是补瓦工，除吃饭外，每月工资仅是几角钱。

稍有偷懒一下，日本工头就要我摆“四脚牛”让狗日打屁股。打够了，又叫摆“三脚牛”。一只脚伸起来慢一点，木棍、皮鞋一起打下。还大骂“把加阿噜”、“将咕噜”，我懂他意思是骂：“他妈的！亡国奴”。

我刚进南洋砖瓦厂做工时，工头把我打两巴掌后，见我年龄小，就问：“霍多么（小鬼）！西过多（你是否做工）?”

我用日本话回答我家里全死了，只有我一个人。然后狗日军用藤条在我身上狠狠抽了两下，才笑着走开。在我身上留下的是两道又肿又红的伤痕。一年后，即1942年秋，日本仓库被人偷了30多桶煤油，狗日军把中国工人几十人通通反绑吊起来打，一个个迫认。我怕了，东方上挂起一牙残月，星火闪闪而昏暗，我就逃出来了。

第二天跑到陵水，又过着流浪生涯。不久为活路，我又给日本人做公路。因我懂些日本话。狗日的叫我给日本校长烧开水，不久我又逃跑到田独。日本人要中国学生讲日本话，写日本字，不讲的日本教员就鞭打。

3个月后我逃到安由河口一带流浪，做童工、散工。

从香港来工人在榆林上岸。

到田独后，在日本人工人医院搞杂工，清洁队搞了几天后，然后到河口码头看船，没有工资，4 个小孩、工人一包米——200 斤，大人每人 50 斤，我每月 30 斤米或 20 斤，刚够一个月吃饭。吃菜是自己钓鱼。（当时我才 13 岁左右）

香港来的工人有的是在香港茶楼被拉来的，有的是无生路自愿来的。

看船 2 个月后又跑到大日（日本人办的锯木房）搬木板、木料。年龄 14 岁要搬几十斤重的东西。1944 年，受不了折磨又跑到红沙茶店帮洗盘碗、茶杯，打扫卫生。茶店是家庭茶店，经营生意很小，刚换取个人生活。一直到 1945 年日本投降。

编者注：梁瑞发（1932—?），海南三亚人。

（吴晓红　整理）

第 13 本

海南铁矿一矿区
记录人：陈炳照

（1963 年）

陆湘的口述（节选）

我是日本侵略时期来。

1942 年 6 月 20 日从香港合记公司上船，要医生验身体，打 8 次预防针上船。在海南八所集中的地方叫猪仔六。初时招来的人到合记公司报名吃饭。20 天后就用大铁船运人。每人都准备过来死的，把所有带来的东西、衣物都卖了吃完。工资是每月 21 元军票，吃公家的。吃饭吃饱。到 1945 年，那时每餐 2 两米，有时给几条番薯，有的单位更苦，打人多。听人说打死好多人，但自己没有亲眼见到。自己见过工友偷来东西去卖，有的逃亡，警备队扣押回来又打又电（但名记不起来）。有的因吃饭不饱，在坑渠拾饭粒吃。1 个总管、4 个头目。有香港来 500 人，现知道的只留下 5 人（第 19 批）。材料组做苦力 25 人，多是病死。一直做到 1945 年日本投降。

广东江门、香港总共来 64 批，（每批）500 人、600 人、100 多人。

吴强的口述（节选）

我是日本侵略时期来。

香港被日本占领后，老婆刚生一个小孩，日本拉我时，老婆当场被日本用刀砍死，小孩生死不明，再也未见到。

香港 1941 年失陷后，粮食有困难，有部分居民就回家，无家可归的就留下。我 4 岁死父亲。1941 年 16 岁时四叔带去。母亲等人死去，只剩我自己一人。到 1942 年被日本拉到香港打得非常严重，走路都困难。后把 50 多人交给香港合记公司。据说可以做工，合记公司把人全运去海南岛。八所上岸是第 25 批，锁在屋里不准出去。7 天时间吃糖水、一餐猪肉。后分配来昌江石碌修理上山公路。不久就上山打风钻，叫熟练班，经常挨打，直到 1943 年。早上天未亮排队，上山做工，直到晚上黄昏才收工。因做工辛苦吃不饱就逃跑。在八一农场附近大树林给台湾人烧炭几个月，工作虽然也很辛苦，但吃得比较饱。后被何直法看见抓回石碌，用电话机来电，又用手杖打至半死放到监牢，经常提审打骂。有一个月才被头目廖漆保出来，又送到矿山做工。又因粮食紧张，天冷时每餐发一个饭团，无衣服穿，无被盖，又逃亡到海头给人种田，换一点米或番薯干。无工做就去吃食住烂庙堂。逃亡原因吃不饱，天冷工辛苦，有病无药治。晚上和大家睡一起，第二天死了人都不知道。打死、病死有 10 个以上。

逃到外面有一年多，因病到八所劳务来报到治病，做轻工做好了后又调往石碌，分配上山打涵洞。没有多久又逃走到宝桥（今叉河）拉高压线，做完又去砍树挖木几个月，又病。回到八所劳务来报到做轻工，好了又逃跑到昌感帮种田，直到日本投降。

编者注：吴强（1921—1994），广东番禺人。1942 年到海南。1963 年在东方电站工作。

黄德的口述（节选）

我是日本侵略时期来。

家在广东番禺，一家 9 人。生活无来源，靠做些工，住租屋，为祠堂做事，点油灯，耕租田。10 岁父亲死，16 岁有婶母介绍到广州油漆店学师 3 年，有饭吃无工钱。做工辛苦。后来香港哥哥介绍到香港打工，每月 3 元工资，吃老板的。每天从早做到晚上 10 点收工，回家还要做工到 12 点，一直做到 1941 年香港沦陷。1940 年母亲死。1941 年香港被占，我被老板开除，年底香港合记公司招人。1942 年到海南岛，初订合同一年……都是为了生活而来。进公司就不准出来，分饭吃，有少部分人偷偷地将一份饭分一半给家属吃。

1942 年底下船，晚上见到灯光像小城市一样，到岸上看见海南八所全是沙滩，风大，工人生活非常苦，穿水泥纸。到猪仔六（八所劳工集中的地方）住 7 天。原来的老工人看见我们就说，又来一批替死鬼，即是九死一生。当初我从香港来还带有一点衣服。在猪仔六吃了一块猪肉。后分配到昌江石碌工作，住在叉河。早上 4 点管工来叫起床吃饭，菜是南瓜、菜甫、烂咸鱼。吃完饭就排队坐车到石碌，天未亮在 70 米（矿山的海拔标高点）拾矿，每人 3 卡（2 卡），每天登记，拾完就下班。中餐在石碌，晚餐要回叉河吃饭。回到叉河天已黑，眼看不见。在叉河宝桥工友死去，用拉箱做棺材，用后再抬回去。我来时是香港第 4 批，500 多人，到石碌是第一次。房子盖好（在现电影院建有 10 间草房，一间草房住 50 人），睡大平铺，蚊帐用砂纸等做的，12 人同睡一张。发有马答毯一张。在石碌拾矿 15 天。因自己年轻一些，要我去看雪机做杂工（地址即在检修车间那里），分饭吃。初来 21 元一个月工资，后来每天 1.2 元。到 1943 年调往水泵房做工（初时班长是黄元，现在装运工区），主要是抽水。有一天自己上中班回去碰见潮汕人许深在冰厂拿南瓜一个给黄继，走到（即现一矿区大楼边）大树林给日本人抓到打一顿。每天分饭一碗，有一半是番薯干，自己去偷木瓜。有一次给警备队看见我的罐头筒，木瓜饭粥，立即被倒掉，打烂罐头筒，那天没有得吃。有一天我有病，把衣服全卖光，穿麻包衣。我在医院就医，看见死人很多，一天最多死了 30 多人，好的衣服被拿走。每天烧一堆尸，只放一小罐油渣。烧不完了，雀鸟吃，狗拉，烧的地方在现炼钢厂等地。病人睡在一起，晚上还讲话早上就死在旁边。烂脚烂手，医院用铜刷来刷，生起虫来。死人多是烂脚、□□死、吊颈。有两个工友想吊死，一人绑一头，即在西区茅草房医院。

1944 年有两个海南民工逃亡，一大一小，当时给日本抓到叫大家来看当众杀人，不知道姓名（即在现电影院那坑地）。后来一直吃不饱，偷烂油布一张去黎村换番薯，出来（即粮站门口树林）被警卫队张飞捉到，我和王元也捉去。用电话机来电，问你们进村有无看见红军，提审坐牢，每餐 1 碗饭，吃拉都在那里（现在监房北区地方），坐了 1 个月，出来在水泵房做工。自己看见陈烟等 5 人去偷电话机来卖，得款准备逃回广州。后陈烟等 2 人被抓，其他 3 人已跑走，连累我，又被拉去坐牢，又用电来电。陈烟等 2 人被日军杀了。有两个小孩拾 2

把柴去换粮食也被日本人捉去杀了。

编者注：黄德（1903—1984），广东番禺人。1942 年到海南。

利树的口述（节选）

我是日本侵略时期来。

我家在广东海丰红草市，有父亲、母亲、一个弟和我共 4 人。母亲织麻维持生活，借了地主田就把屋抵账留下一小间住。那时我 8 岁。到 9 岁家中无米，饿了 7 天。我去讨饭，要回几碗饭拿回给母亲和弟吃。我 12 岁时全家去了香港，到处打工，当学徒，生活十分困难。我 16 岁时父亲不知去向，母亲重新嫁人，我打石头、讨饭、到饭店做工，一直做到香港沦陷。1941 年香港饿死很多人。因生活问题，1942 年 10 月和香港合记公司订合同一年。到海南八所入猪仔六（集中营）9 日。我是第 40 批，分为木工队、水管队、电器队、杂工队、泥水队，合计 600 多人。我的队长叫谢添，现不知到哪去了。我们队是电器队。原来我队 25 人，现留下我和朱奕 2 人（朱奕现在发电厂工作）。苏中所在水管队 30 多人，现留下苏中及他老婆、女孩 3 人（现在动力车间水管组工作）。木工队 50 多人，杂工队 200 多人分配到石碌，电器队 25 人调东方发电厂，水管工 30 多人，水泥队 50 多人。

我在东方发电厂时头目叫李南，汕头人，现不知在哪里。初到东方给休息 1 天。到上班时头目李南天未亮就叫我们起床，差点打死我。伙食初来是好的，八所给我队猪 2 头，干部要拿走 20 斤，头目李南霸占，我们知道就吵起来。杂工组有 200 多人，每天都死 5—6 人，都是发热死，剩 30 多人，现在都见不到。杂工组有个工友姓林，病 2 天没有吃饭，我好心将饭跟少数民族（黎族）村民换番薯，给二手看见告知李南，就拉我去见日本仔。我们打头目李南一次，以后工友就敢拿饭去换番薯。我们从早上 5 点做到晚上 6 点才得休息。病的人多，李京轻病很重，我又和他换番薯给他们吃。秦卫头目知道向日本仔讲我是在工人内搞红军，我的代表谢添证实我不是红军，才放了我回来。李南头目被日本仔打两下，因为我照护工友较好。李南想报复打我。后来谢添代表调我到石碌（1943 年 5 月份来石碌发电站）。

在东方每天死去 6—7 人，最多 25 人，是卫生夫讲的。都是病死的，都是用火烧。在东方医院后面挖坑一个 1 公尺深的洞，用柴，3 斤柴油引火烧，尸体多少个没有定的，头骨都未烧完，肠肚满地都是，乌鸦吃到满地都是。挖有 4 个坑，油烧完就担走骨头，丢满地都是，搭柴船回香港即是用火烧死。

有个日本仔戴眼镜，我们起他外号叫盲眼雷公，打人最厉害。有个工人给他打很多次后跑上山当红军，盲眼雷公1944年被红军打死。烧日本仔尸有4张毛毯包，用绳绑，又有棺材，4担油去烧，工人就是喂乌鸦。

1942年我从东方调往石碌发电站，共有6人，胡松老、莫洛仔、我等。石碌粮食不够分，一碗约3两6米，头目、总管、干部、大头剥削去部分，只吃一平碗饭，吃的是咸水草菜（我们叫海南韭菜，海南猪脚即是萝卜）。一星期有猪肉吃，一次3块，很小的。从早上3点半起来分饭，4点30分上工，做到晚上回来。以后吃一天6两4米，3个多月，后来每日吃2两4米，早上3两番薯，中午4两番薯，晚上4两番薯。矿山工人每天拾5卡矿（2车），拾完就可下班，每天工资7角，每月21元多。拾1卡就多1角钱。我是电器工，工资40多元一个月，是日本票。每年配短袖外衣1件，扣我9元1件，一年烂棉衣1件，8元日本票。1944年，2两4米，番薯11两，连生虫在内。不够吃到饭堂水沟拾饭拾菜吃；日本〈人〉看见就打，人多去拾，偷木瓜及木瓜树煲来吃。用梯线做耳环到农村换番薯。我、王人贵两人去偷椰子油，在发电站边，有4回，到宿舍煮木瓜头吃（有两个小孩偷日本旗做短裤，被日本人左口鱼看见，报知日本仔，将两个小孩杀死，地点在过去文化宫，海军陆战队，在1943年4月底杀的）。外号左口鱼（姓银林现在九所）是他害我的。我走了，抓到王人贵杀死。石碌死人多，排的号数5个位，是5万多人。共来到56批。以后都未见人来。有一批朝鲜俘虏队800多人住“慰安所”边茅房全都死完。病死、拉肚、饿死、丁气死、烂脚死。打针越打越死，拉肚就是灌水过天就死。

卫生队4个队。死人最多时有40—50多人，打死、饿死。赌场在两区，住大平铺。没衣服穿用块布包住屁股。我一次冻得上电灯烤掉下来。水泥纸当帽，穿水泥纸、麻包，穿有什么都换番薯吃，吃芭蕉头，吃牛屎壳。因偷椰子油怕杀头就逃走到北黎，没饭吃，饿了两天两夜，在路边吃牛屎。后到农村帮人做工，一直做到日本投降才回到八所集中。

编者注：利树（1917—1989），广东海丰人。

林安善的口述（节选）

我是汕头第一批，480多人，日本时期来北黎飞机场，1948年国民党时期来矿山。

1942年6月份我在家汕头，父亲、母亲、2个哥哥、2个妹妹，共6人。哥哥在国民党犯病死去。我家做些小生意维持生活。1940年日本占领汕头。1941

年初母亲饿死，年底父亲饿死。父亲在死前叫我给一顿地瓜吃，死了能把眼合起来，晚上死去，只剩下我和两个妹妹。后我被漠关拉到汕头北站集中营，一天吃两顿。我那时脚肿面肿，在集中营有 20 多天，400 多人。1942 年 5 月坐木船到香港，上船时船舱的人都满了，下不去，日本鬼用脚硬把人踩下去，把舱面封上。在船上 2 天 2 夜没有给水、饭吃。到香港合记公司集中营才给饭吃，在楼上睡地下，下楼拉大便。在香港 10 多天两顿饭，不准随便走动。坐船到海南岛望楼住一晚。我是汕头来的，第一批 480 多人。汕头共来 3999 人做工，地点是北黎飞机场。晚上到那一天也没有吃饭，住在很矮的草房，睡在泥巴地下，白天睡在里面见到太阳。晚上我们到外面住，草房里面臭虫多又潮湿。飞机场四周有铁丝钢，外面有电钢围住。日本台湾人在 4 点拿一个大锤催起床，一不注意就会被打死，到工地天才亮。挖土填修飞机场，用两车卡装土用汽油车拉走。每个卡坐两个人，一个是日本人，一个是工人，大小便要向日本先生请便。讲话打，行走也打，休息一下也打。□□多回来无水洗澡，挖一个井给伙房煮饭，想喝一点水就要去偷，如给日本鬼见到就打。我去到第二天看见工人煮东西吃，正好日本鬼丢了一只鸡，说那个工人偷了，即打死——用电，再用大锤打。我们来是 480 多人，饿死、病死 200 多人。我们吃的每餐 3 两饭，20% 是番薯干，吃了两个多月就吃南瓜、番薯干 80%，20% 是米。早上半两番薯干粥。工作时间 14 小时。最初死的有木板棺材，后来用席卷，以后死人多，每天 6 人，就这样把你丢了，埋在风眉村离住房 50 公尺，用沙来埋。有一次刮台风，外面不能住，住在茅草房里面，给台风吹倒压死 5 个人，受伤的很多。

在宿舍附近有个病房，表面叫病房实是死人房。没有死前日本鬼给你打针打到□□工人身上去，马上抬去死人房，不到一晚就死的。我是有病不省人事，就把我抬去死人房，等我醒来才发现旁边已死 3 个人，我就跑出来。

我因饿得半死，收工时慢一点，回去和人要番薯，给日本人见到把番薯扔了，用木棍打屁股，站起两手向上举给他打的，在宿舍打。

有一次日本鬼调我去军部劈柴，看见猪盒有饭，我和猪抢食，日本鬼见到用大木棍打到我不能走路。我在汕头带来一个麻袋穿两年多。多数用块布包屁股。有的民工是女的，没有衣裤穿。汕头来的工人有 40% 没有裤穿，上身穿得烂烂的。

公司化验室林头因肚子饿，偷日本锡去卖，被日本人见到，抓到望楼军部，用绳绑住两个手指公吊起来打，用扁担打，放下来问话后又用电来电，晕过去灌水醒来再打，一直提审，又打又电，苦挨 20 多天。日本鬼打电话问三亚最大的头目，要不要杀头，说不要杀，才放出来。

在日本飞机场，每月工资30元，其中20寄回家，发10元。我事实领取6—7元，在家的20元多数给人取去。我一直在飞机场做工两年多。1945年8月份日本投降，国民党接收。日本鬼把我带到八所集中说这批先借给国军，10年后日本才回来要你们做工。过两天国民党派李专员来我们这里。接收有240多人，留下黄流100多人，有100多人在八所。

林汉升的口述（节选）

我是日本侵略时期来（的）。

广东汕头玉镇上乡人。父母4兄弟姐嫂共8人，靠做船维持生活，有小部分田。那时我10岁，大哥被国民党抓去花了几百元才放出来，婶母仔给国民党枪决。

日本侵占汕头时，大哥就死去。1942年我三哥被日本人打快死后医好，过时间不长就死去。船员工没有工做，二哥给菜行做工。田又没有种，父亲死。嫂和别人结婚。我那时18岁，给别人做工。二哥不知到哪里去了。我给日本人做工，地方是广东揭阳效田乡，每日一斗米，住庙堂。母亲饿死，姐结婚至今无消息。有时我就讨饭。

我在19岁时听人说招工一年去海南就可回来，每月30元。1943年就来海南，第△批1000多人。在海南三亚榆林港下船，到虎头岩住几天检查，再到榆林。调到陵水英州坡飞机场做挖泥工。当时因不懂话被台湾人打。吃不饱。后调往三亚金鸡岭做。厨房叫我煮芭蕉心给工人吃，我不肯又被打。以后又调做杂工。我到工友那里坐一下又被打。一餐吃小4两饭，其中有番薯干，有时给一团饭球，几粒盐。穿一个麻包袋。调往英州坡做杂工，每天死10多人，有一个头目未死也放去烧。因死人多没有油，以后又土埋。每个坟一定要埋10个人，未够不埋。吃不饱，做工苦，挨打，天气热经常下雨。从早上天未亮就起床做工，晚上天黑才回。睡草房，大平铺。有的工友偷番薯，在水边偷饭吃被打死。有一个工友到外面捡东西吃，给头目看见吊着打到屎流。以后又调往三亚西部起房子，住在港门村。当时我做工有钩包，曾兴而除草。陈龙咸、张亚平、严光明、林红奎、陈俊方、李立全等，还有我一共给日本人打6次。至1945年死剩90多人。

编者注：林汉升（1923—1972），广东澄海人。1943年到海南。

董亚火的口述（节选）

我是日本侵略时期来。

广东中山乡南山村人。我从8岁读书至11岁，有父母哥嫂姐我共10人，靠姐、母卖鲜鱼维持生活。在16岁父亲死，从那时起我就给人看牛、耕田，做到20岁。因生活困难给日本人挑粪一个时期，又给人耕田。日本飞机来炸，我就回家和哥哥分了家，姐姐早已结婚。我带母亲生活，把自己的衣服都卖光，我就去参加游击队，在中山、五桂山活动。母亲在家乡饿死。在游击队一年多。22岁那时我去买菜，给国民党警察捉到石岐当警察。没几天就调我到广州警官学校，整天操练，吃不饱。一个月后我逃跑给抓回去，打得快死，才赶出。我到处讨饭，骨瘦如柴。1942年底在顺德县看见有人招工去海南就报了名。有个人带我到广州集中，一个月后坐船到香港合记公司集中，住了3个月，就去海南，是第60批，108人。船到海南三亚安由码头上岸，到田独中站做杂工。

穿水泥纸，睡大平铺，无被盖，每餐2两饭，一天吃二餐，不饱。我去盐田挑盐到泥村换椰子逃出去。有的人因长期吃不饱，吃椰子多就烂脚生虫而死。田独中站有一劳务所，专打处理人的。从早天未亮就起床，一直做到晚上才准休息。我搬木板走慢一点就给肥仔辉管工用大木棍打我，要我举高手打断大木棍。吃饭不饱。我在中站坐车到田独日本食堂偷猪食吃。日本总管叫咸林，打人最厉害。我有一次病在田独市场边，到医院留医，见到在医院的病人，脚烂成虫，吃拉也在那里，每天死6—7人。医院后面有坑，空地专埋、烧死人。

1943年长期吃不饱饭，我逃走到六盘村种田。陈金现在基建队做安全工，和我一起在那个村种田。做有半年时间，只求两餐饭。因我脚瘸无人要，我就去讨饭，到崖州等地讨饭。在日本时做工一个月有3元日本票，无劳动保护品。有病工头也强迫劳动。1944年下半年我逃到农村去讨饭。到1945年下半年才回中站。日本已投降，国民党经济部来接收，说工人可以回大陆，叫大家集中，骗大家回去，说有衣服发给钱，回家到海口坐船。我由田独跑路11天到海口。每天给一点米，在海口有1个月时间。有船来运走几千人到广州湾去做工，我没有去。

周铁纯的口述（节选）

我是日本侵略时期来。

家乡在海南昌感（现东方市、昌江县境域），父母哥妹等7人，靠给地主放牛、做工维持生活。1939年日本侵略海南，要我们做民工。到八所，做了3个月，是做房子的。我是海南人，看大陆人吃不饱，偷日本米菜被日本人看见就打、杀。在码头我听家乡人说，石碌有工人病，日本人就用柴油把他们烧死。我是海南民工，换批来的，做了3个月就回去崖县（现三亚市）。1944年看牛，是给日本林奥公司看牛，每月 100 元日本票，每餐吃一团饭，睡的大平铺，在外面看牛见到日本人要抬头。1945 年又调去给日本人煮饭，说我给鱼头他吃就打我。走路也要良民证。

编者注：周铁纯（1924—），海南东方八所人。1963 年在一矿区生产工段工作。

王卫民的口述（节选）

我是日本侵略时期来。

家在海南东方港门，有父母兄弟姐妹 8 人，靠帮人打船工及母亲给别人卖鱼得工钱维持一家人生活。我 15 岁就帮人做船工，只求两餐饭过活，工钱是 3 斗 4 斤米。又做临时工，给日本人做过民工。1942 年，我到北黎找工做，给日本人做杂工。1943 年被调到八所日窒株式会社食堂做杂工，经常挨打受骂。从早上 4 点一直做工到晚上 8 点。睡的是大平铺。做茶楼杂工，又调往北黎做工，因病回家治疗。1945 年我家乡人介绍我到北黎制纸公司做工，吃不饱，挨骂，至 1945 年 9 月日本投降。

编者注：王卫民（1924—2008），海南东方人。1963 年在一矿区生产工段工作。

（吴晓红　整理）

第 14 本

海南铁矿装运工区

（1963 年）

杨坤的口述（节选）

我是广东郁南县鹅毛村人。1942 年来海南岛。我家很贫困，我担柴卖，我父因生活困难病死，当时我只 6 岁。我母从广西搬来，病一年，没有钱医，将一块田卖掉，医不好也死了。我就跟着大姐。我 12 岁去香港。在香港做工 6—7 年，有时失业，有时有工作做。后卖身给荷兰国政府开矿，做了 2 年。生活困难，做不到工作就打，我没办法于是走出来了，被荷兰鬼发现拉了回去，坐牢一个星期，吃辣椒，于是又做 2 年。借犯了错误为名不叫我做，开除了。我返回香港，广州刚沦陷，我就返回乡村。后又回到香港，在励图公司做工。日本鬼打香港，吃没有吃，日本鬼拉我去做工，每天 1 斤米，生活很困难。后被日本鬼招工来海南岛，至八所宝桥（今叉河）工作，吃的每餐两个饭球（约 5—6 两），吃烧盐鱼。在宝桥工作，第一批上海人均没有了，有的跑了，有的死了。我第二批 600 余人，由于吃不饱，穿不暖，死的很多。有的发烧，工头摸头热，仍叫你做工。病快死了，即抬去烧，我见很惨。每天天未亮就起来做工，因没有吃，又没有钱，只好将衣服卖掉。没衣穿，偷麻包、洋灰袋做衣服。有时肚饿，病没有饭吃，于是要水沟里的残饭粒吃，到外面找野菜吃。

日本鬼子时，你不做工就拉去打，打完灌水，因此，有的工人没法，吊颈死。到解放前夕，我们一批 600 余人死掉 400 余人，剩下 100 余人。

编者注：杨坤（1914—1987），广东郁南人。

陈俊芳的口述（节选）

我 1943 年 1 月 5 日从广东汕头来海南岛。当时日本鬼子打到我们家乡，占炮台，拉兵，抓夫给他们挑东西（武器什么都有），早上 2 点干到晚上 2 时。日本的狗腿子造谣，说，海南岛很好，每天 4 两猪肉，能吃饱，4 两鱼，油多得很，菜很少。结果被他们骗来。我家乡有一个叫陈买石对我说：“走哇！如不走，被把头打死，我们俩都靠不住哇。”我说：“走就走吧！”当时我只 20 岁（虚岁）。我来没有一套衣服，只一条裤子。我想如不走，也没有活命的。我被抓去给日本鬼子做炮台，挑东西，干了还要打，又没有吃。我父亲在我 3 岁时即去了南洋，母亲因生活所迫饿死了，妹妹给别人抬去卖了，哥哥跑了，剩下我一人。实在没有办法，就来海南。来时每人给 165 元（日本票），卖了一条命。他们宣布：有家属每人 30 元，没有家属每人 10 元。结果来到这里单身和家属一样，月大 10 元，月小 9 元。我们答应后，就集中在汕头猪仔场，好像买猪一样，买了一个多月，约 1000 人左右。一个月左右即下船，坐小帆船 3 晚 4 天才到香港。3 晚 4 天吃了一碗饭，一碗盐萝卜，有的吃下去就吐。到了香港港口，大家希望到香港能吃到饭，结果又多一天到九龙，又回头到香港。当时是晚上 8 点多钟到香港，上岸10点多钟左右，叫我们吃饭。1000余人，狗腿子就分饭，轮到我时不分饭了。我肚子饿得要命，自己拿，人家也照我一样自己拿，结果一桶饭抢光了，日本鬼子出来了，说，还有谁没有吃饭，来这边。没有吃饭的每人拿一个钵去装饭，结果给日本鬼每人打一鞭子。过了一晚即坐船去海南。来时潮汕人92人，广东人250人（家属孩子不算），叫苦力工。在船上一个广东人叫我照顾他，他的饭给我吃。在船上每人只能挤下一个座位。在广州市郊，有一个叫陈家孙与我很好，我们一路来和我坐在一起。白天可以坐，晚上想睡，他偷去上面睡，我不敢去睡就占位了。睡了3晚都没问题，到第4晚被一根大木头压下来，压得粉碎，还有一个人打破了头，死了。5天4晚到三亚榆林港，再到陵水英州坡。那天下午太阳下山，我们见民工给日本鬼干工，我们问民工在这里吃什么，他们说吃饭鸭蛋大一个饭团。我们当时想到死了，命难保。当晚睡地下。我们有四个人因没饭吃，去偷薯，正抓在手里，给日本鬼打几鞭子。晚上排队集中，日本鬼子就问谁拿头人的番薯，当时我们怕连累别人，我们4人即出来，给日本打了5棍（打时把棍子绑两绑，打下去很疼），打到第3棍时都倒下去了。那时有3个（李龙泉等）也偷了薯，给日本鬼打得屁股大便都流出来。我们天未亮去干工，天黑才回，每天休息八九小时。夜晚睡了，拉我们起来唱歌，你不开口就打，这歌是亡国奴歌。日本鬼唱一句，叫我们跟唱一句。吃的每人不到半斤米，菜吃的是香蕉根、木薯叶，吃日本鬼丢在水沟里的饭，白菜头。如果被日本鬼看到，还被打得半死。有一天我去干工，我不懂话，他说我不听他的话，打得我半死。日本鬼抓我两手从背后向前面翻打，当时我什么都不想，只有死路一条。在那里做了半年多（搞飞机场）。调到三亚来，白天雨淋日晒，我们在那里半年。出来都是猴子一样，衣服都没有穿，头发拔光，用日本酒瓶打烂去拔光头。在三亚有一次，我给日本鬼洗饭桶，只一点没有洗干净，就用拳头打嘴巴。有时被打到昏，用油桶罩下去。我们去三亚，干铁道工作，一半开荒。由于吃的是香蕉根、木薯叶，吃不下去，我们偷偷去海边抓鱼吃，被日本鬼看到，打个半死，叫大家来看。有一次日本鬼死掉鸭，丢在地上，还有丢掉的白菜头，我们捡来吃，煮了一桶，吃的很欢喜。正在吃，美国飞机几十架来了轰炸，我装了一碗鸭、白菜一边走一边吃，死也不敢丢掉这碗鸭子。日本鬼见了就打，那时真是猪狗不如。

在英州坡干工时，很多工人病快死了，就拿去烧。曾庆元烂脚生虫了，日本鬼要拿人去埋，我们就跑上去拦住不给拿去埋。当时每天有10余个快死的拿去烧，起初是烧，以后就6个人一个洞埋在一地，日本威胁把头，二头威胁工人，叫抬去埋。

有一次我有病（痢疾），他们把我们3人调去崖县车站。当时3个人有病，睡3天就一定死，我没下去就挣扎跑来跑去，结果他们两人死掉。我又调回三亚。日本投降了。

编者注：陈俊芳（1922—1987），广东澄海人。

陈耀赐的口述（节选）

我1942年7月1日到海南三亚安由码头。原在香港合记公司。没有工作做，日本拉人并说，来海南一年，即送你们回家。从香港上船，11天即到安由，斧头岭下船。第13批，500余人（1个总管、4个工头、1个公务员、4个二手。一个工头管100余人）。来到斧头岭20天，已病死5—6人了。跑路去安由，一日到安由，第2日就开工。住的是茅〈草〉房，茅〈草〉房的墙是用椰子叶做成的，冬天风吹进来很冷。每栋房子100余人，每人1尺5寸的地方。下雨地下有一尺深的水。初来2、3个月，每天1斤半米，以后1斤。1944年6两4米一天，有时加绿豆、包米、薯干，菜吃南瓜、白菜（烂、好一起），8人一盘，每人不到一点点。病每天最多7—8人，最少2—3人。我们500余人到日本投降时剩下100余人。病况：烂脚、发冷发热、大便出血。我来安由做工7天，烂脚，肿很厉害，我没有去看过病，去找少数民族（黎族）要一种草药（百花草）敷好的。人死了初时用薄板拿去埋，以后拉去烧。安由有一个地方挖下个房子那么大、10多尺深的洞，埋一批用土填下去，又埋一批再填，一层层埋。每天4—5时即叫起床，日本鬼拿洋镐柄打，如有病的站在一边，摸头不热即用洋镐柄打或拉两手背翻下去。我们从香港来时每人带一箱衣服，没有吃都卖光了，不到几个月，即用麻包、洋灰袋做衣服。每人身上都有虱子。1943年有一个胶带工人（不知名）在安由整胶带，因转动轮积矿太多，日本人要那工人铲掉矿，工人不肯铲，结果打了才铲，锯断双手，死了。我姐姐在香港。日本每月扣我15元，共扣8个月，由日本转去香港，结果我姐姐只领到一个月钱，日本从中剥削去了。1943年在安由时配电，我工作爬到一个10米的电焊上工作，由于没有安全带掉下来，1、2个月不能动，即由工友搞铁打草药敷。不干工没有工资，打人用的东西是洋镐柄、皮鞭，拉两手翻打。

黄祖存的口述（节选）

1942年我是派民夫来海南三亚田独铁矿，约1200余人，来的老小都有。住茅房，睡大床铺，200 余人住一间，晚上 11 点熄灯，早上 4 时开亮，早上 5 时上工，每天 1 元 1 角，天黑才下班。每天先交 7 角伙食费，每天 4 个饭球，早晚 1 个，没有碗装，很不卫生，菜自己准备。山上推矿卡，自动溜。有时报名去，有时派工去，这工作很危险，经常刹车不好翻车死。有时干工疲惫坐一下，日本人拿荔枝木砍来，最厉害的是叫工人打工人，自己动手打嘴巴。如果你病了，有一个病房，周围用铁网围住，病了未死，有点饭吃，如死了就抬去烧。逃亡大路不能走，小路专门有傀儡兵在抓。有的跑到大茂岭，如果抓到了，回来没有活命。我家乡来的人，住了 4 个房。我是中区，东区有一女人来，台湾人想强奸这女人，结果工人晚上当贼打。日本人来了，第二天即把东区宿舍工人每人打 3 棍。1943 年我到安由做了 2 个月工，因有种传染病痢疾，水肿，2 个月满期，我不做了。

编者注：黄祖存（1921—），海南陵水人。

胡荣的口述（节选）

我家在广东南海五区九江公社会龙村，贫农。有一间窄小的房子和一些养蚕工具。1936 年，当时我家 8 口人，父亲 56 岁，母亲 32 岁，姐姐 15 岁，我 14 岁，弟 11 岁，妹 3 个。父亲原在广州酱园做晒酱工作，全家生活靠父工资维持，只能维持家里最低的生活。家里经常吃粥，吃薯过活。1937 年父亲病死。大姐姐和 2 个大妹妹先后卖掉还债。1938 年，日本侵占家乡，把房子全部烧光。姐姐跑去香港做工。我后来去了香港姐姐处，到玻璃厂当学徒，学油漆。搞了 2 年多。1941 年底，香港沦陷，我于是来到海南岛。当时日本到处抓人，放在一条船上。我被骗招来，合同一年，去到香港合记公司，住一个多月。上船来到海南八所。到八所猪仔六（集中营）住 1 个星期。每餐给你一碗饭。我是第 14 批，共 500 人，总管张受泉，头目胡元勋，管 100 人。300 人到石碌，200 人在八所。我在八所日窒管安部铲沙，2 人 1 卡，我只 16—17 岁，人家铲满了，我这卡还未铲满，日本人一掌打过来，一脚踢过来，我边哭边干。以后用铁锅装矿，3 个 1 锅，慢点用三角炳［柄］打我们。1944 年吃 3 条地瓜。要挖防空洞一米宽，3 米深，因我没有力，就挨打。

（吴晓红　整理）

第15本

海南铁矿一矿区
记录人：廖一初

（1963年）

柯青秀的口述（节选）

我1940年3月从台湾来，今年46岁，被日本鬼子招工来的。在家里生活困难，向人家借钱100元，还200元，没法生活下去就来海南了。

有工作后每天2元日币，不做工没有钱，病不能工作也没有钱。刮风下雨不能工作，每天8角。我先到昌江北黎，没房子住，就多盖一块油布住下来。半月后，住茅草房，铺些茅草睡地下。两个月后就病了，留医20多天才出来做工。这段时间没有工资，又不肯借钱，只好向朋友借钱吃饭。因为工头对我们不好，我要求调去做砖一个多月，又病了，患了水肿病，又调回原来那里做工。搞铁路、挑土，做了20多天，因为太辛苦，要求到西松组当搬运工。一年多后就调做材料工。一直到日本投降。

日本统治时期，石碌、八所地区每天都死几十人。这些人都是饿死、病死和被殴打致死。都是水肿病、烂脚、疟疾，发冷发热也有。当时石碌有4个人专门抬死尸的，因死人太多，都抬不及。病人入院医治条件很差。用牙刷擦烂脚，病床用树枝搞。从上海来的人在船上患了痢疾病，怕传染，上岸时便被日本鬼子杀了头埋了，有的中途因病被扔到海里去。

在石碌死人太多时，便挖一个大坑用火烧。

当时大多人都穿麻包，一部分是水泥纸袋。

日侵时期有一工人，病了几天没吃饭。王柏总管叫病人去做工，病人说不能做工，他便用一条绳子扣住颈部一拉，病人跌倒了就用脚踢。病人被打了，晚上死去。第二天总管来叫死人做工，用棍边打边骂："你睡死了吗?"（在八所劳务）

黄德的口述（节选）

我60岁，工人出身。9岁死母亲，14岁死父亲和祖父。15岁跟叔父学做木工，生活很苦。后去香港机场做泥工，2 角钱一天，又去坑口修马路，去德关公司做泥工。1941 年日本打香港，占领香港，死了很多中国人。自己失业了，便走去元朗做卖菜工作维持生活。后来日本人招人来海南岛，我便报名来了。当时是订一年合同，可是来叉河一年又一年都不能走。我是 1942 年到宝桥（今叉河），当时是张柱华工头带我们来的，全队 90 多人，全船 270 多人。当时我们清理涵洞，干工不知怎么干，干不好就打。当时我们整天往外抬死人。我们那个队 90 多人中 30 多人分到其他地方，现在只剩下 6 个人，其余的死的死，走的走。

在叉河的工人被日本鬼打的打、病的病。死了许多人，天天都烧很多死人。

我在宝桥工作 3 个月，后来调到东方。在东方有个叫伍超差不多被日本鬼打死。

每天早上 2、3 点钟就要起床吃饭做工，一直做到傍晚才收工。每天 7 角钱，吃他们的。有时吃得饱，有时吃不饱，从来没有油吃，经常只吃 1 两米一餐，我们只好偷番薯或上山挖番薯度日。有的穿洋灰袋，有的穿麻袋。我做的是搬运、起重和其他杂工。抬东西不管你能否抬，抬不起就打腰和屁股。一次两人抬五匹马力的马达，约 300 来斤，抬不起被用棍打。大多数人都得夜盲症。几次发热发冷，病不能工作，要排队检查。较重的可不上班，认为不十分严重的便让各个病人躺在地上，用棍打腰和屁股。现在我的腰，刮风下雨就会发痛。

光东方 2000 多职工，到日本投降时就死去一半。

袁澄波的口述（节选）

我 52 岁，广东东莞县人。

1942 年 2 月从香港来，在叉河。因为日本侵占香港失业，做了小贩又病了，日本鬼在香港招工到海南岛，因生活所迫，就报名订合同一年，这样就来海南了。

来到叉河跟木工泥工做些杂工。第一天开工就被打了。那天搬木头到黑夜，准备下班了，日本鬼进来叫我和 7 个人去抬一根大木头，没办法抬得起，就被日本鬼拳打脚踢。过了两天抬马达，和一个日本鬼一起抬，因地上树枝多看不到路摔了一跤，又被他用木棍打头和用脚踢屁股。第三次运水泵过河，快上岸时几个人抬，开关断了，我跌落桥底，身被擦伤，上来又被日本鬼拳打脚踢。几次抬东西过叉河因走动困难，慢些又被日本鬼打。有时病了，脚都肿了，不能上班，日本鬼一定要我上班，并用棍打我屁股。被日本鬼打的次数很多，记不清多少次了。这段时间是半年。初到叉河时，每天都有 10 多人病死，有的病了被打毒针打死，有的病未死就活埋了。

当时每天 6 角钱，另外管饭。如果不上班，不管是病还是其他原因，是没有工资的。

有一次大家搞泥砖屋，因砖质量差，合起来就断了。日本鬼看见就说我们不小心，殴打我们。当时大家反抗，打伤了一个日本鬼，当晚就给他扣了 20 多人，个个都被打到屁股开花才放出来，并说以后我们要是这样做就杀头。

有一次轮流来石碌捡矿，每天一班。当时一个台湾人当管工，不知因为什么，工人们打管工。当晚日本鬼用机枪围住宿舍，捉了 20 多人去，同样被打到屁股开花。

后来我调到东方去，挖水沟和跟木工做杂工。经常被日本鬼用石头打，有时被棍打。建发电站时，在几层楼地搬石米板，因路窄小危险，走慢些，又被日本鬼脚踢棍打。有时上山抬大树，抬不起来又被打。

一次搞了一条上山铁路要我试车，日本鬼一推车，我和一部车碰撞了。当时满身都受了伤，去医院擦了药水，过了 3 天，伤未好。日本鬼两人来拉我上班，只好忍痛上班了。一次做砖做得慢些，日本鬼又来打，大家不干回宿舍。当晚全班 30 多人都被捉去用棍打屁股。

那时挖泥，每人开始包 3 卡，后增加到 7 卡，从天未亮做到天黑才收工。吃饭又吃不饱，一天吃 6 两米左右，又没有饱，生活艰苦。一次日本鬼叫我，我不管他，他就抓住我的颈部打倒在地下，我起身还手打他，他叫台湾军队来捉我，幸有日本人说我没有打他才了事。

那时有工人病了被捉到工地去做工，而病人回来宿舍，就被日本鬼捉来，绑住两只大拇指吊起来。有跪在地下托五六斤的车轮，累了放下就被打，有时被打昏了就用水冲醒。

伍超不知因为什么事，被日本鬼用刀砍伤。

一次挖水沟，一病工人做累了休息一会，给日本鬼发现，活活地用棍打死。

1944 年我调到石碌，做了风管工。工作做慢些和不对，又被日本鬼棍打。一个组里，一人做不对，全组都要被打，工场上午要斩草，下午煮水给日本人冲凉。

吃饭没有饱的。

一次我公休。在宿舍，那个孔明（总管），到我宿舍，还未问明情况，就一棍打过来，我说公休他就走了。

一次李苓对卫生夫郑德敷脚看不过眼，打他一顿，当晚派了黑衣队捉他，捉不到就捉了班长罗金殴打一顿。现在在党校这个地方专门打人的，排队来的，轮流打。

死人用火烧，烧不透乌鸦来吃人肉。烧人地点在北区。

后来我被调到八所农场做了 8 天，一餐吃一小碗饭，吃不饱，很冷又要下水做工。肚子饿，去买米回来吃，很多人因此被重打。我有一条裤袋，也被日本鬼强抢去。

不久又调到三亚去做打风钻等工，一天做 12 小时。一天被石块压伤，坐下来处理伤口，日本鬼走来不问何事就用脚踢我。

在工作中有时加班，只睡 2、3 个小时，打瞌睡，又被日本鬼打。

我脚烂得很厉害，要求休息，日本鬼说你要休息就要打一棍。当答应打一棍腰部才得休息，休息一餐只吃半小碗饭，1 两米饭都不到。

当时有 6 人烂脚，因无药医，3 人死了（其中一个英焦）。

我脚还未好，日本鬼就来要我去做工，没法只好做工。因为没法做，就冒险逃走到黎村。无工做，只好讨饭吃。有时帮黎人割草，捡柴，一个月后日本鬼就投降了。

编者注：袁澄波（1911—1973），广东东莞人。

陈玉标的口述（节选）

我 50 岁，安全工 4 级，东区 326。

我 1942 年来海南，因为广东汕头饿死人很多，生活很艰苦，正好日本鬼招工，我就来了，订一年合同就返回去的。

初到北黎在飞机场做杂工，一餐一碗饭，大约 3 两米饭。每天要做 10 多个小时。早上天没亮就上班，要晚上 6、7 时才下班。如果病了，只给吃半碗饭，没有菜的。有时有菜都是吃的残菜烂菜。工资每月 10 元，这 10 元我用不到 10 天就完了，能买东西很少。经常被日本鬼打，用拳打头部，用棍打屁股。我的脑袋被打坏了，眼睛也被打坏了。有时用巾抹汗就说你不做工，又打。有时一天被打 3 次。

一年多后调到乐东黄流去做杂工。工作与生活同北黎差不多，打人是不讲理的。

我们从汕头来 5040 多人，到日本投降时只剩 700 多人，除了 20 多人去当游击队，其他都饿、病死了。一病没药医，结果死了。

纪□□（肖炳奎知他名）被日本鬼走狗打死。一个台湾人不见一只鸡，纪□□刚捡到一只死鸡吃，台湾仔知道了说纪偷的，当场用棍把他打死。

编者注：陈玉标（1913—1993），广东澄海人。

许辉的口述（节选）

我是广东潮安县人。1942 年来海南。来海南原因：家里人口很多，共 7 人。

父亲一度失业，做过煤炭和电器工人，1938 年死了，生活无所依靠。母亲当保姆奶母。日本侵占了我的家乡，生活更苦。1940 年卖了两个妹妹（共 40 元国币，20 斤米左右）。1941 年家里剩下我、弟，生活仍没法维持，又卖了弟弟。1942 年日本鬼在家乡招工，我就报了名来海南。我是潮汕第 3 批，共 320 多人。船“名天一丸”，船在海中出事故，被水浸。日本鬼准备逃跑，把工人赶到舱底封住，后来淘水抢救，救了一天一夜。做这一工作只吃一团饭，其他饿 2 天 2 夜。船到三亚榆林港，把我们送爷头岭又饿了一天，大家到海边找东西（螺）吃，被日本鬼看见抓了一个工人（不知什么名），用棍打死就烧了。

来到八所就在飞机场做排土工作。天没亮就排队上班，夜晚了才排队下班。困在宿舍不给人出去。住的房子很低，入门口要低头才入得的。床铺是大平铺，刚刚可睡下一个人。300 多人同在一个茅草房。每人每次吃饭是南瓜或番薯饭（一椰碗三两左右）。吃的残菜，吃木瓜连皮的，通心菜很老的。

病人，医生来排查，如果摸你头约有发热就不上班，没有热就用木棍打屁股，打后还要去上班。病号只吃一半饭，所以有病也勉强去上班。

有的人受不了就逃跑，被抓到最少要受刑，用电话机电，电昏了再用水冲醒。

穿的有麻包袋算好了。

工资，讲是 30 元，有家后只给家属 20 元，没有的只发 10 元。10 元可买 20—30 斤番薯。

人死了用火烧，后来挖洞埋，死人堆满了就盖上土。

1944 年我调到乐东飞机场，同样做泥工，生活同样苦。有很多人只好到厕所里捉屎虫来煮吃，有的在猪饭里抢粥吃，偷日本鬼倒掉的番薯皮吃。他们倒掉烂番薯我们也捡来吃。如果被日本鬼看到，把你拾的统统倒掉。

我病了 3 次，住在地下，不能上班，挂上一牌子在颈，说我是中国狗。

刮风下雨都要做工，没有星期天，身体搞得很坏的。

在八所时被日本鬼打 2 次。搞柏油路，下雨冷了，差些了，坏些了，日本用棍打我腰部，现在还有痛。

一次装木头车，肚饿，轮到我偷番薯，日本鬼看到我拿到番薯，用铲打屁股 3 下。

在乐东飞机场也打死人，有 4—5 人。一次一工人拿东西到黎村换番薯回来，给日本鬼看到，下班时，要全队去看，说那个人跟红军有关系，杀了头。

对较重的病人，就用毒针打死。在北黎苏文死后身体乌黑。

有的人被打到屁股肿了，不能睡。

从广东汕头来的人加起来有4800多人。日军投降后去三亚集中只有800人。

何二的口述（节选）

我1943年冬从香港来到海南八所，住了一个星期。

原在香港做泥工。日本鬼侵港失业。后来到机场做一个时期又失业。听说海南招工就报了名，就不得不来了（香港合记公司）。10天左右就卖来石碌，1星期又调宝桥（今叉河）。日本老板欧曾看我的脚烂了，不上班，晚上叫出来打。用木棍打屁股或用手打脸，病也要做了。

吃的2个饭球（4两）。后来一天3两2米与3两番薯干，吃点什锦菜。穿烂麻包。

每天都三几个死。初时挖洞埋，洞深人多就埋。后来狗来咬。

全队第48批，300多人，到日本投降时死剩100多人。打死、饿死、病死、烂脚死。

有的有病不上班，就被打得很重，过了1星期就死了。

做工一天10多小时（做砖），天未亮就做工，天黑才收工。有时还要开夜班。有时发□□也要去挑土，用手拉手的办法来走路，能看见路的先行，不去就打。

每天7角，做了几年才有一条手巾（做工多才有）。星期天不休息。长期睡地下，睡的很少。做一天吃一天。

日本快投降时我调到46区铁路，做砍柴工，3人负责8个立方，能完成吃2盅粥，挖土分饭2杯。

日军差不多投降时，就逃出来讨饭吃。日军投降后回到八所收容所，一天吃2—3两米。后来要我去九所给地主做工。

编者注：何二（1911—1977），广西灵山人。

吴江洪的口述（节选）

我1942年2月从香港来石碌。香港被日本鬼占领，失业。原来做临时工，知道招人来海南，当时订合同，来海南一年。我是第4批，500人，其中100人去三亚榆林，剩下400人，除了逃跑一些，到日军投降时只剩下70人。

开始我做挖矿工，做了一个月就搞搬运。一个月后调到劳务系做卫生役。天冷了，穿纸袋和麻包。

一次在劳务系不见一台电话，凡在那里做工的都打，用木棍打到屁股黑了（共7人），不能坐。

一次起床迟了15分钟，被日本鬼用手打头部跌倒在地。

一次洗衣，日本鬼起身迟了没有把衣服交给我洗，后来说我不给他洗，就打我两把［巴］掌，我拿去洗了，又出来打我，我骂他，他又拿来一只鞋把我脸部打到肿。

一次我发热2天，医生给我病假2天。那个台湾人（总管）撕毁我的病单，要我马上上班，不上班就打。无法只好带病上班。

1942年6月，一次157号工友因病不能上班，日本鬼强迫其上班，他没法顶得住，最后上吊自杀。

上海来的最早一批3000人，到我们来时，他们只剩30多人，其余都病死和被打死。

初来时，能吃饱饭。有时吃的咸鱼，有时有点猪油和牛肉吃。后来很差，吃咸鱼仔，没菜吃，找野菜吃，至水肿，一人吃一碗（3两饭）一天两餐。

工作时间：早上天未亮做到12时，下午3时到8、9时。住的是茅草房。

骗了一批妇女当娼妓。原办公室那个房子就是妓院，专供日本鬼嫖的。

编者注：吴江洪（1920—1998），广东高要人。1963年在矿区运输工段工作。

伍生的口述（节选）

我1943年初从香港来，第47批（可能几百人），来八所，住一晚来石碌，分配采矿工作。

我原籍广东台山县东和乡。12岁到香港，父母亲靠做打工维持生活。全家5人。我13岁在太古船厂做杂工（散工）。17岁时做起重工，19岁时日本鬼打香港，全家失业。当时想回乡，但没有路费。几个月后生活很难过，父亲就和舅父来了海南。我们做起重工，每天吃米饭6两半，20多元一个月工资。

一天下班回来母亲病死了，左右无靠，只能同工头借钱，每元每月20元利息，借了100元，买床板钉棺材埋葬了母亲。工头向自己要利息，无法维持生活，就同弟妹商量偷走来海南。到了海南无法照顾弟妹，弟弟给日本鬼捉去当难民。妹妹饿死了。解放后才与弟弟联系上。

我到海南开始搞采矿工，没有劳动保护品。分配什么任务就要完成。1945年初，有一天中午放炮，一个炮没响，把雷管拿出来放在口袋里，不了解雷管性能，没有人教我，自己拿来研究，用块线搞一下就炸了。炸断几只手指，到医院，不打麻醉针，用锯锯断指骨，几个人按住我，病得很厉害。

一天给日本鬼打。1944年8月在矿山，我同那日本鬼发生意见，因为他那个风机不好用，我拿了他的风钻用。给他看到，把我打到屁股肿，几天上不了班。

最初几个月能吃饱，几个月后就不饱了。一人分一碗，有时吃半饭半番薯，有时全是番薯，有时有菜有时没有（南瓜、白菜）。

住的大铺，仅够一个人睡，后来死了很多人才睡宽些。穿的洋灰袋，有的织麻包袋穿。

工资每天7角，买一碗豆水3角钱，烟要5—6角一包，没法就拾烟头抽。吃饭吃日本鬼的。

病了没工资，有饭吃。入院九死一生，很少出来的。在医院，病人能自己装饭吃的就吃，不能动手的即没饭吃。听说有的未死就火烧了。

一天早上一工友病了，不能上班，给日本鬼打到脸肿，还是继续上班（1943年10月采矿工）。

编者注：伍生（1923—），广东台山人。1963年在一矿区一工段工作。

肖炳金的口述（节选）

我1943年1月从广东汕头来海南，第3批，300多人。当时朝阳得病死了很多人。原来我租地主的地，地又卖给人家种了，我就没种了。刚好日本鬼在那里招工，我就报名来了。到北黎飞机场做工，修公路。半个月后，工作慢些就被日本鬼工头打屁股（名字叫左竹）。后来做水沟，做了48天。后来又搞飞机场和杂工。每天做工10多个小时。吃的不好，不饱。最初每天差不多吃1斤米。后来每天吃10小两米，吃的青菜没有油，病号吃一半饭。

住的茅草房，下雨漏水不能睡觉也不修理。

最初天天死人，都是病死的。开始有棺材埋，后来就用草席卷着埋。第1、2、3批，汕头人做飞机场800多人，一年左右死300多人。朱世德（朝鲜人）发冷发热1个月，日本医生给他打毒针，24小时后就死了。

1944年1月李尾逃走，被日本鬼捉住用脚踢得很重。被打后过1个多小时就死了（在十所）。

1945年3月我调到乐东黄流飞机场工，这时工作轻松一点。在这里打死一个工人。1945年10月国民党没有去接收，12月份才接收。

王烈谋当时因饿得受不了，就偷了日本鬼一块窗帘布，被日本鬼捉住，用刀杀死。

从广州招来的女工，骗说搞纺织。在北黎搞了一个“慰安所”，几十个女工，专为日本鬼服务。最初女工不愿意，日本鬼就不给饭吃又打。用烧红的铁板来烧女工身上。有的（不知名）被迫上吊自杀。每个晚上10个日本鬼轮流强奸一个女工，每人规定10分钟，台湾兵也参加。

国民党来接收，工人们想打日本鬼，可是国民党劝我们不要打他们，后来我们不管怎样也要捉两个日本鬼打。

在日本侵略时期我们每月工资10元，可买10条毛巾。

几年都不能同家人通信。

伍进的口述（节选）

我从小死去父母，1936年开始在香港，在一个姑丈那里学家俬油漆，一天忙到晚。做了几年，有病给你一角钱买凉茶饮，没有工资，有时没有饭吃，一直做到日本鬼打香港。当时我15岁，姑丈的铺关门了，暂留他那里。经常被他骂，自己想走。几个月后，在路上碰到一些同行工人，说准备来海南，我也考虑这个问题。几天后姑丈骂我不去海南找工做，我受不了，就去姑妈那里商量，姑妈向来不同意我去海南的，但无法，只好去报名来海南。当时报名那人说我年轻，我说17岁多（其实15岁），并且给几元钱给那报名人，这样就同意报名了。准备上船交给我5元，同工头去饮茶用了4.50元，和姑妈见面后就上船来八所上岸。1942年我那批是第6批，550人，总管黄柏，头目何忠，二手苏松。上岸时就听到岸上工人说，一班“猪仔”又来了。经过打防疫针就住在八所猪仔六（集中营）房子里。一星期后，用火车装我们到叉河，入到日窒素株式会社（即开发石碌矿山的日本会社），调到西松组，再分到手井班37公里（地名）做泥工、杂工。叉河桥是我们修的。工作越来越紧张，病人不断增多。工头骂我们偷懒，做工少了。现在粮食不多，一天吃2两半米，1斤番薯一人。有的病到不能动，要排队检查，发高烧和烂脚严重的不能上班，其他的一律要去上班，如果不去用洋钩炳［柄］打，打死打伤不少人。

1942年单眼睛王发热上街失踪了。

1942年一上海人有病，日本鬼要他做工，第二天就到树林里上吊自杀了。

1943年做泥工的李秧很肥大的，因为病（烂脚、水肿没上班），给走狗台湾人邹尹松棍打腰部，脚踢成重伤，不能动。后看病，随便给药，吃不到一个月就死了。

1943年关国劳因发热无药医，在医院1个多月时间就死了。

1943年李来接发热住院，没多长时间死了。

1943年亚玉推木车出事故压断脚，到医院没药医，3个月就死了。

1944年亚杰因病被台湾人用棍打伤，没药医，几个月后又死了。

1944 年伍贵发高烧没药医，在宿舍 1 个月左右死了。

1944 年霍民水肿无药医，不到 1 个月就死了。

1945 年周华水肿没药医，十几天就死了。

我到叉河 2 个月就拉痢 1 个月，不省人事，我被抬到宿舍外边等死。当时有一个广西人李海搞山药给我吃，几次就好了。我拉肚，日本鬼要我做工，不能去，就用手打脸和用棍打屁股和腰部。

白天做工，晚上监禁，不能上街，什么都不知道，主要怕我们逃走。人死后就挖洞去埋，没有棺材。我们工人反对，他们就用火烧。把尸体堆起来烧。烧场在叉河车站对面再出 100 公尺。上午找柴下午烧，烧不完时，乌鸦和狗就去吃。

我们那批人现在除了很少数走往各地，现只剩 6、7 个人。

我们吃的不饱，2 两米，3 斤番薯，只好在烧米水里找饭粒吃。

冬天穿的是麻袋、洋灰袋，夏天用洋灰袋做三角裤穿。

日本投降后，日本鬼仍打我们。差不多投降时，调我们到三亚挖地洞，装鱼雷艇。日本投降了，把我们集中一堆，十几天后国民党来接收了。

编者注：伍进（1926—1993），广东顺德人。1963 年在铁矿工程公司铁道队工作。

（吴晓红　整理）

第 16 本

海南铁矿旧职员部分

（1963 年 10 月 24 日）

蔡少军的口述（节选）

我是干部，今年 42 岁。

我从香港来，到海南后，干了 2 天工作。日本鬼调我去当杂工。后来与日本人当厨房工，挨打后生病，发冷，脚软，去医院看病，住在医蓬［篷］。当时医蓬［篷］有六间，最后一间是死人的病蓬［篷］。我也住到附近，看见有些工人病死，有些还未死，很多虫爬进嘴，到处有。后来日本人调我到黄流挖战壕，挖死人坑。那时自己每天只吃2条番薯，后来跑走，到姓孙的老百姓家里，介绍给一家地主放牛。

工人给日本鬼打死，每天有三四十人。有些未死也把衣服脱光，抬去。在我一班有一个工人叫曾祥，也是衣服脱得光，抬去烧，后来跑回来。这个人1942年来，记得1947年在田独死去。那时人要抬去烧时，穿内裤也要脱光，拿去换一只鸡来吃。

工人当时生产每天2车，工资7毛钱，2毛1斤糖，1毛钱可以买1两猪皮。工人来到石碌一生病，两腿软，一病倒在医院。看病要拿自己东西去卖。一件好衣服5元，叫人帮卖，自己只得3元，买到东西叫人煮，自己又只得一半。

日本临投降时，把所有物资抬去埋掉。叫工人挖洞埋物资后，也把工人全部杀掉。

麦兆的口述（节选）

吃饭，上等米，日本官吃；下等米，工人吃。在田独时，设有医院，工人不能去看。只能到小街卫生棚。那时在田独工人喝水，只能自己挖井来喝，水很脏。在田独造水坊时，因炸药被偷，结果全部工人被打得要死。

在田独有一次演戏，插两面旗，后来一面旗被偷走，结果抓到两个工人，捆好，叫很多工人来看，日本鬼用刺刀活活捅死。

在田独，工人有病时，抬去医院不接收，不给看，叫工人抬走。

赵煜棠的口述（节选）

在田独时：

1. 日本鬼仔把我们分二种：一种红星，一种白星。对台湾人最优待。

2. 对中国人也分二种：一种苦力工，一种特殊工。

3. 日本人利用台湾人打中国人。那时出动时要排队。

4. 日本时工人死因有：烂脚死、发冷死、水肿死、发痧死。

日本供给我们食品，在临投降时给米，每个工人一天3两2米，因此工人死得多。

赵林的口述（节选）

我 1943 年来三亚安由码头，第 41 批，与曾洪几个人来的。发电厂当时来招人搞外线。日本投降后，搞配电。到解放后，又搞安全工。

在日本时期管工人的，有总管、头目、班长，这是普通工方面的。

梁耀的口述（节选）

在安由工人逃跑抓回来用的刑法有：

（1）用水管接着龙头灌水，把肚子灌满。

（2）把大拇指用绳拴起吊着。

（3）把手指与电线捆在一起后，就摇电话机，使人难受。

（吴晓红　整理）

第 17 本

海南铁矿一矿区
记录人：周适初

（1963 年）

罗勤的口述（节选）

（采访时间：1963 年 10 月 24 日）

我是一矿区维护队钳工组组长。

1942 年，由于日本占领香港，工厂倒闭，无工可做，走投无路。日本人在香港招工来海南岛，我由于生活所迫也就参加了。我们来海南岛的是第 4 批，共有 1000 多人，由八所港上岸。在八所住了 12 天，又迁到宝桥（今叉河）住了 10 多天才到昌江石碌，到石碌的有 500 多人。

我到石碌后被分配在日本人西松组做杂工（我原是做锻工的）。不久又调到日窒调处工作组工作，做锻工，以后我就一直是做锻工。在日本时期，工人生活很苦，工人多吃不饱，吃慢一点就没饭了。患了病也没人来医，就是工伤也得不到治疗。伤口烂得发臭，都无人管，还要上班。有些工人受不了，就到石碌河跳水自杀。1944 年 9 月，工人徐伟因病没药医，病了几天，病死在床上也没人知，到天亮了才被同宿舍的工友发现。

住的是茅草房，没有床，也没有蚊帐、被子盖，每间草房住 100 多人。

工人有病不能出工，被工头看见，就叫工人互相厮打，或用绳子绑住两个手指头吊起来，用牛鞭打。

日本人每天只给工人每人 3 两 2 米吃。工人吃不饱，就去偷日本人农场里的番薯。我有一次去搞了些番薯叶，被日本人看见，就抓去关了 10 多天，用牛鞭打，硬强迫承认是偷番薯，不承认就吊。

1945 年 8 月日本投降。国民党来接收时工人已很少，大部分逃的逃，死的死，把剩下的工人押去黄流修飞机场。

编者注：罗勤（1921—2000），广东顺德人。

李林的口述（节选）

（采访时间：1963 年 10 月 24 日）

我是一矿区维护队材料组组长。

住 400 米食堂旁边草房。

日本侵略香港之后，利用中国人打中国人的办法，设立了一帮便衣武装特务队来镇压人民。在这个黑暗时代里人民生活无着。工厂关闭，市场物价高涨，每市斤大米要 3 元多日元，还要排队买米。流氓分子利用妇女排队买米的时候乘机捣乱，把年轻的妇女拉去，脱光衣裤，绑在街头。有的被拉去海边杀掉，或推到海里以后用抢打死。在这种情况下，纷纷到处逃生。当时（1942 年 6 月）日本在香港招工到海南岛工作。来时是订合同，每天工资 8 毛钱（日本军票），做道班工。我们是在 1942 年 8 月 15 日由香港到达八所港的，是第 23 批，1000 多人，负责人是邹顺，保管员是何老六。刚到八所港，就看见在八所码头的工人穿的是麻袋和洋灰袋。一上八所码头，就听见在码头工作的工人说，又来一批替死鬼。那时八所有一间集中营，工人叫做“猪仔六”。我们一到就在这间集中营住，住了 10 多天，吃的是咸稀饭，又不饱。过不了几天，就有好多工人病倒了。虽然八所有一间日本医院“日窒医院”，护士是由香港刚招来的女工担任，一点医务常识都不懂。有一个病人生有一个疮在大腿，又烂又臭，都不理不睬。

1942 年，日本在八所设有一个名为“劳务系”的机构，系长是贺上，总管是黄柏，是专门管理工人的。系长贺上有一条狼狗，如果工人不上班，有病的也不例外，带去专咬这些工人。还有一队纠察队、警备队，设有各式各样的刑具。如果工人偷吃东西，抓来就打。有一个日本军官外号叫“杀人王”的，用日本式马刀杀害一个叫做“海南人”的工人，罪名是“共匪”。被他捉去后，先将两手反绑吊起，再用 1 尺长的马刀刺去，然后把胆割下。以后又强迫一个叫李杨的工人去埋。日本军官指着李杨说：“好个好个”。吓得李杨几个月讲不出话。

日本人将死的工人初时集中埋在坑里，以后死的多了，就用火油烧。火油放的少，尸体烧不完，引得乌鸦、狗来吃。日本人死了烧掉纸，用一个小四方木箱装骨灰。有时不一定是骨灰，随便给些灰，就算了。装好写编号，放在一间茅舍里。

工人生活是很苦的。每天每个工人只给 3 两 2 米，3 两 2 番薯干，菜就不用讲了，猪肉就更不用说。工人有一句话：要吃猪肉，问何老六。因为何老六是保管，把工人的菜全部扣给自己了。

1945 年，日本人在八所挖掘战壕，修工事，把工人全拉去了。在工地上日本人指挥，台湾人挑战式的向香港工人呼喊，以提高工效。如果香港工人工作效率低，工作不快，就被牛鞭打。

日本在石碌采去矿石约 100 多万吨，每天用 4 艘船来装。大的一艘能装 1 万吨。

编者注：李林（1919—1999），广东新会人。

李太芝的口述（节选）

（采访时间：1963 年 10 月 25 日）

我是一矿区维护工队电焊组。

1929 年我 8 岁时，全家 9 口，有祖父、父亲、母亲、2 个姐、2 个妹、1 个弟弟和我。祖父种田，父亲去做搬运工。那时父亲因抽鸦片烟得病，不能去工作，只靠母亲做染布工过生活。全家 9 口仅靠一个劳动，怎能生活？父亲又病，不得已卖了 2 个姐姐，以后又连卖了 2 个妹妹和弟弟，剩下全家 4 口，生活仍无着落，我只得去抬猪粪狗粪卖，只顾得自己而顾不得父母的生活。最后父亲病得没钱医就上吊死了，父亲死也没有钱买棺材埋。

1942 年日本侵占广东汕头造成粮荒。我饿得全身浮肿。1943 年 3 月份日本招工，被骗来海南岛文昌县谭牛口根村做苦工，修飞机场。初来5、7天给吃饱，以后就不给吃饱了。但不饱也得去做工，不去就被日本人用锄头柄、铲来打。没有衣服穿，只是一块破布来遮丑。有时就去偷水泥袋来穿。在文昌谭牛做了11个月的工，就调到三亚金鸡岭挖山洞。每天工作12个小时，分两班做。每人每餐吃一块饭团约3两。在三亚做了3个月就调到丁税挖山洞。去丁税时是600个工人，做了一年完工后仅剩13个工人，病死、冷死、饿死、打死的都有。李大头、符木财、林贵光、陈家才、郑有人，这几个工人都是被工头长合弟和另一个姓郑的助手打死的。

在丁税期间，我得了重病，发烧发冷，已昏迷不省人事。竟被工头长合弟派人抬出荒山丢掉。到了第四天，由于落了雾水，退了热，才醒过来，动都不能动。以后慢慢的拖着身子去找水喝，又被日本人发现，报告长合弟。长合弟一来先用脚踢了几脚后还说，你还不死呀。

在丁税一年都没有理过发，头发有一尺来长。没有剃刀就去偷日本人的酒瓶打破后来理发。

我病未好，又调去三亚金鸡岭。在金鸡岭半个月后病才稍好一些，就被迫去做工。工头合起来有好几个，长合弟、杨大妹、潘明兴、吴水、李能强、林吉上，天天强迫工人上班。工人每天吃的是稀饭，又不饱，而日本人用大米、麦做成饭去喂马。有时工人就去偷喂马的饭吃。在金鸡岭每天都死1—9个人，死的人没有棺材装，只用椰子衣包去埋掉。

编者注：李太芝（1924—1993），广东汕头人。

李顺南的口述（节选）

（采访时间：1963年10月26日）

我是一矿区维护车间起重组。

我原在广东揭阳大风锡矿工作，1939年（19岁）国民党军队经过大坑锡矿，被抓去当挑夫。我已病得四肢浮肿了。挑了十多里就走不动了，被一个国民党兵踢几脚，痛得昏了过去。醒了之后，肚饿得要命，就爬去乞讨。讨了一个多月饭被警察抓去汕头贫民窟做火柴等工作。每天吃两餐稀饭，做了2年多。1942年，日本占领汕头。11月，日本招工来海南岛。日本人宣传说来海南有吃有穿，我就被骗到海南了。在收容所里住了7天，经过香港又住了20多天。同船的有800多人，在船上每餐吃一个馒头，又没有水喝。

在榆林港上岸，住在黄流飞机场，工头吴石发。工人每餐吃一个饭团，不准多吃。住了一晚就开到八所，分配在飞机场（北黎）工作，共有800多人。住的是茅草房。

1943年由日本人的狗腿子黄忠林带领，每天上班很早，早上4点干到晚上8、9点钟才收工。每天吃12两米，工作又渴又饿又累，稍一休息就被工头用棍打。没有衣服穿，就偷洋灰袋、麻包来穿。我有一次偷了一个麻包来穿，被日本人抓去警务室打了十几个大板，打得屁股都肿了。

1943年工人被逼得走投无路，要逃又逃不掉。日本人在住处周围用铁线网围起来，加上电网。有一批13个人逃出去被日本人捉回，当场就打死了两个（一个叫黄兴林，另一个姓郑）。日本人还强迫我们去看死尸，剩下11个就送去北黎日军司令部上电刑。

1944年，我和林瑞在建设部粮库工作。有一天把扫得的7、8斤含沙米商定准备把米运出去。他在路边，我到外面去接，刚接到拿了走没有几步，就被警察捉去审问，硬要强迫承认是偷米。我没有承认就被绑住，两个手指充电，又吊起来。

1945年2月，在八所飞机场有一个叫林全陆的工人，身体有病，挑沙挑不动，被日本鬼用棍当场打死，强迫我去埋葬。

1945年4月，有一个工友，挑煮开的黑油时，绳子断了，被黑油烫伤右脚不能走路。以后就烂了，日本人也没给医，结果就病死了。

1945年6月，在八所飞机场，我和林瑞用铁皮打铁桶去卖，去换番薯吃，又被黄忠林派兵捉，林瑞被打60大板，我被打40大板。

编者注：李顺南（1920—1989），广东潮阳人。

朱恩的口述（节选）

（采访时间：1963年10月28日）

我是一矿区维护工队起重工。今年46岁，7岁时母亲就死了，家里没有土地。家里有父亲，3个哥、我、全家4口，只有父亲抚养。没田种，没工作，生活不能过，父亲准备把我卖掉。13岁就由姐夫介绍出来给人家当技工，约2年多，没工做了，就又回姐夫家。

日本占领广州后，到广州卫生局里去挑大粪，每天工资8毛钱，但工头仅发6毛。做了不久又被解雇。19岁到广州飞机场工作。由日本人带到了南宁钦州修铁路，后又回广州。

1942年底来海南岛，是第35批，总管是李强，头目徐虾，公务员孙贵，二手黄三（第35—37批同是一个头目），共530人，分两条船。第37批到昌江石碌铁矿，第35批在三亚田独铁矿。

每餐每个吃1、2两熟饭。病都要上班。那时（1942年）在田独每天死36个人，死人坑挖得浅，埋不住尸体，露出外面，引得乌鸦来吃。

那时总管每月工资150元，头目120元，公务员90元，二手60元，工人21元（军票）。那时麦北当公务员（现在基建总队工作）。

1944年由田独调到陵水英州坡挖战壕，每人每天要挖长5米，宽80公分，深1.2米的战壕。日本人还在宿舍周围用铁网（双层）围起来，不准工人逃跑。我工作了3天就逃回田独去。回到田独没有工作做，没有吃，就去台湾人的食堂里找洗碗流出的剩饭烂菜吃。有一次一个叫梁工的工人在找饭菜时见到日本人用饭来喂狼狗。那条狗吃不完，又见这条被狗绑住了，他就去抢狗的饭来吃。

日本人压迫工人用的刑具很多：一种是叫被上刑的工人掘一个半腰深的泥坑自埋。另一种是用六角铅笔放在两个手指中间扎手指，用手来回转动铅笔。还用电刑，即放一盆水，叫工人站在水里通电，或叫拿一盆水顶在头上（在通电）。李赞、古火、向全就曾受过这种刑。

1945年8月日本投降，国民党经济部来接收，负责人是一个姓马的，把配给所的东西分给工人。当工人集合时，同来的第35—37批500多工人仅剩37人。

唐茂盛的口述（节选）

（采访时间：1963年10月28日）

我是一矿区维护工队起重组。我1942年5月日本人在台湾招工来海南岛，包工头是何三思。包工头何三思说去海南岛工作每天工资2块。共有200人左右来海南岛。来到三亚长坡住了2晚，就开往北黎，住在茅草房里，没床。吃的是含沙饭，还要冲水一起吃，有一点烂猪肺做菜。不上班，没有工钱，每天还要扣4毛钱菜金，病了也没工钱。初来时包工头说，做6个月就返回台湾。但做了8个月才给回去。回到半路又被日本人截回。在八所日本人的军农场，小林班建房屋。小林班的包工头是刘宝田。每天工作12个小时，修屋不到20天，日本人就把被子、蚊帐收去。1944年，我逃亡出来到新街，由柯青秀介绍到西松组当配给工，整天配米菜，搬运菜。日本鬼投降后，1946年8月就回台湾。因为台湾有船来，我就跟回去的。回到台湾也没工作做。生活困难。1947年4月又和老婆（海南人）返回海口，住了3个月，做些临时工，修桥梁，生活还是困难，又返回新街做短工晒盐，每月斗半米，但不做又没有吃，只得做。1949年8月，又由柯青秀（现在卷物机组）介绍到八所码头矿物组做杂工，搬矿石等。到

1950 年 5 月解放时，没几天就集中返回八所。1957 年来石碌。

编者注：唐茂盛（1909—1988），台湾台南人。

陈锐的口述（节选）

（采访时间：1963 年 10 月 28 日）

我是一矿区维护工队机车组。

日本发动太平洋战争之后，1941 年占领香港，工人没工做，被迫四处逃生。1942 年日本人在香港招工到海南岛，有 50 多人来。1942 年 4 月到达八所码头，做基建工，吃不给吃，病也没人看。我右脚板生了一个疮，3 个月都没得医，现在还留一个疤痕。穿的是短衣服，麻包袋。1943 年在八所港做防风台，工作没有安全设备，工人经常掉落海里（被救没有死）。做矿桥时也没有安全设备。

1944 年 2 月被迫去乐东县乐安修飞机场，吃不饱就去采野菜吃。陈根和欧暖就是被饿死的。欧暖在一天晚上放工后，回去放碗等分饭。饭还没有分，他已饿得不能走动就去睡，当等到分好饭，叫他起来吃饭，但已经死了。

林靖饿得没有法子，就拿烂衣服去黎村换番薯吃，被日本人去查林碰见他，说他逃跑，拉回来后就把他杀头。杀死后还叫工人去看（梁基也去看过）。

另有一个工人（不同组的）逃到黎村给黎人做工，装扮成黎人样，但被日本人认出，被捉回。用毛巾蒙住他两眼后，放在几公尺远的地方（当活靶来打）。两个日军上好刺刀向他背部刺去，连刺 9 刀把他刺死。

1944 年 2 月从八所调去乐安修飞机场的有 350 人。到 1945 年 8 月国民党来接收时只剩下 108 人。

1945 年 1 月被调去八所挖战壕，每天工作 12 个小时，吃又少，每餐给每个工人 1 小碗饭，工作全没休息，工人做累了，稍一休息就被日本人派来的台湾人打。那时工人病死、被打死的每天都 8 个 10 个。到解放时只剩下梁平（休养）、林永（供销处木工）、梁基（材料）和我 4 个人。

编者注：陈锐（1917—1973），广东台山人。

黄三的口述（节选）

（采访时间：1963 年 10 月 28 日）

我是一矿区维护工队矿卡组组长。我家里是租田来种的。1931 年，天大旱，田里种不上庄稼，地主还逼租，交不上租就被地主收回了土地。生活困难，父亲就去做零工，母亲去挖番薯仔等过生活。全家5口（父母、姐姐、弟弟和我），因生活所迫，把弟弟卖了，得5块光洋。每逢过年，地主吃的是鱼和肉，我家连粥都吃不上，到外面找的青菜萝卜来充饥，邻居有的就送给碗把饭吃。

1942年，广东汕头发米荒，父母被饿死了，全家就只有我自己，连房子也拆掉，把门板卖掉，来维持生活。1943年2月日本在汕头招工，我就来海南了（记不起批号），到北黎飞机场，共有800多人，我的编号是466号。同来的有林安善、郑时（现在一矿区）、林瑞（基建）、郑大槐（动力），不同小组工作。每人发一把洋铲，每天工作由早上4时至晚上8时，每餐吃一块饭团。穿的是红毛泥袋、包。没有钱理发，就把酒瓶打碎，用碎片理发。

日本人还说你们是亡国奴，是应该这样的。住的是茅草房，下雨又漏水，住的又挤，吃不饱，病又没人医。日本人还强迫病在屋里的人去挖死人坑。下班了的工人就抬死人去埋，逼得不少人去自杀。杨瑞书就是被迫吊死的。同来800多人，到国民党接收时才剩60多人。

我那时吃不饱，就去日本人的饭堂污水沟里找过洗碗饭吃。有一次我去偷日本人的番薯来吃，被日本人抓到，打了不算，还用狼狗咬。

编者注：黄三（1922—2007），广东潮阳人。

（吴晓红　整理）

第18本

海南铁矿装运工区

（1963年）

纪友卿的口述（节选）

（采访时间：1963年10月23日）

我是广东汕头人，1942年底日本人招我来海南，当时讲要做一年，每月工资30元，但实际每月才领到10元。

与我一块来的有200多人。首先到香港，后来海南。

在香港每日吃的几两饭，睡在地板上，有时吃地瓜皮，吃睡像猪一样，当时死了2个，走了2个，里面很糟。在香港住了12天，后搭船去海南岛榆林港，下船坐火车，搭汽车到八所。

来海南八所捡石头，每天干12个钟头，很早就叫我们起床。开头来每天吃5两饭，没有菜吃，但没有菜吃不下去。那时吃的是一公尺长的空心菜和香蕉头。有些伙房有些菜，但炊事员私偷或卖掉。由于生活很差，又累又饿，所以死人很多，每天死人很多。

日本鬼子那时没有工休，也没有星期天。我第四组共有54人。后来调我等8人来昌江石碌当搬运工。当时也没有工作衣，自己衣服穿破了也就没有了。后来没有办法，将日本人拿来包死人的蓝衣服拿来穿，但给日本人看见了，被日本人大打，有时给他打昏了，大病了很多。在睡觉的地方，有很多虫。

我小组54人中在1943年因吃不饱，穿不暖，病死了很多，到1943年才剩下36人，其余者都死去了。

日本鬼后来调我第4组（36人）去山上烧炭，没有工作服，没有饭吃，36人中死剩23人。

日本鬼怕我一个组死了，就调我们去八所。外国船每天4时来装矿，美国飞机常来，每天吃3两玉米和地瓜干或南瓜，吃得不三不四。吃的还有木薯叶、香蕉头，所以死人很多。

到了1943年，合同满一年了，我们要求回去，但日本人不给我们回去。因此我们不吃饭要求回去，因为在这里不知今天死还是明天死，所以我们大家都不吃饭要求回去，但里面有汉奸，逼得我们一定要复工。

上海人来了200多人，死去剩下5人，死得太厉害了。

编者注：纪友卿（1919—2007），广东汕头人。

冯庆的口述（节选）

（采访时间：1963年10月25日）

我是广东新县（原来叫云县）人，本人读不到半年书。家里很穷，保甲长抽壮丁，拉我去当兵，当时我不去，晚上我跑了。后来将我家的牛拿去押，又抓我父亲去。那时我走路去香港，去我哥那里去，当时我兄笑起来，那时我才14岁。

兄养我一年，15岁我去香港湾仔利车街永德机械厂当学徒。1941年日本人打香港。日本人来后没有什么东西吃，只好吃猪吃的麻姑。因生活苦偷了日本人的一个饼子，被日本人发现给打了一顿。

1941 年 12 月，我出街去，给日本人抓去。日本人说给你工作干也有饭给你吃。当时我不知去哪里，但后来知道到海南。

1942 年来海南，来到榆林港台拓公司（日本人的公司）。与我一块来的有 530 多人。到海南后住在茅草房，不准出街。初时挖土工作，吃的是□□煮的，不好，大便都拉出来，从此好多人得病死去。有些人吃不下饭，将自己的东西卖光了，准备死。但到冷天没有衣服裤子穿，只好将洋灰袋、旧纸折成子块包住下身就上班。每天早晨 5 时日本人和一个汉奸就来叫起床上班。有的病了，日本人还要打你起来上班。新会有一个姓梁的当木工，因他不懂日本话，日本人叫他拿东西过这边他听不懂，拿错了就将梁的左手折断，后来这个人死了。另有一个姓叶的是二手，但他不管工人，日本人认为他不负责任当场被打死。那时没有得吃，只好到日本人的饭堂去捡黄菜烂饭、捡野菜等来吃。530 人死去剩下 50 多人，这些人是冷死、病死、打死、饿死。死后放火烧，有的用席子包起来埋掉。后来日本投降后，工人建立一个被日本人害人的纪念碑。我被日本人打几次，现在我左边腰还痛，这都是他们打的。

周生的口述（节选）

我是广东新会人，以前在香港当学徒。1942 年日本鬼打香港招工，招不到，就在街上拉人。有很多人被抓后没有办法了，我就是这一批来的，日本人讲来海南一年。

1942 年来海南，共有 170 多人，都在安由河口工作（矿坊）。那里不懂日本话、海南话。开始来推车，如工作出了事故他们就打你。有了病也不得治，每天死人很多。多数用台湾人监工，他们在工地，如你不好好干，他就用矿石来打你，有的被打伤而死。吃的是稀饭，工作 10 多个小时，加上他们打，所以很多人得病了。重病也没有人管。三亚安由工人很苦，早上 3 时就起床，如不起床就打你死。在安由推矿车，你推不动就打。前后很多矿车，推快了出事故。工伤时不工作，就没有粮食给你吃，上班才有粮食给你。死的人用草包起来埋掉。人病了做工没有力，日本人就打。我们来的时候共 170 多人，到日本投降时剩下 21 人。有些工人受不了这个苦，到少数民族（黎族）地区种地，如给日本人抓回来后，叫你跪在一条木上，双手举一脸盆冷水（冬天），如累了，冷水由头淋下来。有的是用电话线盘到你身上电死，另是打死，或是 2 条枕木挖 2 个孔，脚在孔里，不管冷天、热天都站在那里，每天给你一点稀饭汤吃。另：他怕你走，医生将脚的筋割断，然后将你的皮连起来，这样你就不能走了。另：跪在木上，身背后捆一个大木身要直直，如睡下去他又打你。另：自己挖坑到胸前，叫你下去，叫另一个工人把土填到你胸前，昏过去后又挖出来淋冷水，然后又打。另：把你捆在这里，日本军人用木枪练兵，木枪刺进肚子里去。另：用胶带 2 公分宽，1 公尺长，这样来打工人。平时工作是用铲、洋□木打工人。另：还用木剑。

工人住的是大间，没有床，睡在地上，一人只有一个身体宽的地方。晚上睡下去，第二天起来，有的右边的死去，有的自己两边都死去了。

蔡广伦的口述（节选）

（采访时间：1963 年 10 月 26 日）

我是广东中山县人。在国民党期间当了 3 个月的伙饭工（三亚）。我 17 岁去上海在奇兵酒家当做饭的。日本人打中国时我回乡，不到一年去广州联合饭庄店干工，在那里待了 3 年。日本打广州，我走了。我没有钱，将衣服卖掉去香港当苦力工，在原益厂当搬运工，1941 年日本打香港了。

我来海南是日本在香港招工，我报名来的，一年合同。在路上日本班长病了，头叫我当班长（等于工人组长），到八所专门干上船起货的工作。和我一块来的有 600 多人，现在只剩下 4 个人。在那时吃的是地瓜，不做工的就打，用木剑打，不是打头就是打腰，朝鲜人和台湾人打工人多。

黄林是日本人的公务员（日本人的干部），他现在在大楼办公，他知道情况。

编者注：蔡广伦（1909—1974），广东新会人。1942 年 9 月来海南。1963 年在装车工段工作。

黄元的口述（节选）

我 1943 年初来海南昌江石碌，工作从早上 6 时至晚上 6 时。安排工作主要是头目、班长，一批一个总管，另有一个传话。一个头目管 3 个班，一个总管管 3—5 个头目，有头目有公务，香港叫二手，这里日本人叫班长。

我是第 34 批从香港来，一来就到石碌。这批有 200 人，一个头目（梁牛——由香港来的中山人）。公务员叫黄辉，东莞人。有 6 个班，一个叫何某某、黄华，我也是班长。现在我班有 3 人在这里，陈渲在压机房工作，陈汉在东方水包组，包我一个共3个。共一批有梁玉在三八饭堂，梁宏在火车站，何桥汽车队，一个姓元的在一矿区。一间宿舍住80人，现冰厂对面是宿舍住80人，冰厂原来是总管部。

刚来时候不好，台湾人又打人，不开工没有工资。1945年初吃的最紧张，开始每人6两、4两、3两，后来吃地瓜等杂粮。那时工人死有几种方式：1. 打死，2. 自杀。石碌每天有10个、8个投河的（具体姓名不明）。石碌每天最多死70多人，最少有20—30人。刑具：用木柴等。

雷广的口述（节选）

（采访时间：1963年10月28日）

我18岁父亲死了，我在菜材部当伙夫。

日本打澳门时我就去香港做船工，共有2年多。来海南是自己报名来的，因为那时生活很苦，加上日本人招工，所以我就来了。1942年3月来海南宝桥（今叉河），第9批，共500人，在宝桥干杂工。因下雨工作不能干，他们讲我们不干，想开除我，但另有一个干部讲不要开除我，最后也没有开除。

因吃不好，所以将自己衣服拿去卖掉，没有衣穿就穿麻包。每人每天吃2两米，吃不到饭就到外面捡野菜回来吃。

我被日本人打过。当时我与几个人出去吃菜，回来后被头目叫去问话并打我3下，当时被打昏了。

1945年来石碌。

500人中现在有我和黄智泉（八所矿桥工作）。有一次有5个月不发工资，为了吃饭所以将自己的衣服都卖光了。

编者注：雷广（1910—1979），广东台山人。1963年在装车工段工作。

黄同礼的口述（节选）

日本时期我搞过一些工作，那时在海口市。大约在13岁那一年，父亲在矿上死去，生活没有办法过下去，所以去干苦力工。每天1.5元，那时可以买半斤米。日本人吃不完的饭给猪吃，当日本人不在时，我到猪栏里去要一点回来吃。每天鸡还没有叫就起床，下午6时回来。李志华也在那里当工人，与我很好。当他看我生活不下去时介绍我在一间保留所木工厂工作，每月拿不到工资，没法子维持生活，日本人喝醉了就乱打人。

李龙泉的口述（节选）

（采访时间：1963 年 10 月 29 日）

我家在广东汕头。小时种田，一年苦干，不到一个月就吃光了。日本侵略时期生活很苦，田也给他们拿回去了。当时日本人在汕头招工，那时知道来海南是不好的，但也没有办法。

开始来海口，病了也要做工，到飞机场那里挖水沟。在海口干了 1 个星期，又调去陵水干飞机场，每天每餐吃一小碗饭。那时我才 18 岁，工作很重，推车很重，4 个人推一辆车。没有衣服穿，光着身体干工。我是第 17 批 33 队，每队 50 人，那时有 150 多人。当时我在 33 队，一个队有 50 人，现在剩下 4 人。三矿区姓张，一个姓吴［回家（汕头）去了］，一个姓罗的（在三亚）。每天干 12 小时，每天死 7—8 人，主要是病死。开始将死人拿去烧。晚上吃不饱不能睡，那时我和姓罗的去偷一点地瓜，结果被日本人发现了，被日本人打了 3 个小时。他们 4 个人轮流来打我们 3 人，打我的一个日本人叫休南。

李洪的口述（节选）

（采访时间：1963 年 10 月 29 日）

我在日本时期已给地主做工（万宁），在那里做工很苦，吃不饱，每餐吃一小团饭，我亲眼看见我们的同志被日本人杀死，杀死后还要我们看，我家里的房子全部都被烧掉，我父也被日本人杀死了。因为没有饭吃也死去很多人。日本人到农村看见什么就打什么抓什么，他不要的就放火烧。

日本时期的刑罚：

1. 电死。

2. 灌水（用水管）。当肚子装满了水，然后在你肚子上放砖头，然后上去压，水就从嘴里跑出来，然后再灌。

3. 做工，挑东西如挑不动或走慢一些他就打你。

符荣的口述（节选）

我是广东南海人。我很小时父亲死掉了，日本人侵略家乡时，我家共有 7 姐妹，生活很苦。白天去找工做，晚上回来做饭吃。父死后，有 3 个妹妹，房子也给日本人烧掉了。那时妹妹送给人，自己只好跑路去香港。中途我吃一些香蕉头。当时很想工作，因为有一餐饭吃就好了，所以去玻璃厂工作。后又去油染厂工作，有2年多。1941年日本侵占香港，1942年日本人骗我来海南，订合同一年回来，所以我来了。来到八所一级港湾部，那一批是第14批，500人，总管张秀泉，头目胡元勋。那里工作不定的，有时打石，有时挑沙，又是推车，有时工作慢了他们就打。

1944年11月中旬根本没有什么吃，吃杂粮，后来有时6.4两、3.7两，当日本快投降时，苦干挖战壕，每天吃3条地瓜。

纪朝策的口述（节选）

我8岁起在家养鸭，没有书读。18岁那年日本侵略中国。家庭生活很苦，有时只好去偷点地瓜来吃。后来我去广东汕头找工干。当时日本人在汕头招工，我就报名来了。

1943年来海南八所飞机场工作，每餐吃3个地瓜（或一小碗稀饭），我是第3批，200人（387号），和李明章、蔡学车（行政处）一起来的。后来调去黄流飞机场。在日本时期干工因不够吃，去偷东西吃。后来我去海南人家里种田、放牛。后来又回去，日本人讲你自己回来，好好工作，我从宽惩罚你，我讲好。

有一次我发冷，我讲先生我发冷，那个班长叫我在树下休息，后来一个日本人看见，晚上回去，叫我与蔡关瑜（现在回汕头了）对打，我打姓蔡的轻，蔡打我重，因此日本叫蔡的回去，叫我留下给日本人打昏了，后来日本人用冷水淋醒了，再回去。

日本人对我们好一些，因为我们这一批是招来的，对上海人、香港、广州人更厉害，因为他们是抓来的，所以打得更厉害。听说汕头来了2000多人剩下800人。

李立存的口述（节选）

我家都是工人。我父做泥水工，我家很穷，没有书读，日本侵占广东汕头后，生活更苦，所以去当自卫队。后来被日本人抓去，坐牢几个月，再送汕头收养所，后来来海南，24队（不知多少批），2366号。

初来在海南陵水英州坡飞机场，那时生活很苦，自己带一些衣服，日本人都把衣服丢掉。没有衣穿只好露体干工。住在一个小房子，有20人，挤到不能翻身。吃的是每餐一团饭，有时吃地瓜、香蕉头。这里很热，病人很多。4时起床干工，所以死人很多。如干工偷懒些就用雷棒打，打到你不能走为止。病了不能干工，就没有饭吃，也没有菜吃。工头、日本〈人〉还要打，所以死人很多。死后要有 6 人才一起埋，如不到 6 人不盖土，给狗撕咬，到处都是人的五脏。打人的另一种办法是让工人你打我我打你，如不打就不行。日本时期就这样。

（吴晓红　整理）

第 19 本

海南铁矿一矿区
记录人：黎传仁

（1963 年）

苏德才的口述（节选）

（采访时间：1963 年 10 月 24 日）

我家在海南崖县（现三亚市）榆林港，1939 年日本鬼来海南时霸占了榆林港，逼我全家搬到响土村。因生活困难，后来又搬家到田独。

1944 年我在家时，亲眼看见从广州来的工人在田独做工，日本鬼子不发工资，没有饭吃。因病不治疗，死了数不清的工人，死后没有人埋，还有些上山去死，另有些病未死就烧掉。

编者注：苏德才（1924—1987），海南三亚人。1963 年在一矿区生产工段工作。

何满的口述（节选）

（采访时间：1963 年 10 月 25 日）

我出生于一个贫苦家庭，家里 10 多个人，生活很困难。出生 40 天父亲死去，6 岁祖母死，8 岁又死了一个哥哥和一个姐姐。后来靠母亲过活。那时因生活困难过不下去，母亲又卖了一个姐姐，几块钱。二哥又病，没办法医治，又死去。1938 年，日本鬼子打广州，我往香港做工，而我爱人又病死去，留下一个孩子给姑母来养活。

1941 年以前我在香港欧亚太平泛亚公司做工（英美结合办），1941 年香港沦陷了，日本人在香港到处贴广告，上面写道：到海南做工，每天 7 毛，技工 1.2 元，管一天 3 餐饭，一年 3 尺布，餐餐有肉，一餐 4 两米，香烟随便买，一年发裹腿 1 副，水袜 3 对，竹帽 1 顶，蓑衣 1 件，毛巾 1 条，草席 1 张。一年合同期满后就可以返回香港。

我 1942 年 11 月来海南昌江石碌，属第 25 批。当时在石碌连一间房屋都没有。做工时还要送给把头鸡鸭，不送给他就开除你。在海南扣工人工资，对工人说这边把钱给你扣下，你的家属在香港合记公司可领钱。在香港对家属说：你丈夫在海南天天赌钱，输了，没钱寄回，你丈夫可能在海南死了。

做工时仅给你每人一张雨衣和一张床架，每人一张被，一对胶鞋。睡在地下，天下雨时，每人戴一顶竹帽住在现在水厂那里。一间房子，住 64 人，一班 32 人，包工头在内。因没有床睡，后来这些工人有病，没有医生看。那些把头还在早上 4 点钟叫工人起床做工，到下午 6 点钟才下班。因没有饭吃，饿肚子，有些人回到半路就死了。有些海南人走了，我自己没办法要做工，又不懂海南话，不识路从哪里去，没办法走。有病把头来打，又没办法看病。我有病时看到有些工人因病没有饭吃，没有医生看，只好上吊自杀，还有很多人死在铁路上，一条枕木上就有一个死人。又如在现在的石碌大桥，有许多工人因病没有人管而下水自杀（因人多没有认识他们的名）。

从 1943 年开始分饭，每餐吃番薯干，相当 3 两米左右。下半年更苦了，每人一天 1 两 2 米。1944 年和 1945 年都是苦日子，工人用仅有的东西换吃的，换完了就偷、抢。工人郑法后来变密探，工人上山摘回荔枝、山榄、蘑菇，一半给他，不给他就把你打死，抓去坐牢，给他种菜。

1943 年有一天，我因病拉肚子一个多月，没有办法，把头还来叫我去做工，不去做工又受把头打全身，也不给饭吃，连走都走不动，我不省人事。有些工人认为我死了，所以我从香港带来的衣服被他们分掉了。后来我病好了一些，但没有退热，把头知道我没有死，几天没有做工，在那几天里也没有打，后来又强迫我去做工。有病没水喝，也不给饭吃，把头压迫非常苦。只许去拾日本鬼子倒掉的鱼骨来吃。

当时有个姓张、外号叫机关枪的工人，被背到烧场准备烧掉，因天黑没引柴，半夜又活了，医生见了全跑光。后来这个人没死，日本投降，回香港了。

1944 年有饭吃了，但每人仅 4 两米一餐。到 1944 年下半年，每个工人只有

1 两 2 钱米和 1 两 2 钱番薯干一天。

在石碌做工时，日本鬼的警察队捉我们工人去，用牛鞭打，全身受伤，又用电话机的电来电我们工人。有的工人被灌水而死。被打死的工人没有衣服穿。我们只许用装水泥的纸袋来做衣服穿和做帽戴，能拾到麻包来做那是最好的。不吃不穿还受日本鬼子压迫。

和我同来的有 1300 多人，到 1945 年剩我和李忠、吴强、王刚 4 人。病死，多半是发冷发烧，烧得难受下河，上来发冷就死了。自杀的有 30 多人，逃跑的有 30—40 人，烂脚死的也有，烂脚几天生虫后就死了。

编者注：何满（1910—1992），广东顺德人。1963 年在一矿区维护工段工作。

郑时的口述（节选）

（采访时间：1963 年 10 月 25 日）

我小时和父亲种田，全家一共 10 口人，生活非常艰难。自己家没有田地种，靠租地主田来种过生活。天一不下雨就失收，没有谷子给地主，地主一年按四季加利息，没办法还，结果卖我姐贷钱给地主。后来没办法维持全家生活，又欠地主钱，无钱还给地主，自家养的一只猪，被地主捉走，又把我的妹妹去卖要钱还地主，父亲又死了，又用钱埋葬父亲，生活如牛马一样。后来跟随母亲住广东汕头市。母亲打工每天 4 国币，也没办法过活，只能跟我姑母在汕头市代人家排水过活。我哥也死了，我全家死了 5 个人，变得家破人亡。

1942 年来海南北黎市做日本工，一共来 3000 多人，是第 2 批来，被日本鬼子打死 2000 多人，现存 700 人。

我来海南时没有衣穿，见日本鬼扔掉的水泥袋，就拿来做衣服穿。没有人理发就用玻璃片作刀理发，又用水泥袋来当帽戴。一天吃几两米，肚子饿得不能睡，怕日本还叫去埋死人。把头带去做工时给 1 两饭工人吃。1945 年日本投降时，我从北黎市去八所，又没有工做，没饭吃，只好到农村去讨饭吃。

周和德的口述（节选）

（采访时间：1963 年 10 月 27 日）

我在 1942 年来海南三亚安由码头做工时，看见日本鬼子每天打死和病死的工人就有 20—30 人。如在安由油库后边，有些工人病死后有 20—30 人埋在一起，或者用火烧的也有。当时我觉得在这样的情况下，本来想走的，但又没有地方去。同时又怕走不了被捉回来要打死，没办法都要做工。

1943 年日本鬼子的粮食比较紧张。当时美国飞机轰炸安由，1943—1944 年在安由和红沙市每星期都有飞机炸，红沙市的第 4 保被炸死了 300 多人，有些全家人被炸死。1944 年在安由，一个工人名叫黄华，因没有衣服穿，而偷日本的布被打死。另一个工人叫做黄福，日本鬼子打未死就活埋半身，后来死了。

1944 年粮食紧张。每天一个工人有 4 两米生活，或者是每天几个番薯。

编者注：周和德（1923—2003），海南三亚人。1963 年在维护工段工作。

（吴晓红　整理）

第 20 本

海南铁矿机关

（1963 年 11 月 1 日）

冯柏林的口述（节选）

我是广东省新会县环城公社永安村人。

1942 年，第 2 批从香港来到海南八所。刚上八所时，日本人只给一个人一个小饭团。总管：冯荣。

一、住、吃、穿等情况：

1. 吃：1942—1943 年上半年有一些饭够吃饱，但 1943 年下半年到 1945 年上半年日军投降为止，每日只给 6 两 6 粮（内 3.3 两米，3.3 两番薯），每天不能吃饱，工人要找野菜充饥。

2. 住：住的是烂草房，每一个工人只睡 40 公分的地方，连动身都没法动。

3. 穿：从香港带两条衣服来，经过半年后全部烂了，只能脱光身体，拾烂麻包做衣服穿，及水泥袋纸作衣服穿。

4. 盖：每一个工人都没有被子。到冬天就编一片禾草作被子盖。在屋子中间烧一堆火烤到天亮，每晚只能睡 4 个钟头左右。

5. 没有开水给工人吃，光吃一些生水，使工人经常生病。

二、生病情况：

工人病比较轻时，不给休息，不给治疗，强迫带病上班。到工人病重后才送到病房，而病房内没有人照顾。每天只有 3 两米给工人病号，连水也没有人给送。因此病人死亡最多。同时，生病不能上班，头目每天到病房内打几次。我在宝桥（今叉河）时，经常见到工人因生病不给治疗，受不了就到厕所上吊死，每天都有这种惨相。在叉河每天病死 10 多人。

三、劳动时间：

每天早上 4 点钟起床上班，到下午 7 点放工回宿舍。每天要劳动 13 个钟头以上。在劳动时，做慢点就被工头打。1944 年，工人因肚饿去捡日本人扔掉的烂牛皮和牛肠去吃，中毒死许多人。因日本人埋了，两天后才捡回吃的。

我于 1944 年走到民族（黎族）村罗盘村做工，后日本人到村里打死 2 个工人，我恰好走开，不走开也被打死。

编者注：冯柏林（1917—1997），广东新会人。

潘名鉴的口述（节选）

我是广东省潮安县方灵村人。1943 年从香港来海南文昌谭牛飞机场做工。

一、劳动时间：

每天早上 4 点钟起床，吃一点饭后，就排队到工地劳动。下午 4 点钟才回宿舍。在劳动时如搞慢一点日本鬼就打。有一次，我因脚烂搞脚，被日本鬼用一条镐头柄打到半死。

每一个工人每天要推 32 卡车土，如果不完成不给饭吃。这样每个工人一天的劳动累得不能抬头起来。回宿舍连睡都不能翻身。

二、吃、住、穿、盖等：

1. 吃：每天 6 两粮食，实际不足 6 两。6 两粮食不全是米，有 3 两是苞米，而苞米不大熟，工人吃后，肚胀、生病。因每天不够吃，饿着劳动，因此工人伤的伤，病的病，饿死的饿死。每天都有人死。工人把找来的一些野菜煮吃，被日本看见就打。

2. 住：住在烂草房内，每人只得 35 公分的床位，晚间睡觉时连翻身都没办法翻。有时身边有人病死也不知道。

3. 穿：从家带来一套衣服穿烂后，就没有衣服，只能光着身子劳动。拾一些烂麻包做衣服，及拾一些水泥袋纸做衣服。不然就是光着身子。特别是到变天时，每一次下大雨，有许多工人就被大雨淋湿那些水泥纸后，光着身子像牛马一样劳动。连一片遮羞布都没有。

4. 盖：到冬天没有被子盖而受冷，整晚都不能入眠。第二天 4 点钟就要走去劳动。因此，许多人生病，不久死亡。

5. 没有蚊帐，蚊子叮后经常发病，加上生病没有药给工人吃而死亡。

三、受打：

工人在宿舍、在工地，每时每刻都受到工头及日本人的打。如：我有几次因劳动慢一点被日本鬼用铲柄打到重伤。有一次我去拾日本人丢掉的烂菜来煮吃，正煮中被日本人看见拉我打到半死。每天早上 4 点钟起床慢一点就被工头毒打。或是生病不能起床都被日本人打一顿，有些工人已死在床上还被日本人打。

四、剥削情况：

日本人从来没有发工资给工人，而每一个月只发 5 角日本币给工头理发，什么也没有发给工人。

五、病情况：

生病不给药给工人治疗，小病不给治疗，重病不给药，使人死亡最多，如陵水英州坡每天都要死 10 多人。

我有一次病（即水肿病），日本人什么都不给吃，整天给一点米糠煮吃。一连 15 天不给一点米煮饭吃。我好点慢慢爬去山里找一点野菜煮吃。恰有一个姓林的老工人给我找一点草药，吃后我的病才好。后来姓林的老人被日本人拉去杀头。说那个老人通共产党。事实上姓林那个老人为了工人生病，经常去捡一点草药带给工人治疗，使工头不满，而以乱勾通共产党的罪名杀害而已。

1944 年，有一个姓王的工人，因生病没有死，被日本人抬去烧。恰好天下大雨烧不成，就把那个工人吊在草坡。因天下雨那个工人受冷只好自己爬入山内。第二天日本人再烧时，找不着那个工人。那个工人到民族（黎族）村讨饭吃，过几天才回来。

何球的口述（节选）

我是广东省中山县人。第 36 批。

1942 年来海南八所，从香港到八所。在日本统治时期，我们过着牛马般的生活，不如日本一条狗。

一、吃、穿方面：

1. 我们吃的是：6 两米，每餐一个小饭团，吃不饱。6 两米中 3 两是番薯干。

2. 穿的是烂麻包。

3. 盖的是干草与烂麻包。

二、打人：

日本人打工人是反手吊起来打，吊到半死才放手。

三、死亡情况：

八所每天要有 10 多个人死亡，因日本人只给尸体浇一点油而使尸体只烧了一半，全街都是人肉。

编者注：何球（1919—1983），广东中山人。1963 年在海南铁矿供销处汽车队工作。

张耀官的口述（节选）

我是广东省新会县城镇人，第 53 批。

1942 年被迫往香港，1943 年从香港来海南八所，又来石碌铁矿工作。

一、劳动时间及劳动条件：

每天早上 4 点多钟起床，吃一点饭就上矿山，到下午 7 点钟才回来。劳动条件：用手拾矿，每人每天要拾 4 车卡（8 吨）矿才能下班。不完成任务就被打。没有手套，光手光脚去劳动，因此工人脚烂很严重。

二、死亡情况：

1943 年来。我们从香港来。在船上有几个工人病死，被日本人扔下大海。我在铁矿时，有许多工人因饥饿忍不住上山去拾野菜煮吃，被日本人及工头说是通共产党抓回，召来所有的工人，杀头示众。有许多工人因生病没有药治疗而病死。石碌地区每天要死 20 多人。

如：1944 年有两个工人（现中二区处）捡木柴被日本的工头李炳捉去军部，说这两个工人通共产党而杀头。

三、生病情况：

日本时期因劳动过累，没饭吃，没衣服穿，没有休息时间，使工人生病最多，加上日本人整天强迫生病的工人上班。轻病不休息，重病不给治疗。这样生病的人很多，死人很多。

四、吃的、穿的、住的、盖的：

1. 吃：工人每天 6 两米，其中 3 两米，3 两番薯干。每餐一个小小饭团，要找一些野菜煮吃才饱，但吃野菜都要被日本人打。

2. 穿：烂麻包及水泥袋纸等。

3. 盖：干草及烂麻包。

4. 住：烂草房。每一个工人得40公分的睡位。到冬天，冷得入骨，不能入眠，许多工人生病。1944年有几个工人因冷而致死亡。

编者注：张耀官（1924—1986），广东新会人。1963年在海南铁矿一矿区设备科工作。

黄平、黄和、黄礼的口述（节选）

我们是广东省太平县泥涌沟村人。出生在广州市。第35批。

1942年从香港来到田独矿山当杂工。我们到田独矿山，总管：李强；头目：徐虾、范荣有。700多人一批。

一、吃、穿、住情况：

1. 吃。刚来时，粮食还能够吃饱。但到1944年至1945年上半年，粮食最少，工人死亡最多。每人每天得6两粮食，其中，3两米，3两苞米。特别是1944年下半年到1945年上半年日本将投降前，每天只得3两米。工人上山找一些野菜充饥。有许多工人饿死。

2. 穿。烂麻包或一片禾草编成的干草。特别到冬天时，每晚只能睡觉4个钟头。因为冷整晚都不能睡。

3. 住。睡在地上，没有床铺，每一个工人只得40公分的床位。晚间睡觉时连翻身都不能翻。没有草席，睡在床架上全身都痛。

二、死亡情况：

从1943年至1945年日本投降为止，工人死亡最多。有饿死、打死、病死、吊死等原因。在田独每天要死10多人至20人左右一天。工人因饥饿而死亡。我班3个工人，因米不够吃加上劳动过度，睡到半夜死在床上。如潘奎、梁虾两个工人因没衣服穿，到田独矿山上偷日本的红旗做短裤子卖给工人，后日本人查出来，抓着这两个工人后，召集田独矿山上的工人集中在广场上，强迫这两个工人挖坑，给每人一支烟抽，跪在坑旁边，全体工人围着，由日本人用刺刀一连捅肚子三四次，这两个工人没有死就这样活活埋掉。有些工人逃跑被抓回来，就召集工人开会，杀头示众。

三、劳动时间与条件：

每天早上4点钟起床，就吃一点饭，5点钟出工至下午7点钟才回来。每天要劳动13个钟头以上。

在田独是用人力拾矿，每人一天要拾4卡车，8吨，如果不完成任务就打，或不给饭吃。

没有劳动保护品，没有鞋穿。在矿山上，矿石经常打到脚上，造成烂脚。挖土方的杂工经常因土方压下来压死。

四、病情：

因劳动时间过久，没有饭吃，经常挨打等原因，使许多工人经常生病，其中三种病较多：

1. 急性发热病（火上心病）。

2. 烂脚。

3. 痢疾病。这种病没有较好的休息、治疗，死亡率最高。

工人生病轻时不给休息，不给治疗，强迫上班，至病重后才送去病房内，但到病房后又没有人照顾，连水都没有人送给喝。病人每天只发3两米，不管你吃也好不吃也好。有许多工人生病没法起来做饭，饿死在床上。烂脚病还要工人搞轻工，或叫工人站队立正2个钟头晒太阳，使那些病人站着死。

五、剥削工人：

工人从未发衣服，每月只发7角日币给理发，有时也不发。在田独时，有时发一条短裤子，但要劳动达90天时间才有，如果在中间因病或其他原因就不发，甚至只发2角钱。那些工头也借口向工人借钱，但借去不还。工人也无法把这钱拿回。这样有些工人半年都不能理发，使头发长得像女人一样。

六、腐化、堕落：

日本人骗招女工来当护士，然后强迫这些女工到“慰安所”当“慰安妇”，事实上是当妓女，供那些日本人工头去玩乐。

编者注：黄平（1915—1993），广东开平人。1963年在二矿区保管组工作。

马霖的口述（节选）

我是广东省新会县潮连乡甘边村人。

1942年2月7号，从香港来海南，在三亚榆林港上岸，第4批，8885号。

一、工人的吃、穿、住、盖等条件：

1. 吃：每一个工人每天得6两粮食，其中3两米，3两薯干。1944年下半年至1945年上半年，每人每天才得3两米。这样大部分工人都是找野菜煮吃，不然就会全部饿死。饿得受不住工人去日本人的饭堂水沟里捡饭粒吃。工人饿死不少。

2. 穿：工人每一个都是光着身子，没有衣服穿。光着身子去劳动，或捡一些烂麻包来作衣服穿。

3. 盖：盖一些干草和烂麻包。特别是到冬天时冷得不能入睡，整夜翻来翻去都无法入睡，烤一些火过夜。

4. 住：烂草房。每一个工人只得40公分的床位。睡觉连翻身都不能翻。

二、生病：

因劳动时间过长，加上粮食不够，造成工人生病最多。工人生病，在病轻时，头目与日本人还强迫上班。而至病重才送去病房。在病房内没有药给工人，加上没有人照顾，每天只有医生看病一次，但不给什么好药，使工人病更重，甚至死亡。

三、劳动时间与条件：

在田独矿山劳动，每天早上4点多钟干到下午7点多钟才回到宿舍。每天有13个钟头的劳动时间。生产工具都是土法生产，每天每一个工人要拾4矿卡矿，8吨，如果不完成就不给饭吃或是打。如：1942年8月13日，因天下雨，我睡起床迟10分钟。二手朱头六等人打我40板屁股，使我几天不能动。由于劳动过重，我逃跑到苗山村和农民打工，被日本人捉回来，由头目关润、余堂等人打我到半死。第二次我又逃跑到榆林水产公司打工，又被日本人拉回来，打到半死，关进半黑班房，3个多月才放出来。1944年又调到安由造船厂，每天要上山砍木材。每天每3个人要砍一根大木材，如不能完成就被打。

四、死亡情况：

1. 病死。2. 打死。3. 饿死。4. 上吊死。在安由有一棵大酸梅树，每天都有工人吊死在那棵大树上。我们每天上下班都看见被日本人打死或吊死工人在那棵树上。如：有一次，我们同栋宿舍里一早上打死2个工人，因为那2个工人睡在床上生病不能上班，日本人来叫那2个工人起床，他们因生病不能起被日本人当场打死在宿舍里。有2个工人在我班里，因肚饿在上班时间去捡一点野菜回〈来〉煮吃，被日本人看见，说那2个工人偷懒，在工地上把他们打死。不少工人因病死，主要是日本人因工人生病在轻病时不准请假休息治疗，强迫工人上班，等到工人重病倒下不能动了，才送去病房，过几天就死去。因在病房没有人送水送饭。工人生病送入病房10有9死。

五、日本人打人刑具有几种：

1. 将人绑好，拉到大树头，绑在树头上。逼供，问工人，你是否偷懒了。工人不出声，那就从树头边一个水罐（装有水在内），拿出浸水的皮鞭打工人。

2. 再问不认，就用较长的皮鞭打。

3. 把拇指与中指绑紧后再用一支六方的铅笔打进，用力扭，使拇指与中指立刻受伤，非常痛。

4. 用电话机在摇，使电通全身后立刻倒，再用冷水淋醒过来。

5. 绑两个手指上吊。

6. 用一条面巾盖在人脸上，用水壶灌水给工人喝，喝到饱后，使工人不省人事，才给一粒药吃，那工人才吐出水来。如：有一个工人是第二批来的，走出参加革命。后因回田独活动，给日本人捕着，拉去安由杀害。说这个人是走出参加革命（即共产党）而被害的。

编者注：马霖（1916—2007），广东新会人。1963 年在海南铁矿检修车间工作。

苏基的口述（节选）

我是广东省新会县美江人，出生于香港。

1942 年 1 月来海南岛八所，第 2 批，同船有 3000 多人。

一、劳动时间：

每天要劳动 13 个钟头，每天早上 4 点多钟就起，吃一点饭就出工到下午 7 点多钟才回到宿舍。主要是搞土方，每人每天要搞 7 立方土才能放工，不然就不给饭吃。

二、吃、穿、住、盖等条件：

1. 吃：每天每一个工人只得 6 两 4 粮食，其中 3 两米，3.4 两番薯干。每餐得一个小小的饭团。工人要拾一些野菜煮吃，不然就会饿死。不少工人饿死。有时工人到日本人的饭堂水沟捡洗碗的饭粒吃，都被日本人打。

2. 住：烂草房。工人每人只得 40 公分的床位，睡在床板上，没有草席，光着身子睡床板过夜，不眠的一夜。

3. 穿：烂麻包、水泥纸袋，从来没有发衣服。

4. 盖：工人从来没有被子，到冷天盖干草。

三、生病情况：

因劳动过度，生活困难，没有饭够吃，加上住、吃、劳动条件都非常恶劣，因此工人生病最多。在轻病时工头记，日本人不给休息治疗，强迫上班，至病倒后才送去病房内，而病房又没有人照顾。这样送去的病人 99% 是死亡的。不少人在病房内上吊，主要原因是没有给工人医药治疗，而送到病房连粮食也没有发，只给一点饭水。在这样恶劣的情况下，病房的工人病死上吊等情况最多。

四、死亡情况：

因劳动过度，没有吃而饿死，病死最多。仅在八所每天死10多人。如有些工人没饭吃再加上脚烂，日本人不给饭吃，只好上吊死。有些是被日本人打死。因为工作、生活困难，找一些野菜煮吃，被日本人看见就说通共产党而被捕拉去杀害。这样的情况是最多的。如：1943年，有些工人因受不了日本人的打，逃跑到农村打工，只要被日本人看见，捉回来就杀头示众。我亲眼看见杀害10多人。1944年日本去包围芙蓉村，捕108人，放了3人后，杀害105人。

编者注：苏基（1922—1987），广东新会人。

梁胜的口述（节选）

我是广东省恩平县大梁头村人。

1942年从香港来海南到八所，第9批，有1000多人。总管：梁××；头目：陈华。

一、劳动时间与劳动条件：

每天劳动13个钟头，早上4点半就起，吃一点饭出工到下午7点多钟才回来。

1944年，因有些工人不能上班而被工头打死。有3个工友因饿而去捡日本养鸡的米，被日本人捉去杀头，说：偷日本人的东西就杀。一个工人叫林定，50岁左右，1944年8月因拾一些烂布片去和民族（黎族）村民换一点番薯，被日本人捉去，强迫挖好坑，然后召集全体工人，绑这一个工人在坑边，给一支烟含在口上，用剑割头。示众。

中午在工地上休息时，叫工人围个圈在太阳下坐着不准动。这样坐一个钟头，非常难受，这算什么休息呢！

又有一个工人去拾柴给饭堂换一点饭吃，被日本人看见说这个工人偷日本的木柴而抓去杀害。

编者注：梁胜（1911—1988），广东恩平人。

梁根的口述（节选）

我是广东省广州市河南区人。

1942 年从广州到香港，再从香港来海南八所（杂工），属第31 批，共有500多人，总管高洪，头目陈波，二手陈标。

一、劳动时间：

每天早上4 点钟起床，吃一点饭，出工到下午7 点多才回宿舍，从来没有在宿舍看见过太阳。每天要拾2 卡车（4 吨）矿石才给下班，如果不完成任务，就不给饭吃。

二、生病情况：

我于1943 年下半年脚烂，日本人及工头经常到病房检查，打我几次，说我偷懒，不愿上班。日本人来到病房，强迫病工人排队，挨个摸额头，如果头不热，没有发烧，就拉出来打，强迫上班。日本人最恶毒的以华制华的政策是，专培养一些中国不良的人来打中国人。工人生病：轻时不给休息，等到病重后才送去病房，使工人无法治疗，同时也不给工人好的药品治疗，工人送去病房99%的病人都要死亡。如梁添、林杰拉痢，头目陈波与陈标还强迫这两个工人上班，等到这两个工人病倒在地上才送去病房，第二天就死了。蒋满也因脚烂，不但不给治疗，而且不给饭吃，使他脚烂越来越厉害，加上饥饿而死去。

编者注：梁根（1925—1998），广东广州人。

（吴晓红　整理）

第21 本

海南铁矿装运工区

（1963 年）

胡林的口述（节选）

我23 岁来海南岛。我家乡在广东澄海山尾（金山乡），小时由地主所迫全家被赶出乡。出来在汕头市。13 岁时父就死了。十八九岁时日本仔打汕头，生意不好做。这时生活很困难。到了23岁，汕头越来越不能过活，每天吃不饱。我碰到林茂说来海南岛，我说好。我们两个人到岛桥东古仓库（就是收容所），当时问我2人有家庭否？我们说无。当时说来海南岛做一年175元。如有家庭就每月去收。过半个月后，日本仔宪兵和军队、警察把我们像押犯人一样押到码头。上船时坐1008人，一连到香港5日，连一点水都没有喝，船内都是大便、小便，有不少人没水喝就喝小便。船到香港靠岸，也上去收容所太平路，每天只有一碗稀饭，每天中午、晚餐只有一个拳头大的饭团。还要去香港油麻地火油池等地搬砖瓦做什工，起货。2个月后就来海南岛，点了名就去香港码头蹲一夜一日，无粒饭进肚，外面是日本宪兵守着。第二天上船来海南，一个星期。这比从汕头来香港更惨，到海口后喝田里的水，过8小时后每人一碗饭，汽车就来了。去文昌谭牛、昌江北黎、陵水英州坡、三亚金鸡岭。我是去谭牛，从海口去8小时，谭牛到工地1小时汽车。下车时全部用宪兵团守着。第二天早上就点名，下午就说明天要开工，这次工人不知要做什么工。到了第二天3时多就打打锣，就吃稀饭，点名后4点多，警备队就带工人去做飞机场。每天4点多开工，到12时吃一个拳头大的饭团（用卤水配），还得继续做工。推坪土，挖土，做到晚上7时才收工。点名后又把工人押回草房。过了6个月后我又调到金鸡岭，刚到第二天就做工。每天都是早上3时到晚上7时。那时做的工是在西松组打山洞。这时就更惨，受包工头压迫，工头叫狗腿子去领饭，由狗腿子分给工人，每人还不够一碗。是狗腿子把工人分配在西松组做工，受日本仔和大王仔打，没有劳动保护品，所以工人才死这么多。是怎样死的呢？因无好的吃，去黎村偷地瓜，是从铁网偷出去。如林茂去偷番薯回来被工头沈名鑫、唐合弟、林娟打到昏死过去，就灌水把他丢在厕所边。晚上下班回来我把分的一小团饭煮成稀饭和林茂共吃，却不料到被工头林娟发现，拿了一把日本仔柴刀砍伤了左脚，痕迹还在。稀饭和铁罐全部被扔掉，两人没饭吃。第二天我还得继续出工。这时做工就不一样了，病人首先打屁股三下。这是西松组规定的，因为西松组是要钱和西设部买工人的。

1943年在金鸡岭，我看见日本人和包工头打死王北南、王西亚，还有揭阳人林××。做轻工、杂工，去偷东西他们都打死，都是把工人反手吊起来打，从晚上吊到第二天，硬硬挂在那里，死了就埋掉。

魏成周的口述（节选）

我是广东潮阳县潮阳岭老美村人，祖代都住在这个村上，只有一间很小的房间，没有一寸土地。全家共16人。因生活贫困，一家16人先后饿死12人。在这种情况下家人已经无路可走了，我只有在农村和地主打工赚几毛钱来度过生活。有一天到了潮阳县听说汕头市日本人在收容所招华工去海南。因生活所迫，无路可走，为了生存，就来汕头市日本收容所报名，经检查身体来海南，共有3999人。当时从汕头坐船到香港，把全部工人关在旅馆里，不给出门，吃不好，大小便到处都是。整个旅馆连晒台到处都臭气冲天，臭虫更多。门外还加上4、5个黑人警察看守。住一个月后就上船来海南岛。到榆林港下船转火车到黄流，又坐汽车到北黎。到北黎住在草棚，吃的都是长虫的地瓜、霉米饭。今天到，明天就去做工。以后一天一天就更惨了，每日早上4时就得起来，排队吃饭去做工到晚上6时才能收工。当时天气又冷加上没衣服、没棉被来御寒，只好去偷日本仔食堂的麻袋来当衣服穿。更可怜的是连个碗都没有，捡了罐头盒来做碗，配的是木瓜连皮煮开水。饭越来越少了，每餐每人只有一小椰子壳饭，番薯全是生虫的，全部下锅去煮。伙头如果捡只虫出来，日本仔见了就打。遇到风雨就不能睡，就得蹲着过夜。天未亮还要上班，吃不饱做工就没力，日本仔、包工头就用棒子打，打得大便当场就流出来，这是很多人都经历过的（名记不清了）。病人就更惨了，入院就得死。小病还要做轻工就变成大病了。只给你一点稀饭吃。更悲惨的是在未死之前还给你先打死针，少给他麻烦。对死人更加没人道，每次挖死人坑要埋10—20人。1、2天不够数一定要等到够数才埋。病人有的饿得没法就偷走出铁丝网去猪棚偷猪食吃。被日本鬼子看见不是打伤就是被打死。这是我亲眼看见的，当时我被叫去磨米一个多月。（名不记得了）

万恶的日本仔对待工人最无人道，食堂的霉米不给工人吃拿去埋掉。工人见后夜里就去偷挖回来，被日本人和工头看见就得被打死。尽管这样，工人实在肚子饿还是去偷挖，这时日本仔心更狠，把霉米用大便参在一起去埋，工人还是夜间去偷挖回来吃。

有一次我因天天吃不饱无力做工，被日本人见后就叫我到他身边，不明不白把我反手像老虎背猪一样从半空中掉到地上。我眼花缭乱，一点也不能动弹。幸好工人把我救活。

编者注：魏成周（1909—1993），广东潮阳人。1942年到海南。

王汶英的口述（节选）

在日本侵略时期是奴隶时代，汉奸到农村去骗人来广东汕头收容所，我兄王处迹被骗入收容所，全家都挨饿了。当时母亲就死，收容所不给我兄回来看，尸体还是邻居帮收殓。我当时10岁，我就被人带到汕头收容所与二兄在一起。收容所被日本宪兵全部用铁丝网围着，由宪兵押到码头上船。我年龄又小与我兄坐不同船。当时上船逃走的人被抓去上吊，用索绳缚住大拇指。我是坐船来香港的，当时在码头外沉了3只船，我坐的船差点沉下去，幸好有其他船来，我们同船100多人才有了命。在船内没有水喝，只有靠天下雨用脚罐盛水来喝。4、5日后就来到香港，住在王仔，只有一个门出入。有的从5层上面逃走，有的从下水沟逃走。我因年小没办法，在香港住了5天，还被宪兵押到太平山去搬砖和搬石。做了亡国奴觉得惨得很。我兄是坐"光山园"号来海南的，我坐的船外号叫"海鸡母"。在船内连水都没有喝，没办法只好在七洲洋喝大海水。当时很多工人气愤极了，就把身上生的虱子抓后扔进工头和日本人住的房间。日本人就用柴刀来打工人。我是和泰宜、木坤同船来的。到海口下船时用□□车运工人，不管工人如何疲惫和晕船，每车有70人左右。车开得很快，不少人都流出大便和小便来。我从海口坐车到谭牛，当天到，第二天就上班。每天上班都是排队，被宪兵押到工场。住的是华工草房，周围是铁丝网，日本兵在外围看守。

当时因生活苦，很多华工都想逃跑，有的走到铁丝网边就被抓回去打。做一个刑台，打到大便流出来才放手。第二天人也死硬了。这对工人的威胁是很厉害的。虽然如此还是有不少工人逃跑到谭牛附近农村给人家当儿子。当地的老百姓对工人还是很同情的，把逃出来的工人收留下来。

出工时10人或5人，有一个台湾人押在后面，见你不出力就用柴刀和木棒打你。到时间吃饭，每人2个饭团和一点卤。每天做工是早早出去晚上押回来。

工人病时没有医治。我曾发烧，差不多要死了。当时看见有人把我抬走，第二天就好了。有的工人病后忍耐不了就上吊。有的用刀割喉咙自尽，这是我亲眼见到的（名字忘记了）。

日本人叫中国工人作亡国奴！听不懂日本话更惨。"客紧！客紧!"，我们汕头工人认为做慢一点，但是他其实叫工人做快一点。陈俊芳被打得死去活来，和打死狗一样。像这样的事多得很的。

在谭牛做苦工一年后，我就调到三亚，当时活的人已经很少了，吃的井水里面有"虫毒"（有尾的虫）。这时做工就是开山洞。我不知兄的死活，所以老是哭。幸好在陵水英州坡有两个工人（一个叫文松）金鸡岭搬米，哥托他如见到我把我带去英州坡。这两人特别好，当晚找到我后说明天早上车，叫我到车边，他们把米包放成一个山洞，叫我藏到米包内把我运到英州坡。当时天气又冷，我只有一条麻布，全身冻得和烧猪一样。这时文松工友对我特别好，把米袋衣给我穿。当时在那里做临时工，每天3角钱日本币。在这里做工一年左右，这时日本差不多投降了。全体工人都被日本人拉来三亚金鸡岭华工集中营、台湾集中营、朝鲜集中营、港澳集中营。集中后全部都去打山洞。日本很快投降了。

林昌桂的口述（节选）

我出生不知在哪里，等到1955年组织派我到东北学习，我去广州打听，说我是中山县人。回去玩了一下，从了解中我才知道我不是广东中山县人。我的祖父原是广西桂林一带的。为什么来中山呢？那时父亲死了，当时我11岁多。母亲不能过活，就带我3兄弟妹来广东卖。我卖中山县安堂乡，卖给一养母，我的大兄卖到沙田区，妹妹卖到哪里我不知道。我想查我亲生父母的墓地也查不到了。

我13岁时养母死了，只有一件破屋。没办法过活，后到广州海珠街牙刷店当学徒。什么重活都得干。有一个师父看我太苦了，把破裤给我，带我到澳门，在王街王兄电器修理店当学徒，常被店老板打骂。我17岁时日本占领了广州、澳门。我无家可归，老板给了5块大洋，不够路费，只好走路来中山。走到□□就有两辆日本车来了，头辆不停车，第二辆看我们几个人就停下拉了30多人，女的不多。我被拖来澳门日本合记公司。一个星期就把我们运来香港，不给出门，警察守在门口，除了头目以外。吃的最好就是稀饭，其他就是吃黄豆、米豆。两个星期后吃地瓜。吃几天饭每人一碗。工头吃的是鱼肉。那时是一批的，我是第31批。船上不给水喝。日本人给的鸡头和饼都给工头拿走了。我们的头目是关广。在船上有的晕船和饿得不行了，没水喝死了就扔下海。大便到处都是。要水喝就被工头打。到海南八所就集中（像猪仔）。看到哪里需要就送走，也没办法出来的，门外是印度人警察看守。来八所几星期只吃猪皮、骨头，每人只有2两，好的都是工头吃了。第36批是搞盐的。关广把我们卖到石碌来，早上4点吃饭，做工到晚上7时。天冷更不好受，有衣也不给穿。去做工衣服全被偷走（因为赌钱的人多）。只好穿麻袋。做工慢一点就被工头打，病了也不准看。工头用脚踢、踩。只吃了一点饭没有死。工头把这些全都贪污了。那时死的人就多了。脚烂，医院用铜刷，刷后再给你换药。我这批80%都是中山的，我们就逃走了。到八所车站搬石头来卖。方洪是同一批，一车2角5（1立方），拼命的干。台湾人（三田）干了一个多月被八所事务所拉回去，被日本狗腿关在八所的房3天没吃一粒饭。关了一星期才放出来。我走了7次，从八所又走到港门，听说儋州过海容易。当时又被拉回去，送到黄流飞机场，陈苏芳等人，放在飞机库，去挖战壕。这时最惨，只吃了几个地瓜。住了一个月后，只给一人一碗地瓜。干了一天，晚8时才回来。2公尺深，土铲不上就打。当时有日本食堂。偷地瓜、南瓜皮来吃，被工头发觉打得要命（黄炳先），饿死、打死，这时剩下的人很少了。我们这时又逃。第一次抓回来，用特种的毒药笔，在你额上一划，第二次就划个×字，第三次就没命了。有一次拉了3个人逃2次的，抓回来把工人集中，把3个人搞死，杀头。每人给一把锹自己挖洞，再杀死。

有一次在黄流机场，日本站长，有一把在东京制的剑，有一个工人受苦，第一次偷他们的东西逃出去，被他拉去试他的中原剑好不好。在黄流被打后病死的工人最多。不久陈河走了，到八鸟村给老百姓放牛、种田。我们听了消息后也逃走，但经常被抓回，我被抓回来打了一顿，为了活命我又走到八所一带做杂工。没有办法，周围都是伪走狗。我只好找中医把烂脚治好。好后送来石碌做了几个月，挖矿仓。后来调查谁搞过火工，我就报做过电工。就去400米（矿山的海拔标高点）捲扬机值班，有3个台湾人。这时工作轻松些，心想很好，没有被打想到很万幸了，结果不是这样，而是越来越严重。台湾人都赌钱的，也不上工。有时2个上班都不来，说让我都代了。2、3天都不上，我受不了与他们讲。自己病了还给他顶了几天班。自己病重了没办法，下班就逃出石碌（从三矿区那条路），自己不懂路，就被他（高大队长）拉回来，被他用十字镐打了十多下屁股，烂了。后来我的干兄知道了去伙房要了盐煮水，把屁股治好了。姓高的还要找我，因为台湾人叫他要我去上班。因病未好，只得逃散，去“慰安所”柴房里面躲了几天，有饭吃还给了几元日本票给我，叫我走，怕他们知了他死我也死。林四懂得叶花，写了几个字，知他在黄流做买卖，我就一路走到黄流市，找到叶花，把字条给了他，在他那里帮忙洗碗、招客。日本人来了我就躲到后面。过了一段时间，我就给人家抬轿、抬棺材，什么都干。这时日本投降了。

编者注：林昌桂（1923—2002），广东中山人。1941年到海南。

（吴晓红　整理）

第22本

海南铁矿装运工区

（1963年）

余绍雄、郑裕丰的口述（节选）

1942年在广东潮、汕各地听有人说日本人在汕头市设有一收容厅，要招收一批人来海南岛做工。我听到后想了想，这个时期生活上很困难，到哪都不容易找到工作。其次在这之前听说有些人曾同样招到越南做工8个月，如期返回。这次招收来海南岛做工，说期限1年就可以返回，每月有工资30元军票（即日本币），自收10元，20元可留给家人做生活费用。当时就决定报名来海南。报名手续办好后就被送入该收容厅（汕头鸟桥货仓）。一入门就把门关锁起来（每个仓库大约有100人左右），真是像猪栏一样一进去就出不来。在仓库内住几天，不论吃、睡、大小便都是在里面。当时是冬末春初。

1944年1月，该厅把我们押送上船经香港到海南来。开始在三亚榆林斧头岭集中，住了几天连要一点水喝或洗澡都没有。当时挖一小井，水乌溜溜的，其中小虫很多，所喝就是这些。究竟要做什么工呢还不知道。那天听说要送我们去做工，当时用两部卡车装我们100人向北黎开，车开至黄流时已过了中午，就停车吃饭，吃什么呢？一人给2个饭团，比鸭蛋大不了多少，什么菜都没有，就这样过了一餐。饭后不久就开车，当晚才到达北黎。从此就在北黎为日本人做飞机场，一连干了近1年，过着非人的生活，饭吃不饱，没衣穿，住得更不好，每天工作十几小时，早上天没亮工头就来迫人起床，如果起慢一点就用棍子打，起床后吃一小碗稀粥，集中排队点名，押带出去做工，至太阳下山天黑了才押带回来。工作中经常挨打，我们这个班100人，住一间草房，该机场还没做完，只剩下20多人，其他都是被打死或病死。

具体情况是这样：

每天做工时间长，饭吃不饱，草房不好睡，又潮湿，就生病。生病还要出工，否则就挨打。你说头痛他就用棍打头，脚痛打脚。有了病才给几片药片，给饭就更少或者不给饭。有时有些工人肚子饿，受不了，去找日本人倒掉的菜头来煮吃，被日本人看到就倒地上，用棍打，打得屁股皮破肉裂，走不了路，第二天还要出工。在生病的情况下，加上打，过几天就死了。住在这些草房的工人，每天都有 1、2 人死，多的 5、6 人。在这种压迫下想走嘛走不了，草房四周围了铁网，哨兵严密监视着，外面堡垒也是站兵看守，根本走不了。不但如此，有时夜间又来查宿舍，全部工人被叫出来站队，他想打就打。

谈到工资时怎样呢？出来时每月发给 10 元军票（日本币），发 2 个月后就没有了。自己带来的衣服，肚子饿就拿去跟老百姓换东西吃，身上光溜溜，裤子也没有，只是绑一条小布仔遮下身。头发长了怎么办？就是用日本人喝完的酒瓶打破的玻璃片来剃光头。

后来我们这个班剩下来的 20 多人被调来抱板烧砖，几个月后又调去黄流，再几个月后又转入乐安打山洞。在这个地方更倒霉，生活更悲惨，每天吃的比在北黎时更差，睡的地方更糟，地面很潮湿，用一些草铺上去，睡到天亮时草都被水湿透了。工作时地面老是水，经常挨打。不管病不病还是要出工，干了几个月，每个人看起来更糟糕、瘦得更厉害。

编者注：余绍雄（1924—1993），广东澄海人；郑裕丰（1921—2002），广东潮阳人。

李邦的口述（节选）

1942 年受骗来海南昌江石碌，当时在家生活困难，没工作，日本人派人招工说来海南岛做工生活很好，有吃、有穿、有工资，每天出工就可领 7 毛钱（军票）。如果要来可订合同 1 年，期满自由返回。由于当时生活困难，听到这个消息就报名来海南，路经香港到海南八所。这次来的属第 36 批，约 1000 人左右。当船到八所上岸时，在码头就看到大部分工人没有衣服穿，光着身，有些穿麻袋，也看到沙滩上有很多人在抬死去的工人。心里感到好奇怪，是否叫我来这里抬死鬼？后来被送来石碌铁矿，被分去做铁路养路工。住的地方是草房，我住的这一间共有 120 人，中间是一条通路，两边搭了两排平铺，是两层的，每人睡的宽度是 0.6 公尺。住在一起的有 13 个人是同乡。每天约 4 点钟工头就来赶，起床排队吃一点稀饭就出工，晚上很晚才收工。工作中经常挨打。又有一段时间是上山搬矿，一人每天搬 3 吨，又没有什么工具，只是用手搬，如果搬慢一点他就用棍打。当时这种情况下，生病的人很多。日本鬼子不管你病不病，有病也叫你做工，否则就不给饭吃，不给工资。每天起床后排队，有病的就分开排，用手来摸头，如有发热就算病，如果不发热一定迫出工，否则就打。这样挨打挨饿，工人病的越来越多，一病下去就是死，没有治。当时医疗情况是怎样呢？有三种：第一种医院是专门治日本人，第二种是台湾人医院，第三种就是一般普通的人去治病的。

我做养路工时，跟我睡在一起有个姓陈的（不记得名），约40几岁，年纪较大，日本人叫每人每天搬5条枕木，他体力弱，做不完就挨打，我很同情他，就配合他一起做，一天搬完10条枕木就少挨打。后来我被调去挑加火车煤就没有和他一起，他又经常被打，他受不了这样的压迫，有一次就走出去想去自杀，我拉回来劝他忍耐。不料过几天后的一个早上要起床时（他和我睡一起），我用手拉他说："老陈，鬼子来了，快起床。"连叫几声没见他动，用手去摸，他已是硬硬的，死去了。

石碌每天有工人被打，病、死最多一天四五十人。有一次见一个名叫谭极文的，因有病不能出工，就跑去□□给懂得中医的同乡看病，带回2包中药准备煮服，被日本人古金看到就问："你两天跑到哪儿？"动手就打，用脚踹，结果被踢中阴部当场死了。再有一个工人陈锦才，因每天搬5条枕木做不完，被日本人金生拉回来用洋镐打（在47公里），把肚打破立即死了。又有个挑煤工人杨秀，眼睛痛得很厉害，双眼起白膜，不能看到东西，不能出工，但日本人更残酷，不但不给他治，反而用毒针将他打死。

养路工赵锦梳（苏）有病，发高热，被日本人叫抬出来与已死的工人一起准备烧，后来他爬回来。这次我没看见，是解放后我回家时听同乡（这个人从广东江门来石碌，日本投降后走回家，现在家乡）说的。

和我同宿舍有个姓黄（不记得名）的，从香港来，跟我一起做工，但他眼睛近视，挂一副眼镜（曾读过大学）。有一次有一姓钟的女子（不知名）在宿舍外碰到我，问我同宿舍那个挂眼镜的姓什么，并叫我代她询问他的来历。起初我觉得奇怪，为什么要问这个人呢？但她没有讲什么，只叫我代她了解后答复她。我就答应代她询问。我在宿舍与姓黄的谈起来，他说是在大学毕业后找不到工作被骗来石碌，在没来之前毕业证放在他爱人那，来后碰到这种情况，没办法与他爱人通信。第二次我碰到这个女人，把情况告诉她，她就哭了。我亦莫名其妙，不知道她究竟是什么关系。再次碰到这个女人，她拿了3套衣服，1套送给我，2套叫我代她送给姓黄的。她对我说："你送去时说是他同学姓钟的送给他。"我就追问她干什么工作，不说我就不给她带。不得已她告诉我说，她在香港时因她爱人来海南后无消息，同时被日本人骗招来当护士。到石碌后被强迫到"慰安所"当妓女。这是一件很耻辱的事，请我千万不能告诉黄。当时我答应她，但衣服送给黄之后，不久没有吃的，就把衣服卖掉买东西吃。后该女知道这情况，想再送衣服给他又怕他不穿而卖掉，故将衣服用火焚破一个个孔后才送。当时不论衣服怎么破烂都是可以卖掉换东西吃的。以后他俩都不敢见面，主要是女方不敢与男的见面。有一次我给她送信后，姓黄的要求我带他俩相见，当时我觉得这次再不能保守秘密，把女的情况告诉他，并找女的约他相见。他俩相见后抱头大哭，我才知道他俩关系（抗日胜利后女的想回大陆，向男的说："现在日本已投降，我们回香港去，过去在这里受尽耻辱还有何面目在这里，回去吧！"男的不愿回去，女的坚决要回去。结果女的还是单独走，后来不知如何，但姓黄跟我们还是在这里工作。不久，黄在宝桥（今叉河）被电网触死）。

日本人后来叫我去做擦车工作，如果擦不干净就被打。有一次叫我拿工具，话听不懂不知拿什么又是打。

1944 年开始每天饭更不够吃，一天 3.2 两米、半斤薯干。有一次痢疾病更惨，没饭吃，成天上厕所，后来工友给些薯自己煮，被看见把薯拿走。不得已将自己毡子割一半跟老百姓换薯又被抢去，还挨打几棍。第二次迫得无法又将剩下半张毡偷偷地卖掉买一点米在宿舍煮饭，没熟被看见，他用脚一踢，全洒了，完了还要赔沙煲。

编者注：李邦（1922—2001），广东江门人。

吉训良的口述（节选）

我是民工，不是招来的，是由乡保甲长派工来的。1943 年来矿，住草房，初来是在 47 公里（地名）打火车山洞工程挑土。提起与日本人做工真是惨，经常都是被打。由于不懂话，他叫你这样做或那样做，你若不懂他就打。有一次用车装土，推车时日本人在指挥，他看你做不对就打。每天工作时间很长，早上 4 点钟他就来赶起床，站队点名出工，晚上天黑才收工。吃的也不好，一餐每人吃一个饭团。穿的是我们自己从家里带来的，我看到大陆来的工友更惨，没有衣服，穿麻袋或洋灰袋。

病的不给治，只给几片药片吃，还要迫出工，他不管你生死。工资每月 6、7 元。后来去宝桥（今叉河）做 3 个月，情况亦一样，吃不饱，工作重，常挨打，病最多过几天就死，死后叫人抬去烧。有一次我当伙夫做饭时，有个工人生病没死就被抬去烧，当火烧起时就听到喊叫的声音，结果被烧死。我很怕，但不知道他叫什么名。后到八所做 2 个月。1944 年回家乡后不敢来。当日本黑衣队去派工时，我不来他就打，用脚踢。有一次他派工时，我说雇别人，他就用一电话机电我，我昏倒在地，他就用水把我浇醒。结果我还是要给他干活。

编者注：吉训良（1914—2002），海南三亚人。1963 年在装运工区工作。

黄汉的口述（节选）

我 1942 年从香港来，属第 36 批。来之前就做过 1 个月杂工，吃不饱，终日搬柴火。来海南后，每月 15 元，寄钱回家，但家中没收到。

开始在八所小石山搬石头修码头近 1 年。开始吃不饱还被打，为什么呢？吃不饱做工力气当然差，日本人就不管你死活，特别是一个名叫唐杖的日本人，他就是打人王。我们工人一起做工，力量大小不同，例如搬枕木，力大的抬得动，力小的抬不动，他不管那么多，动手就打。被打后多数得了病，如果病就没饭吃，过了 1、2 天就死了。当时跟我同班的就有因这样的情况而死的，如王球、王标、陈明等，有了病还是要出工，抬道木抬不起就被打，这样病更重，倒在地第二天就死去。又有一个名叫王茂松的，有了病几天没出工，日本人就叫人抬出去，人还没死就把他埋掉。又有一个叫李辉的，吃不饱，自己出去买番薯，回来日本人看见就拉去审，问是不是偷的，他不认，唐杖就打，他怕了便跑，被抓回来后，他的脚筋被割断，结果就这样死了。后来又有同来兄弟俩先后受刑，一个叫金瑶，有一次买了几斤番薯，回到宿舍，被他看见就拉去问是否偷的。金瑶说是买的，他不信将金绑起来就打。再审问，金不承认，日本鬼就放两条狗把这金两小腿的肉都咬出来才放他。回宿舍后两腿烂了，没有药敷就生虫，结果死去。他的弟弟金生也是这样，买了几斤番薯回来被抓去拷问是否偷的，他不承认，日本人将他手绑起来施电刑，过几天就病死了。

谈到八所装船的工作时间更加长，如有一条船来装矿都是日夜做，休息时间更少。工人工作太疲劳，他却不管你生死，慢一点就挨打。吃不饱，又挨打，病就多，没有医治，过一段时间就死了。我在八所时工人死的很多，每天都是死几个，最多 7、8 个。工人发病的情况有发高热、水肿、疟疾、拉痢、气挡（胸部气挡住就死）。工人白天自早晒到晚，下午如下雨，工人下班就发高热，不给治，只给你药片，吃了好不好他不管，还要强迫上班。早上一起床吃饭就排队，你说头痛他就打头，脚痛就打脚，什么地方痛就打什么地方，还迫你出工。在工作中如果慢一点，他就用垒球棒打。在那个时候工人多数都被打，然后病死。听说我们当时一共来了 30000 多人（在石碌、宝桥、八所），3 年多死剩 7000 人左右。我听人家说在 47 公里（地名）打山洞（隧道）的原有 1400 多人，山洞没做完死剩下 2 人（何华根和总队 1 人）。

（符思权　整理）

第24本

海南铁矿装运工区

（1963年10月30日）

冯庆、周生、黄元、李龙泉、纪友卿等的口述（节选）

一、为什么来海南？

1. 一种是因生活所迫，被日本人骗来（招工）的，如李龙泉、符荣、纪友卿、杨坤、蔡广伦、雷广。

2. 被日本人硬抓来的，如冯庆、周生。冯庆说，有一天当他在香港上街时，突然被日本人抓住，后来关在一间房子里。房子里很多人，问起来都是被抓的。过几天就把他们送到海南来了。

二、日本鬼子在矿剥削方式：

1. 每天工作时间12小时（普遍性）。

2. 没有工作服，工人没有衣服穿，只好去偷水泥袋和麻袋来做衣服穿（普遍性）。

3. 吃的。开始吃6两米，后来4两米，最后3两4米，再后来吃谷子，吃杂粮，每天仅吃3条地瓜过日子。工人吃不饱，只好：（1）去偷农民的地瓜。（2）吃木薯叶。（3）吃野菜。（4）吃香蕉心。（5）到日本人饭堂水沟里去捞饭吃。（6）到日本人猪栏里去要日本人喂猪的饭来吃（符荣讲）。（7）吃1尺多长的空心菜。（8）吃猪吃的蘑菇。（9）吃饭堂不要的黄菜叶、烂菜等。

4. 住的。住的是大铺，睡在地板上。黄元讲，在现在昌江石碌饭堂住80人，既没有电灯也没有床板。

5. 医疗。工人病了不用想治。如工伤或老弱不能干工者，医生就给他打一针毒针，后来就死了（李洪述）。

三、刑罚。如发现因生活过不下去逃跑的工人或因病不能上班的工人和不“负责”（所谓不负责）的二手，就采用如下刑罚：

1. 用电电死。

2. 将水用一条水胶管插进鼻内灌水，当你肚子装满了水，然后用砖压在肚子上，人上去压，水就口里吐出来。如此重复多次，直至这个人死去为止（李洪述）。

3. 有一个工人姓梁，是二手，但他不管工人。日本人当场将他的左手折断，后来死去了（冯庆述）。

4. 双膝跪在一根大木上，后面关节再放一条大木，双手举起一盆水（或在背后捆着一条大木）。

5. 木扣（即用木棍打）。

6. 断脚筋刑。

7. 自己挖一个洞，约到自己胸口上，然后下去，叫一个工人将土盖到自己胸上。

8. 把人捆在树上，给日本兵当刺杀练兵用（活人）。

9. 用 1 公尺长、2 公分宽的胶带来打工人。

10. 用矿石、木柴等打工人。

11. 木剑刺工人（周生述）。

四、工资待遇：

1. 我（冯庆）在香港当工人要先交给老板 40 元当押金才可进工厂。

2. 在日本时期，没有工钱，只管吃，吃的是他，做多少吃多少，总之，没有一天吃饱的。穿的他不发，只有露体干工。

五、工人死的形式：

1. 打死。2. 刑死。3. 饿死。4. 病死。5. 打毒针死。6. 自杀死。黄元讲，日本人时期，在石碌每天最多有 70 多人死去，最少有 20—30 人，其中饿死、病死、冷死的人多。石碌河每天有 10 来人自杀。

编者注：黄元（1919—2003），广东中山人。1943 年 2 月来海南。1963 年在安装队工作；周生（1919—1990），广东新会人。1942 年 6 月来海南。1963 年在装运工区工作。

莫朝的口述（节选）

我是广东南海人（广州）。

1941 年日本占领香港，我家里有 5 口人，那时我才 12、13 岁，生活十分困难。中国人当奴隶，想要打你就打你，好惨呀！

我 1942 年 5 月被日本人抓来海南。开始在八所，那里没有房子，只有几间草房。没过几天又调到昌江叉河（第 11 批，1300 人左右）做桥工，住在草房，睡在地上，不分日夜干。我东搞西搞，调来调去，八所搞一下，石碌搞一下，叉河搞一下。那时候吃、住、穿都没有人管，穿的是洋灰纸、麻包袋。那时当工人，受尽日本人打，他要怎么样就怎么样。最苦是在叉河，每天工作 12 小时，打工人每天都有。过去在石碌有个叫陈波的公务员最厉害，他有一条牛鞭，给他一打一拉，皮都出来。我来石碌时，石碌也没有什么房子，更谈不上有床睡，常睡在地上。现在我都有关节炎，常痛得要死。

来到石碌吃也没有吃，有的就逃跑，有的被抓回来，有的用电电，有的吊起来打。总之打到你半生半死。

现在东边 175 米（矿山的海拔标高点），日本人常在那里打人，打得半生半死。过去石碌平均每天死 3 人。

日本将投降时，我调到黄流飞机场工作，很苦呀！每餐吃 2 条地瓜，也没有油吃。工作也辛苦啊！每天要干 2 公尺宽、2 公尺高的正方形的土方，如逃走抓回来就要打到死。

编者注：莫朝（1928—），广东南海人。1963 年在装运工区生产工段工作。

（符思权　整理）

第 25 本

记录人：许文葵

（1963 年）

黄荣的口述（节选）

（采访时间：1963 年 11 月 2 日）

我 1942 年从香港来，属第 39 批，有 50 名技工，其他杂工也有，多少未详。来的主要原因是生活困难，日本人说海南好，有东西吃。从香港来的工人有一部分有家属在香港，后来都没有通信。来后，所穿的衣服是麻袋、洋灰袋。当我刚来时，很多工人对我说我是来找死的。这里经常死人。刚来时规定一天 1 斤 2 两米，后减为 8 两、6.4 两或 3.1 两米和 3.2 两杂粮。那时候日本人对工人如狗一样。日本总管、头目每天到宿舍赶上班，上班也打，有病不能上班也打。在三亚安由每天死 20—30 人左右。睡觉的地方是破烂的草房，没有床，自己找木棍子做，睡觉没有被盖。

因生活困难，吃不饱，睡不暖，有部分工人就逃跑。1943 年有 2 个逃跑的工人被抓住，在安由矿场对面，叫这两个工人自己挖洞，然后一个工人活埋另一个，后一个由日本人活埋。1943 年，又有一个工人逃跑被抓回来杀头，日本仔就叫大批工人去看，并说逃跑就这样杀。那时候天天打骂，有个别工人被打跛。1944 年，有一次抓 3 个工人，站在水塘里，水浸到胸部，上面有太阳晒，双手举起 30 多斤东西，站了 7 个小时。

在安由大日船厂，有一位工人偷火油瓶换东西吃，被抓来用电电，全身都变黑，又用水来淋，后用木棍打，前后共打 3 次，之后 4、5 个人抬去病房就死了。

蒋荣的口述（节选）

（采访时间：1963 年 10 月 25 日）

我是 1942 年 7 月份从香港来的，属第 19 批，总共 500 多人，1 个总管是陈成，另有 1 个书记，还有 4 个头目、4 个公务员、16 个班长。我们一个班共 23 人，我本人为木工。

我们来时看见很多人都没有衣服穿，自己感到是没有希望了。很多工人也对我们说："替死鬼。"我们初来时没有分配工作，集中在海南八所村海边茅草房，外面铁丝网围着，有印度人看守，不准出入。如果谁外出，发现被抓住就挨打。当时不让与外边人员说话。如果有病，发现就马上送去病房集中，当时痢疾病特别多。那时候是没有人看管，如果有认识的工人，大家就送一点东西吃或照顾，否则，就没有人管了。也没有医生。同我一个班的，在 7 天里就死 3 人，主要是痢疾病。八所的工人死亡后，开始是土埋，后多起来没有地方埋，就开始用火烧。

1942 年 8 月份调来昌江石碌。石碌死人很多。工人拿衣服出外出卖。厕所是分开的，日本人一个厕所，工人一个厕所，日本人的厕所不能随便进入大便。有一次我本人进入日本人厕所，被日本人打。1943 年我们住木板房，没有床，睡在地上，有一张蚊帐共 20 多人合睡。大单位有，小单位是没有蚊帐的。

生活方面：每天 6.4 两米，规定每人这么多，但总管、伙夫、头目先吃饭，最后我们有多少就吃多少。有时吃的地瓜是烂的、过夜的，有时一些猪肉是死猪肉，发臭，给我们一点。每天早上工人起床来排队，有日本仔及头目来检查出工。如果有病的工人检查时站在一边，后就挨打。如果有病工人勉强上班，工作有些慢，被发现就打。有个别工人因病经常挨打，逃跑被抓回来就打或杀死。如果发现有偷东西及逃跑的工人就抓到警备队用狗咬，用电电，用辣椒水灌。茶楼不准“中国人”进去喝茶。我们可以去，因为我们是香港人，“中国人”专指海南人。

在工作的时候，不管下多大的雨也要工作，干慢一点就被打，没有休息天，一个月只有一天休息。死的人有被打死、打伤病死，有病死、饿死、烂手脚死等，各种各样。八所大约有10000多工人，共死亡2000多人，有机械工、木工、电工、普通工，被打和死亡的杂工较多。

在1945年从香港来一批人，当时这批人在香港都是各种各样的人。来八所后受日本的统治、剥削，内部共有92人准备暴动，后来总管张俊家知道就告诉日本海军，抓了100多人，杀死90多人。

在日本时期，早上上班要排队。有病者自己报告站在旁边，没病者就上班。后有病者就检查，用手摸头上，有发热的，就打，每天都有，是我亲眼看见的。在八所宿舍门口，有一个叫甄照的被打过（现行政处泥工），其他姓名不详。还有一个叫李金（现基建总队）。

编者注：蒋荣（1923—1990），广东中山人。1963年海南铁矿检修车间工作。

陈仲的口述（节选）

（采访时间：1963年10月27日）

我是1944年3月份来海南安由的，属第53批，共120多人，是日本人招来的。当时我在安由，被打的人很多，主要是杂工。总管、头目是台湾人和日本人。当时死的人很多，主要是被打死、病死、饥饿死、烂脚死。在1945年有很多工人逃跑，当时抓一个回来砍头，叫很多工人来看。工人每天粮食6.4两米、4两杂粮。如果有病不能工作，就用木棍打胸部，打人的都是台湾人、日本人、朝鲜人。不管什么时间来宿舍都打工人。当时工人所穿的是麻袋、洋灰袋，有部分用一块麻袋包下身。对病人基本没有人管。我一来干机械工。第53批来120多人，共20多人逃跑到农村给民族（黎族）干活。

日本时期一个总管辖500人，下设3个头目，头目下设班长。

李兆庚的口述（节选）

（采访时间：1963 年 10 月 28 日）

我 12 岁出来那大工作，至 17 岁，日本人来就回家，在日本食堂工作。有一次，我在食堂边洗衣服，因倒水流到日本人的鞋上，日本人就一拳打在我脸上，我就用脸盆打在日本仔脸上。当时日本仔就持枪向我射击，未中，有另一个日本仔抓他的枪，我就逃跑。后自己回来，被日本仔打了两拳。

1945 年在那大日本仔仓库被人偷东西，日本仔就将我用电来电。1945 年被日本仔押到广东阳江县南鹏岛矿山工作。在南鹏岛总共有 1000 多人左右，天天有工人病死。工人没有衣服穿，没有房屋住。如果工人逃跑被抓回来，当时就砍头。

1945 年我逃跑回雷州半岛（森记华记厂）当木工学徒，有 2 年时间，后就单独下农村自己做生意。

编者注：李兆庚（1923—1975），海南儋州人。1963 年在检修车间工作。

（符思权　整理）

第 26 本

（1963 年）①

陈胜、林茂、郑实、黄德、何满、罗头□等 20 位老工人的口述（节选）

陈胜（老工人）：昌江石碌地区死人最多，死人要用柴油烧。当时我在火力发电厂，领柴油烧，每桶烧 10 人，在现在的昌江县养猪场烧。当时烧骨未化灰，肉也没烧光，乌鸦成群。如死尸仰着烧，一烧死人都坐起来。**陈俊芳**补充：在干工时人没死就抬去烧。后来没柴油就埋，6 个人一个坑。

---

① 此时间为编者补注，原记录本没有注明。

住的，苦力是最苦的，一大草棚睡 100 人，分为 4 行，每行 25 人，睡在地上，叫太平铺，每人 0.4—0.6 米，翻不过身来。

工人初来时穿的衣服坏了，补了又补，一件上衣几斤重，臭得要死。工人夏天热得要死。工人捡洋灰袋，被日本人看见就要打个半死。当时每天 6 两 4 钱米，生病不能干工每天 2 两米。李金饿得没办法，到日本人吃过番薯的地方捡番薯皮。

林茂：唐赫当时饿得不得了，到日本宪兵团的仓库偷来几斤番薯，被工头林坚发现了，打得要死，我把他背到一个厕所旁，每天将自己分得的饭团带回来，用罐头盒给唐煮稀饭吃。有一天被工头林坚看见，用战刀把我的腿砍了一刀，把罐头盒一脚踢开。现在腿上还有个疤。

郑实：没有吃的，每天吃猪食。

黄德（生产工段）：饿得没有办法，偷一块烂油布，到少数民族（黎族）去换吃的，换回番薯很高兴，不敢走大路，走树林，刚出树林，就被日本兵看见，抓去过电，死去活来。最后关押起来，每天一小碗饭，关了 1 个月，吃睡拉都在一个地方。

何满：1942 年，有 46 个工人住在昌江奈村，得病发高烧，没办法到石碌河下水，上岸就死了。

罗头□：1944 年—1945 年从香港来 120 人，到日本投降时剩 3 人（在东方）。

李余在八所抬死尸，有一天他亲自抬的人没有眼睛了，日本人不管，工人把死者拖到海岸埋。

工人受刑：两膝跪在木上，在小腿弯曲处夹一块木头，两手举一盆开水；日本人在练兵时把工人绑在树上，用木枪刺进去，把肠子掏出来；有时怕工人跑，叫医生用刀将工人小腿的筋割断，用石膏糊起来；工人有病不能上班，就用手巾把头蒙起来，光露个嘴和鼻子，从嘴往下倒水，直到灌饱后，用木棍或用脚往肚子上踢一脚。

在三亚田独的万吨矿仓皮带机，把一个工人的手压了，其他工人叫停机，把那工人拿出来，而工头来了不叫拿出，用斧头把工人砍成两段，照常开机，把肉弄得到处都是。

在卫生方面，工人有病不给治。有一次，工人在医院没人管，直到第二天一看，人已经死了 13 个。

工人在排队分饭，他也排队，还没轮到他就死去。

有一个老工人，50 岁了，人们叫他无牙老。老病不能上班，工头又打又没吃的，他就上吊自杀。

从本地招来 6000 人，一晚上逃跑 500 人。抓回一个大的，有 30 岁，一个小的，弄到现在电影院旁地质队处去杀。把所有工人都叫去，当众把大的砍头，血喷 2 公尺远。小的回来几天后也因吓而死。

工人逃跑抓回后，用一种特殊笔在头上划一划，第二次划个 ×，第三次给你一把铲，让你挖坑，挖好就把你埋掉。

有个姓许的工人，劳动一天从山上下来，却在途中昏迷而死。

1944 年从香港招来 180 名女工，当时听说是当护士、洗衣服等，但来后年轻漂亮的女工被迫做妓女。当时石碌 80 人，安由 30 人，八所 20 人。妓女生活是很困难的，衣不蔽体。

（符思权　整理）

第 30 本

记录人：李浮词

（1963 年）

何和根（小山东）的口述

1. 日本人残酷，有病留下排队，日本鬼子来摸头是否发热，不热要上班。有一个叫李坤的当场被打死。

2. 1942 年每人要捡矿 10 吨，不完成就不发牌，没有牌就没有工资和饭吃。

3. 每人每天给 6.4 两米，实际吃不够。6.4 两米，饭中间夹 1、2 条地瓜。

4. 穿的是洋灰袋，有的是偷麻袋来穿。怕下雨，不怕冷，因住的地方漏雨，洋灰袋不能遮挡雨水。

5. 1943 年 3—4 月份，东方基建期间，在水面上打木桩拉钢丝绳来走，不走，日本人就打，工人头晕掉下水的很多。搞水坝时有工人跌下，不但不救，反而继续倒土把跌下的工人埋掉。

6. 日本人给一个馒头，吃也死，不吃也死，馒头刚咽下就被砍头。

7. 林左说他是跑回来的。

8. 工人有几种死：烂脚死、痢死、饿死、打死、杀死、工伤死、电死、狗咬死。

9. 工人早上4点钟起床去上班，到晚上7点钟才回来（不见太阳就出来，不见太阳又回来）。

10. 工人在日本时期是死路一条，饥饿也得上班，生病不给医治。根本不知道什么是劳动保护品。

11. 工人住草房，每栋100人，卫生又不好（每个人睡1.5尺的太平板，10个人一张蚊帐），天气热不能睡。

12. 在昌江石碌，日本有一个医生和一个护士，但都不给工人看病。

（符思权　整理）

第31本

（1963年）[①]

林照的口述（节选）

日本人在乡里出招示，骗说每人每月工资30元，还有棉被。实际每月工资10元，工头要去6元。

1943年每人每天9两2米，分为三餐，人还得没病，才能吃到。香港班有一个工人发冷，没药治，等到好。他肚子饿，晚上工头就来说："明天谁上工？"工人说他明天上班，吃两餐，就分给他一拳头大的饭团。吃后下雨，因病就不敢出工。后来工头××又来查，看见他不上班，就把他从早上吊到晚上，结果都死硬了。

1943年，广东潮安人沈平脚疼痛，不能去做工，就逃走，想去给老百姓种

① 此时间为编者补注，原记录本没有注明。

田，干不了。后又回来做工，干不了，就要了一个米袋（日本人发）去卖，被日本人抓回来。晚上 7 时多，叫我等 5 人去树林里挖了一个坑，就把沈平抓来。日本人带支长剑，问他要自己下去还是要杀头。沈平只要了一支烟，抽不到一半就被日本人踢下坑，叫我等 5 人把他活埋。埋好后，工头还叫我们回去不能说，如谁说了，也跟沈平一样。工头是许士民，日本人叫何南德田。

电灯关暗说是防空，实际上是叫几个工头强迫工人赌钱。

每月 10 元，自己拿不到。9 两 2 米，吃不到 6 两。工头把米拉到黎村去换猪肉来卖给工人，工人发工资时又要工人跟他赌牌九［工头郑泉（潮阳人）、吴锦照］。

1943 年，我去跟日本人（英州坡）乞饭，被工头吴锦照见到，追入厕所。我还是把乞来的东西在厕所里吃了，我不开门。他说当晚一定把我打死，我应他吃饱当饱死鬼也好。回去后被他打得要死，说我吃坏汕头二字。

林病了，发了 3 个月冷，肚饿去偷芒果吃，发冷更厉害。当时住的地方有 100 多人，每天有 5、6 人死。初时用火烧，后来就挖坑来埋，每坑够 6 个死人才埋（同乡 13 人死剩 1 人）。

1943 年，工人余亚仕上班前还能吃饭，后来就不能了，上班就去总铺拉大小便，日本人不给他治疗，被打针打死（红土坎莲子沟）。

□唐的口述（节选）

我从香港来，属第 6 批。日本人在香港设合记公司。由于生活所迫，报名来海南。每天 7 角钱，从早上做工到夜晚。

小病还得去做工。早上全部被赶出来排队。死的人很多，主要是病，发热病、红痢、白痢。

有病没医治就死。

逃跑的工人被抓回来就吊打。

穿的是麻袋衣。睡的是总铺。吃的是番薯。

郑九的口述（节选）

（采访时间：1963 年 10 月 28 日）

小时无书读，生活不能维持，就在茶馆（香港合记公司茶店）做杂工，在香港参加过罢工。

1939 年日本人打到香港，姐夫都跑回家乡了。自己又无良民证，去乡下又要被抽去当兵，于是就跑到香港去。路上碰到土匪要买路钱，到南头就有日本人了，这时钱也被要光了。到了九龙工作没得做，就给英国人做工，做一年多，被他打，因不懂话就不干了。

1942 年 7 月，我从香港来海南，属第 20 批，共 900 人，总管麦衡。我是自愿报名来的，明知来海南要死的。在香港合记公司，印度黑人守着门口，进去就不准出来。吃的是 8 个人一盘菜，每人一格，饭是每人每餐一碗，工头从中剥削。来的时候检查体格，订合同是无年月的，叫盖手印。苦力工每天 7 角钱。手续办好了，问我们有什么要求，每个月扣 5 元，说是给家属的。1961 年跟姐姐在广州会面时姐姐说只给过两次。

开始上船时给 30 块钱，只是家属自己来要。来时每人带 2 套衣服。在船上每人 1 碗饭，1 两猪肉。来到海南八所，看见很多工人没衣服穿，老的工人说："又一批代死鬼来了。"

全部工人又进行体格检查。

住在八所茅草房。吃的饭半生半熟，有的人吃了就吐，很多人吃不下。有些人发热了，第一天就死了 6 人。这时很多人去卖衣服换吃的。

后来调到宝桥（今叉河）搞铁路，不懂话就被日本仔打。一个月后，又调到东方水力发电厂搞水坝、水沟。

上班。早上 4 时，日本人就用棒子打门，有病的也要出来。有病但头不热的就要去上班，最少也被打。5 时多到工地。用木板架桥过昌化江，有一次水大，工人被冲走，死了 100 多人。

每个班 25—30 人，一个日本人。只有中午吃饭 1 个小时可休息。有的人跑到树林里假装大便，乘机休息。

1943 年 8 月份，头目、总管都回香港了。但我们来了一年多不能回去。头目都在日室株式会所，找他，他说合同没写清楚日期，我们被欺骗了。

每月吃一次猪肉（1 小两）。每天都分饭，每人 4—5 两米，到最后是 3 两 6 米加 3 两地瓜干，大约一碗。吃不饱，就偷少数民族（黎族）的地瓜。每餐吃地瓜，如果好的就没问题，坏的你就得饿。

没有衣服，穿洋灰袋，有的偷日本人的麻包袋做衣服穿。

睡的是总铺，每人 80 公分宽。有人偷灯泡接电，放在箱内，抱在怀里睡觉。

工人病的情况：去看病，打针是不行的，只给药粉吃。对腐脚有虫的，护士拼命擦。有的拉白痢、红痢。每天病死 10 多人，抬去烧，我去烧过两次。

1944 年，有一次，工人王大保（伙夫）因公务员蔡润光要他另外做饭给他吃，他不做，所以被他调去做苦工。第二天发高热就被日本人用木棒打死，叫卫生夫抬去烧。

病人未死，就抬去烧掉。

1944 年日本派了很多军队来围东方广坝，把香港的都叫出来。有一个通译说，日本人发的席子不能卖，卖的站一边，不卖的站一边。日本人把每个工人打屁股，打得晕过去（1000 多），回去都不能睡。

1944 年，有个工友李华做卫生夫（医院），跟我同批来，对我很好。他跟护士要 2 瓶葡萄糖和 4 包常夏香烟（给我），（我）把它藏起。当时日本人被偷去 2 箱香烟。李明辉在配给所当工人，那天晚上李去赌钱，香烟就被警备队偷去。查来查去，查不到，就到工人宿舍找，说我偷了，就把我打，坐了 2 个星期牢。他们给我灌水，我把事实说了，他们还用电话机来电我。第二天才给我一个饭团。过两天就把李明辉灌水，用电话机电、打，整个身都打烂了，轮流打，也不给饭吃。把我们拉出来，翻译对我们说："不认，明天就杀头。"日本人又打我们，日本人搞了一个龙门架，把脚绑得紧不能动，就放水在颈上用电电，电得要死。我两个星期出来了。李明辉坐了一个多月才放出来，但颈腐烂生很多虫，出来 5 天就死了。

1944 年 10—11 月，警备队（队长王强）偷黑泥布拿去东方村卖。日本仔拉回来，后来就把警备队派去北黎了。

……

1945 年日本快要投降了，美国飞机来炸日本人。这时我们只能吃地瓜干。

在工地打工人就更加厉害了，用柴做的刀打人。工地经常打死人，东方每天有 30 多人死。

编者注：郑九（1921—1991），广东东莞人。1963 年在铁矿装运工区西二段工作。

（符思权　整理）

三、大　事　记

1938 年

7 月 27 日　侵华日军军舰、飞机骚扰崖县（今三亚市，下同），投弹烧毁盐仓 9 间，造成损失约万余元（法币，当时亦称为国币，下同）。

9 月 24 日　日军飞机轰炸海口、府城。其军舰侵入海口海域及榆林港，炮击沿海军事要塞。

11 月 24 日　3 艘日军舰艇炸毁正在涠洲岛避风的临高县新盈、调楼、美夏等乡镇渔船 327 艘，炸死炸伤渔民羊元利等 3 人，财产损失约 180 万光洋。

1939 年

1 月 13 日　为了在海南岛建筑航空作战基地，以延长切断缅甸通道航空作战的纵深，同时取得海上封锁作战基地和获得海南岛的地下资源，日军在御前会议上做出了攻占海南岛的决定。

2 月 10 日　凌晨，由日本海军第 5 舰队司令长官近藤信竹中将和陆军第 21 军司令官安滕利吉少将指挥的“台湾混成旅团”数千人，在海军第 5 舰队 30 余艘舰艇护卫和 50 余架飞机的掩护下，从海口西北角琼山县（今海口市，下同）天尾港约 2 公里长的海岸强行登陆。击退国民党保安部队抵抗之后，兵分左右两翼进攻海口、府城。11 时 45 分，日军右翼部队攻占琼山府城。12 时 40 分，日军左翼部队攻占海口。日军海军基地部队随同步兵到达海口湾，清除河道后进入海口。下午 5 时左右两翼部队在海口会合。

同日　6 时，日军多架飞机向澄迈湾及西线公路旁村庄进行轰炸，扫清登陆障碍。白莲罗驿村、美亭黄竹村被炸毁民房数十间，炸死炸伤村民数十人。

同日　7 时，集结在琼州海峡上的 30 余艘大小日军舰艇炮轰秀英炮台、书场码头（后改名为秀英码头）和海口等地。

同日　日军占领海口、府城后，欲渡过南渡江东进，以飞机对必经之地潭口轮番进行疯狂的轰炸扫射，共产党领导的抗日武装独立队第 1 中队到潭口渡口东岸进行阻击。全中队英勇战斗，沉着应战，顽强地阻击企图渡江东进的日军，一直坚持到黄昏才撤出战斗。班长李文启壮烈牺牲。

2月10日—11月15日 日军实行“Y—作战”计划，目的是强占海口、三亚以及各县重要市镇、沿海港口，由点及线，进而控制整个海南岛，作为南进基地。参加作战部队有台湾步兵饭田混成旅团万余人，海军舰艇约13艘，海军飞机约数10架。

2月12日 日军一部在儋县（今儋州市，下同）新英港、新兴附近登陆，直扑临高、福山等地。

2月13—14日 日军海军陆战队上屋部2000余人在海、空军的掩护下，于13日零时从雷州半岛的深尾湾出发，14日凌晨进入三亚湾，6时45分开始强行登陆，7时45分占领三亚街，中午占领榆林。

2月14日 日军炮击和轰炸昌江县新街、墩头、感恩县感城（三地今均属东方市）等地，炸毁民房多间，炸死炸伤群众多人。

同日 日军派出七八架飞机在陵水县新村港上空盘旋，并投下3颗炸弹，炸毁民房4间。

2月15日 日军占领三亚港市后，左翼部队向西推进，11时突破城防队伍的阻击，占领崖县县城。

2月20日 日军饭田旅团第54联队700余人，在飞机、坦克的掩护下，沿南渡江北昌段逆流而上，向定安县城及仙沟进攻，当晚两地均被日军占领。

2月22日 日军饭田旅团第53联队自海口进攻文昌（今文昌市）县城。下午5时许，击退国民党警察中队的阻击，当晚占领文昌县城。

2月下旬 日军出动几架飞机轰炸定安县龙塘圩，400多间房屋被炸坏50%，几十间被完全炸毁，10多名民众被炸死炸伤，死伤的禽畜不计其数。

同月下旬 23日、27日两天，日军屠杀龙楼村附近村民数十人，逮捕数百人，焚烧龙楼村民房273间，把100多人用五花大绳绑连一串，站在棉坡沟里搭成“百人桥”，任凭日军在肩上来回践踏，用皮鞭抽打，用刺刀刺。

2月 海口沦陷后，海口东郊新埠乡的亮脚、亮肚和外坪3渔村7艘渔船被日军毁坏，36位渔民遭日军惨杀。

同月 日军进入三亚后，派出数十架飞机，轰炸各县城镇。日军所到之处，肆意烧杀抢掠，奸淫妇女，无恶不作。

同月 日军飞机轰炸昌江县城，炸毁县第一高等小学校和孔庙，学生被迫停课，疏散回乡。

2—3月 日军先后7次轰炸昌江县沿海地区的墩头、港门、新街、北黎、海尾等村庄。墩头村被炸死30多人，海尾村被炸伤6人。

3月5日 共产党领导的琼崖抗日独立总队（由独立队扩编）第1大队第1中队，配合国民党友军第11团第1营及文昌县壮丁常备队第2、3大队和南阳乡游击中队于黎明前进攻驻文昌县城日军。第1营伤亡30余人。抗日独立总队第1中队阵亡数人。

3月28日 陆军少尉岗仙治等4名日军闯到新吴下屯村强奸妇女，被新吴溪两岸愈千民众追赶到谭丽、六楼村之间打死。翌日起，日军为寻找尸体，派兵四出搜索，屠杀村民数十人，逮捕数百人，焚烧六楼村民房屋200余间。

3月29日 日军海口航空基地建成，命名为“第七基地”，当天日本海军第14航空队的陆上攻击机队进入该基地。

4月13日 下午4时，日军饭田旅团第52联队一部1000余人攻占澄迈县福山。次日，又组织800人进攻金江，傍晚占领金江。

4月14日 驻定安县城日军700余人攻占黄竹。

4月15日 日军饭田旅团第53联队一部步、骑、炮兵800余人攻占嘉积镇和琼东县（今琼海市，下同）县城。

4月16日 上午9时，太田部队长所指挥的海军陆战队，冒着细雨在博鳌港（今属琼海市）强行登陆，突破抗日队伍的阻击，向西推进12公里，占领乐会县（今琼海市，下同）县城。

同日 为配合南进作战，上午11时20分，日军板坦部队长所指挥的海军陆战队协同饭田旅团第52联队一部，在儋县白马井和洋浦强行登陆，中午占领新英港。

4月18日 拂晓，新英港日军向儋县进犯，冒着大雨先占领了王五，与川崎部会合。后分三路围攻儋县县城新州。上午11时新州陷落。

4月27日 驻三亚日军300余人攻占藤桥。次日，向北急进，当晚占领陵水县城，在中山路晋丰盛家设立司令部。

4月30日 日军一个团进犯琼山县屯昌镇（今属屯昌县，下同），与驻守新兴地区的国民党保安七团在加留岭激战10小时，日军伤亡200多人，保安七团伤亡40多人。

4月 日军开始在占领区设置“慰安所”。陵水县陵城镇后山街（旧称瓦灶街）石峒庙“慰安所”是日军在海南设立最早的“慰安所”。

5月5日 日军700余人进犯定安县翰林市，国民党保安第6团第2营阵亡官兵10余人。

5月6日 上午，日本海军陆战队横四特部占领乐东县黄流。

同日 深夜，日军进犯陵水县三才镇黑石村，杀死村民80多人，烧毁民房100多间，抢走牛、猪300多头。

5月7—8日 日军饭田旅团一部700余人突破抗日队伍的阻击，攻占琼山县屯昌镇。

5月12日 日军发动夏季攻势，饭田旅团第54联队一部600余人，从琼山新兴（今属屯昌县）侵占澄迈县西昌、坡尾等地，沿途肆意烧毁民房，屠杀村民，受害者甚众。

5月 日本"石原产业株式会社"对田独地区的矿产资源进行调查，发现了以往开采铁矿的坑道。8月中旬，开始实施年产30万吨铁矿石的田独铁矿第一期工程。1940年6月11日开始出矿，7月开始向日本运出铁矿石。接着，年产60万吨的第二期工程于1941年9月完成。年产100万吨的第三期工程于1943年2月末完成。田独铁矿的蕴藏量约500万吨，矿石品位为63%。日本人自1940年开发，到1944年1月止，共采掘2691291吨，外运量为2416057吨。在整个开采过程中，强征劳工达30000人，被日军打死、活埋或病死、饿死的劳工计10000多人，死后先后被埋在一个坑里，成为有名的田独"万人坑"。

同月 琼崖抗日独立总队第3大队在儋县国民党游击队和当地群众共600多人的配合下，于洛基到东城公路的黑岭地段伏击日军军车，独立总队牺牲4人。

5—6月 日军强行拆毁陵水县陵城地区瓦灶村、瓦灶街、后头村、打铁街、槟榔行、旧学村、永安街等200多间民房，并抢走所有财物。

6月15日 日军据报陵水县客园村附近出现毁路袭车事件，于是，当夜包围该村，屠杀全村男女老幼150余人。

同日 夜晚11时，日军300多人分四路围攻陵水县港坡村下岭，共杀死无辜群众310多人，烧毁民房20多间。

6月25日 凌晨5时许，占领感恩县（今东方市）佛罗圩后的日军进攻老孙园村。下午4时突破抗日队伍的阻击后攻占该村，将房屋全部烧毁。同时还烧毁附近的上村、村子、凤田等村庄。

6月26日 日军300余人由15辆装甲车掩护，进犯琼东县大路市附近一带村庄，与国民党保安第6团第3营林镇部激战6小时，日军败退。国民党7名官兵受重伤。

6月 日军在琼山县南渡江下游修建铁桥。该桥由日本海军特务部、经济局土木课和日本清水组土木工程公司共同设计施工，总投资250万日元，全长

587.6 米，1942 年 3 月竣工通车。

7 月 3 日　日军重新调集驻三亚、崖城的日军联合九所驻军，用骑兵对木头园村进行报复的同时，在船舰、飞机的配合下，从新村澳南侧登陆，攻占了黄流，随即南移会同陆军包围木头园、铺村和多能等村庄，进行疯狂杀戮，烧毁民房 90 间。在木头园村，抓到五六旬老人孙元凤之母、陈人贞之母、陈清茂之母等 18 人，每两个绑在一起，从他们身上撕下衣布蒙住眼睛，强逼他们围着村前的一口水井，然后用枪刀一个一个刺死推下井埋掉，制造了木头园村“18 人井”惨案。

7 月 8 日　日军向昌感地区发动进攻，当日占领八所、墩头。

7 月 15 日　日军横四特部 200 余人在昌江县英潮港登陆，占领感恩县北黎，并在北黎驻军，设立司令部。

7 月 17 日　日军在海口成立了日伪政权——琼崖临时政府政务委员会（1943 年改为琼崖临时政府），赵士桓任委员长，詹松年任副委员长。同时成立伪“自卫军”，詹松年任伪军司令。

同日　日军从万宁县城经东山牛埠到北坡，民众纷纷逃避，逃避不及的 400 余名民众被驱至山尾洋瓦窑窟用机枪扫射杀害，无一幸免。

7 月　占领陵水县城的日军数百人穿越牛岭向万宁境内进逼，遭到游击大队陆天祥中队阻击。由于敌众我寡和武器装备悬殊，陆天祥和分队长文彤晃等 30 多人壮烈牺牲，其余官兵撤入深山。日军于当天进驻兴隆。

8 月 15 日　中午，300 多日军将海口长流乡儒显村层层包围，以检查“良民证”为由，将青壮年赶到五源河的石板桥上排队，疯狂地砍杀村民，杀一个踢一个下桥，鲜血染红了五源河；对妇女、老少人群，日军令其集中在一坵园子里，全部跪在地上，然后进行施暴，有斩首的、有剖乳房而后杀死的、有剖腹的、有用枪托对着脑勺打死的、有用军刀插入下身致死的妇女，睡在摇篮里的婴儿也无一幸免。全村共计 199 人被杀，180 余间民房化为灰烬，全村只剩 27 人。

8 月 16—18 日　日军从万宁县港北登陆占领和乐，当夜进犯乐群村，围杀男女老幼 150 多人。

8 月中旬　一辆日军军车在琼山县雷虎圩遭到抗日游击队伏击后，日军出动飞机轰炸雷虎圩和桥本村，炸毁民房近 100 间，炸死村民 20 多人。

8 月 21 日　驻文昌县城日军约 500 人，外加 2 门大炮跟 4 架飞机掩护，向驻在大德乡九所岭象山等处的国民党保安第 6 团第 3 营进攻，国民党伤亡 21 名。

8 月 29 日　日军据汉奸密报，陵水县乌石姆、朝拜山两村有抗日队伍活动，于黎明包围两村，屠杀乡民愈千人。

9月2日　独立总队第1大队和第2大队的第5中队进入罗板铺公路两侧高地伏击日军的运水车，激战半小时，全歼日军官兵11名，独立总队轻伤2人。

9月6日　日军飞机9架轮流轰炸琼山县咸谅、雷虎、咸来等地，共投弹25枚，炸死炸伤民众48人，炸毁铺宇98间。

同日　日军飞机8架轰炸澄迈县花场、瑞溪及儋县、抱舍等地，投弹10余枚，炸死炸伤民众80余名，炸毁铺宇100余间。

9月11日　上午，日军飞机8架空袭白沙县雅叉，投下炸弹12枚、燃烧弹7枚，房屋多被炸毁焚烧，山间三五成群的村民也被炸死炸伤。

9月23日　天刚拂晓，驻北黎日军100多名在汉奸的带领下，分东、南、北三路围袭感恩县旦场村，实行烧光、杀光、抢光的“三光”政策，杀害村民93人，烧毁民房38间，奸淫妇女4起。

9月25日　日军1000余人从临高县新盈港登陆，先后攻占新盈、波莲、临城。

秋　日军飞机3架轰炸琼山县屯昌镇，10多间商店被炸毁，6名居民被炸死，10多人被炸伤。

10月14日　驻万城日、伪军100多人“围剿”万宁县龙滚镇的乐礼、多格、大罗、上卿、多祯、文朗、福山、文曲、治坡、钦文、蓝田11个村庄，将闻讯外逃的400多名村民杀死在山钦岭的燕乌洞内，仅有一名小孩幸存。

10月17日　凌晨5时，500多名日军进攻感恩县老欧村（今属东方市），突破抗日队伍的阻击后，杀害村民48人，烧毁民房100多间，牛羊财物尽被抢光。

10月19日　凌晨3点，100多名日军由万宁县伪维持会会长朱德辉带路，包围了万宁县和乐西截村（现发兴村），115名村民遭杀害，10多人被刺重伤。接着，日军又闯进东截村，杀死8名村民，后遭驻六连岭的共产党抗日队伍阻击，日军被迫撤离。

10月30日　昌江县平民医院被日军飞机炸毁，损失估价5000万元（法币）。

11月12日　日军捉捕乐东县响土、求雨等村19位农民，拉至佛罗市甘塘子坡活埋，2人侥幸逃生，17人殉难。

11月　日军“围剿”澄迈县新吴乡龙楼村，烧毁房屋124间，杀死村民8人。

12月　日军一天清晨包围陵水县龙板村（黎寨），全村100多村民，只有7

人及时逃出村外，其余男女老少均被日军驱赶到一个大土坑中砍死，村庄被烧毁。

同月 日军“围剿”陵水县味号镇的新坡、旧娘园、伸根坡、桃丛等黎族村寨，杀死村民30多人，烧毁茅房130多间。

冬 日军强征劳工修建黄流至安游铁路。

年底—1940年初 日军相继在崖县境内设立了三井洋行、富士洋行、博爱公司等10多家公司，对海南的资源进行掠夺。

本年 日军占领海南岛后，在海口成立了日本陆军、海军和外务省派遣机关组成的海口联席会议，即所谓的“现地三省联席会议”，作为日本处理海南岛全部政务的最高机关。

1940年

年初 日军在感恩县（今东方市）新街市设立“慰安所”，从海口、文昌、嘉积、陵水、那大、临高等地强行抽派40多名年轻妇女充当“慰安妇”。

2月18日 深夜，日军借口崖县乐罗村是“共产党窝”，突然出动重兵包围该村，用机关枪疯狂地向惊醒外逃的村民扫射。顿时，乐罗村村头血流成河，横尸满地。一夜之间，乐罗村无端遭日军杀害的村民达195人，烧毁民房40多间。

2月24日—4月底 日军实行“Y二作战”，参加部队佐八、横四、十五防、十六防。目的：(1)东北部队须确保溪尾、抱罗、拘芳、东郊、清澜以东；(2)儋、那部队须确保那大、加来；(3)临、加部队进攻岑仑一带；(4)龙江、阳江、中原部队须攻击万泉河南岸地区一带；(5)鹭、扫七、海上部队担任海上戒禁封锁。同时，为巩固海口基地，在海口外围构筑强固防御工事；在秀英修筑75米长可靠泊千吨级船只的军用码头和一条防波堤，并疏浚航道，设置浮标、灯标等。

2月 日军在乐会县（今琼海市）潭门圩烧毁渔船70多艘。

3月2日 日军在6架飞机的配合下进攻临高县多逢桥，轰炸桥两边的山林及抱瑞村，炸死村民10余人，烧毁学校及民房10余间。

3月15日 驻崖县日军进占乐东县城。驻昌感日军进占石碌岭、东方等地。至此，海南东北部及西南部各县城、重要市镇大部为日军所占领，均设坚固据点，每县城据点各驻日军2至3个中队，市镇据点各驻1至2个小队，日军兵力已分布全岛大部分地区与沿海港口，连点成线，控制全岛。

3 月 16 日　驻临高县城日军由汉奸引导，“扫荡”波莲乡多贤村，杀害村民 10 余人，烧毁民房 10 余间，连同被劫财物损失 20 余万银元。

春　日军从伪维持会得到密报：陵水县北区大补村有抗日队伍活动。于是派出五六百名日军于黎明时突入该村，屠杀男女老幼 200 余人，大多为抗日人员眷属。

4 月 7 日　日军中桥本多地质调查队进入石碌矿山调查勘察，发现南部矿床。11 月，日窒素株式会社决定投资掠夺石碌铁矿，并派先遣队进入矿山，建立基地，做好开采的准备。1941 年 3 月开始出矿，至 1945 年 1 月停止，日军在近 4 年时间内共开采铁矿 695274 吨，对日输出 410368 吨。

4 月 17 日　日军进攻保亭县界村国民党保安第 15 团第 3 营防地，保安队阵亡五六十人。

5 月 11 日　日军集中重兵和飞机数架，进犯今屯昌县李世乡，进入新兴国民党保安七团防地时，被李春农部截击，敌腹背受创，死伤狼藉，战斗相持 3 昼夜，敌死 100 多人，李春农部伤亡 30 多人。

5 月 15 日　日军集中 2000 余人，从三面同时向驻在定安县翰林地区的国民党琼崖守备司令部进攻，被国民党军击退。双方均有较大伤亡。

6 月 10 日　日军舞鹤镇守府第 1 特别陆战队在海南编成，列入海南岛基地编制，指挥官为完田永次郎中校。至此，日军将海南岛分为 5 个区域，由 2 个防备队、3 个特别陆战队分别担负警备任务。

6 月 23 日　驻永兴日军 300 余人“扫荡”琼山县九所岭、坡口村一带，所到之处大肆劫掠烧杀，实行“三光”政策。

6 月　占据琼东县嘉积镇的日军 200 余人进扰文曲、大礼、沐皇、龙角、桥头、大璞等村庄，杀害民众 7 人。

6 月—1941 年　日军在海南各县城及重点乡镇共办日语学校 73 所，强招学生 4000 多人，对学生进行奴化教育。

夏季　日军引诱六弓乡村民 73 人到陵水县城，于当天傍晚 7 点左右押至离营地不远的刑场——嗡红窟（现陵城露天剧场），强令 73 名黎胞围着嗡红窟站立，然后用刺刀刺杀。除留 1 人回村寨报信外，其余 72 人全部杀死。

夏　日军为修建三亚飞机场，将原三亚街 400 余户民房拆除，逼迁到羊栏、妙林等地。

7 月 3 日　驻嘉积、中原、分界等地日军 500 余人集结在万宁龙滚，于 4 日凌晨 3 时突袭和乐、琉川两村，杀害民众 300 余人。

7月16日　驻陵水日军进占保亭县城。

7月23日　凌晨，日、伪军80多人因陵水县朝拜山村附近的通讯线路电杆被砍，包围了该村，杀害村民104人，全村仅7人幸存。

7月26日　日军在乐会县坡头村集体屠杀群众500余人。

8月10日　日军骑兵100余人以临高县水邱乡头洋上村、头洋下村、和新村民众参加抗日活动为由，包围3村，抢劫财物，焚烧民房60余间，杀害抗日民众30余人，损失约100余万银元。

8月18日　日军300余人“扫荡”琼山县十字坡和会文一带，所到村庄，财物被抢劫一空。

9月7日　日军包围临高县东英镇伴康村，实施“三光”政策，残酷屠杀符德范等64名无辜的老弱病残妇女、孕妇、儿童，烧毁民房400多间。

9月　日军在陵水修建黑石军用机场。从朝鲜、台湾、汕头等地抓来数千名劳工，强行拆迁50多户民房。机场占地面积2500亩。

10月12日　日军“围剿”临高县依古村，实行“三光”政策，残杀村民27名，打伤12人，20多名妇女被强奸，烧毁房间504间，被抢、烧财产不计其数，经济损失达9万光洋以上。

10月17—19日　日军侵犯树德乡，烧毁房屋249间，包括屋内家私物件共计价值212900元（法币）。

10月23日　日军飞机6架空袭白沙县牙叉镇，投下多枚炸弹及燃烧弹，民众财产受损，人员伤亡惨重。

10月28日　驻定安县城日军数百人进攻雷鸣、宾文两乡，烧毁民房数百间，死伤民众数千人。

10月　日军侵犯琼山县第四区益来乡，烧毁房屋，劫掠禽畜、服饰、生产工具、生活用品，总计损失18052元（法币）。

10月—11月11日　日军进攻、空袭大坡、钟瑞、禄马、甲子、福昌、长昌等乡，造成69人伤亡，居民财产损失795340元（法币），其中房屋363间，756313元；器具2553件，8435元；服装物品1145件，10310元；牛猪鸡鸭197只，12937元；粟750石，6730元；现款615元。

11月3日　驻临高县南宝乡日军以武朗村民众与抗日部队有联系为由，包围该村，洗劫财物，捕杀民众10余人，烧毁学校与民房40余间，损失约100万银元。

11月5日　日军飞机轰炸白沙县，炸毁房屋6间，并用机枪扫射村民，打死打伤妇女、儿童 7 人，耕牛 5 头。投掷燃烧弹 2 枚，烧毁粮食、食盐多担。

11 月中旬 驻儋县那大、和舍日军结集 300 余人，“扫荡”澄迈县红石岭一带，遭抗日部队阻击，激战多日。最后日军用大炮集中轰击，突破防线，洗劫了红石岭一带。

11 月 28 日 日军以不插日本国旗为由，深夜包围万宁县东澳丰丁村，杀死村民 42 人，杀伤 3 人。第二天早晨路过东澳洋时，又开枪打死东澳村民 8 人。

12 月 6 日 日军以破坏军用电讯为由，抓捕乐会县长仙乡载桃村村民 51 人，不分男女老幼，每人刺一刀，然后丢进屋内，浇上汽油集体焚烧。

12 月 14 日 驻崖县羊栏日军包围妙山村，以参加游击队为名，将 30 多名无辜村民用竹杆夹住脖子，再用利剑一个一个砍去脑袋，然后将尸体推入一口古井中。

12 月 17 日 日军 1000 余人围攻澄迈美合抗日根据地，琼崖抗日公学内 100 多名仿员和华侨被惨杀。

12 月 20 日 清晨，日、伪军 1000 多人包围儋县和庆镇罗便村，屠杀 81 名无辜村民。

12 月 驻嘉积一部日军会同阳江据点日军“扫荡”万泉河两岸山区，杀害乡民 5 人，并分兵进驻溶沐、椰子寨、龙江，设立据点。

下半年 一个深夜 由汉奸符草望、符大罗当向导带路，日军从小路突袭包围了大阳基村和附近的高岭山，放火烧毁了村民林起山、文天林、文天录及村讲堂（今称学校）等 7 间房子，捕抓了来不及逃脱的陈光武的祖父、父亲、姑母、妹妹 4 人，林绍义（林超完成堂叔）一家大小 12 人，以及抗日游击队员吉××（东方县付马村人）、王××（东方县居候村人）、赵义昆（昌江县大阳基村人）共 19 人。威逼这 19 人中的成年人挖好土抗，而后强行将他们推入坑里，用沙土埋到肩颈部，然后用利剑一一将他们斩首，鲜血喷溅满地，幼儿用枪尾刀戮腹部至死。林绍义大儿媳背着的一个未满周岁的婴儿也未能幸免于难，被日军活活刺死。

下半年 日军进犯保亭县南圣村时，抓到不愿当“顺民”的黎族同胞 100 余人，强令其排成队，每人挖一 6 尺深坑，强迫第二个人埋第一个人，第三个人埋第二个人，依次活埋，无一幸免，制造了震惊琼崖的“南圣大屠杀事件”。

1941 年

1 月 27 日—2 月 9 日　日军围袭琼山县第五区中税市官塘坑、新昌肚、新安钟、瑞新市、黄宅墓 5 村，造成居民财产损失 18568 元（法币），其中房屋 161 间，17525 元；器具 250 件，550 元；牛、猪、鸡、鸭、白糖、咖啡等，493 元。

1 月 28 日　驻琼东县塔洋据点一队日军突袭蔗园坡乡金证村，当场杀死村民 32 人，2 人因重伤不治也死去，全村仅剩甘善贵幸存。

1 月—1942 年 4 月 7 日　为掠夺石碌铁矿石，日军修建石碌到八所的铁路。在整个工程的施工过程中，日军招募了约 1000 名香港劳工、3000 名上海劳工，强征 1000 名当地农民。由于缺乏必需的生活条件，劳动艰苦，生存环境恶劣，来自上海的 3000 名劳工在半年内就死亡了一半，不少人逃走。该铁路全长 53 公里，于 1942 年 4 月 7 日建成正式通车。

2 月 16 日　驻定安县黄竹据点的 40 多名日军在伪军的配合下，围袭仅有 32 户 120 人的吴召村，残杀村民 86 人。

2 月 25 日—3 月 31 日　日军实行“Y 三作战”计划。目的是全面进行“扫荡”，确保基地安全，保护重要道路。

3 月 18 日　日军在文昌县重兴昌文村，将 107 名男女村民关在李氏宗祠内活活烧死。

3 月　驻嘉积日、伪军强征民工、木料，架建嘉积渡万泉河简易木桥，疏通军运。

同月　日军因定安县龙门乡南扶村村民不肯去当劳工，包围全村，杀害了 20 多名村民，烧毁 10 多间房屋。

4 月 1 日　驻儋县那大、和舍日军进攻临高县合水村，沿途洗劫民财，烧毁民房 20 余间，损失 60 余万银元。

4 月　嘉积日伪公司强占嘉积周围大村、孟里、龙村、赤坡等村民田，试种蓬莱稻种。

5 月 13 日　嘉积、中原、椰子寨据点出动大批日军，由维持会兵丁带路，黎明前包围琼东县坡头乡坡头、上岭园、边岭 3 村，将村民分别押往中原和椰子寨据点，黄昏时分别对村民进行屠杀。19 日清晨，日军又冲进边岭村杀害幸存的 20 多名村民。在先后两次屠杀中，日军共杀害无辜村民 129 人。此外，还烧毁、拆除房屋132间。

6月11日 下半夜，被乡团丁没收槟榔的商人向日军谎报琼东县上坡溪一带有抗日部队，嘉积、中原、椰子寨据点日军立即调集兵力包围该村，杀害无辜村民57人，烧毁、拆除房屋36间。

6月25日 凌晨，日军400余人包围乐会县大洋、北岸两村，以查“良民证”为由逐户搜查，将村民集中，以刀砍、枪刺方式加以杀害，然后抛入屋内放火焚烧。两村被杀害村民共369人，被烧毁民房40多间，财物被掠夺一空。

6月28日 100多名日军和维持会兵丁突然从琼东县大路、烟塘据点开来，把大石沟村团团围住，以查“良民证”为名驱赶全村村民到村前集中，然后进行大屠杀，杀死无辜村民39人，拆毁大屋44间，小屋74间，烧毁民房1间。之后第三天，日军又强迫民工来搬运砖木到烟塘炮楼，全村被洗劫一空。

6月29日 日军“围剿”临高县武轩村，抓获符尚美全家及村民19人，屠杀武轩村民18人，其中王不英、符尚美、符那敬3人倒吊死于电杆上，只有符元成侥幸逃脱。

夏 独立总队第3支队2个大队在感恩（东方市）乐东交界的黑眉岭（乌槐岭）时，遭到日军数百人进攻，伤亡40余人。

上半年 日军开始筹建八所港工程，由日窒素株式会社海南建设部港湾部负责，驻昌化地区的日军横田特部队参与建港现场的施工监督。1943年5月第一期工程完工。同月13日，第一艘直接停靠码头的运输船松江丸号装运7250吨铁矿石出港。之后日军又开始第二期工程建设，但由于战局恶化而被迫终止。从第一艘铁矿石运输船出港到1944年2月12日，共有41船铁矿石运往日本。整个工程投资额3000万日元，强征民工20000余人。由于日军惨无人道的奴役和摧残，参加修建该工程的民工最后仅幸存2000余人。民工死亡时开始用火烧，后来死人日益增多就挖一个200平方米的大坑，将尸体抛进坑里埋掉，成为有名的八所潭“万人坑”。

7月7日 驻临高县新盈的日军1302大队围袭澄迈县沙土地区的昌堂、美梅、那南、北山、圣目等10个村庄，杀害无辜村民1280人。

7月9日 驻定安县城日、伪军2000余人，向黄竹乡田铺进攻，与抗日部队激战后占领该地。附近的青山、红带、南扶、龟底等村民房尽遭烧毁，民众数十人被杀害。

7月 驻琼东县长坡、嘉积据点日、伪军200余人“扫荡”烟塘一带，烧毁民房9间，杀害乡民12人。

8 月 25 日　驻定安县黄竹据点的日军在伪军的配合下，围袭大河、后田、牛耕坡、周公 4 村，残杀村民 109 人，焚烧民房 191 间。

8 月 9—30 日　日军实行“Y 四作战”计划：（1）十五警（部队）“扫荡”烟墩、会文、蓬莱，进驻竹林、鸾坡、福昌、迈号；（2）佐八（部队）协助十五警“扫荡”黄竹、岭口、龙门、龙塘、长力，进驻翰林、加令洋；（3）舞一（部队）“扫荡”南渡江西，攻入加乐、石浮、松涛，进驻松涛、福来、大塘、石确；（4）横四（部队）“扫荡”即岭方面向昌化、大江流域及沿岸地区；（5）吴一（部队）“扫荡”那塘、三元湖以东地域；（6）佐一（部队）确保万宁、陵水方面；（7）十五警（部队）“扫荡”保题岗、动阳岗山岳地带；（8）第十四航空队轰炸南凯、母瑞山一带抗日部队基地。

9 月　日本随军商人霸占嘉积原十三中学校址及各小学校址，开设日台拓公司、油脂公司、三菱公司。

同月　日军骗募第一批上海劳工 3000 人进岛。由于劳动繁重，生存环境恶劣，半年时间内就有一半死亡，不少人逃走。1942 年 2 月，日军又从香港、广东等地骗募劳工 5980 余人进岛。此后，为了加快掠夺海南岛矿产资源，又相继从上海、广州、香港、澳门、汕头、厦门等地欺骗和强抓学生、失业工人，共计 68 批 25000 余人，加上海南本地劳工共计 4 万余人，分别在石碌矿山、电站（厂）、码头、铁路等处做苦力。至日本投降，仅幸存 5803 人。

同月　日军在琼东县泮水东山村烧毁民房 29 间，抓走无辜群众 60 多人，关押在 2 间房屋里烧死。

秋　日军十多次“清剿”定安县龙门抗日村庄莲塘湖村，抢走粮食和耕牛。至年底，全村 100 余人因缺粮饿死病死。

10 月　日军抓捕崖城爱国进步青年陈世训、林桂挚、苏治民和群众陈荣传、黎景梅等 11 人到马岭的深沟营杀害，埋在一个坑里。

11 月 21 日　驻临高县加来乡日军为了搜查青抗队员和共产党员，派遣日军 100 多人，包围乐全村，枪杀 12 名村民，其中 4 名妇女被轮奸后杀害。日军撤走时，还将全村 48 间房子焚烧。

11 月 25 日—1942 年 1 月 25 日　日军实行“Y 五作战”计划，参加作战部队有佐八、十五警、舞一、横四，目的是寻找抗日主力决战、攻占产粮区和对抗日根据地实行封锁。

11 月 28 日　日军因万宁县东澳圩丰丁村村口不挂日本太阳旗，就以该村不愿当“顺民”为由，出动 100 多名士兵包围该村，杀死村民 42 人，杀伤 3 人。

11 月 日军在昌江县叉河宝桥发电站工程动工，开始堤坝工程。1942 年夏天，堤坝工程大部完成。

同月（农历九月） 日军出动 100 多人，包围澄迈县沙土峒圣眼村，杀害村民 56 人。

同月（农历十月） 日军包围澄迈县沙土峒小美良、木春、扶里 3 个村庄，烧毁民房 58 间。接着到福留、昌堂、美梅、那南、北山、昌表、上帝、文旭、钦帝等 10 个村庄抢走耕牛 600 头。

12 月 5—6 日 日军在琼东县园乐村遭袭击，以村民知情不报为由，对川教、江湖等村民众进行大屠杀，杀害村民 180 多人，并烧毁村庄。

12 月 22 日 日、伪军以琼东县东山园、高林两村村民向青年抗日救国会捐献粮食为由，突然袭击两村，屠杀村民 64 人，并纵火烧毁村庄。

年底 日军驻琼兵力计有 2 万余人，其中台、朝籍人数 1 万余人，伪军六七千人。全琼设有据点 360 余处。除驻海口、榆林、三亚、黄流、那大、嘉积等大据点外，各县城均驻有日军一个中队，还有一部分驻沿海公路、河流、铁道、桥梁等交通线上的小据点及一些村庄据点碉堡，机动部队不多。

本年 日军到临高县头洋村围捕共产党员陈某，抓不到人，一怒之下烧毁民房 180 间，杀害村民 30 多人；包围鲁倪村，抓不到共产党，借机泄愤杀害村民 30 多人。

同年 日军实行“三光”政策，杀害琼山县南吕乡（今属屯昌县）427 人，烧毁房屋 2752 间；杀害吉安乡 318 人，烧毁房屋 1657 间；杀害乌坡乡 581 人，烧毁房屋 3275 间；杀害枫木乡 526 人，烧毁房屋 3457 间；杀害藤南乡 200 人，烧毁房屋 356 间；杀害新兴乡 332 人，烧毁房屋 1334 间；杀害岭南乡 90 人，烧毁房屋 1302 间；杀害屯昌乡 124 人，烧毁房屋 671 间。

同年 敌伪拆毁今琼海市各地祠堂和民房，修建碉堡 75 座，作为日、伪军据点。

1942 年

1 月 13 日 日军 1000 多人进犯国民党军驻定安县宾文乡、谭路溪等处部队，县常备大队及司令部第一便衣队迎击。国民党军阵亡官兵 21 名，伤 25 名。

1 月 韩国庆尚南道咸安郡理让面内谷里 25 岁的朴来顺在其家乡被骗招参加“战地后勤服务队”，同其他 28 名朝鲜、台湾地区、菲律宾妇女随军调至海南岛海口市日军司令部附近的长官“慰安所”充当“慰安妇”。次年，朴来顺又被调遣至崖县红沙市欧家园“慰安所”。在欧家园“慰安所”的52名“慰安妇”中，朝鲜妇女占半数。

2月27日 定安县游击后备第一大队长王志发率领雷鸣、宾文乡后备中队70多人在宾文乡（公富文镇）塍仔溪（即潭陆溪）西岸，与分别从深水、溪头村两路进犯的日、伪军1000多人激战，打退日军的多次冲锋，王志发等15名队员战亡，陈定家等2名队员负伤。

2月 驻乐东县日军某部征集劳工时派兵包围搜索各村庄，将一批妇女强行抓入日军营地充当“后勤服务队”，实则充当“慰安妇”。

3月2日 驻定安石壁地区的日军以查“良民证”为名，通知周围各村村民到加德洋村集中，经过所谓的“验证”后，把300多名无辜村民扣留下来。数天后，日军在万泉河边挖了一个大坑，把这300多名村民杀死后推入坑中掩埋。

3月20日 来自琼东大路、烟塘据点的日军和维持会兵丁100多人，突然包围琼东珠田村，以没有“良民证”为由抓走17名青年，又以担保亲人为由把28名家属骗到维持会。最后除了一名青年侥幸存活外，其余44名村民全部被日军杀死。

3月下旬 日军在澄迈县美亭乡美伦村放火烧死村民130多名，烧毁全村的房子此外，还在群苍、雅颂、雅南、新村、美中等村杀死30多人，烧毁民房几十间。

春 日军方通过香港“合记公司”，以招募赴海南当护士、医务人员为名，先后在广州、香港等地骗招300多名青年妇女，送至昌江县石碌铁矿山日军“慰安所”充当“慰安妇”。这些女性最小的17岁，最大的20多岁，大部分是大学生和中学生。

春 因百姓不愿为日军修路并破坏日军大木桥，日军抓俘了琼山县新兴（今属屯昌县）卜文村三妈沟的120多名百姓，关在该地的天主教堂里，泼上煤油纵火焚烧，将他们全部烧死。

4月23日 日军包围陵水县隆广镇军田乡狗尾吊村进行大屠杀，共杀死无辜村民72人，刺伤8人，全村所有茅房都被烧光。

5月6日 驻澄迈县石浮、定安县卜优日军600余人向坡塘、大昌岭、牛排园一带“扫荡”，8日突破抗日部队的阵地，所到村庄均遭洗劫。

5月21日 日军舞一特陆战队80多人，在飞机掩护下，进犯琼山县屯昌墟（今属屯昌县）。国民党保安第6团派第1营截击，又派2个连袭击敌背侧，激战

2天，屯昌沦陷，国民党军官兵伤亡26名。

同日　驻扎道崇和昌洽据点的日军100多人，对琼山县上云村进行“扫荡”，捕获村中男女老少34人，集中在村东一角，威迫群众交出抗日武装人员。遭拒绝后，用机枪扫射，31人当场身亡，烧毁全村房屋60多间。

5月　日军调集第15警备队和伪绥靖队、自卫队约4000人，开始对共产党领导的琼（山）文（昌）抗日根据地进行划区分期的“蚕食”、“扫荡”。10月，日军增调第16警备队和大批伪军，由日军司令伍贺亲自指挥，出动飞机、坦克、装甲车，对琼文抗日根据地发动第二期更大规模的进犯，实行烧光、杀光、抢光的“三光”政策。琼山县的三江、道崇、苏寻三和文昌县的潭文、大昌等乡3000多人被日军杀死。文昌县西南部的大昌、南阳、高隆、大德等乡26个村庄被夷为平地，2000多人被杀死，4000多间民房被烧毁。在文昌东北地区，3700多人被杀死，7000多间民房被烧毁。文昌东阁乡流坑、流翠等7个村庄，一天内200多间房屋被烧毁，300多人被杀死。琼山县树德乡5个村庄的群众全部被杀光。在琼山县咸来乡的木石桥边，日军一次就用刺刀捅死200多名妇孺。整个“蚕食”、“扫荡”行动一直持续到1943年4月，根据地死难群众数以万计，田园荒芜，鸡犬不闻。

6月8日　国民党保安第6团第3营长王敬民率3个营，增援保安第7团第1营李茂荣部，于琼山县坡塘、大昌岭一带与日军激战，国民党军官兵伤亡31名。

6月8—25日　日军进行“各警备（陆战）队扩大占据地域，强化封锁”的“Y六作战”计划。

6月18—19日　日军结集金江、加乐、石浮、海军、新兴等据点兵力1000余人，进攻澄迈县坡尾乡水潮村。水潮村附近村庄房屋300余栋被日军烧毁，村民70余人被杀害。

6月23日　日军结集驻定安、琼山、澄迈、嘉积各据点日军3000余人，向岭门、枫木、乌坡等地“扫荡”，被杀和逃难民众不计其数，1000余栋房屋被烧毁。

7月　日军在昌化江宝桥上游30公里处发现东方广坝瀑布。12月日窒电业株式会社在该地动工兴建一座4500千瓦的东方水力发电站。1943年10月22日该工程竣工，11月3日开始向八所地区供电。1944年2月24日向石碌铁矿供电。

8月4日　日军向今屯昌县南吕、乌坡大举进犯，国民党军队稍作抵抗后撤至白沙。日军在南吕、乌坡烧杀抢劫，焚毁枫树园村民房20多间，杀死无辜农民10余人。

8月 一天中午，日军包围琼山县长泰村，杀害群众95人，其中11名妇女被强奸后，同6名尚不满10岁的儿童一起关在一间房屋里放火活活烧死，全村33户房屋全被烧毁，有19户人家被杀绝。

同月 琼崖抗日游击独立总队第4支队第2大队长符志行率领全大队300多名战士，在临高县麦契村伏击日军，激战2个小时，击毙日军30多名，第2大队10多名战士牺牲。

9月17日 日军在琼文抗日根据地实行大规模的“蚕食”、“扫荡”，琼崖独立总队第2支队由副支队长覃威率领在竹崀桥伏击日军。由于敌情有变，敌强我弱，覃威率领战士采取速战速决的战术消灭了2辆军车的日军后就立即撤离。此役第2支队第3中队的李平吾等10余人伤亡。

秋 日军对琼崖根据地大举“蚕食”、“扫荡”时，与伪政权勾结滥发纸币，掠夺根据地物资，破坏根据地金融体系。

10月 驻溶林、嘉积伪军围袭乐会县温泉下坡村，杀害乡民72人，烧毁民房34间。

11月1日 海南警备府“为对付共产党的游击队，达到歼灭其目的”，指挥侵琼日军进行“Y七作战”计划，分三期实施，持续到1943年5月下旬结束。

11月9日 早晨，在琼山县咸来乡的福泽溪边，日军用机枪和刺刀杀死躲避“扫荡”的村民200多人，绝大部分是妇女儿童，年轻妇女则先奸后杀。当天福泽、新云、大尼坡等村的房屋基本被烧光，牲畜和粮食被洗劫一空。

11月—1943年4月 驻文昌县南阳乡金花村据点的100多名日军“远征讨伐队”，对南阳乡实行了150多天的“蚕食”、“扫荡”。南阳乡原有48个自然村，697户3000多人，经日军惨无人道的摧残后，18个自然村变为废墟，12所学校被破坏烧毁，1549人被杀死，200多名妇女被强行奸污，全家被杀的有79户，1457间民房被烧毁，占所有民房的92%，700多头耕牛被杀死或被抢走，其他财物的损失难以数计。

12月1日 日军突然包围琼山县云龙乡，将42名村民集中关在一间祠堂里活活烧死。

本年 日军强征民工开采定安县吉安西边的羊角岭（今属屯昌县）水晶矿。至1945年止，日军共征民工2000多人，民工最多时有3000多人。共开采水晶矿石138.351吨，掠走水晶矿93.266吨。采矿期间被杀死、打死和因服苦役、工伤死亡的民工有1600多人。

同年 日军在今琼海市下墩、深路、茂园、高林、东山园、后丰、古楼一带，先后3次抓捕民众1000余人，押至龙门坡集体屠杀。长坡乐古昌民众80余人，亦同时被日军集体杀害。

1943年

1月 驻腰子日军"进剿"大朗田（现琼中县黎母山镇）国民党军后备队时，轮奸妇女1人，打死无辜村民12人，打伤老人1人，烧毁民房10余间，抢劫鲜鱼1000余斤。

2月9日 驻佛罗日军一个小分队化装后，夜奔与驻莺歌海的日军会合，包围乐东县新丰村，枪杀了为抗日游击队募捐的共产党崖县县委组织部长李大和、王良史、郑文泽、陈泰志、蔡逢生、吴道南、何庆光、史进才、陈春养、王宇瑞、李运金11人，制造了"新丰村惨案"。

2月19日 日军"扫荡"文昌县抱锦乡石马村，烧毁民房100多间，杀死140多人。

2月 驻乐会县中原、博鳌日军霸占附近民田数千亩，试种蓬莱稻种及甘蔗，并在中原建厂制糖。

3月1—3日 日军调集驻金江、瑞溪、金安、东兴、尖岭、白莲、福山等据点日军几百人先后围袭美亭乡的雅颂、美伦、雅南、雅头、新村、龙腰、龙怀、美亭、北让、桥头、好让等24个村庄，杀害村民431人，烧毁民房293间，强奸妇女31人（其中强奸后杀害1人），抢劫山羊、生猪、鸡鸭一大批。彻底烧毁了美伦、雅南、群巷、美中4个自然村。

春 驻腰子据点日军舞一特部队一股下乡窜扰，抓捕白沙县番加乡尖岭村黎族村民王那旺兄弟等12人（内有孕妇1人），全部砍头埋在一个大坑里。

4月15日—5月6日 日军集结7000多人向琼崖警备司令部所在地——保亭县八村、河滥等地进犯，与国民党保安第6、7团等部队激战21天，始终不能突破防线。最后，日军由琼东县经保亭县偏僻的山地侵入八村、中坪等地。在中午日军用膳时，被保安第6团2个连队偷袭，日军措手不及，马上派飞机掩护撤退。这是抗日战争时期海南岛最大的一次战役，日军伤亡300余人，国民党军阵亡158人。

4月18—19日 日军因抗日部队袭击万宁县和乐据点，大举下乡拘捕乡民，勤赛村、粟水仔村、文蓉村、八宝村被拘捕乡民48人。首先施行酷刑迫供，拳脚交加，水灌铁烙，然后将处于半死半活昏迷状态的乡民挖穴活埋。

4月 日军占领乐会县后，各乡中小学均被迫停课，日军为实施奴化教育，在溶林、中原、椰寨、阳江等占领区内设立临时小学，强迫青少年讲日语，读日文。

同月 日军在琼山县新兴墟（今属屯昌县）西南的猪姆岭开枪杀害无辜群众16名。

5月 日军突然包围琼山县三江云石村，村里全部男人跑光，只剩下27名妇女和小孩来不及逃跑。日军先将全村房屋烧毁，然后把妇女和儿童全部捆绑起来，用机枪扫射。最后还向人堆中掷了2颗手榴弹，炸得血肉横飞。

6月8—9日 琼崖独立总队第4支队派第4、5中队共100多人攻打儋县兴贤乡的日军据点。部队8日傍晚出发，9日上午战斗开始。由于其他据点日军增援，第4、5中队处于数倍于己的日军包围之中，部队乘夜突围成功。此役毙、伤日军官兵60多人，琼崖独立总队伤亡10多人。

6月28—30日 日军3000余人，分三路进攻今屯昌县屯昌、羊角岭、南吕、东鲁、青梯、鸭塘、鸡箭、乌坡圩8个墟（村），进行大“扫荡”。

6月 日、伪军200多人包围定安县河头村，烧毁大房子184间，小房子202间，粮食300多万斤，杀害村民13人。

同月 日军从儋县那大、南丰据点调集100多人，向山猪窝抗日根据地“扫荡”。琼崖独立总队第4支队第2大队在符志行的指挥下进行反击。激战竟日，毙、伤日军30多名，第2大队伤亡10多人。

8月1日 日军多架飞机对万宁县六连岭的加索、加荣、田丽、上城、丁古、六连等村庄进行狂轰滥炸。日、伪军近1000人同时向六连岭抗日根据地“扫荡”。

8月18日 日军调集驻长坡、新州、中和等地日、伪军300多人，对儋县长坡镇吴村进行疯狂烧杀，当场杀死村民326人，烧毁房屋216间，所有财物都被洗劫一空。

9月 日军向木排、和民、和祥、清平、洛基等抗日根据地实施“蚕食”、“扫荡”，实行烧光、杀光、抢光的“三光”政策。清平乡和合村被杀400多人，罗村被杀70多人，光沾村被杀18人。

10月11日 日军在坡尾地区的赤浮岭偷袭琼崖抗日独立总队总队部医院，医院里100多名伤病员全部被杀害。

11 月 日、伪军强占琼东县嘉积郊区民田，交给随军商人种植水稻、甘蔗，设立公司、银行等金融物产机构，实行以战养战计划。

12 月 1 日—1944 年 12 月 7 日 日军实行“Y 八作战”计划，对抗日根据地实行全面封锁；对与抗日部队有联系的村庄实行“三光”政策，强迫民众归顺；不准向根据地供给粮食。此间日军在根据地周围公路上每隔数里构筑 1 座碉堡，派兵驻守，连成封锁线。同时在海南南部产粮区实行普遍性粮食禁运。

12 月 18 日 日军突然袭击中共陵崖保乐边区工作委员会（五弓大简岭），委员会副主任林泉等 10 多人英勇牺牲。五弓抗日根据地因此遭到严重破坏。

冬 琼崖独立总队第 2 支队第 3 大队和第 2 大队第 4 中队，在文昌三区和东阁、文教两乡的共产党组织和抗日民主政府的配合下，由郑奇大队长、文度政委指挥，在文城至文教公路宗儒学校地段伏击日军。在激战中，第 3 大队长郑奇、中队长郑文、韩坚丰等 13 名指战员牺牲。

冬 琼崖独立总队第 4 支队第 2 大队在队长符志行的带领下，对日军南丰圩专卖局进行围攻。激战一整夜，歼灭日军 10 人，并打死专卖局长及其老婆。第 2 大队战亡 2 人，伤 6 人。

本年 驻临高日军封锁海面，在头嘴、安全、新盈等港口烧毁渔船 20 多艘。渔民无家可归，无业可就，被迫流落外乡。

同年 驻今屯昌县乌坡四角园据点的日军，借口要抓一个给据点做饭的农妇，砍死 11 人，重伤 1 人。

同年 日军在修建今琼中县碑碣岭据点时，从劳工中强行将黎村 22 岁的寡妇王林氏及其他 9 名妇女投入碑碣岭日军据点充当“慰安妇”，直至日军投降才得以解脱。

同年 日军在海口沙洲港烧毁民用帆船 1 艘，船上 29 人全部被烧死。

1944 年

1 月 18—20 日 驻儋县那大镇日、伪军 1000 多人在日军司令板田大佐的率领下血洗和庆镇和合村，杀害村民 362 人，全村房屋被焚毁，所有财物被洗劫一空。

2 月 29 日 日军集结驻那大、公古岭据点的日、伪军 100 多人，对儋县兰洋镇洋龙村进行烧杀，当天杀害男女老幼 91 人，22 户 80 多间房屋被焚毁，所有粮食、猪牛羊等被洗劫一空。

春 200 余名日军从陵水出动向琼纵驻地——保亭大田芒果寮袭击。因寡不敌众，琼崖纵队部队被迫撤离。日军扑空，便对避居在山上的200多名无辜群众进行残酷屠杀，并全部焚毁当地民房。

5月18日 加乐、石浮、海军、坡尾、屯昌等据点伪军700余人，分五路围攻西昌乡一带，烧毁土龙村及附近村庄民房200余间，杀害各村乡民80余人。

5月 日军北黎港俘虏集中营中，印度、澳洲、荷兰等国被俘虏官兵300余人，被抗日部队营救，安全脱险。

7月16日 日军一个营进攻乐东县黑眉地区的田沟乡，烧毁民房80余间。

11—12月 日军在陵水县英州镇沿海修建大坡军用机场，计划总面积10平方公里，至日本宣告无条件投降时仅完成长2000米，宽300米的跑道基础工程。参加工程建设的劳工1万余人。

12月8日 日军开始实行“Y九作战”计划。

本年 日军在琼东县大路乡江湖、川教、田铎、园洛等村庄，抓捕无辜群众300人，押到大路墟集体杀害。

1945年

3月 日军从各地抓来20多名老百姓在崖县六道乡虎头岭附近挖坑道，工程完成后为确保军事秘密，把施工的民工全部杀害。

同月 一天凌晨，日军与陈德基联手纠集昌江县游击队和新街等地区的反动武装共500多人，兵分两路，围袭光田村，杀害村民43人，烧毁房屋53间，劫走耕牛230头，粮食种子被烧光，财产被劫一空。

4月12日 驻乐会县中原、桥园、阳江的日军突然包围长仙乡的坡村、长仙、三古、南侨、雅昌、佳文、凤岭、吉岭、官园9个村庄，拘捕600多名村民，集中到中原燕岭坡早已挖好的大坑前屠杀。当天日军还在坡村村落和长仙村村落屠杀村民。这次被屠杀的村民共900多人，被烧毁房屋276间。

5月2日 日、伪军300多人，包围万宁县万城月塘村，杀死村民190人（其中外村4人），杀伤33人，烧毁民房30多间。

5月 占领榆林、三亚的日军“扫荡”仲田岭根据地，附近的村庄民房被烧光，群众粮食被抢光，2名群众被杀害，数十名妇女被奸污。占领田独六盘、博厚的日军烧毁湾艾村40多户民房。

6月 驻今琼海市嘉积、中原日军以征劳工为由，集中万泉河北岸村民950人，全部枪杀，并烧毁房屋180余间。

7 月 30 日 驻文昌县铺前的日军窜犯罗豆乡秀田村，抓 140 名民众关在 2 间房子内，用汽油和柴草活活烧死，制造了“秀田惨案”。

8 月 15 日 日本宣布无条件投降。

8 月 日军待命投降期间，抓来 1000 多名朝鲜劳工，在三亚荔枝沟南丁村附近挖筑地洞，藏匿武器和军需品。完成工程后，为不走漏消息，将这些劳工全部枪杀，埋在南丁村山坡一土坑里。

后　记

国家社科基金特别委托项目、中国抗战损失课题调研丛书之一《海南省抗日战争时期人口伤亡和财产损失》正式出版发行了。本书凝聚了海南省抗战损失课题调研小组及有关领导、专家多年的心血，是对抗战时期海南伤亡同胞的慰藉，是对日本军国主义罪行的有力控诉，也是进行爱国主义教育的好教材。

海南省抗战损失课题调研工作于2005年上半年开始。当年4月海南省委党史研究室成立了"抗战时期海南人口伤亡和财产损失"课题领导小组，下设课题调研小组。课题调研小组主要由资料征集处、秘书处抽调省委党史研究室5位同志组成。随后制订课题调研工作方案，组织全省18个市县开展课题调研工作。同时还邀请海南师范大学、海南省档案局、海南省统计局及海南省军区的有关同志参加课题调研工作。

在整个课题调研过程中，我们对海南省档案馆、海南省各市县档案局（馆）收藏的1939—1946年民国档案、文献史料进行了拉网式排查，收集有关资料。同时查阅了省、市、县党史、方志、文史资料及国民党将领回忆录等书刊。并先后到南京中国第二历史档案馆、广东省档案馆、广东省立中山图书馆、海南矿业联合有限公司档案馆以及台北"国史馆台湾文献馆"、"国立中央图书馆台湾分馆"等单位查阅、收集历史档案、文献资料。此外，还采访了重大惨案、血案、劳工、"慰安妇"幸存者及见证人、知情人，收集口述资料和回忆资料。据统计，全省共有562人参加该项调研工作；累计查阅历史档案资料955卷、文献资料250种，复印史料4100页；采访重大惨案、血案、劳工、"慰安妇"幸存者和见证人，采集证言证词588份；走访当事人和知情人6661人；搜集海南铁矿劳工口述回忆资料156份；拍摄照片515张。

特别要提到的是，2008年3月，中央党史研究室李蓉、姚金果同志来海南对课题调研工作进行了深入、细致的指导。她们在昌江石碌海南矿业联合有限公司调研时，发现了保存于该公司档案馆的极为珍贵的314名矿工1963年的回忆资料（共31本记录本），并要求我们将其收集整理编辑出版。之后，在海南矿业联合有限公司大力支持下，我们将31本回忆资料全部录入电脑，并进行编辑整理，把其中156名抗战时期被日军强征、骗招来的劳工的口述资料（有关抗战时期的回忆资料共26本）筛选出来，组成“海南铁矿劳工口述”，编入本省A卷本作为“口述资料”的一部分。在编辑整理铁矿劳工口述资料过程中，我们对一些地名和简化的企业名、公元纪年等做了技术处理，以使读者更容易理解：如“江门”直接加注为“广东江门”，“香港合记”直接加注为“香港合记公司”，“八所”直接加注为“海南八所”，“42年”直接加注为“1942年”等；对原文中错字的改正用〔〕号注明；漏字的填补用〈〉号注明；辨认不清的字用□号替代；缺字用△号替代；对原文内容有部分删节时，用省略号“……(略)”表示；只选用原稿的部分内容时，则在标题后注明“节选”。另外，对其中103名有个人档案资料的当年铁矿劳工均注明其生卒年、籍贯及工作单位等情况。

本书内容包括人口伤亡和财产损失调研报告、资料（即图片、档案资料、文献资料、口述资料）、大事记等。为扎实做好该课题调研工作，负责编辑撰写的同志借鉴兄弟省区市的经验，多方征求意见，对调研报告多次进行修改，并将书稿送交本省有关专家审改。之后又报送中央党史研究室专家组审阅，并根据专家组的审改意见再次进行修改补充，使之日臻成熟。付梓之前，还对样书进行了自审和兄弟省市之间的互审，严把质量关。

参加本书编纂工作的主要有海南省委党史研究室陈波、吴晓红、符思权和海南师范大学张兴吉教授。海南省委党史研究室原主任梁振球、副主任许达民对书稿进行了审阅并对有关内容进行了修改。海南矿业联合有限公司陈允廷、吴惠民、秦开明等对“海南铁矿劳工口述”资料的编辑整理工作给予了大力的支持和帮助。最后，还要感谢本省专家毕光明、詹兴文、程昭星、李浩波及中央党史研究室专家组对本书编纂提出的宝贵意见。

海南省委党史研究室

2015年1月

总后记

历时多年的《抗日战争时期中国人口伤亡和财产损失调研丛书》终于问世了。参加这套丛书编纂工作的，主要是承担《抗日战争时期中国人口伤亡和财产损失》课题调研任务的各省、自治区、直辖市及其下属市、县的领导同志和课题组成员，以及部分著名专家。他们以高度的责任心和使命感，竭尽全力，攻坚克难，终于完成了各自承担的任务，并按统一要求，形成了调研成果的A系列书稿。同时，有关省、自治区、直辖市还从实际情况出发，编纂了主要反映市、县调研成果的B系列书稿。由于各地情况不尽相同及其他原因，呈现在读者面前的丛书，将分批陆续完成和出版。

为了保证质量，我们对本丛书中由各省、自治区、直辖市完成的A系列书稿（即省级调研成果）实行了四级验收制，即：所有的省级调研成果，先由有关省（自治区、直辖市）课题领导小组及其聘请的省级专家验收组分别审读通过、写出书面意见；然后提交到中共中央党史研究室课题组。中共中央党史研究室课题组审读后，再聘请国内知名专家审读书稿，提出书面意见。对每次审读提出的意见，各省、自治区、直辖市课题组都认真研究落实，对书稿进行反复修改，或是说明相关情况，直到符合要求。由一批专家完成的A系列书稿（即带全局性的专门课题调研成果），也通过类似的办法验收。主要反映市、县调研成果的B系列书稿，则由有关省、自治区、直辖市党史研究室组织验收。各种调研成果验收修改的过程，同时也是调研的深化过程、提高过程。经过反复修改补充的成果，在质量上都有明显提高。

中共中央党史研究室课题组在中共中央党史研究室室委会和分管室副主任的具体领导下开展工作。中共中央党史研究室几任主要领导同志即曲青山和孙英、李景田、欧阳淞主任，非常关心和重视本课题调研工作的开展。分管这项工作的室副主任李忠杰同志始终严格把握政治方向，精心部署和安排，明确提出创建“精品工程、基础工程、警世工程、传世工程”的要求，给工作指明方向，还及时领导解决调研过程中遇到的种种困难和问题。各地同志和有关专家同中共中央党史研究室课题组保持密切联系，对中共中央党史研究室课题组的工作给予了积极配合和支持。

中共中央党史研究室课题组由李忠杰、霍海丹、李蓉、姚金果、李颖、王志刚、王树林、杨凯等同志组成。先后担任中共中央党史研究室第一研究部领导职务的黄修荣、刘益涛、蒋建农同志参与了课题调研部分和审改的工作。中共中央党史研究室科研管理部、办公厅的部分同志也参与了有关工作。特别是在北京市和山东省召开的两次全国性会议，中共中央党史研究室科研管理部、办公厅的有关同志自始至终参与了繁忙的会务工作，付出了大量心血和辛勤劳动。

在李忠杰同志直接领导下，中共中央党史研究室课题组承担了组织指导与协调推进各地课题调研和联系有关专家完成全局性专题调研的繁重任务。在人手十分有限的条件下，课题组同志们近10年如一日，以对民族负责、对历史负责的自觉精神，克服困难，埋头苦干，为圆满完成任务做了大量工作。计先后编发213期达60多万字的《工作简报》，同各省、自治区、直辖市的同志和有关专家进行了数以千次、万次的电话联系及当面沟通，先后到10多个省、自治区、直辖市实地调查、参加会议，了解情况，当面指导，协助各地完成调研工作，或邀请有关地方的同志到北京进行座谈；还组织22个省、自治区、直辖市课题组编纂《抗日战争时期全国重大惨案》，同中央档案馆联合编辑《抗日战争时期解放区人口伤亡和财产损失档案选编》，同中国第二历史档案馆、中国人民解放军档案馆联合编辑其馆藏的相关档案资料，撰写有关专题报告，等等。将近10年来，课题组成员虽有变动，但工作始终如一，没有延误和懈怠。

需要说明的是，《抗日战争时期中国人口伤亡和财产损失》课题，有时也简称为抗战损失课题或抗损课题。虽然有学者认为“抗战损失”或“抗损”通常只能反映抗日战争中财产方面的损失，人口伤亡不能称作损失，但考虑到当年国民政府习惯采用“抗战损失汇报”或“抗战中人口与财产所受损失统计”等表述，所以本课题参照前例，以“抗战损失”或“抗损”作为课题简称。

2014年初，根据中央领导同志的指示精神和中共中央党史研究室室委会关于做好出版和对外宣传全国抗战损失课题调研成果准备工作的要求，我们组织部分省、自治区、直辖市的分管领导和课题组成员对已经印出样本的A系列书稿再次进行复审和互审，并邀请部分承担了抗战损失专题调研任务的专家参加审稿工作。这次集中复审和互审的主要任务是：审核已经印出样本的A系列书稿，对相关数据、史实严格把关，保证课题调研结论的真实性，保证书稿没有重大差错。中共中央党史研究室主要领导同志和分管领导同志也提出要求：把工作做得再深入、再扎实一些，统一规范，责任到人，把问题消灭在书稿正式出版之前。

在复审和互审过程中，地方同志和邀请的专家以多种形式及时沟通，围绕审稿发现的问题研究讨论，和中共中央党史研究室分管领导进行交流，对一些重要的共性问题达成一致。经过复审和互审，对有关的A系列书稿做出进一步修改。在此基础上，中共中央党史研究室课题组同志又对拟第一批出版的每一部A系列书稿进行多环节的审读、检查、修改、校对，严格审核把关，尽可能如实、客观地反映调研情况和成果。

中共中央党史研究室的其他同志及一些外聘同志、从地方党史部门借调的同志，如徐玉凤、谢忠厚、杨延力、郭明泉、戴思厚、王俊云、梁亿新、宋河星、毛立红、王莹莹、茅永怀、庚新顺、李蕙芬同志等，满腔热情地参加了本课题调研的部分工作。不论是调研选题的讨论、同有关各方的联络，还是资料的整理、归类、建档等，他们都付出了辛勤的劳动。

这里，还要特别感谢国家社会科学基金规划办公室、国家新闻出版广电总局有关领导和同志对本课题调研工作的支持和帮助，感谢有关部门对丛书出版经费的支持和保证。中共党史出版社的领导汪晓军以及陈海平、姚建萍等同志，也为这套丛书的出版花费了很多心血。

我们相信，本丛书A系列和B系列各卷的陆续公开出版，必将大大有助于抗战损失课题调研成果的推广利用，有利于固化历史，更好地发挥以史为鉴、资政育人的作用。但是，我们也深知，本课题调研迄今所取得的成果，还只是阶段性的、部分的、不完全的成果。在已经取得的来之不易的成果的基础上，今后，这一课题的调研工作还要深入不懈地继续进行下去。

中共中央党史研究室课题组

2014年4月30日